近代中国史家东北通史四种

郑 毅 主编

齐鲁书社

· 济南 ·

图书在版编目（CIP）数据

近代中国史家东北通史四种 / 郑毅主编. -- 济南：
齐鲁书社, 2023.11
ISBN 978-7-5333-4793-2

Ⅰ.①近… Ⅱ.①郑… Ⅲ.①东北地区－地方史－近
代 Ⅳ.①K293

中国国家版本馆CIP数据核字(2023)第204832号

策划编辑　傅光中
责任编辑　刘　强
装帧设计　亓旭欣

近代中国史家东北通史四种
JINDAI ZHONGGUO SHIJIA DONGBEI TONGSHI SIZHONG

郑　毅　主编

主管单位	山东出版传媒股份有限公司
出版发行	齐鲁书社
社　　址	济南市市中区舜耕路517号
邮　　编	250003
网　　址	www.qlss.com.cn
电子邮箱	qilupress@126.com
营销中心	（0531）82098521　82098519　82098517
印　　刷	山东临沂新华印刷物流集团有限责任公司
开　　本	787mm×1092mm　1/16
印　　张	28.25
插　　页	4
字　　数	488千
版　　次	2023年11月第1版
印　　次	2023年11月第1次印刷
标准书号	ISBN 978-7-5333-4793-2
定　　价	188.00元

本书是国家社科基金重大项目
"近现代日本对'满蒙'的社会文化调查书写暨文化殖民史料
文献的整理研究（1905－1945）"（19ZDA217）
和国家社科基金青年项目"日本'满蒙学'视域下的中国东北
边疆史论批判研究"（19CSS031）的阶段性成果。

前　言

　　近代以来，中国的边疆危机主要是围绕西北和东北两地而发生。其中，尤其是近代日本在日俄战争后对中国东北的"执念"与贪欲，使得中国东北不仅出现了边疆领土主权危机，而且在边疆领土历史主权方面同样出现历史被歪曲、文化被割裂的状况。"满洲"，作为一个制造出来的地理概念，在日本社会的力推之下，俨然取代了"东北""东三省"等中国传统习惯性地域名称，喧宾夺主，借日本帝国的军事、文化、政治威势，登堂入室，流行于世。以"保护满洲特殊利权"为名义，强行制造事变，以"满洲"命名，武力夺取中国东北制造的伪国亦用"满洲"命名。为了强占"满洲"，日本不惜以退出国联相要挟。1932 年 8 月 25 日，斋藤实内阁外相内田康哉在众议院答辩时，声称"为了保住满洲国，即使国家变成焦土，也要举国一致的贯彻此主张而寸步不让"，这就是"内田焦土外交"。所谓"昭和史的根底里有'赤色夕阳的满洲'"一说，足以反映近代日本帝国对中国东北的侵害程度之深重。日本东洋史学者以学术研究的形式，大肆宣扬"满蒙非中国论""长城以北非中国论""满蒙独立论"等诸多意在从历史文化主权层面割裂中国疆域的"研究结论"，以言说"满洲"的历史为主题的论著如过江之鲫，对近代日本的侵略国策提供了"学理"上的支撑与"佐证"，"满洲""满蒙""满洲国"不仅成为学术上的热点词汇，"满洲学"也俨然成为一时之显学。

　　清中叶以后，由于东北和西北地区同时出现的边疆危机，中国忧国有识之士逐渐将学术研究的目光和注意力倾注于西北和东北地区的历史问题上，边疆史地研究成为一时国内知识人研究的热点。其中，何秋涛、曹廷杰等诸位先贤在东北史地考证方面作出了开拓性的成绩，如《朔方备乘》《东北边防辑要》《东三省舆地图说》

等一批有学术原创价值的论述，形成了晚清的"边疆舆地学派"。20 世纪 30 年代关于东北的历史研究成为中国史学界研究的热点，一是日本东洋史学对中国东北历史的解读，已然超出了纯粹的学术研究层面，为日本帝国拓展殖民地空间的政治目的服务的国策学术色彩昭然若揭，对中国东北历史的曲解与谬说已经危害了中国的东北边疆社会稳定；二是国际社会在中国东北主权与历史文化问题上，有诸多似是而非的认识，亟待中国学界给予正面的回应；三是时代之需，中国社会同样需要推出有研究深度的东北史论著，以正视听，批驳日本东洋史学界的误导与谬说。为了回应国家与社会的急迫需要，近代中国一批具有家国情怀的历史学者，陆续推出了多种东北史地论著。20 世纪 30 年代，日本帝国主义不满足于拥有在中国东北的"特殊权益"，企图毕其功于一役一次性解决他们炮制的"满蒙问题"，因而发动"九一八"事变，扶植建立伪满洲国，强行将中国东北切割出去，变成其新的殖民统治空间。

　　面对国家蒙难、家园痛失的残酷现实，一批爱国学者奋然抗争，以笔为矛，以史为盾，倾心于东北史地研究，捍卫东北的历史文化主权，出版了一批传世之作和基础文献，为维护东北的历史文化主权作出了不可磨灭的贡献。如金毓黻的《东北通史》《辽海丛书》、谢国桢的《清初东北流人开发史》、傅斯年的《东北史纲》等著述。其中，傅斯年的《东北史纲》是数位中国学者通力合作承担的专著之一，撰写的初衷就是对国人进行历史和国情教育，驳斥日本东洋史学者鼓吹的"满蒙在历史上非中国领土"的谬论。全书由方壮猷、徐中舒、萧一山、蒋廷黻等史学家共同承担，傅斯年先生自述撰写此书的动机有二，其一是"中国之有东北问题数十年矣。欧战以前，日俄角逐，而我为鱼肉。俄国革命以后，在北京成立《中俄协定》，俄事变一面目，而日人之侵暴愈张。所谓'大陆政策''满蒙生命线'者，皆向我施其露骨的进攻之口号，而国人之酣梦如故也……吾等明知东北史事所关系于现局者远不逮经济、政治之什一，然吾等皆仅有兴会于史学之人，亦但求尽其所能而已"。其二是"日本近以'满蒙在历史上非支那领土'一种妄说鼓吹当世，此等'指鹿为马'之言，本不值一辨，然日人竟以此为其向东北侵略之一理由，则亦不得不辨……今不得已辨此本用不着辨者，此吾等写此编之第二动机也"。因此，傅斯年先生在开篇中明确写专节"论本书用'东北'一词名词不用'满洲'一名词之意"。金毓黻先生在《东北通史》的引言中，同样明确阐述了撰写此书的初衷，就是纠正世界舆论中的日本学者的谬说："今日有一奇异之现象，即研究东北史之重心，不在吾国，而在日本，是也。姑无论其用意若何，所述有无牵强附会，而其搜材之富，立说之繁，著书之多，亦足令人惊叹。试检其国谈东洋史之专籍，十册之中，必有一册属于东北，论东方学术之杂志，十篇之中，必有一篇属于东北。总其部居，校其篇目，林林总总，几于更仆难数。世界各国学者，凡欲研究东洋史，东方学术，或进而研究吾国东北史，必取日本之著作为基本材料，断然无疑。以乙国人，叙甲国事，其观察之不密，判断之不公，本不待论。重以牵强附会，别有用意，入主出奴，积非成是，世界学者读之，应作如何感想。是其影响之巨，贻患之深，岂待今日而后见。此由吾国向无此类精详之专书，可供世界学者之考览，而国人忽略史事，研究不早，亦其一端也。……且东北之今日，其足以使吾人触目惊心者，大非昔日日本学者牵强附会徒作理论探讨之比。而世界学者之认识东北，亦不仅如前者所云以日本著作为基础材料之比。是则今日研究东北史之重要，更倍徙什伯于昔日。"

傅斯年、金毓黻、谢国桢等学界先贤的东北史地研究著述是东北史地研究的标志性著述，在当时那个特殊的历史背景下发挥过重要的"学术戍边"作用。但遗憾的是，上述两部名为"史纲"及"通史"之作实际均未完成，或截止到隋初，或述及元末，其后均付阙如。但傅著、金著的学术影响和感召力发挥了"振臂一呼，从者云集"的学术导向性作用，形成了中国学者东北史研究的学术高峰，许多爱国学者陆续推出了东北通史论述，其中李絜非先生的《东北小史》、卞鸿儒先生的《东北之史的认识》、方德修先生的《东北地方沿革及其民族》和李济先生节译的《东北史纲》就是其中的代表作。

李絜非（1906—1983），本名永达，字洁非（亦作絜非），在本书扉页署名李絜非，安徽省嘉山县（今明光市）人，中国近现代历史学家。国立中央大学历史系毕业，曾供职于浙江省立图书馆，后任国立浙江大学史地系教授。一生致力于历史学的教学与研究工作，著述甚丰，涉及方志学、中美关系史、台湾史、中国近代史等诸多领域。本书收录的是其诸多著述中的《东北小史》，金毓黻序云："始于史前之东北，终于'九一八'事变，源源本本，如数家珍，信为好学深思心知其意之作。篇中之前五章，时有取于拙作，而纪叙史前一段，较鄙说为详为新；六章以下，更为拙作所未言。"给与了极高的评价。金毓黻甚至感慨和比喻道："今览李君之作，益以动我遐思。试以家族为喻，祖宗所贻之田庐，质剂具在，界至可稽，苟子孙非至不肖，必不肯以尺寸让人。详绎是书所指陈，正为东北之质剂界至，较然明白可数，强敌虽欲据为己有，其何可能？然则东北失土之收复，将以是书为息壤又不待问。"此书专为驳斥日本学界对东北历史之谬说而作。

卞鸿儒（1895—1976），字宗孟，辽宁盖平县（今盖州）人，毕业于沈阳高等师范学校国文史地专业，师从著名史家吕思勉先生。1922 年 5 月曾赴日本留学，1927 年 7 月任辽宁省省立图书馆首任馆长，1945 年 10 月任（中国国民党）辽宁省政府委员，1947 年 2 月任（中国国民党）辽宁省教育厅厅长。卞鸿儒先生著述颇丰，涉猎领域广泛，在东北史志、东北文献、东北民族、东北文化、东北考古等诸多领域均有著述，被誉为"东北考古第一人"，与金毓黻先生有深厚的学术情谊。

本书收录的《东北之史的认识》是卞鸿儒研究东北史的代表作，是在其讲稿的基础上修订完善而成。全书分为引言、正名篇、文化篇、外交篇 4 个部分，文化篇有"东北民族之汉化"和"东北之建置与开发"两部分，很明显是针对性批驳日本东洋史学者稻叶岩吉在《满洲发达史》《满洲历史地理报告》《满洲民族变迁史》等著述中提出的"满蒙汉对立论"，以及日本学者矢野仁一的"满蒙非中国领土论"等谬说，他在本书的叙录中说："白山黑水之间，吾家之田园庐墓在焉，为吾生长于斯歌哭于斯之故地，此吾父母之乡也。白山黑水之间，吾国之人民土地在焉，为吾先民披荆棘斩草莱之遗产，此吾民族之乡也。吾爱吾父母之乡，不忍忘之，吾尤爱吾民族之乡，尤不忍忘之……东北沦陷，倏已五载。回顾此五载严重之国难，白山黑水，既陷溺益深，冀云辽天，更忧患同切……此无他，东北四省之为中华民国领土之一部，为中华民族生命线之所系，有悠久之历史，足为铁证；有明确之关系，堪资认识。则对于国人不忘东北之信念，与收复失地之决心，实足以维系之，启发之，俾愈久而弥真，愈远而弥存也。此本编之所由作也。"

卞鸿儒先生提出，连绵不断的东北文化才真正代表东北，政治、民族皆因时势而有所变，不能因此而否定东北作为中国领土的不争事实。"中国之国家，系以汉民族为中心，合其他极错杂之民族以成国，故中国之文化，亦系以汉族文化为主体，孕育多数民族以发展；兼容并包，同仁一视，所吸收之民族愈众，斯国家之疆域愈恢；载祀数千，巍然以大国立于东亚，斯固并世之所无，抑亦往史之所独也。东北之民族，皆中国民族史上之民族也；东北之文化，亦皆中国文化史上之文化也。舍中国民族，既无东北民族可言；离中国文化，更无东北文化可称。此稍具史识者之所能知，而亦世之史学家所公认也。抑但就东北民族之史迹一方面而论，则吾以为东北民族变迁之迹，与其文化演进之事，要亦未可同一等视。何则？民族之变迁一时者也，可变者也；文化之演进连续者也，不可变者也；民族之兴衰靡常，而文化之消长有定，其所由秉受者远，斯其所演化者久。乌得以东北民族名称之有异，而遂谓其非中国文化领域哉？"

他在《外交篇》中提出，东北问题的世界性、国际性的论断，对当代的中国东北史研究仍颇具启迪性意义。他认为："东北之在今日，已处于世界最关重要之地位，东北问题之在今日，已成为国际间严重问题之焦点。"他针对日俄两国及欧美列强自近代以来对中国东北的争夺历史，作出了精辟的概括和分析："中外不平等条约之缔结，虽始于鸦片战争之结果，然而综观东北国际关系之发生，实始于帝俄远东势力之发展；而引起欧美列强对东北之注意，实又以中日战争为嚆矢。中日战争以前，帝俄势力虽仅及边陲，然自爱珲、北京中俄两次订约，竟割弃广大领土，帝俄势力且由此东及日本海，南伸入朝鲜境，于是更引起日本大陆政策之推进，而有侵寇朝鲜之暴行。中日冲突，既由此而起，而欧美各国之视线，亦即由此开始集注于我国之东北。其后历日俄战争，欧洲大战，东北遂直接间接，始而为日俄两大势力起伏消长之舞台，终成列强勾心斗角争逐外交之场所。"对列强争夺中国东北的原因及其始末概括精辟，一语中的。

方德修（生卒年不详），民国时期历史学家，1935 年曾就读于光华大学历史系，受教于著名历史学家吕思勉先生，著有《嵩庐问学记·吕思勉生平与学术》等论著。本书收录的《东北地方沿革及其民族》即由吕思勉先生为之作序，在序中直言："（国际联盟）也不能不说：东北是永远应该属于中国的。这是为什么？为的是东北三十个住民中，倒有二十八个是中国人。中国人何以能有此种成绩？这不是空言可以说明的。我们当先考其建置的沿革，以观其政治势力的消长；再看住居此地的，共有几个民族？其离合融化之迹如何？就可以思过半了。为要达到这个目的起见，看这本书，是最适当的，因为他叙述得简明而不遗漏，而且很有条理。"

方德修在自序中也坦言，本书的写作动机就是抗日战争胜利后，"随着抗战胜利的来临，许多收复区都亟待经营，尤其是沦陷了五十年的台湾，和十四年的东北。这是今日建国大业中最艰巨的工作。"他认为国人对东北历史、民族、建置沿革等诸多方面所知甚少，向社会真实客观地介绍东北的历史、民族是时代之需。"总括说来，乃满汉间一向缺少了解，故使作者为此而留心历来的记载上，关于东北的地和人，在本国史上的关系。先言其建置的沿革，说也惭愧，我国虽号称文化之邦，而东北的沿革，在史地书上，都只有简略到不能再简略的记述，甚且谬误。人的方面，纵的说是中华民族史上的问题，这在前人和近人的著作中，还有不少正确或欠正确的记述；横的方面，（即现今东北境内的少数民族状况）除了游记和报章上的通讯中，间有一二外，要知其详确的状况，竟不得不借助日寇的调查报告。这些参考资料，虽非常缺乏，而在今日却万分需要，故作者花了两个月的时间，搜集了这些私人能力可以搜集到的资料，加以整理，写成了这本《东北地方沿革及其民族》。"他坦言，撰写该书的目的有二："（一）论证东北和我国本部的历史关系，彼此的息息相关。（二）中华民族原是以汉族为核心，融和各族而成的一个集合体。时至今日，所谓汉、满、蒙、回、藏等族，早成了中华民族史上的名词。"方德修为撰写这本书，搜罗了22种中文文献、16种日文文献，吕思勉先生亲为订正并作序，顾颉刚、杨宽两位先生引荐出版，可见本书融汇了当时多位史学大家的心血，其学术见地与价值不言而喻。

李济（1896—1979），字济之，湖北钟祥人。1918年清华学堂毕业后赴美国马萨诸塞州克拉克大学，攻读心理学和社会学，1920年获文学硕士学位，同年转入哈佛大学攻读人类学及考古学，1923年获哲学博士学位，同年回国，任南开大学教授。1925年转回清华大学任讲师，讲授人类学。1926年，与美国菲利尔美术馆合作，发掘了山西夏县西阴寺遗址。1929年，任中央研究院历史语言研究所考古组主任。本书收入的《东北史纲》正是在此时翻译完成的。1934年，主持筹备设立南京博物院。1938年，当选英国皇家人类学会名誉会长。1948年当选为中央研究院第一批院士，同年底移居台湾，任台湾大学历史系教授、"中央研究院"院长，次年创设了考古人类学系，任系主任。

李济是近代中国自主考古发掘的第一人，他主持过河南安阳殷墟考古发掘。《东北史纲》一书是傅斯年在"九一八"事变之后的急救章，该书原计划由傅斯年与四位学者分工撰写：（一）古代之东北（傅斯年）；（二）隋至元末之东北（方壮猷）；（三）明清之东北（徐中舒）；（四）清代东北之官制及移民（萧一山）；（五）东北之外交（蒋廷黻）。此书主要为了反驳日本的"满蒙非中国论"，以历史证明日本占领中国东北、成立伪满洲国是非法之举，从而说服"国际联盟"的李顿调查团在中国东北的主权上尊重历史，不能认可日本的侵略行为。此书撰写完毕尚未出版时（最终只出版了第一卷，第二至五卷未出版），即由傅斯年委托李济节译为英文出版，送交调查团，本书收录的是按照李济英译本的中译本。李济先生节译的《东北史纲》在李顿调查团与"国际联盟"认定"东北为中国固有领土"问题上发挥了重要作用。

鉴于《东北史纲》后四卷最终并未出版，我们又收集了后四卷的作者在未刊稿中节选并零星出版的一些论文，加上第一卷第三章的修订稿（即本书收录的余逊一文），作为《东北史纲》未刊部分的补缀，并且收录了几篇书评，以期读者能够借此推知《东北史纲》全本的面貌。

在编排整理过程中，我们将书中明显的错字如"稻菜岩吉"直接改正为"稻叶岩吉"，将旧竖式排版中的"如左"等字直接改成了"如下"，并规范了部分标点符号的用法。本书收录的几部著作，其原书都有目录，此次整理，为方便读者整体阅读，把每书的目录集中于全书前。此外，鉴于当时特定的历史情境及编辑出版规范，原书存在的诸如称谓不当（如"满洲""鲜人"等）、注释不全甚至存在史实错误之处，我们本着尊重原著的原则未予改动。需要说明的是，这并不代表编者的立场，还请读者注意甄别。

郑毅　谨识
2023 年 7 月

目　录

东北之史的认识

（卞鸿儒）

东北地方沿革及其民族

（方德修）

东北史纲

东北小史（李絜非）

东北小史序

往余客南都，发愿撰《东北通史》，搜集资料略备，以十阅月之力，写成三十万言，适得全书之半，是为上编。而抗日军兴，未几南都沦陷，余展转入川，检行箧所存，全稿尚在，惟下编之资料随劫火以俱丧，讫于今日犹不能下笔，思之辄不胜其惘惘也。

去冬，余来三台，沈君鲁珍告余，浙江大学之李君絜非新成《东北小史》一册，欲余为之校订。李君旋寄其稿来，余发而读之，至于爱不释手。李君之作，厘以十章，约四万余言，始于史前之东北，终于"九一八"事变，源源本本，如数家珍，信为好学深思心知其意之作。篇中之前五章，时有取于拙作，而纪叙史前一段，较鄙说为详为新；六章以下，更为拙作所未言。当此外患未艾，僻居一方，无法博综约取之日，余欲续成未竟之通史，虑非借助于是书，别无采获之方，是则李君之有造于余者甚大，岂止拘拘于校订文字而已哉。

噫！余去故乡，五六年矣，每披艮维之图，恍见不咸之绝顶，室建之奔流，密林际天，怒骥满野，原田膴膴而如画，宝藏累累以无穷，美哉山河，顾瞻流涕。今览李君之作，益以动我遐思。试以家族为喻，祖宗所贻之田庐，质剂具在，界至可稽，苟子孙非至不肖，必不肯以尺寸让人。详绎是书所指陈，正为东北之质剂界至，较然明白可数，强敌虽欲据为己有，其何可能？然则东北失土之收复，将以是书为息壤又不待问。余近取《通史》上编付之手民，而李君《小史》亦将问世，可谓声应气求，不期然而然者。吾闻李君请业于张晓峰先生之门，先生为当代史地学界之巨擘，衣钵所传，家法自正。他日余偿还乡之愿，当邀李君邀游于白山黑水间，举古事今情，而一一证之于史，李君当有百尺竿头更进一步之巨著，晓峰闻之，其必为之欣鬐一笑乎。

民国辛巳一月辽阳金毓黻校竟记。

第一章　绪　论

东北的正名

　　辽宁、吉林、黑龙江三省，很早便隶于我国的版图。因为位于我国的东北部，所以近代以降，称之为"东三省"。或更将热河加入，称之为"东四省"。辽、黑、热皆缘水而得名；吉则吉林乌拉的简称，义为沿江。推此等命名，皆属晚近的事情，终不如"东北"一辞的简赅与由来也久。"东北"为中华民国的东北，乃自方位而起，及后更划以一定的区域，从而名之为东北。于是笼统的一隅方位之地，得到了一个确定范围实际相孚的名称。对于中央，则表明其为中国的一部；对于地方，则显示其所在的方位。依中国和东北的历史与地理而言，这一名称既有史迹和方位的根据，并且十分确当。但自近代以来，我国东北海外，久受中国化育的日本渐见强大起来，因为东北为彼侵略大陆的第一步，所以一意孤行的要予以吞并，从武力、经济各方面着着进行。同时一班日本军阀御用的文人，更不惜颠倒是非，淆乱黑白，予武力、经济侵略的恶行以粉饰和接应，想以一手掩尽天下后世人的耳目，乃逐渐以"满洲"称东北。利用此种闪烁模棱的名称，以为蒙混极少数满族和作为侵略的掩护之工具，抹煞东北为中国全部的一部分，使中国无容置喙，而得任所欲为。实则稍有中国历史常识的人，皆知道"满洲"根本不是地方的名称，而为明代臣属的建州女真酋长"满住"的衍文①。（按：建州卫首领李满住在清太宗、皇太极数世以前，是满族中早期最杰出的人才，为明守土东北，所以"满住"乃为

――――――――――

　　①　孟森：《清史前纪》，商务本，民国十九年出版。

满族最尊的称号。以后逐渐讹为满洲，嗣后更以之名其部落。）金毓黻以为："满洲之得名，盖含有二义：一为佛号曼殊之转音；一为女真酋长之尊称。从而为折衷之说者，谓满洲之音，由于曼殊；满洲之义，乃为酋长。"① 由此可以见到其间蜕化的痕迹。至以此尊称置于其族国之上，则肇始于皇太极建国号为大清之后，以满洲之名掩饰其称后金的丑迹。（努尔哈赤国号大金，为自托于金朝的再兴。）而以之为一隅地方的名称的，则作俑于南满铁路的命名，清初诸帝，以满洲名其族国，为假借之以讳饰其前此卑微的经过。嗣后因为中俄间交涉，遂将用字不慎，"南满"字样著于条约之中，日人竟以小人之心，利用罅隙，因缘为利，假为诡辩之资，声言东北是满族的而非中国的固有之地，即含有不承认其为普通行政区域的意思，而与蒙藏等地（按：蒙藏亦有与满洲部族名变而为地方名的经过）等量齐观，更恣其雌黄，造作"南满""北满""满蒙"一些名称，来遂其分化离间的阴谋，次第蚕食的目的。从最近的日阀暴行侵略事实，回溯既往，日人的处心积虑，真是狂妄狠毒之至。

东北早属中国

东北去今四千二百年前，虞舜的时代，已为我国的属土，载籍斑斑可考。三代以降，殷封孤竹君于今河北省的东北邻于辽、热两省的迁安县西，其范围当然及于辽、热两省。周武王封殷后箕子于今朝鲜半岛，则介于朝鲜河北间的东北——尤其辽、热两省，安有越在化外的道理？自后历代未曾放弃，皆从而建置区域，设官治理。虽间有历史上的部族（今皆同化于汉族）时而称制割据，雄长一方，时而更混同全国，合为一体，但皆为我国民族内部搏挽过程中应有的现象，不足为病。古今中外，任何一国民族的建国史，皆有此同样的悲欢离合之迹。且虽在每一柝异的时候，中国在东北的主权，皆始终维持未隳，尤其在种族和文化的两方面，始终为中国的一部分，驯至一切政教、风俗，无一和内部有异。所以今日自一切方面视之，东北完全为中国的领土，毫无疑义。日本人大言不惭，说"满蒙在历史上非中国领土"，真是抹煞事实，指鹿为马。且东北即在国际公法上和民族自决上言之，其为

① 金毓黻：《东北史》（未刊本）。

中国省区，更有其历史的事实上之根据。所以日人中稍顾历史事实者如稻叶岩吉，也不得不承认我国人之早居斯土，但却故意的把时期移后；更于汉、满两族之间，肆为主客之别①，终属无所征信，别有用心。

东北的民族

东北民族见于我国已往载籍中的，在上古时代有貊和肃慎，在汉有东胡、山戎、夫余、高句骊，在魏晋有鲜卑、挹娄，在北朝有勿吉靺鞨，在唐有渤海、百济、新罗，在宋元有契丹、女真、室韦、鞑靼，在明有满洲，错综离合，难为定论。然大别之，除汉族外，可以列为通古斯族、夫余族和东胡族。通古斯族，上古谓之肃慎或息慎、稷慎，当时所住之地，史家多指为今吉林省牡丹江上流地方。汉、魏、晋称挹娄，南北朝称勿吉，隋唐称靺鞨，宋、元、明称女真，清称满洲。先后曾建有渤海（唐时）、金（宋时）和后金（即清）三朝；以清势为最盛。西周时，数来朝贡。其后经秦汉，不通中国，而臣属于夫余。晋时，复行来贡，仍为楛矢、石砮。隋唐之时，有一部助中国征伐高丽、突厥，更为接近中国，后建渤海国，一切典章制度，大都模仿中国。其属黑水部靺鞨于宋时叛辽侵宋，建国曰金。至于满洲，初兴之时，尚在半开化的阶段，与明接触既久，已多同化，及至入主中国，所谓满族，遂成为历史上的名称，而尽同化于汉族。其留于东北边徼者，在清初别为四部：使犬部，包括呼尔喀、满珲及黑龙江下游的鄂伦春人；使鹿部，包括费雅喀、奇勒尔和上流鄂伦春人之在东部的；使马部，上流西部的鄂伦春人；鱼皮部，呼尔喀之黑斤即赫哲人，又称鱼皮鞑子。近三百年来，很多变动，至今人口甚少。夫余族即貊族，今已不在中国范围之内，但于民族上和汉族关系綦切。而在历史上，其地望久与东北结成一体，不啻越南之与滇、桂。不过，论其住地的关系，实古近而今远，大抵皆依朝鲜为根据。箕子封于其地，《史记》称其迫于燕北，是其族曾一度远及于今东北之中北部。后以汉族的向外开拓，大部乃和汉族同化。其后高句骊、百济，皆出于此族。说者谓貊为广义的东夷，而在上古期间，建国于中原的殷且为东夷民族，说证甚多。因之貊与中国的关系，不但很早，抑且甚密。而

---

① 稻叶岩吉：《东北开发史》，杨成能、史训迁译，民二四年辛未编译社。

其居地朝鲜一辞，古时兼及辽东一带。地理上既错综相属，人种上更转移交流，比之越南之与中国，更进一步。东胡族立名最古，《史记索隐》引服虔云："东胡，乌桓之先，后为鲜卑，在匈奴东，故称东胡。"秦前居今热河、辽宁一带，当时除用"东胡"一名外，尚有称山戎、北戎者，其后别为乌桓、鲜卑、契丹、室韦，前三者多与汉族及早同化。独室韦蜕化而为蒙古，今除蒙古稍存少数子遗外，东胡在辽后已无纯粹的独立之远种。综论以上三族，在历史上不少鱼龙曼衍、血染玄黄的事故，但今已茫茫古原，尽成陈迹，而俱融于汉族的主流之中，使汉族愈发极复杂丰富的能事。言乎汉族徙居东北，于今日发掘的遗址古物考之，不啻与肃慎、东夷同为东北的土著，而更为之主流，以承受其他种族的支流于一炉，忽起忽落，在东北一隅尤尽波澜汹涌之大观。所以回顾我民族已往的历史，东北居民，在过去与中国民族主流的汉族，交流潜汇，关系最称复杂。但同化的结果，亦最艰难和伟大。

东北的建置沿革

溯自虞舜之世，东北一部为古冀、青二州之地，舜分冀州东北为幽州，青州东北为营州。在当时虽不即为行政区域，但可视为分画的地理区域。夏商因之。周初为幽州，其时肃慎在东北，朝鲜在东南，同居幽州的境内。热河亦于周世以山戎通于中国。战国时，辽河左右属燕。秦一天下，置郡县于辽宁，置辽东、辽西两郡。热河则当渔阳、右北平、辽西等郡的边境。汉初因之，属幽州，武帝时增置真番、临屯、玄菟、乐浪四郡。玄菟在辽宁境，（高句骊在东、属玄菟，）吉、黑时为夫余、挹娄所居。热河一部初隶右北平郡，余则终两汉之世皆为乌桓、鲜卑、貊人所据居。安帝时，增置辽东属国都尉。汉末为公孙度所据。曹魏先后击破热河的乌桓与割据辽东的公孙氏，置东夷校尉，治襄平，而分辽东、玄菟、乐浪、昌黎、带方五郡为平州。吉、黑仍为挹娄（后魏称勿吉）、室韦、獩貊、夫余所居，皆纳贡内属，隶于东夷校尉。东晋之时，中朝衰弱，辽热一带，先后为前燕、前秦、北燕所盘据。南北朝时，一部并于北魏，热河东北则有契丹别部的库莫奚。辽河以东则没于高句骊。吉、黑则为靺鞨所居。隋唐降服高句骊，恢复东北。高宗时，平高句骊、百济，并今辽宁地置都督府九，设安东都护府以统之。热河初置松漠、饶乐两都护府，后隶平卢、范阳两节度使。吉、黑在唐初曾置有燕、黑水等州，为中羁縻各部住地，咸属于唐。其后粟末部大祚荣，在今镜泊湖（当时称为勿汗海）附近勿汗城叛唐，称震国王。不久，为唐招降，至大祚荣之孙钦茂，唐封为渤海国王。置五京，十五府，六十二州，于黑水靺鞨之南与朝鲜之北境。五代、北宋时，辽宁属辽金为东京辽阳府，热河则有契丹阿保机的兴起，势力远及于吉林的西南。吉林的其余部分，和黑龙江则为女真所居。契丹后改国号曰辽，兼有今河北一带地方，后女真（黑水靺鞨）建国曰金，统一东北，与宋以淮河为界。辽、金国于渤海皆有五京的建置，不过范围愈后愈为推广。元初置东京总管府，后改辽阳等处行中书省。辽河以东为辽阳、东宁、沈阳、开元等路，开元以东为合兰府水达达等路。辽河以西为广宁、大宁等路。包括今东北四省。明初于辽、吉、黑三省置定辽都卫，后改为辽东都指挥使司，革所属州县，置卫二十五，所十一。永乐间，复置安乐、自在二州，外卫一八四，所二十。后辽宁为建州卫，吉林为海西、野人两卫，黑龙江为朵颜卫，分别属辽东、努尔干两都指挥使司。热河一部为北平府治，余属全宁、大宁、兴州等卫和兀良哈部。清初起自建州卫，先行征服东北四省，然后定鼎中原，尊辽宁为盛京，设将军都统和吉、黑同。季年置东三省总督，驻沈阳。热河承德则设于康熙间，隶于河北。辽宁于日俄战后改称奉天，与吉、黑两省同时改建行省。民国建元，热河改称特别区，民国十八年，亦改建行省，同时奉天改用今名——辽宁，计辽宁有县五十九；吉林有县四十一，设治局一；黑龙江有县四十三，设治局十；热河有县十六，设治局二。综计有县百五十九，设治局十三。溯考东北的建置，秦汉以前，但为辨方正位，然亦指示疆土的划分，秦汉以后，正式建置郡县。辽河一带，始终为汉人耕殖之地，其后割据、统一，军府、民治交迭起伏，尽往复离合的能事，而终归于清末民国的极治。其间曾不知洒却几许血汗和耗费若干勤劳，"一寸山河一寸金"，其实黄金虽贵，要亦不能比拟其百什分之一。

本书的分章和旨趣

本书计分十章：第一章：绪论，首正名称，"名不正则言不顺"。既破日人之谰言，并正中外之视听。次述民族，由以见我民族过去相煎熬相融化的经过，今搏捖的大业方成，而敌人之离间正亟。凡我东北同胞，应一回顾历史，我汉满早经一体，血浓于水，绝不容其分裂。末叙建置的沿革，我人更当了然于东北设立郡县的悠久，在割据如渤海、辽、金曾未或废，至清而种族、文教，遂收完全一统的大功。其中艰辛缔造，实为各边区最。第二章：史前的东北，则就近来中外学者发掘考订之所得，以补置东北正史的阙页。依于仰韶文化的遗物，可以上溯中华民族的早据斯土。第三章：早期汉族的开拓东北，自有史以迄汉魏的二千年间，依于古史的纪载，以觇其中各部族活动的事迹，而汉族更及早为其间开发之中坚，东胡、夫余、通古斯，举为汉族的臣属，拜手于高等文化之下。而郡县的设置，更正式收入中国的版图。秦开、汉武、公孙度、毌丘俭诸人，皆中国和东北的功臣。第四章：东胡、夫余两族的争霸一隅，与隋唐的征韩破日，为时约四百余年，其先则有夫余和东胡两族间的争霸一隅，与汉族在东北所发挥的潜势力之伟大。继而汉威在东北重行振起，又以问罪高句骊之故，由唐将刘仁轨等更写出中日战史最光荣的一页。第五章：渤海、辽、金的建国始末，其间满蒙诸族，旋起旋扑，但文化高、潜力大的汉族，始终为之枢纽。第六章：元明对东北的经营，南逮朝鲜，北及黑龙江，皆在两朝的版图之内。第七章：汉族开发东北的成熟，与俄、日两国在东北的角逐，东北内部乂安，而外祸日亟，俄开其端，日造其极，终演为两帝国主义者的火并，继而形成所谓"北满""南满"的平分势力。第八章：日本对东北侵略的积极，与"九一八"事变，暴日蕞尔三岛，侥幸于中日、日俄两胜之役，狼子野心，荐食上国，而有"九一八"的事变之爆发，更冒天下的大不韪，不惜与举世为敌，藉武力以强占东北，诚为吞一自杀的炸弹。第九章："九一八"以后的东北，叙事变以来东北在日军铁蹄下的情况，以及世界对日本暴行的斥责。第十章：余论，综述汉族在东北筚路蓝缕惨淡经营的劳绩，以及我国在东北根深蒂固的势力，要非日本的武力所可倾覆。东北在积极上，更为中国的生命线，与国防上的最前线，更不容轻言放弃。更由于东北精神与中国的关系，以证明东北必能收复。我人感奋之余，应力求后效，以明鄙言之不谬。

其他参考书：

（嘉庆）重修《一统志》卷五十七《盛京统部》。

林惠祥：《中国民族史（上）》，商务本，二十六年出版。

第二章　史前的东北

东北的仰韶文化

日人稻叶岩吉于所著《东北开发史》中，曾说满族为东北土著。又说汉族的移植东北始于燕昭王时代（公元初）。其为抹杀历史上的事实，甚为昭昭易察。证以近年来东北出土的故物，益可以证明汉族之在东北，为先史时代以来的事情。源远而流长，已获中外学者的公认。民国十年，瑞典地质学家安特生（Dr. J. G. Andersson）在辽宁沙锅屯发掘一穴居遗迹，其报告见于《奉天锦西县沙锅屯洞穴层》一文。（又《中华远古之文化》一文，俱载于一九三三年之地质调查所出版的《中国古生物志》丁种第一号第一册中。）谓此中所藏，乃混用新石器时代的文化遗物，与彼前在河南渑池县仰韶村所发见的，异常孚合。由于贝环和带彩陶器残片的相似，因举其特别相似者，归纳之为□点，从而为之结论，说是："余意以为此二址，不特同时，复为同一文化的民族所遗，即予所谓仰韶文化者是。其有彼此不同者，为多数碗形器及刻纹花样，二址距离既远，民族离合，各自发展，势或有之。"英解剖学家步达生（Dr. Davidson Black）因而推断两地之混用新石器时代文化的居住者，大体上为一事，见于其所著《奉天沙锅屯及河南仰韶村古代人骨与近代华北人骨之比较》一文，末谓：我人至难避去"沙锅屯居民及仰韶居民之体质，与现代华北居民之体质同派"的结论。即石器时代的沙锅屯人、貔子窝人，均为构成今日华人之基础的人种。是不惟由器物上可以证明，而由古人遗骨研究的结果，尤为直接有据的说明。第考安特生在河南、辽宁、甘肃、青海等省所发掘的石器，皆定为同一时期，命名为仰韶文化。仰韶文化云者，为我国有史以前的一个文化期，因着色陶器的存在，及其制作的进步，为属于一极晚的新石器时代，所谓尾新石器时代（Ae-neolithic）。其时期约在纪元前二千年以前。可见我国人荒古时期的繁殖于黄河流域，已不限于陕甘一带，且远及于东北。更进一步言之，研究古史者，论汉人之奄有中土，其所从来，或自西方，或源中土如蒙古或新疆，虽属众说纷纭，然以迄今的出土遗物考之，距今三十万年前，中国猿人（原称北京人，近人改称震旦人 Si-nanthropas）①的遗骨，虽只于周口店一处发现，但其他旧石器时代的遗址，则东起吉林，西讫新疆，皆有发现。论者因谓中国本土，或者即为人类发祥之地，甚属可能。至于新石器文化遗物的发现，黑、热以北多属塞系（Scythian）；黑、热以南则为中国系，如貔子窝发现的鬲形土器、沙锅屯发现的贝环等，皆其代表。基于上述的种种发见，可以了然东北先史文化的大致线索，不仅知道在殷商以前，东北有与中原相属的仰韶文化期，并且有旧石器时代的存在，由之，可以与中国史前史打成一片，今古无殊。

汉族及早的移入与史迹的繁博

由上节所述新石器文化遗物的发现考究起来，其地域盖已进至农业时代。依于此种种发现，再考证之以古史的记载，东北原始民族是否为与中国最近的东夷人或殷人，尚不能予以定论；但最早见于中国史册的肃慎、獩貊等族，其在东北，亦迄无考古学上、人类学上纯然一系的证据。则谓为稍后方才迁入，亦或容为事实。更且缘于汉人的闻见，而后方始有最早与唯一的中国古代记载。则汉人虽不必最早居于东北，然至迟亦或与肃慎等族在彼此时距的极短之中，先后居于东北，实属衷情合理的一件事情。更何况即退一百步为言，东北在历史上所有的种族，今已几于完全和汉人溶为一体。抑自其他方面说来，近时学者研究的结果，东北诸族神话及秦汉方言中所记北燕朝鲜的方言，两者皆与中国大致相同，其必出于一源而为国人的殖民无疑。即彼日本学者因为证据确切，亦不得不为之作同样的结论。东京帝国大学滨田耕作教授，于民国十七年发掘旅顺之貔子窝，得史前的遗迹，因谓："貔子

————————

① 叶为耽：《震旦人与周口店文化》，商务本，二十五年出版。

窝遗迹内有孔石斧一类之中国式石器，鬲献一类之中国式特有形式土器，中国汉式青铜器，以及周末汉初钱币之存在，不能不想象此非单纯输入为装饰品，而为深密锲合于此地方人民生活中之存在。"足见汉人在东北根深蒂固，源远流长之一斑。同大学清野谦次教授，研究前者发掘所得，谓自很多骨骸的形质上，貔子窝于近人种中，独与中国人为最接近。抑此石器时代的貔子窝人，谓其与近代中国人之祖先为一事，实为极可通的说法。语虽不十分确定，但事实不容否认。至如同国人鸟居龙藏所谓："南满洲之新石器遗迹，为通古斯人，即《晋书》所谓肃慎者所遗，此类人在汉武东征前即住此地。"（氏著《南满之先史人类》及《东蒙之原始人类》两文，发表于《东京帝国大学理科学报》。）因以肃慎的通古斯人为东北土著云云。此在滨田氏则不予以同意，而谓："虽知其（按：指汉族）曾于周秦时代占南满洲耳，又谁能否认纪元前一世纪武帝时以前，汉民族之伸张，一次再次不止耳。吾人诚不能免于置信者。即武帝时之汉人东渐，不过前此中国人伸张之重现，而武帝之武功，正以其本地原有相当的民族之根据。"彼盖认貔子窝附近，无论在文化上、人种上，皆多属中国式，实系根据于所得人类骨骸及文化的材料之最自然的结论，非不如是不可。是汉人于周秦以前，固已据居东北。更当远溯其迹于有史以前，信而有征。至于秦开、汉武的东向拓地，诚如滨田所谓，要不过伸张的再现而已。

至如朝鲜、库页与西北利亚，皆属广义的东北，为我中华民族最早远出拓殖的地域。依于唯我独具并世最古的记录一端，可以想见。惟各地史前的古物，因为地域的被占，与发掘的未遑，尚未能予以称述。然诸地之早沐我族膏泽，殆无疑义。

第三章　早期汉族的开拓东北

燕之袭却东胡与兴筑长城

汉族的早居东北，已如前述。而远古的建置，亦且粗具区划。不过到了春秋以后，中国四方多故，华夷之防因之大坏。尤以东西两方为最纠纷。而东北一隅，由今宣化以至滦州，则有东胡、山戎之祸，惟是汉族虽在东北政治上失了势力，但移殖东北的燕、齐、赵各地人民，则迄未中止。战国之世，燕最弱小，北见迫于蛮貉，南措置于齐晋，四郊多垒，非发愤图强不足以云立国。昭王时期，颇能礼贤下士，拓土开疆。十二年（公元前三百年），用秦开袭破由今热河而势力弥漫于辽宁的东胡，拓地千里。燕的势力，遂直达今之朝阳、建昌以北，实为殷周以来所未有。而东方之地，更达于朝鲜。其时箕子的后人朝鲜侯自称为王，逐渐骄纵起来。秦开既而攻其西境，拓地二千余里，至满番汗为界。当时的东胡，即后日的乌桓鲜卑部落，因为被秦开所击破，而势力穷促的几及百余年之久，同时日见强悍的朝鲜，不时窥伺东北。两者皆为燕之边祸，得秦开的攻拓，燕之外侮，得以大纾。燕更为防患未然计，兴筑长城，自造阳（今独石口）至襄平（今辽阳），置上谷（包括今察哈尔宣化至独石口）、渔阳（包括今密云至承德）、右北平（包括今河北的北部及热河平原陵源）、辽西（包括今热河朝阳及辽宁辽河的西部）、辽东（包括辽河以东及朝鲜平安北道）五郡，前四者得之东胡，辽东则取诸朝鲜。番汗即后日的番汉县，至满番汗为界，当在今鸭绿江下流入海的地方。郡县既然设置，移民实边，想是当然的事情。所以在今日大凌河、太子河、浑河一带，皆发见有燕西赵国明邑地方所铸的明刀。（明刀货币，更出土于朝鲜全罗南道和日本，明刀或谓为古代会盟时所用的刀币，是则为时当更在春秋之世，战国之前。）其后中原多故，汉人卫满乃奋起为雄，控制朝鲜、真番等地，设置官吏，兴筑障塞，维持中国在东北的政治势力于不坠。

秦代恢宏前朝的建置

秦始皇二十五年（公元前二二二年）灭燕，尽有其地。卫满葆塞为外臣，仍居故土，称为辽东外徼。朝鲜王箕准畏秦之威，虽不肯朝会，亦服属于秦。二十六年，秦分天下为三十六郡，东北地方一仍燕之旧贯。更使大将军蒙恬缮修长城，坏者葺之，断者续之。西起临洮，东至朝鲜龙岗，蜿蜒达万余里，则是燕秦的势力，均远及于今朝鲜半岛。此种故垒遗址，残存于和龙（今朝阳）附近，及范阳（今北平）郡北。秦之长城，自造阳至辽东一段，即为就当日燕、赵和卫满旧筑的长城，以为之基础，加以补缮添筑，联成一气，而总其大成。冯家升考得长城的东端，为沿用燕之旧址，而加以缮葺，东端起朝鲜平安南道的龙岗，及明川江——一名大定江，西北绕鸭绿江、佟家江，西北过开原北，西南经朝阳、建昌、凌源北，辗转至独石口。[①] 金毓黻断为应由今之独石口，东经怀来之北道，通过建昌、赤峰，北走朝阳、义州，以出医巫闾之东，包延新置之五郡，而迄于辽阳之北，秦因之。[②] 两说大体一致。又在朝鲜平壤地下曾掘得秦戈，为战国时代最后的纪念品，幸免于秦始皇的毁销，弥可珍贵。汉势远出东北，不仅此等遗物堪资佐证，古代史册更多征信：《史记》载秦之疆域："东至海暨朝鲜……旁阴山，至辽东。"则朝鲜、辽东，皆明列于中国版图之中。嗣后汉武帝的征服朝鲜，实依于此等早经存在的潜势力，为之再度扩张，克复旧土而已。

统治东北规模最盛的汉代

秦末，天下大乱。汉代秦兴，初于辽东置国，韩广、臧荼、卢绾先后为王，但

---

① 冯家升：《周秦时代中国经营东北考略》，《禹贡》二卷十一期。
② 金毓黻：《东北史》（未刊本）。

皆一度据地称叛，直至卢绾被平定了之后，方始重行制置郡县，直隶于中央政府。辽西、辽东、玄菟、乐浪诸郡属幽州者，即今东北之地。论汉之世，统治东北之盛，为上古各代之最：由于汉孝庙铜钟（发现于平壤对岸，乐浪郡治的朝鲜县，即王险城，不在平壤，而在大同江之左岸。——永光三年，即公元前三九年造），与秥蝉县神祠碑（秥蝉为乐浪郡属县之一，从其碑载干支，推定为后汉章帝元和二年——公元八五年所立）①，可以觇知两汉之治东北，虽远在朝鲜中部，其臣服中央，一如内地无异。更事增修秦代长城，不过汉代有长城与障塞的异称，吾人推测起来，大抵近于内部，则工事坚固，用石构建；边徼远地，则工事简陋，略为筑垒设防，因以不同。昭帝以次，东北祸乱无已，初有夷貊的侵凌，后更益以东胡遗种——乌桓鲜卑的寇抄。

迨及后汉之世，于辽东、辽西两郡间，另有辽东属国的建置。"属国之制，义同分郡。"② 其时属国都尉所经管的事情，为掌制内附的乌桓、鲜卑。汉末公孙度据辽东，自号平州牧，代汉行威令于东北。魏置东夷校尉于襄平，分辽东、昌黎、玄菟、带方、乐浪五郡为平州，又考两汉时对辽东诸郡，除行政措置外，尚有人口调查遗于后世，盖其设施，不让内地。（前汉辽东郡县十八，户五五·九七二，口二七二·五三九；辽西郡县十四，户七二·六五四，口三五二·三二五；玄菟郡县三，户四五·〇〇六，口二二一·八四五；乐浪郡县二五，户六二·八一二，口四〇六·七四八，后汉辽东郡县一一，户六四·一五八，口八一·七一四；辽西郡县五，户一四·一五〇，口八一·七一四；玄菟郡县六，户一·五九四，口四三·一六三；乐浪郡县一八，户六一·四九二，口二五七·〇五〇。比诸前汉大见减削——按全国各地如此，为一普遍的现象。合计县与户数约减三分之一，人口数减削几及三分之二，足征祸乱之烈。）及其末季，中土云扰，政治力量虽减于东北，但文化发展，以学行高超的中原人士，一时群以东北为避难之地的缘故，因是东北反获得长足的进步。

① 黄炎培：《朝鲜》，商务本，民国十八年出版。
② 金毓黻：《东北史》（未刊本）。

汉族在朝鲜的经营与汉武之郡县半岛

箕子封于朝鲜，载在典籍，且有古迹可资证明。惟日人白鸟对此，则故作怀疑。① 箕子之后，朝鲜便称王自大，既为秦开所却，嗣后遂弱。鱼豢称："……及秦并天下，使蒙恬筑长城，到辽东。时朝鲜王否立，畏秦袭之，略服于秦，不肯朝会。否死，其子进立二十余年，而陈项起，天下乱，燕、齐、赵民愁苦，稍稍亡往准，准乃置之西方。及汉以卢绾为燕王，朝鲜与燕界于浿水。及绾反入匈奴，燕人卫满亡命为胡服，东渡浿水，诣准降，说准求居西界，收中国亡命为朝鲜屏藩，准信宠之，拜以博士，赐以圭，封之百里，令守西边。满诱亡党众稍多，乃诈遣人告准，言汉兵十道至，求入宿卫，遂远攻准，准与满战不敌。"② 足征其时汉人拓地之广、移入之多，加以统治者尽属汉人，同化作用，自亦更大。卫满既成立了雏形的国家，为时弗久，到了其孙右渠，既诱汉亡人滋多，且未尝入朝；真番旁众国欲上书见天子，又为拥辟不通。武帝元封二年，汉使至，右渠仍不奉诏。汉使杀其送者于浿水界上。③ 朝鲜因是乃与汉构兵。武帝分兵两道东征：一路遣楼船将军杨仆统兵五万由今山东度渤海径趋王险城；一路遣左将军荀彘率辽东兵，由今辽阳，以趋浿水。初因臣将意见不合，围城无功。三年，济南太守公孙遂驰至纠绳，统率既一，围攻遂亟，其夏右渠杀降，乃定朝鲜。以其地为乐浪、临屯、玄菟、真番四郡，大抵在今辽、吉一带及朝鲜的大部。惟其确定地望，颇多聚讼。（盖因据时不同，立论遂异，有南北两说。）稻叶岩吉谓为："于汉水流域卫满之根据地，及大同江流域，置乐浪郡。其南忠清道一带置真番郡。于东北江原道一带置临屯郡。于咸镜道及跨越鸭绿江上游一带置玄菟郡。"④ 玄菟最北，乐浪在玄菟之南，临屯在乐浪之东，真番在乐浪之南。真番、临屯之名，皆已前有，汉武帝因其地，承其名。玄菟郡初治沃沮，后治高句骊，其中汉人最多，南部则为韩族。临屯郡治东暆，居民为濊貊。乐浪郡治王险城，汉人聚居其地者实繁有徒，乐浪王氏，尤显于世。真

---

① 黄炎培：《朝鲜》，商务本，民国十八年出版。
② 《魏志》。
③ 《史记·朝鲜列传》。
④ 稻叶岩吉：《东北开发史》。

番郡治云县，高句骊族所聚居。又武帝当右渠未灭时，曾使彭吴通濊貊（今朝鲜江原道一带），濊君南间等率众至辽东内属。武帝乃就其地置沧海郡。惟因僻远难治，不久罢之。所以汉武之世，中国开拓东北，一时猛进，突越以前各朝。武帝用夏变夷之功，不可或没。但其政治设施，不久便告萎缩：昭帝元始五年，以濊貊、高句骊诸族多故，废掉临屯、真番二部，并徙玄菟郡治于真番故地，玄菟大部并于乐浪，则是后者扩充而前者缩小了。然犹置东南两部都尉，以便治理朝鲜岭东偏南地方。东汉初年，废两部都尉，将岭东地悉封诸濊貊的渠帅，而听其自治。乐浪郡则一度为高句骊所占。东汉末年，辽东太守公孙度据地独立，领玄菟、乐浪二郡。其子康，以韩、濊诸族强盛，郡县的力量不易制理，因割乐浪南部屯有以南七县为设带方郡，并讨伐叛者。继而曹魏灭公孙氏，统治半岛的郡县。其后则有高句骊、百济兴于晋代，前者乃乘晋乱以次兼并乐浪、带方、玄菟诸郡之地。又辰韩一作秦韩，则以其人多避秦乱而至半岛后所立之国，故以为名，后为新罗，和中国的关系綦切，因为渊源甚久，血浓于水使然。

肃慎与夫余

东北之有肃慎，最早见于中国的记载。《史记》："舜禹之时，北抚山戎，息慎。"[①] 息慎即是肃慎。自唐虞以迄周初，皆视为东北边疆的臣属，所称范围，颇为广泛，但凡今吉、黑两省，乌苏里江以东，皆古肃慎之地。汉季仍有肃慎之名，厥后称挹娄，亦即居处于长白山以东肃慎氏的故国。《后书》《魏志》称其在夫余东，滨大海，南与北沃沮接，不知其北所极。又称其人常居善射，矢用楛，青石为镞。东夷、夫余饮食皆用俎豆，取式中国，唯此越在边鄙，犷野不法，俗最无纲纪，以是文化较其他部族远为低劣，似完全度着原始人的生活。西周成康以降，不通中国的有千余年。直至晋时，方始复通。夫余在玄菟北千里，南与高句骊、东与挹娄、西与鲜卑接，北有弱水，地方二千里，原为濊地。其习俗似与箕子封朝鲜一事有关，衣服尚白，鲜人至今行之弗衰。而和中国的关系，亦较其他部族为切。濊貊，貊貉，早见于我国的记载，殆同一种族的多种称谓。《后书》云："箕子教以

---

① 《史记·五帝本纪》。

礼义，田蚕。"文化诚较其他部族为高。其地北接高句骊、沃沮，南接辰韩，东穷大海。《魏志》曾称夫余和高句骊皆与濊貊有关，以前者曾王其中，而后者的别种，则亦称作小水貊。（日人那珂通世氏拟统名之为貊。）

高句骊与乌桓

夫余于两汉之世，势甚强大，臣服挹娄，更别建高句骊。[1] 后汉时候，旋叛旋服。曹魏讨公孙渊，高句骊曾以兵助战。但不久又复寇抄西安平一带。正始五年（公元二四四年）被毌丘俭所破，嗣乃恭顺。与高句骊同祖夫余的百济，则建国于鸭绿江分支佟佳江（亦作浑江）的上流，初都卒本（亦作忽本），其后大抵为避前燕的压迫，乃逐渐自东北移于大同江一带。既助魏讨平公孙渊，魏因之置东夷校尉于襄平。本期之末，夫余既日渐式微，高句骊于是代之而兴，先后和汉族争衡，中半则和东胡构兵。当时属于东胡的有乌桓和鲜卑。溯东胡在战国时，为秦开所破走之后，屏居塞外。汉初为匈奴所灭，余众乃分两支：乌桓（亦作乌丸）以慑于北方匈奴，因而臣服于汉。汉武帝击破匈奴左地，因徙乌桓于辽、热、冀三省之间（即昔日东胡的根据地），置护乌桓校尉监领。乌桓归土生息的结果，到了西汉末，势渐强大，南寇中国，北破匈奴。东汉初，再降中国，安帝后，时而叛，时而降，东北为之骚然。东汉末，袁绍曾与之结纳，绍殁，二子谭、尚出奔乌桓，同时幽冀吏民奔乌桓者十余万户。建安十二年（公元二〇七年）曹操大破乌桓于柳城（今热河朝阳附近），斩其王蹋顿，胡汉降者二十余万口，因悉徙入中国，与从征伐之役。嗣后乌桓即不再见于史册，当系全部汉化。鲜卑在乌桓之北，汉初亦尝为匈奴所破。光武帝时屡屡随着匈奴寇边，助桀为虐。建武二十一年（公元四五年），辽东太守祭彤大破之，穷迫逃出塞外，震慑之余，降服于汉。东汉末年，势又猖獗，屡寇东北诸郡，其酋檀石槐曾于桓帝时尽据匈奴故地，为势骤张，东起辽东，西迄酒泉，估地不下万四千余里，一时雄据漠南，威詟东北，并且战败过汉师，晋魏以降，和汉族的交涉日渐频繁，事详下章。

---

[1]　高句骊（好大王碑）称"始祖……出于北夫余"云云。

公孙度的割据和毌丘俭的征韩

汉族俊杰之继秦开汉武而拓土立功于东北的，除前所称之曹操、祭肜外，汉魏之间，尚有公孙度父子和毌丘俭。公孙度为辽东辽平人，汉献帝时，任辽东太守，值汉之末，予智自雄，因逐渐造成其割据的势力，乃分辽东为辽东、中辽、辽西三郡，更越海收取东莱诸县，置营州刺史。浸假更统属玄菟、乐浪，而自表为平州牧。东夷九种，尽皆臣服，领有五郡之地，俨然一方之王。曹操表为武威将军永宁乡侯，度曰："我王辽东，何永宁也？"拒绝接受，终致覆亡。其故斯在东北和中国为一体，不容割据的存在。但公孙度与其子康、恭等，对中朝皆至恭顺，并助操杀袁绍的二子。康子渊，篡夺恭位，先后受中朝封赐。时中原板荡，避乱者群归之，其中且多贤豪之士，既以之保安一方，更从而经营拓土。建安中，公孙康更击破了日见坐大的高句骊，其王伊夷校更作新国于丸都山下。康乃分屯有县以南的荒地为带方郡，更伐韩濊而有其地，半岛郡县，悉归统治，汉人在朝鲜的势力，自汉武以后，得此再振。带方郡当今朝鲜京畿道及北忠清道之地，亦即汉真番郡的一部分，此时重行恢复。三国曹魏之世，倭人初入朝鲜南部，和带方郡相接，通于中国，魏明帝因命带方太守，就近掌倭人朝献之事。是公孙氏开拓之功，不可或没。惟渊后数与魏忤，既自立为燕王，日称藩于孙吴，谋共侵魏。景初二年（公元二三八年），魏乃遣司马懿讨渊，终平之。公孙氏既被剪除，中朝对东北又向乏通筹之计，汉族在东北政治上，遂失一重心。惟其后不久，又有毌丘俭的讨伐高句骊，亦足以振汉人的声威。正统三年，高句骊寇辽东，据《魏志》所载，毌丘俭于正统五年（公元二四四年）征讨之，捣其都，高句骊王宫远遁，仅以身免。毌丘俭乃刊丸都之山，铭不耐之城，并穿山灌溉，民赖以利，其残碑一方，于清光绪三十年（公元一九〇四年），由奉天辑安县设治员吴国光，发现于该县板石岑的西岔山。碑文凡七行，下部残阙，所存五十字，隶书，后经王国维精确的考证，乃可晓读。毌丘俭既败扰边之寇，复尽拓殖之利，可惜中原多事，任用不终。（按：毌丘俭于齐王废时，感明帝顾命，曾奉兵讨谋篡的司马师，不克被杀。）长城自坏，边事日棘，致酿成其后一长时期的边祸。由上可见，大凡当中原多故的期间，则每为东北割据称雄的时候，但同时亦必有大批汉人之移入，发生如水赴壑一般的迁徙，和强烈的杂居同化之作用，此种祸福相倚的情事，今古如出一辙。

其他参考书：

前后《汉书》。

《魏志》。

第四章　东胡夫余两族的争霸
与隋唐之征韩破日

慕容氏的臣汉建国

晋迄隋初，东北在东胡、夫余两族争霸之下。然当东晋初年，此两族一在辽东，一在辽西，皆慑服于中朝的积威，恭顺如常。魏晋承公孙氏的遗规，皆分辽东、昌黎、玄菟、带方、乐浪五郡为平州。晋武帝时，统县二十六，户万八千一百（《晋书》误计为一六一○○）。比时平州五郡，据东胡、夫余中坚的形胜，足以左提右挈，稳定一隅。又平州刺史照例兼领东夷校尉，驻辽东郡的襄平（后平州治移昌黎）。辽东郡存则东北诸部族莫敢生心，所以太守得人则一方乂安；然使不得其人，则边疆往往因之多事。东胡的鲜卑族，自汉末其势已盛，惟始终臣服于汉，莫敢异志。如：莫护跋从司马懿讨公孙渊，慕容木延从毌丘俭征高句骊。不过在这中间，彼族已渐移居辽东北部，日趋汉化。及至慕容廆初立时，适逢中原板荡，廆乃仗义勤王，讨平鲜卑别部的素连木津等，以立辽东郡。其后晋势日渐凌夷，无力固边，慕容氏犹能勤事中朝，晋因表廆为平州牧，委以疆寄，免致瓯脱。其后三世皆兼领平州牧如故。廆立于晋太康五年（公元二八四年），是为前燕建国之始。当其初起，虽有野心，事晋驰谨。及至慕容皝继位，徙辽东大姓于棘城（今义县西北），更自棘城迁都于新建的龙城（柳城改名，今朝阳）。皝子儁，乘石虎内乱，发兵攻赵，初迁蓟城，后称帝，国号燕。再迁邺（今安阳北），奄有中原，为彼族浸盛之秋。遂不再受晋命。传子炜，为苻坚所亡，先后凡历八十七年。（自晋太康五年——公元二八四年，至废帝太和五年——公元三七〇年）。苻秦因尽有其地。及至淝水之役（晋孝武帝太元八年——公元三八三年），秦势瓦解，慕容垂因以建立后燕，都于中山（今定县），尽复前燕故土。传四世，历二十四年，为北燕所灭（自晋孝武帝太元九年——公元三八四年至安帝义熙三年——公元四〇七年）。此外尚有西燕慕容冲（自晋孝武帝太和十年——公元三八五年至孝武帝太和十九年——公元三九四年灭于后燕），南燕慕容德（自晋安帝隆安二年——公元三九八年至晋安帝义熙六年——公元四一〇年为东晋所灭），然不久皆亡。且无与于东北。其涉于东北者，初则有鲜卑宇文氏、段氏的据居辽西，后皆为慕容氏所兼并。至承后燕之绪的则为北燕冯跋（汉人），继后燕而立国于和龙，凡二十六年。其人颇能勤政爱民，亡于元魏（自公元四〇九年至公元四三六年）。

慕容氏的汉化及与高句骊之争战

五胡之一鲜卑族的慕容氏之所以兴盛，历时百年，而史纪昭垂，异代称颂者，端在其能倾心汉化，尊事中朝。且能保持东北一隅中国统治的绪余于不坠，使移殖其地前后各期的中原人士，得以安居乐业。更能结纳汉族贤俊，相与共治其地。自慕容廆以次诸王，皆雅好文学，多所著述，上下交被影响，臣工很多好学著作之士，所以史迹善政，传世较其他诸族为独多。惟当慕容氏兴起辽西之时，高句骊利用五胡乱华，晋室衰敝，中朝政令不行于东北的机会，先后侵玄菟，伐乐浪，因以坐大于辽东。既和慕容氏相遇，两雄乃不相容，迭起争战，其初慕容氏称胜，待后响心中原，为势浸衰，东北各地，遂逐渐沦于高句骊（按：高句骊至北齐时改称高丽）之手，至于后此数百年之久。直至唐高宗时灭其国，方始重为收拾所失东北各地。史载慕容氏与高句骊间的冲突，始于晋元帝大兴二年（公元三一九年），高句骊兴师伐燕，继后数侵辽东，皆为燕所击败。咸康八年（公元三四二年），慕容皝更提兵五万五千，踵毌丘俭当年的步武，而深入高句骊，毁其丸都，掳高句骊王死父生母及男女五万余口而还；高句骊遭此大故，当敛其北向的野心，而臣服于燕。但至后燕慕容垂时，高句骊又称兵陷辽东、玄菟二郡。辽东一地，数复数失，依今鸭绿江岸辑安县之高句骊好大王碑，辽东最后一次的失去，为晋元兴三年（公元四〇四年）高句骊广开王（又称永乐大王，即中国史中的高句骊王安）十四年事。

辽东虽陷，而其名仍和玄菟、带方、乐浪并存者，则因自后燕以来侨置之于辽西的原故。高句骊始终利用中国内乱，招纳流亡，觊觎中土，俨然称霸东北。北燕之亡，高句骊亦同时出师，魏兵既破和龙，燕王冯弘即奔高句骊，高句骊初勒之不与魏人，终杀之于北丰。至长寿王时，乃与后魏和亲，遣使朝贡北朝，无虑十数次。更与南朝宋齐修好。溯当前燕盛时，不但西攘鲜卑别部，南胜高句骊，更东破夫余者两次。晋武帝于夫余第一次被破，曾诏使击破慕容氏，为夫余复国。嗣后慕容廆复时时掳其种人，卖与中国为奴，武帝诏以官物赎之。永和初夫余又为慕容氏所袭，魏孝文帝太和十七年（公元四九三年），终为勿吉所逐，遂降于高句骊而亡。勿吉则为肃慎、挹娄的改称，亦作沃沮，又称靺鞨，在今吉林县迤东敦化县迤北松花江迤南再东抵于海的地方。（按靺鞨分为七部，各据一方，其中除黑水大部延至黑境，号室为朝鲜地外，其余粟末、伯咄、安车骨、拂涅、白山及黑水一部，皆在今吉林境内。）魏晋以后，复朝贡于中国，东晋元帝中兴，且诣江左贯其石弩。唐初统于东夷校尉，靺鞨诸部有未归的，太宗且以其地置燕州。后建渤海国，其详见于下章首节。

契丹的代兴

东胡的别种，尚有契丹，（冯家升考契丹之初为宇文氏，契丹之名，乃出自契丹酋长之名，约在西晋末年，按：契丹一辞，初见于魏天赐二年——其名以显，契丹二字义作镔铁云。）[1] 与奚同处和龙之北，契丹居东，奚则居西，先后被慕容氏、拓跋氏所败，而臣服于燕。直至北燕冯跋之亡，契丹方始改附于魏。隋末唐初，契丹酋长大贺氏时，部族渐大，地域渐广，初向突厥称臣。及至突厥为唐所灭，改臣于唐。大贺氏之后有遥辇氏，遥辇氏亡，耶律氏乃缘以兴建辽国。外此尚有室韦，初见《魏书》，亦东胡的别部，居嫩江流域齐齐哈尔附近，约在当今黑龙江地。魏隋以来，曾通于中国，因其所居之地而得名。魏时原不过兴安岭东嫩江流域一个小国。至隋代，因蒙古族的柔然（魏太武改作蠕蠕）为突厥所灭，遗类东窜者托室韦之名以图存，至是室韦部族的范围，骤然扩张，及于兴安岭西的俱伦泊南北。唐代

---

① 冯家升：《契丹名号考释》，《燕京学报》第十三期。

益盛，其后此一部族先后以鞑靼、女真、蒙古而大显于世。① 又在今东北边陲者，《魏书》《晋书》《北史》尚记有豆莫娄（今哈尔滨北呼兰河流域）、地豆于（今热河省西北的巴林旗境）、乌洛侯国（今辽宁西北洮儿河上游地方）、裨离国等部落，语焉不详，所以不予备叙。

隋唐之问罪高句骊

两晋南北朝的时候，东北先后为诸燕、高句骊所侵据，慕容氏因汉化颇深，尚能谨事中朝，而高句骊则狼子野心，屡次受挫不戢，蚕食东北诸郡达二百年之久。（自第五世纪中叶至第七世纪中叶）隋唐统一天下，因兴问罪之师。惟两朝对高句骊用兵的动机和结果，皆迥不相侔。② 隋初统一中国，声教远暨，朝鲜半岛上的三国以及日本，皆未朝贡受封。其后高句骊自恃在三国中为最强大，终于隋开皇十八年，率靺鞨之众侵掠辽西，隋文帝发兵三十万击之。虽然水陆间阻，师出无功，但在高句骊方面，则已惶惧不胜，上书谢罪。及至炀帝时，诏征其王入朝，高句骊王元不奉诏，加以藩礼颇缺。七年，炀帝定计讨之，筹备几近一年，次年四方兵员方集涿郡，诏二十四军百十三万三千八百人出辽东等道，东征高句骊，其馈运者倍之，旌旗延亘千里，号称二百万人。所出之道，大抵沿用汉代旧名。惟一说炀帝，率以渡辽的，仅九军三十万五千人，其余十五军并未出师，不过虚列其名，以张声势。惟左卫大将军来护儿曾率江淮水师，舳舻数百里，浮海先进，入于浿水，进薄平壤。其先曾破高句骊兵，但因陆军虽然胜利，而攻辽东城（即汉之襄平）不即克，继而水陆师先后败于平壤，加以食尽师老，终不获已，而告班师，是役只于辽水西置辽东郡及通定镇。金毓黻论隋征朝鲜结果无效的原因有四：（一）万乘亲征，遥为指授；（二）未立统帅，事权不一；（三）劳师远袭，饷馈难继；（四）敌势方强，无隙可乘。③ 明年，帝再亲征高句骊，度越辽水，但攻辽东城仍不下，内乱且暮且作，乃引师而还。十年，三征高句骊，水师直捣平壤，会以受高句骊降款乃罢。综有隋一代，先后共四次征讨朝鲜，计文帝时一次，炀帝时三次。唐初仍以高

---

① 方壮猷：《室韦考》，《辅仁杂志》二卷二期。
② 金毓黻：《东北史》（未刊本）。
③ 金毓黻：《东北史》（未刊本）。

句骊为藩属，后因高句骊权臣泉盖苏文（按：泉盖苏文姓泉名盖苏文）既弑其君，并结百济攻新罗、绝其入朝的贡道。太宗谕令罢兵，而不听命。贞观十八年诏张俭击高句骊，结果无功。太宗继乃决意亲征，分水陆二路并进，更发契丹、奚、新罗、百济诸君长之兵助战。次年李勣率陆军度过辽水，太宗继之，数败高句骊兵，因克盖平（今辽宁辽阳之东北）、辽东、白岩（辽阳），设置盖、辽、岩等州。并大破高句骊的援军于安市城（今海城附近之南营城子），张亮水师亦由登莱渡海，克卑沙围建安，与张俭迭破高句骊兵，惟安市不下，加以天寒粮尽，遂命班师。是役辽东敉平，凡拔玄菟等十城，乃迁新置的辽、盖、岩三州户口七万人以入中国。新城建安驻跸三次大战，计斩首四万余级，虏获高句骊兵万四千口，初拟以之赏给军士为奴，后颁钱布赎出为民，其经过比诸隋代，殊多结果。继而贞观二十一年、二十二年，高宗永徽六年，显庆三年、四年、五年（是年曾亡百济），龙朔元年，乾封元年，以至总章元年，皆先后出师伐高句骊。上述最后一年，唐与新罗联军攻陷平壤，遂灭掉高句骊（按：高句骊自汉元帝建昭二年——公元前三七年，至唐高宗总章元年——公元六六八年，共二十八世，凡七百零五年）。是役李勣终成太宗未尽之志，而薛仁贵的勇冠三军，尤为东北乃至全国街巷民众所共喻悉。自百济、高句骊为唐移置郡县后，于是朝鲜半岛之上，当时只有唐之属国——新罗之存在。

中日战史中最荣誉的一役

日本之起野心于朝鲜半岛，实不自近代始，两汉以降，日本曾于崇禅天皇的末年，伸其势力于朝鲜半岛。至神功皇后且败降新罗，助百济，数夺新罗之地，并特设任那日本府以统治之。后高句骊灭百济，日本又为之复国。唐高宗显庆五年，新罗曾联唐军再亡百济，日本亦一再为之存祀。因是乃和中国冲突，龙朔三年（公元六六三年），唐与日本战于白江口（朝鲜忠清南道的锦江），唐辽东道副总管刘仁轨四战皆捷，焚掉日本兵船四百艘，烟炎灼天，海水皆赤，为中日战史上最有荣誉的一役。日本自是敛迹，不再过问半岛的事情。威慑之余，转而修好于唐，即所遣唐使，亦远涉重洋，不敢取道朝鲜半岛，其畏威而不怀德，自来如此。

盛唐后对东北的建置

高句骊既于总章元年为唐所灭，新罗因藉唐之威力，统一了朝鲜半岛的南部。至其北部鸭绿江两岸——辽东等郡故地之久为高句骊所窃据者，唐于夷高句骊后，乃得规复，分其地为九都护府，四十二州，一百县，（当今辽宁、吉林两省南部，及朝鲜半岛中北部分。）更置安东都护府（按：都护府制始于汉，惟汉之都护，但为监管，唐则兼辖民政。）于平壤，乃以东征建有殊勋的薛仁贵任首任的都护，分五部，百七十六城，六十九万户，总兵二万镇之。擢其酋渠有功之人，授以都督、刺史，令与汉官参理。咸亨元年，新罗竟负义侵扰我鸭绿江左岸，讨战无功。而高句骊遗众，更不时乘机蠢动，都护府治因自平壤内徙，对于辽东一时采取缩小范围的政策。先后重以高句骊的故王、旧臣，抚治其众，不再简任汉人为诸府州的监督官吏。于是鸭绿江左岸之地，遂一再予以放弃。都护府治再迁新城。又以营州时为契丹所据扰，安东都护府孤悬塞外，难策安全，因一再改置。开元二年，终徙之于平州。嗣以营州被陷于契丹，只有遵循海道，以维系平州和中原间的交通。天宝二年，又徙治于辽西故郡城。惟安东都护府自徙于平州后，掌制经略东北诸部族的实权，即操诸平卢节度使之手。开元二十八年，平卢节度使兼押奚与契丹两藩及渤海、黑水、饶乐、松藩四府。继因迫于契丹，平卢节度使亦告内迁。奚与契丹改由范阳节度使押领。自高句骊被夷之后，东北便以鞑靼、奚及契丹为强大。其初皆内附中国，后则叛服不常，屡兴兵衅。加以唐自中叶以后，国势日渐衰弱，河北一带，藩镇坐大，拥兵争权，逐鹿中原，以致边事益见糜烂。约当肃宗至德后，安东都护府亦予废除，自其始建以至废除，为时约历九十年。惟新罗、渤海两藩，虽见阻于陆道，仍能遵着海道以臣服于中央，和唐世相始终。

其他参考书：

《晋书》。

《北史》。

《隋书》。

新旧《唐书》。

缪凤林：《中国史纲要》，钟山书店版，民国二十一年版。

第五章 渤海辽金的建国始末

渤海国的建立与朝唐

高句骊、百济先后为唐灭亡，新罗因统一了朝鲜半岛。三十年后，高句骊的旧属粟末靺鞨，西北徙于营州，藉偏安的形势，终统一了东北，其始祖大祚荣（姓大名祚荣，其他尚有二十七姓）于唐武后圣历元年（公元六九八年），在太白山南建国，国号初曰振（一作震），有地方五千里，户十余万，胜兵数万，都于奥娄河（今牡丹江）的西岸，即今宁安——宁古塔西南的鄂多理城，（民国二十年及二十二年，中日两方学术界对于渤海遗址多所发现。）后于公元七一三年改国号曰渤海。（唐玄宗开元元年，始封大祚荣为渤海郡王。）肃宗宝应元年（公元七六二年），诏以渤海为国。当大祚荣武艺时，征服四邻，扩张国土，凡长春一带，朝鲜北部与俄属东海滨省，皆隶其版图之中。渤海计传十五世，（金毓黻订正向来渤海世次十四之说，而依据于《唐会要》在十三代玄锡末代谭譔之间，另增入大玮瑎一代，今从其说。）迄后唐明宗天成元年（公元九二六年），末王大谭譔降辽而国以亡，共二百二十九年。历世诸王，皆事中朝唯谨，朝贡不绝，和新罗列为唐之两藩。惟当唐玄宗时，武艺以兼并黑水（黑龙江岸三姓附近黑水靺鞨所散居的地方），一度叛唐，以兵分扰唐边，唐及新罗兵讨之无功。而武艺亦惧唐兵的再讨，且当时黑水、室韦遣骑五千助唐[1]，渤海恐背腹受敌，因再上表称臣（黑水部的酋长于开元十二年内附，后二年，安东都护府于其地置黑水州）。金毓黻计其一朝朝贡的次数自唐中宗

---

[1] 韩昌黎：《集乌石庙碑》。

神龙元年，迄后唐庄宗同光二年，凡八十有二次。中国敕使则有十八次，足征藩主间有极和善关系的存在。此外渤海亦和日本、高丽有使节的往来，计遣使赴日本者三十四次，其前十三次中，日本有答聘，后日本竟以藩属视之，渤海未为所屈。考渤海的聘日，非可与朝唐相比拟，其目的仅为市易，而朝唐则为称藩礼。以鸭绿江为其朝贡之道，纳贡受爵，终唐之世。渤海的疆域，依《新书》记载，有五京，十五府，六十二州，六郡，百三十八县。当其全盛的时候，东至日本海，北抵黑龙江境，西与契丹接壤，西南逮辽宁并鸭绿江之泊汋口与唐为界，南与东南与新罗为邻，凡今东三省，俄属东海滨省外兴安岭及朝鲜北部的大部皆属之。惟至唐末，中原多事，契丹崛起，遂亡渤海。且唐与渤海非仅有臣属的关系而已，唐更即其地设置勿汗州都督和渤海都督府，收入中国版图，深植政治的势力于其地。而渤海受唐文化的浸染，亦很深刻。于近年所发掘的出土遗物，尤足见之。当时渤海数遣学生留学中国，所以渤海内部的一切制度、设施，皆属宪章中国。又崇佛教，亦源中土。（据出土的遗物考之，渤海文化亦受有高丽的影响，然此亦属间接受之于唐。）

辽之建国及汉人的北徙

契丹之名，自元魏方始见于中国，其先本为一很小的部族。（居今热河市北，北接室韦，东邻高丽，西界奚部，南至营州。）历隋至唐，西北则臣于突厥、回纥，南则臣于中国，终唐之世，蛰伏于潢河流域的一隅之地。唐末五代之世，突厥既为唐所灭亡，回纥亦日见衰替，中国又发生内乱，契丹乃得乘时勃兴。五代迄宋，耶律氏代遥辇氏而起，耶律阿保机（后尊为辽太祖）精明强干，利用汉人，先后并奚霫诸部，役服室韦。后唐明宗时，灭渤海国，为其遗族别建东丹国，得其五京，十五府，奄有东北之地，西征沙陀，党项（西夏），领内蒙古西部的地方，南侵中国，占河北、山西的北部。后唐明宗天成二年——公元九二七年契丹太宗（耶律德光）助唐叛将石敬瑭灭掉后唐，得燕云十六州之地，继又灭晋，遂改国号曰辽，为势益盛，置五京，七府，州军城百五十六，县二百零九，部属五十二，属国六十，东至于海，西至于流沙，北绝沙漠，南至白沟（今北平西之琉璃河），俨然为当时东亚一大帝国，威信万里，远暨西域诸国，嗣后西人凡属遵行陆道以通于中国的，每以契丹（Cathay）为中国的通称。欧东西亚诸国，至今犹多相沿不改。契丹既和中国有长期接触的历史，五代时中原人士因为避乱，多归契丹，阿保机因得依于此等移民，兴建汉城，以为根据之地。（汉城依日人箭内考为今滦河上流的石头城子，土人称为齐龙巴尔哈县者是。）更用汉人计划，得以统一诸部，创大帝国。其众初为行国，自阿保机后，大受汉人的影响，始知兴农筑城，定居不移。不过本部人口太少，不够应用，所以嗣后征伐，必俘其人，以为开发之资。据谭禾子所考，当时塞内外部族之为契丹武力所劫徙，而处之于阴山辽水之间者，不下二十余种，其中尤以汉人为最多数。渤海、党项次之，吐浑、女真、奚、乌古、高丽等次之。并由其中经过，以得下列两要点：一为渤海的西居辽河上游，（按：渤海原居吉林、辽宁间一带地方，后移之辽宁中南部。）二为幽蓟镇定等处汉人的北徙。后者尤关重大。今日东北之地，汉人虽在辽与继辽而起之金的统治之下，但其人数之多，占地之广，经济努力之大，程度之高，要皆领袖其他部落，作为同化的基调，始终如一，从未变动。

渤海国的后身——东丹

辽太祖既灭掉渤海国，天显元年（公元九二六年）二月，又就其地置东丹国，以长子耶律图欲为王，且用渤海故臣为相，称制置官，一用汉法，南唐人尝以东丹和契丹合称之为二丹。然恐渤海遗族远处蕃息的结果，为契丹后患，未久，乃南迁之于梁水（今太子河）。渤海国很多国人，遭亡国迁土的厄运。于是不南入新罗（前后数万户易姓王氏）即北走女真，渤海的州县，亦同时随之俱侨，大部在今辽河迤东之地，惟东丹仍混用渤海之名很久，依然聘问中国的南唐和自大的日本，一如渤海故事。阿保机死，德光继立，图欲既不见谅禅位其弟——德光于祖国，复不得志于东丹，因携高美人载书浮海，归依唐明宗。其后终不幸而见杀于后晋。然东丹之使，犹屡朝于中国，凡历五十七年（公元九二六年始建，公元九八二年被废），并于契丹。其后渤海遗族不甘亡国于文化较低的契丹，尚有四次复国的运动，最末的一次，直延于辽末，遂被并于同族的金。当时辽已届于末运，而金则方兴未艾，恢复比渤海更大的霸业于东北。

女真——金之兴起

继契丹而兴于东北的为女真。女真出于黑水靺鞨。五代时，黑水靺鞨附属于契丹，在南部者屡为阿保机所征俘，南移之于辽宁东北，籍契丹，号为熟女真。在北部者居白山黑水之间（今松花江下游以讫于黑龙江合流入海的地方），不隶于契丹籍，号为生女真。五代后唐时，女真之名方始闻于中国，系由肃慎两字的音转变而来。其曾改称女直者，则由于避辽兴宗之讳。（按：辽兴宗讳宗真）同时介于生熟女真之间的，尚有回跋（一作回霸）部，也尝为契丹所破。女真之兴，当于渤海迁国南向之后，渤海的故地，遂为黑水部所据居，以是有发展兴起的机会，辽世已见繁盛，虽时寇辽边，但大抵恭顺，并越海朝贡于宋，又于契丹、高丽间作左右阻，以取利益。辽末，遂为东北的重心，溯其建国，为始于阿骨打（金太祖）时，国号曰金，相传其始祖出于高丽（一说出于新罗），因娶了完颜氏之女，其后遂以完颜为氏。初属行国，到了绥可（金献祖）之世，乃定居于按出虎水（今阿什河）。后阿骨打即建都此，称上京会宁府（今吉林阿城附近）。阿骨打除生女真部节度使的一年，为辽天祚帝天庆三年（公元一一一三年），当时东北部落甚多，惟五国（五国城在今三姓——依兰县）最强，在女真东，金景祖（乌古乃——阿骨打的祖父）以辽人责献海东青，（海东青，俊鹰也，雕的一种。清乾隆《盛京赋》有句称其"林击则天鹅褫魄，甸搏则塞兔走僵"，出黑龙江东部。）因以兵役使诸部，阿骨打更从而兼并之，遂为东北的首强。

金之建国与覆亡

女真初起，并无囊括东北代辽而兴的雄图，仅因所居之地，正当辽鹰路的孔道，臣属于辽，苦于辽人的凌震（责献海东青与纳其逃人），不克自安于一隅。同时所谓宗国的辽则天祚帝畋猎酗酒，以致政治不修，军备废弛，遂启阿骨打的野心。辽天庆四年（宋徽宗政和四年，公元一一一四年），阿骨打会诸路军二千五百人，声讨辽人"有功不省，罪人不遣"之罪。宁江州、出河店两役，决定了辽金势力的递嬗。（今吉林石碑崴子——扶余县附近有得胜陀颂碑，即志此役之功。）次年——公元一一一五年，阿骨打于大胜之后，乃自称帝，国号金，建元收国。继之，其将斡鲁败辽高永昌，取得沈州（今沈阳）。于是渤海靺鞨诸部，前之为辽所征服的，至是尽叛辽而改降于金。时高丽蓄意北侵，金太宗（阿骨打之弟）更击败之，然后问鼎中原，西南进军，攻下辽属各地，建置诸京。凡所掳获的人民，尝悉数迁于今吉林中部的张广才岭（一称嵩岭），以前辽人也尝于覆灭渤海之后，籍其遗民南移，今又从事北徙，所以此时期中，极尽杂糅的能事。惟此时金人徙移俘虏入于吉林的户数，两倍于辽，是其中汉人占最多数盖无疑义。先是，宋常遣使越海通金，后以与契丹修好的缘故，和女真的往来，一时为之中断。迨后既然明白了金盛而辽衰，宋徽宗乃又派使越海道通女真，约以夹攻辽人，恢复燕云故地。辽灭而宋、金两方接壤，不越二年，金人竟南下陷了汴京掳徽、钦二帝以去，北宋遂亡。南宋保有江南，终亦不竟。金历太祖、太宗、熙宗三朝，皆都上京会宁府，到了海陵王亮的贞元元年（公元一一五三年），迁都燕京，既离故土，又复穷兵，天下为之骚然。金世宗乌禄当于大定元年（公元一一六一年）即位于根据之地的东京辽阳府，海陵王维时被杀于扬州。世宗恋心宗邦，不忘旧俗，尝思所以重振曩昔劲武的风气，但国人已久经汉化，积重难返，虽有大力，莫之能挽，徒欲阻此民族同化的洪涛巨流，要不可得。及至蒙古起于漠北，逐渐南下，金势因以日蹙，终不免于覆亡，步武渤海契丹的后尘，但百年之中，亦既尽其时代同化的责任。

渤海辽金之文教和中原的关系

渤海建国来三百年（连东丹在内），和稍后的南诏，同为唐之子国。渤海古为肃慎之国，后再兴为满洲，源远流长，先后受中国文化的浸濡最深，尤以当渤海建国的一个时期为最："幅员既建，乃以文德修之，改制度，建官号，列郡县，又克尽事大之礼，遣写书之官，遂得比迹中原，抗乎上国。"[①] 王钦茂时，遣使来唐写唐礼和三国志与《三十六国春秋》（同时献日本舞女十二人于唐），王彝震时，遣学生来唐上都学问，所遣的学生三人，事业稍成，然后请归。虽不若南诏之盛，但远较南诏为柔驯。既为契丹所制，仍不时朝贡唐、宋，依附祖国。更屡起复国的义

---

① 唐晏：《渤海国志》，南林刘氏《求恕斋丛书》。

师，直和辽相终始。而其流人子遗，虽置身异国，很多能自树立，不同凡俗。渤海官制，大抵因唐，能礼义以自固，教坊乐人，直至大定明昌（皆金年号）仍有存在。（按：去渤海亡国已在二百六七十年之后。）辽太祖阿保机的利用汉民族之智慧，开地筑城，采用汉族文化，建立国家，实以后金元的先声。当第十世纪阿保机建国的时代，热河、辽宁一带的汉城（姚从吾考汉城为由"汉人聚居的城塞"而得名）①，完全保持关内汉族的特点，看楼以外，有孔子庙、国子监，有佛寺，有驿，有宗庙，中国风的建筑，应有尽有。当时热河各城，住民复杂，"聚族而居"，但凡新兴城市的南边，多为汉人聚居的区域，而契丹新建的汉城不仅起于汉人因刘守先暴虐从幽涿等地自动迁出关外，实在也由于阿保机和他的部族想利用汉人，强掠汉民携归建城的结果。②"开基朔漠，抚有燕云，制度职官，叠采汉制，自圣宗与宋盟后，文物渐开，科举自成。……"③国书二种，契丹大字小字凡三千余，依据汉字偏旁增损为之。书法亦依仿汉字，所以亦有篆、书、行、楷之别，而契丹女真，不仅造字同有大小之分，即远溯渤海以降，所有建筑，亦很多因革沿袭、标榜中国的地方。自阿骨打以次皆学文字，又令所在访求文学之士，敦促赴阙，由是文教颇行，几与中土相埒。靖康南下之役，汴中士女、金帛、宝玩、车服、器用之外，所有图书，尽为搜括以去，可见其爱好中原文化的一斑。辽、金两代，自入中原以后，浸假尽失去其原有的尚武之风，而为文质彬彬然的同化后之另一种面目，驯至其族中虽有一二立志恢复曩昔立国的基础——武力，亦无能丝毫为力。中国文化乃至种族，有如一片汪洋浩瀚的大海，自有历史以来，四围无数的支流曲涧，无一不倾注其中，而丧失其原来的方隅之特性，以形成今日之伟大的文明的民族与国家。

其他参考书：

金毓黻：《东北史》（未刊本）。

新旧《唐书》。

《辽史》。

---

① 姚从吾：《说阿保机时代的汉城》，《史学年报》。
② 姚从吾：《说阿保机时代的汉城》，《史学年报》。
③ 厉樊榭：《辽文拾遗序》，《樊榭山房集文卷》之四。

第六章　元明对东北的经营

蒙古的勃兴与其对东北的经营

金章宗的泰和六年（公元一二○六年），蒙古铁木真（成吉斯汗）起于不儿罕山（斡难河、克鲁伦河、图拉河发源之地）。其对东北的略定，先自征服塔塔尔始。（塔塔尔大约占居今兴安岭西麓，连结呼伦、贝尔两湖的 Urshan 河流域，及其南方草地，而从事游牧。）此后兵威风靡岭东。金既衰削，东北诸部族又多叛金降元，成吉斯汗即位的第五年（公元一二一○年），决策伐金，翌年亲征，大破金兵于大水滦（今张家口北）而南进。所以在成吉斯汗即位的第六年前，今东四省的西部，已入于蒙古的版图。同年，北边千户耶律留哥据隆安（今吉林农安）叛金，七年降元。八年元军援之而破金人大军，是为元经略辽东之始。惟耶律留哥所部的契丹人，有不愿降元者，因于太祖十一年在今海城独立，嗣为蒙古及金所破，走入高丽，遂引起日后蒙古征高丽之事。元太祖九年，以今热河北部分赐翁吉喇惕一门。征金之前，更为诸弟分地，予其弟帖木哥斡赤斤以兴安岭东面蒙古接壤的地方。时金令不行于东北，蒙古极东藩王帖木哥斡赤斤乃得以渐次植其势力于辽东。到了他的玄孙乃颜时，又蚕食了西喇木伦以北诸部，即今吉林以北松花江流域，也归其管辖。金人在东北的失势，除掉契丹之叛外，其同族人宣抚使蒲鲜万奴，亦于贞祐三年（公元一二一五年，此前一年，金避蒙古之锋，迁都汴京），再度正式独立于东京（今辽阳）。后因避金与蒙古之威，东迁曷懒城（今图们江和朝鲜咸镜道的大半），初号大真，后号东夏，别置南京于今延吉的东城子山，作为根据之地，一时扩地很广，但羁属于蒙古。元太祖十一年，辽东曾入于蒙古势力范围之内，惟一度又为金人收复。其后元于十三年和十九年方克确占辽东诸地。十三年始，蒙古连合东夏军以讨遁入朝鲜境的契丹人为名，联军入于朝鲜，契丹人既已败降，朝鲜亦遂纳贡蒙古。太祖二十年，高丽杀蒙古使者，两国邦交断绝。元太宗既立的第三年（公元一二三一年），征伐朝鲜，朝鲜请降。其后四年、七年，皆伐朝鲜，而东夏则于太宗五年九月，金则于六年一月，先后为蒙古所灭。朝鲜亦于十三年之后（公元一二四一年），再行臣服于元，两国相安者数年。定宗、宪宗之世，岁贡不入，藩礼久缺，所以自定宗二年至宪宗八年，凡四度命将征之，当时朝鲜颇受蹂躏。世祖至元七年（公元一二七〇年），高丽叛臣崔坦等，献西京以下六十城于蒙古，世祖遣兵三千镇之，并改西京为东宁府，划开城以西慈悲岭为两国疆界。嗣后高丽未敢再叛，终元之世，列为藩属。考元承金后，于东北地方，视前多所扩张，并创建辽阳行中书省，以督东北和朝鲜。热河地方，则有一部直隶于中书省。吉林、黑龙江则属开元路，以其地域旷阔，人居散漫，因于女真地方，设桃屯、呼尔哈、鄂托哩、托郭琳、布固江军民万户府五，分领混同江南北，水达达等路总摄之。

蒙古之失国与明对东北的经营

蒙古兴也勃然，用其神速的强大兵力，征服四方，宛如秋风之扫落叶。成吉斯汗和忽必烈所统辖的大帝国，约占当时世界的一半，惟除中国、波斯两地外，皆毫无组织可言。中国当时虽在蒙古统治之下，但一切依旧。且因中国文化甚高，蒙古初虽和契丹、女真对中国文化的认识有所不同，持一种深闭固拒的态度，然自忽必烈以次，浸沉日久，仍无法避免不受影响。① 及其末季，乱致殄民，灾旱频仍，明太祖起兵淮泗，北逐元庭，蒙古人又复返其故土，恢复其旧日的行牧生涯。其后鞑靼可汗，虽时扰明边，然终以不起。（按：元顺帝父子两朝，史称北元，尚屡与明角逐于今漠南一带。不久漠南入于中国的版图，北元遂渐趋于澌灭之境，三传而亡。）元末明初，其事涉于东北的，初有辽阳吾者野人的叛乱，嗣有锁火奴、兀颜、拨鲁欢等的自称金后，起与元抗，虽先后敉平，而元在东北的大势已去。高丽亦以

———————————

① 多桑：《蒙古史》，冯承钧译，商务版，民国二十五年出版。

元之压迫，起而叛变，元兵数次征讨，终算勉强通好。元亡，其官吏之在东北者，纷纷起而割据独立，就中最著者为纳哈出，彼和上都的元帝，互为声援。常遇春扫荡蓟北，兵入热河，击破元臣也速，进陷上都，元帝出走应昌。高丽王颛于洪武初年，看见元势既去，乃由海道遣使向明称藩，同时辽阳元守将平章刘益等，亦奉表归顺。明即以刘益为辽东卫指挥同知。继命马云、叶旺等率师自山东渡海到辽东，着手经营。五年（公元一三七二年），收复辽阳，辽东悉定。但高丽首鼠两端，仍阴和元通好，明因绝其通道，继而高丽劳惫，永绝北元，奉明正朔（洪武二十五年，李成桂代王氏而有朝鲜，明赐国号曰朝鲜），东北部族，纷纷内附。明乃置东宁、沈阳诸卫，最后只余元之旧部多依据于据金山称雄的纳哈出，以与明抗，金山（今辽源、双山两县之间）地势优良，纳哈出世守其地，雄据一方（大抵在今东辽河和伊通河分水高原之处），洪武十九年（公元一三八六年）太祖派冯胜东征，出喜峰口，向大宁进兵，（按大宁为元大定府，即今热河之大明城曾拟置宁城县于此。）乘雪袭敌于巴林附近，进指金山，纳哈出奉众出降，东北敌叛至是悉告敉平。明于山海卫至辽东间，设驿联络，置广宁、义州诸卫，继而蓝玉在捕鱼儿海东北地方（约当今之海拉尔附近），擒顺帝的后裔和男女部众七万七千余人，由之蒙古分为东西二部，不再能与明抗。二十八年，明兵复大举包围松花江北的蒙古山寨，并自西向东攻逐兀者（兀者即窝集音转）女真，大酋西阳哈。嗣后数次用兵，东北内部的措施，亦渐臻于充实。中原既定，太祖乃以藩王分镇九边，其在今东北者，则有：宁王权之镇大宁，辽王植之镇广宁，韩王横之镇开原。并于元大宁附近的黑城置大宁都司，辽阳城内置辽东都司。（洪武四年，初置辽东都卫，至洪武八年——公元一三七五年，改置辽东都司。）永乐间，更于黑龙江口置奴尔干都司，兼辖军民两政。辽东都司（其范围以开原以西，达于辽西海岸一带，千山山脉以北辽河流域的平原。）之下，置卫二十五，州二，以治东北部族。蒙古族的元之宗室兀良哈部，于明定辽东时候，即闻风纳款，因赐名，于其地设三卫，先隶属于大宁都司，及至成祖内撤大宁都司，乃改隶于奴尔干都司。

奴尔干都司的设置

奴尔干都司为统女真诸卫而设，当时女真分建州、海西、野人三部，建州女真位于吉林附近和木伦河流域。海西女真位伊通河与松花江合流处哈尔滨地方及三姓（依兰）的西部。野人女真位于黑龙江下游两岸。大致最北为野人女真，中为海西女真，南而偏东为建州女真。嘉靖时，辽东人口约近四十万，而当时兵力集中于辽东都司的逾十万，则因天顺（英宗年号）间，奴尔干都司撤至开原。（按：开原为明代统治东北的根据地）所以增厚辽东都司的兵力，用资统摄。大宁都司设于洪武二十年（公元一三八七年），大宁中、左、右三卫，会州、木榆、新城卫悉隶之。都司治所设会州城内，即当日冯胜所筑的大宁新城（今热河平泉境内东北百里的黑城），左控辽东，右制蒙古，在国防上居重要地位。明成祖兴靖难之师，深恐贻后顾之忧，因执宁王权（后迁之于南昌），并移大宁都司于保定，兀良哈部三卫改隶奴尔干都司。奴尔干都司置于永乐七年（公元一四〇九年），当初女真部族头目忽剌、冬奴等来朝，永乐二年已设卫，至是因其地居重要，宜立元帅，改置都司。（永宁寺碑记为九年，柳诒徵考为宣德三年，盖九年为派内官宣布威令到达其地立碑记事的一年、宣德三年为使女真头目护理都司的一年，《成祖实录》称七年明令设置，应从此年。）自开原东北至松花江以西，置建州、毛邻、塔山等卫一百八十四，兀者等所二十，官其酋长为都指挥，千百户，镇抚，赐敕印，各统分部。复置站地各七，寨一，不领于卫所。女真诸部愿内附者，开原设安乐州，辽阳设自在州处之。乃清修《满洲源流考》，和日人稻叶氏，咸谓明代东北疆域尽于铁岭、开原，皆别有用心，不足为训。依光绪十一年，曹廷杰所见之永宁寺二明碑[1]，可知明当永乐宣德之间，对于东海滨省及黑龙江地方诸部族，不但尽拓抚之能事，更能以威力继之，且远及于海外的库页岛。经营其事的内官亦失哈，功绩甚伟，所以世人拟之于郑和，实非虚美。考奴尔干地方为元代东征元帅府所在，东向可以控制库页，西向可以压迫黑龙江，明军数至其地，设守备兵在三千以上，并于吉林城设船厂，以为水师和造船的根据地。乌苏里江与黑龙江合流点以上，设置狗站，伯力地方，明初亦设有炮台，凡此种种设施，皆所以资为控制奴尔干地方。所以论明初东北疆界，应东达日本海和鞑靼海峡，北抵黑龙江流域和下流江口，即今俄东海滨省、阿穆尔省等地。宣德以后，撤奴尔干都司于开原，正统以后，建州时叛，东北自是又入于多事之秋。

---

① 《西北利亚东边纪要》。

建州女真的兴叛

建州的女真人，论者谓为女真的嫡系。其中又分三部，即：建州卫，建州左卫，建州右卫。建州卫置于永乐元年（公元一四〇三年），明初其位置在吉林的附近，后由头目李满住移居婆猪江（佟佳江），正统三年（公元一四三八年），因不容于朝鲜，又徙于浑江上流，继迁苏子河流域，即赫图阿拉（今兴京附近老城）。既一再南徙，遂启其内向的野心。明自永乐之后，蒙古之势或炽，瓦剌，鞑靼，相继寇边，成祖数度亲征，予以重创，惧彼和东北的女真结纳，所以建置建州卫，敕命女真头目阿哈出（与猛哥帖木儿同为女真三万户之一），为军民指挥司使，并赐名李思诚。海西设卫，大抵亦在此时，其地约当今松花江流域，所谓兀者女真，即指海西女真而言。野人女真地方，当时认为有设卫所的必要者，亦皆一一设置，其无必要者，则先置千户所、地面、寨、站等，以附循之。永乐十年，分置建州左卫，其指挥之猛哥帖木儿，即清代所尊为肇祖原皇帝的孟特穆。正统七年，又分置建州右卫，当时仅分官印，并未分地。建州左卫则为以后清所从出，隶奴尔干都司。海西卫北为野人女真所侵，南为朵颜三卫所迫，永乐末，叛入建州，故地后为扈伦四部（乌拉、哈达、叶赫、辉发）所有（依《满洲源流考》所称，东北边陲尚有长白的纳殷、东海的窝集等等）。建州诸卫，除内哄及和蒙族纠葛外，又每与朝鲜龃龉，时朝鲜兵强，数困建州，赖明廷为之缓颊，东北尚能相安。加以明初任辽东指挥使者，皆能修饬边防。（明以蒙古女真诸部虽隶中国，而时剽掠，因筑辽东边墙，以毕恭任其事，建筑的年代，约当正统七年至十一年，其起讫为自长城狐子峪起，达于昌图之北。成化三年——公元一四六七年后，展筑东部边墙，自昌图之北，止于鸭绿江口的九连城，皆设置烽堠垒堡，配兵守御，大抵旨在保卫，非同划界。）[1] 正统十四年，土木之变后，女真忘明旧德，侵掠辽阳东边。景泰以降，建州女真都督董山，依违明与朝鲜之间，时结朝鲜为寇明疆。天顺末，明徇董山请，特开抚顺关，作为建州专设的马市，由之，建州邻接腹地，出入近便。成化二年，女真诸酋，因失赐的缘故，董山等（按董山一身兼三卫事）拥众入寇，为明痛

---

① 张维华：《明辽东边墙建筑沿革考》，《史学年报》二卷二期。

剿，不久伏诛（时朝鲜亦出兵助明）。三年，又大举讨建州，李满住避居婆猪江旧地，为朝鲜所得，父子骈诛。此后建州左卫女真，仍时为患，奉董山之子脱罗为酋长，声言替董山复仇，加以贡使深苦，关吏苛索，和参珠等市价问题，滋扰不已。明廷只得许其承袭，所以董山虽诛，而余焰仍炽。成化六年、十四年，彭谊、马文升先后败之，仍不能一杀其势。隆庆五年，继有李成梁、张学颜等的克捷。万历十年，清二祖（景祖叫场，和显祖他失——或作塔失）以助明兵攻王杲，死于兵火之中，努尔哈赤（清太祖）于次年诘责明边，明返他失之丧，并其敕书、马匹。努尔哈赤因是予智自雄。十七年，明授以都督秩。二十三年，更授龙虎将军，名位日崇，野心日大。

努尔哈赤和蒙古部族的冲突

满洲部族，向隶于内蒙古的统治之下，努尔哈赤既蚕食了邻近诸部，进而和蒙古部落接近，冲突随之以起。明代的中叶，叶赫等扈伦四部，（其他在今东北的蒙古部族，则有察哈尔部，游牧于旧扶余地——自黄泥洼逾沈阳至开原一带的塞外。在建州西察部之北，有喀尔喀五部。喀尔喀的东北为科尔沁等四部，居嫩江流域。其南即扈伦四部之地。）既侵据了海西女真故地，万历十九年（公元一五九一年），叶赫忌金之兴，向努尔哈赤索地，并令归附，努尔哈赤拒之。二十一年，叶赫贝勒纳林布禄，纠合扈伦四部及蒙古长白山各部，所谓九姓之国，共伐建州，努尔哈赤败之于古勒山下浑河与苏子河合流处，是为其威震东北诸部之始，关系其前途者极大。因通好科尔沁部和喀尔喀五部，以为远交近攻之计。利诱外，更与结姻娅，自万历二十七年至万历四十七年，二十年中，先后尽剪扈伦四部，以自附益。更降朝鲜并旁嘬和黑龙江上诸夷。万历四十七年，击溃明军后，知对中原不易为功，乃先以兵胁朝鲜和内蒙诸部，以包围明之东北境边。朝鲜既降，于是进而与蒙古部族的喀尔喀、科尔沁等部冲突，败蒙古军，比时蒙古部落以察哈尔林丹汗最强，为诸部的共主，和叶赫有姻娅关系，兼受明之利焰，加以两大难容，（因金所西侵的诸地，皆为察哈尔游牧利益所在的地方。）遂积不能下。而努尔哈赤既灭扈伦四部后，更使喀尔喀诸部叛察哈尔。天启六年，努尔哈赤死，其子皇太极嗣位（清太宗），更锐意勾结科尔沁、喀尔喀，和察哈尔对其同族所用的高压手段，恰恰相反。天启七年，喀尔喀部的势力，竟为察哈尔部所消灭。所以此时除科尔沁外，察哈尔部的奈曼、敖汉两部（今西拉穆伦河之南），喀拉沁部（今老哈河一带），皆先后降金。明崇祯元年，太宗会蒙古诸部，亲征察哈尔，林丹汗败走。崇祯七年，林丹汗病死。八年，其子率众降金，于是内蒙的蒙古部族，悉属于金，东北蒙、满两族自万历初年，至崇祯八年，凡五十余年的角逐，蒙族终为满族所征服，于是兴安岭以东的蒙古，悉隶于金。

努尔哈赤的扰明与明之覆国

努尔哈赤自败蒙古部族联军和剪灭扈伦四部后，转而扰明，借口贡市，一方索扰明边无宁岁，一方以所市利诱汉人日众。万历三十二年，明廷议撤新界的六堡，以致边墙外三百里，居民六万四千户，俱徙内地，退居瑷阳之西，以避努尔哈赤的扰掠。三十二年以后，努尔哈赤每藉款事给明，玩弄边上。四十四年，建国号曰后金，纪元天命。四十七年，与明大战，败明经略杨镐等数十万众于萨尔浒山下，陷开原，屠铁岭，当时朝鲜兵亦受明调遣助战，努尔哈赤并降服之，遂正式与明为敌国，隐然有大志。天启元年，努尔哈赤攻陷辽阳，移都其地，因辽阳为明和蒙古朝鲜间接壤的要地。明年，拔广宁义州，五年，再迁沈阳，益占形胜。蒙古部族既先后为努尔哈赤父子所次第平定了之后，于是明的北疆，除山海关一道外，皆向金人洞开，金人如入无人之境，更四用间谍，以间离明室君臣。边墙长城，既不能限满人马蹄，明廷更乖人和，苟安旦夕，边患亟而辽饷增，辽饷增而民生蹙，民生蹙而流寇炽，李自成、张献忠糜烂了全中国，清人得以乘机入关，不费大力地取得了明代的中国。孟森因而论明之昏君、奸相、权阉、流寇、门户、朋党，实予清人入主的特殊机会，努尔哈赤自天命四年大胜明军后，在辽节节进取，得一处地，便经营之以为剪明的根据，一洗前此入边剽掠、过而不留的旧习，先后建都辽阳、沈阳，奠定了开国的初基。皇太极继努尔哈赤而立，先降朝鲜，以免后顾之忧，继定内蒙，争得建瓴之势。长城迤北，金人可以驰骋自如，无中鲠的忧惧。明之朝野，更予以特殊的机会。满族因得以侥幸的入主中原，进一步的来承受中国高度文化的洗礼，并徙空东北北部（南部一向为汉人所开发定居），使中原的汉人，在近二百年中得以移入，作加速度的开发和定居。

其他参考书：

金毓黻：《东北史》（未刊本）。

《元史》。

箭内亘：《元代经营东北考》，陈捷、陈清泉译，商务本，民国二十三年出版。

《明史》。

孟森：《清朝前纪》。

金兆丰：《清史大纲》，开明本，民国二十二年出版。

《清史源流考》，光绪三十年石印本。

第七章　汉族开发东北的成熟
与俄日两国在东北的角逐

满族的内徙和禁地之东北

　　自明神宗四十四年（公元一六一六年），努尔哈赤即汗位以后，明清间继续了二十多年战争。明室固以内忧外患，困扰异常。清亦捉襟露肘，粮糈不继。东北一隅，所有农耕的经营，自来纯粹依赖汉人，战事既然发生，明设辽东都司以来所开垦的辽河流域三百万亩田地，几乎尽归荒芜。汉人更多避居朝鲜北部和山海关内，残留于满人旗下充任佃农的汉人，坐于兵役之故，亦复农辍于野。原清初满人只有百万，其中丁壮不过二十万，战事蔓延，占地日广，因欲扩充兵力，乃作大规模的强制征兵。又惧有逃避，为断绝其乡关之望，对此等地方，每每予以破坏，因之城郭萧条，田野蔓草。所以清初领袖先后和附近部落及明、朝战争的目的，除财富外，则为俘虏，藉供奴役。并选编牛录，以资攻战，降人则为编户，其中妇孺居多。及至统一东北，逞兵关内，八旗兵额，为数不过六万。迨入占中国，定鼎北京，八旗满军，分驻各省；天潢贵胄，尽室内徙，于是东北虽为发祥的圣地，竟成一时之瓯脱，自顺治元年（公元一六四四年）至康熙六年（公元一六六七年），对于关外土地，一再发布拓垦的命令，但结果欠佳。康熙七年重为废止，不过辽河东北，不断有汉人移入，属于燕齐民庶的调拨，内乱俘掳的转徙，和犯罪的遣戍之结果。乾隆骄侈自大，勒令已移之人归还内地，并禁流民徙入吉林一带，设立柳条边墙，严守山海关门，遏禁东移。对于蒙古、朝鲜，亦划界自封。稻叶岩吉称封禁的三原因为：防止汉人，禁掘人参和保护围场。① 但内地人民仍源源移出，其故在康熙时对俄备战，军工需人；而东北满人地主，既保护带地投诚的汉农，复因开发有利，更招徕之不遑。嘉道以降，移民逐渐增加，清廷鉴于此种自然的狂潮，遏之徒损无益，遂一再命令废除满洲旗人的特权，以是吉林、松、黑间，乃至所谓清室的禁地，亦不得不予以开放，使汉人垦殖其间。

清代盛时，中国疆界东北亦至库页岛，清廷视东三省为邠岐之地，因以沈阳为陪都，以黑、吉为左右冯翊，自尊于神圣和征服者的地位。且思遏阻文化潮流，葆其劲武的风习。自康熙十年以来，直至道光九年，康熙、雍正、乾隆、嘉庆、道光五帝，百六十年中，先后有十一次的东巡。② 康熙东巡，含有对俄的作用，乾隆东巡，对于东北地方文化，多所影响。其余不过奉行故事，毫无意义。东山围场（今海龙城、柳河、东丰、西丰、西安等县地）而外，康熙间并辟热河上营兴建避暑山庄，秋猎木兰，习为故常。乾隆尤爱滦阳风物的幽美，当时热河城市狭隘，房屋低下，人民皆蜗居其中，兼之户灶衔接，炎曛之盛，十倍京师。（奔察对乾隆语）③ 自是汉人阗塞东北各地，由之可窥一斑。彼日人论者，乃若有幸于东北封禁的命令④，以为其结果得以保存吉、黑森林，此仅就其自利的立场为言，中国亦何但幸于此森林的保存，设使中原的汉人不事外徙，将"皮之不存，毛将焉附"？吉、黑森林，终为彼日人所保存而已。

波涛壮阔之汉人东徙

汉人对于东北的开发，宛如秋潮一般，一波既平，一波又起，自古已然，于今为烈。例如乾隆以降，京师八旗旗民，因为谋生乏术，户口增加，浪溃成性的缘故，乃由清廷多次的资助，使屯垦东北，然几无一次行之有效，诚以满人根本不娴于农耕，加以恶劳好逸，积重难返。（按：日人近代移植东北亦归失败。日人太田勤于《关于内蒙之土地开发》一文中，有"水田事业，大遭失败；殖民政策，毫

---

① 稻叶岩吉：《满洲开发史》。
② 园田一龟：《前清历代皇帝之东巡》，盛京时报社出版。
③ 金兆丰：《清史大纲》。
④ 稻叶岩吉：《满洲开发史》。

无成功"之语可见一斑。）惟我汉人则优为之，虽位居臣属，迄鲜后援，然或以从军而羡其地的肥腴，或以设驿而探其戚于关外，留连往返，有如游子之归故乡。所以乾隆虽三令五申，禁人东去，然犹如水赴壑，沛然莫能御。在初只移于辽宁中南一隅，后乃推及该省西北及吉、黑一带（在前代此等地方已有多次移民的波浪）。山东人为之主流（尤以青、莱、登三州人为最多），窝棚烧锅为之中心，渐次推广其垦植的范围；河北人则经营商店，以应前者的需求；山西人则设立票号，以供开发的资财。十九世纪以来，俄筑中东铁路，有每年移民六十万到东北的计划，于是中国为抵制计，因以东北正式开放于内地人民。加以中东南满诸路的修筑，需要大批工人，直鲁一带居民，因之群趋东北。据俄人尼可叶夫（A. M. Nikslojeff）调查：一九〇〇年时，北满人口尚不过百五十万（时南满人口为三百万左右），以后逐渐增加，一九〇八年为五百七十万，一九一九年为九百万，一九二六年为一千三百万，三十年之中，增加了几及十倍。近年以黄河下游各省的兵燹和水灾，移民更见激增，一九二七年的一年中，有百多万人移至东北，其中以在大连上陆的为最多，到东北后，初则分赴沈阳、长春、哈尔滨，然后，再分散于各地，惨淡经营，世代相守的结果，使东北成为今日的锦绣一般的乐土。

俄人东侵与初期中俄间的交涉

当明清正内哄于东北，和其后清兵略定黑龙江的期间（约当十六十七世纪之间），欧俄的探险家、毛货商人，以及不逞之徒，一群一群的度越了乌拉山和西北利亚而东来，先后在乌拉由鄂霍次克海间建立了一些城镇。因以食物难得，更循阿穆尔河入于中国东北境内（即阿穆尔区域），哥萨克人马蹄所及，掠杀频繁。顺治间，中国屡次遣兵予以驱逐，皆以饷不继而功未竟。顺治十二年、十七年和康熙十五年，一方俄使欢至北京呈递国书；一方俄人在边境掠夺如故，形将割据了黑龙江东北沿海数千里瓯脱之地。康熙二十一年（公元一六八二年）派都统彭春等，合水陆二万人攻之，毁其所筑的雅克萨城（俄名阿尔巴辛城），构兵不已。时俄皇彼得初立，权操其姊苏菲亚手，因战地窵远，覆书中国谢罪，遣使来中国议和。二十八年（公元一六八九年）八月二十二日，两国代表会于尼布楚附近，我国除代表外并有外籍神父及兵万人相随，初议不谐，嗣中国藉武力为后盾，终使俄人退出了阿穆尔区域，以外兴安岭的南路，额尔古纳河南岸为中界，界北为俄界，订约于尼布楚，立石黑龙江西岸，镌以汉、满、拉丁、蒙、俄五体文，东北数千里俄人强占了四十多年的地方，至是还隶中国。此约不仅为中俄间最早的条约，亦中国和西方国家间最初的和约。嗣后俄对中国纯主和平，数遣学生至京学习华语，或发商队沿边贸易，遵守条约，直至咸丰初年，凡经一世纪有半，边境没有一点变动。（按该约语句含混，常常引起双方不同的解释，幸其时俄人仅利于毛货的贸易，故能相安。）到了十九世纪中，尼古拉一世（Nicholas I）又再从事侵略东北。公元一八四七年，以穆拉威夫（Nicholas Maravieff 后改称 Maravieff Amarsky）为东西北利亚的总督，重行建树俄人势力于阿穆尔区域。公元一八五三年，并据库页岛，更进而占有阿穆尔北岸和太平洋沿岸区域，以遂其出海的夙愿。其时中国当道光末叶，国内多事，未遑交涉。咸丰四年（公元一八五四年），俄舰队且循黑龙江而下，通过瑷珲，中国不能制止，俄人益发经营无忌。咸丰八年（公元一八五八年），英法天津之役，俄美参预其事，俄海军因强占乌苏里江，同年，中国不得已，派奕山和俄穆拉威夫会议于瑷珲，订约三条，自是中俄国界，遂以黑龙江为限，乌苏里江以东至海的地带，作为二国共有之地。乌、黑、松三江，俄人又皆获有航行之权，继俄以调停英法联军的功劳，要索厚酬于清廷，因与中国续订《北京条约》，清廷尽举乌苏里江、兴凯湖、白棱河、瑚布图河、珲春河、图们江以东的地方，悉让与俄，综瑷珲、北京两约，中国共失土三十四万三千方里之多，俄国于东海滨省的海参崴为彼国的太平洋舰队，辟一海口。两世纪以来俄人的积极目的，至是完全达到。

日本之侵朝与祸辽

日本对于朝鲜半岛，久怀野心，本书第四章，已有称叙。近世以次，则有丰臣秀吉的侵略朝鲜，吉田松阴的高唱大陆政策。明治以来，国内所有设施，皆着着在求实现其大陆帝国的迷梦，而以侵朝为第一步骤。光绪十一年（公元一八八五年），和我订《天津条约》，造成朝鲜已非完全我属的局面。光绪二十年（公元一八九四年），朝鲜东学党作乱，中日皆依前约出兵朝鲜，朝乱不久为中国所戡定，而日本竟措意构衅，双方遂致宣战，结果我海陆军皆败绩，遂予日本以崛起东亚跻于世界列强的绝佳机会。至其觊觎大陆，尤其东北的野心，于时亦图穷而匕见了。中日战事，结束于《马关条约》，中国认朝鲜为自主国，割辽东半岛、台湾澎湖畀日，偿金二万万两，开沙市、重庆、苏州、杭州四口为商埠。议成，内外大哗，俄国尤其以为和他在我东北的发展，大为不利，因联法、德强迫日本以辽东半岛还我。（按当时法与俄为结约国，又与俄对中国皆持友谊的态度，以巩固其在中国的利益，德则谋巩固其在远东政治上和商业上的特权，并引其强邻俄国东向，更以德皇此时戒心黄祸，因构成三国警告日本的一举。）日本当时已力竭势孤，不敢拒绝三强的警告，只得忍气吞声似的宣言以辽东半岛割让之地，一律退还给中国，但仍增索三千万两的赔款，以为代价，惟日人健忘实际的教训，终更扩大了野心，于三十七年之后，重行以武力占据了东北全土，直至今日。

俄在东北侵略政策的积极

俄自树立其远东政策以来，向在得心应手之中，自联合德、法对日压迫退还辽东半岛于中国以后的十年间，挟其强有力的政治、经济之优势，以临东北，炙手可热，为其势力最盛的时期。然犹未餍其所望的一件事情，便是海参崴军港一年中有好几个月的冰结封港。又俄所计划兴筑的西北利亚大铁路，因避免路线过长，工程难艰，和遭受黑龙江久经开航轮运的竞争，有假道我国东北北部的阴谋，既干涉日本以辽东半岛还我国，复担保中国向华俄道胜银行（按道胜银行中以法资为主，在近代东北史上，颇占重要的地位）借款一亿两，中俄关系，以是大有进步。光绪二十二年（公元一八九六年），尼古拉二世（Nicholas II）加冕，俄使喀西尼（Count Cassini）怂恿李鸿章为中国全权专使往贺。李因甲午败衄，衔恨日本，抵俄之后，和俄财政大臣微德（S. Witte）在莫斯科会议，微德借口维持中国领土完整，必需恃兵力为助；而恃兵力为助，想要迅赴事机，又必需有如此一条铁路——循着最短的途径，穿中国东北以达海参崴，因此种逻辑所得的结论，向中国强求筑路权。于是缔结《中俄密约》，中国允俄经东北北部筑路，自赤塔直达海参崴。不久，复成立了《中俄铁路协定》，相约西北利亚铁道穿过吉、黑两省，即以后所谓之东清铁路。（按中东路起后贝加尔州的赤塔，攒贯我吉、黑两省，以与乌苏里路衔接，计长二千八百余里，是为干线。南满路线则北接干线的哈尔滨站，南至旅顺口，大连湾，计长一千八百二十里，是为支线）。建筑经营之权，给予华俄道胜银行，华俄道胜银行因设中东铁路公司主其事。（自是俄在东北政治上、经济上的发展，即以此二者为之工具。）在于所辖的土地之内，其有绝对的管理权，并进行其他事业，什九逸出了条约范围之外，先后从清廷取得地亩权（与中国签订展地合同，成立东省特别区）、采矿权、伐木权、航行权（黑龙江、松花江、乌苏里江只准中俄两国行船），以及行政、军警（俄于中东路共驻军七万人）、司法等等权利，驯至中东路附近区域，不啻为俄国殖民地，东铁公司，更无异为此殖民地的政府。同时，日俄相约，俄在朝鲜有优越的地位，日在朝鲜有规定的势力范围，一时俄势愈为威眷东北。可是俄国内政不修，贪得无餍，适光绪二十三年（公元一八九七年），德人强占胶州湾，俄亦以责报为名，派舰队驶入旅顺口，更以防御他国侵犯东北为辞，要求租借旅顺口、大连湾，并强我国缔结条约，得建筑东清支线，直达于大连，定名为中东铁路南满支线（按两线皆于一九〇二年完成），以是东北主权，多旁落俄人掌握之中。法、德两国，对俄国的侵略，予以支持。英、日两国，初则表示异议，惟求一时相安。光绪二十五年（公元一八九九年），英国与俄妥协，成立铁道协定："扬子江流域为英之铁道筑造范围，长城以北，为俄之铁道筑造范围，互相承认，不相侵害。"俄在东北的势力，既得英国承认，益力求发展。列强因议"门户开放"主义，以为阻挠之计，对东北倡工商业各国机会均等之说。光绪二十五、二十六两年，屡开会议，商讨门户开放政策，规定：（一）禁止各国侵占领土，保障中国行政主权；（二）满洲工商业之机会，务使各国均等。当时俄国虽曾参加，然而阳奉阴违，恰巧其时中国以外势日迫，民族意识苏生，发生一九〇〇年的义和团运动，俄人竟于黑龙江岸布拉哥威士辰斯克（Blagovcsteusk）惨杀华人，以为报复。既出兵和其他国共陷北京后，复占领东北全境，和约既成，又延不撤兵，竟有久占的意向，因是而有俄日两侵略者的火并。

俄日在东北侵略的冲突与其结果

俄势既在东北形成独占，英日嫉忌不过，于一九〇二年缔结同盟条约，对付俄国。（俄法同盟亦因之扩充于远东）继而中俄谈判告成，俄已签定了撤兵条约，后又食言中止。英、美、日一方向俄抗议；一方和中国签订关于东北的商约，俄自中日战后，在朝北之势日炽，浸假及于朝鲜南部。惟国内意见纷歧，有欲前却顾的情态。日本惧俄永久占据东北，乃至作进一步的发展于朝鲜，初拟与俄交换东北及朝鲜的优越利益，但牵延未决，突于一九〇四年二月二十日向俄宣战，两国皆漠视中国的主权，以东北作战场。结果，日本海陆军皆胜，一九〇五年夏，交战国双方，俱已力竭，日本经济，尤难支撑，（按今日日本的情形，比诸其时，迨有过之无不及之感。）乃央请美总统罗斯福（Theodore Roosevelt）出任调停，两国会议于美国的扑资茅斯（Portsmouth），俄以微德的外交手腕，使列强对日俄的观察，先后异位，并坚持"不割地，不赔款"主张，会议几告决裂，终于签定和约。其有关东北者为：（一）日在朝鲜优越地位（经济政治军事）之承认（按日本于同年竟夷朝鲜为保护国，其后五年——即一九一〇年宣言合并朝鲜）；（二）俄日撤退满洲驻军，保全中国领土开放门户；（三）商得中国同意，俄转移日本以旅大租借地（按此后日人改称为关东州）；（四）俄南满铁路（长春以南至旅大间之铁路，长一三二四里）与沿海州渔业权之让渡；（五）库页岛南半之割让。东北前门的虎未能拒出，后门的狼又从容而进，狼子野心，更不断地造成近年中国尤其东北的灾祸。

其他参考书：

萧一山：《清代通史》，商务本，民国二十一年出版。

C. Walter Young：《满洲国际关系》，蒋星德译，神州国光社本，民国二十年出版。

克莱德：《国际竞争中之满洲》，华通书局本，民国二十年出版。

陈觉：《日本侵略东北史》，商务本，民国二十三年出版。

第八章　日本对东北侵略的积极与九一八事变

日本在东北势力的跃进

　　日本依于《扑资茅斯条约》的规定，遂向中国多所需索，中日间因订《东三省善后条约》，我被迫承认所有俄在南满（南北满的界限，可概指自长春划一横线，线北为北满，线南为南满①）的利益，移交日本，附约十二款，更予日本以多方面的机会：商埠的开辟；护路军的存在；（先是俄开恶例于中东路，日俄战后，和约中规定日得于南满沿线，俄得于中东沿线，每启罗米突置守备兵十五名。）安奉铁路的保留与改进；鸭绿江畔森林的采伐；吉长、吉敦诸线的管理权；以及奉、热两省诸线日本财团或南满铁路会社投资的优先权。更非法在吉、奉两省，租占民房，设置警察机关，先后不下二三十处。（按日本声称此外尚有密约规定：中国政府为保护满铁利益起见，允许该路未收回以前，不得建筑与该路附近或与该路平行之铁道云云，惟我国否认其存在。）日本在东北的势力，至是大为跃进，先是美国国务卿赫约斯于一八九九至一九〇〇年间曾向列强提议，中国门户开放和维持中国领土完整，得着列强的认可。一九〇五年，氏重向列强通牒，申述此两点的维护到底。又美国铁道大王哈利门（F. H. Harreman）有建筑环绕世界铁路的计划，其在东北应当收买中东、南满两线，惟此两事，皆为日本所破坏。一九〇六年，日本既代俄而垄断南满，气焰益炽，俨然以战胜国一切优先自居，在此后的十年之中，大事建树其在东北经济和外交的基础。然当日俄战后的数年间，东北铁路建筑，一度为列

---

　　①　克莱德：《国际竞争中之满洲》。

强竞争的重要目标：一九〇七年，英谋建新民屯延至法库门的铁道，日本寒盟（日俄和约中有：日俄两国，彼此约定，中国因为发展满洲之工商业起见，所拟实施之一切方案，为列国所有者，不加以阻碍）越权，竟以迷离渺茫之所谓一九〇五年密约为口实，一再予以破坏。继而有美国诺克斯的计划——满洲铁路中立计划（Knox Neutralization Proposal 即前哈利门计划的结晶）拟将东北各铁路置诸公平的管理之下，其所有权于某种计划（按即由有关各国，设立一国际企业组合，在借款期内，对铁路加以监督）交予中国，俱由列强借款，中国办理。日俄两国，皆不愿混合其在中东、南满两路的利益，而以国际共管代一国所得的军事、商业诸般优先权，又予以破坏。一九一一年，中国为改革币制和发展满洲工业的借款，由英、法、德、美四国银行团承借一千万磅，用之考察东北，以发展其工业，结果未克实施，其后日、俄加入，成六国银行团。日、俄仍于东三省所谓"利益区域"内，保留其借款的权利。一九一三年，美国退出此国际银行团，对于中国改造东北的行政或工业发展的借款，迄无所成就。综之，自一九〇五年至一九一四年间，日本得俄国的声援，垄断东北，使英、美等国不获投资，谋正当的利益。更蹂躏中国的权益，视中国有如战败国一般。

"二十一条件" 与东北

民国三年（公元一九一四年），日本加入世界大战，夺取青岛，强占胶济路，再度破坏中国的中立。更利用列强不暇东顾与袁世凯帝制自为的机会，于一九一五年一月十八日，由日置益（日本驻华公使）破外交上的惯例，直接向袁氏提出"二十一条件"。（日本对袁氏极尽玩弄的能事：时而赞同，时而警告，时而招集宗社党——善耆为领袖于东北，谋举勤王之师，实际尽为土匪苦力，以为威胁渔利之计。）[①] 五月七日，更致最后通牒，并限于四十八小时内答覆，须完全应允，否则自由行动。袁氏称帝野心，既为日察，拟藉承认以为交换日本的赞助，竟罔顾民意，屈于武力，于五月九日，以私人签字答覆之，既未经国会通过，我国自难予以承认。其中关于东北的部分，美国人韦罗贝（W. W. Willoughby）为撮要于下：

---

① 白蕉：《袁世凯与中华民国》，人文社本，民国二十二年出版。

（一）辽东半岛及南满、安奉铁道之租借期限，均延长九十九年；（二）日本在满之人民，有商租土地，建筑相当房屋之权，为经营工商业或发展农业之用；（三）日本人民有在南满任便居住、旅行并经营各种商工业之权；（四）如日本人民及中国人民愿合办农业及附带工业时，中国政府得允准之；（五）关于日本人民在满洲之治外法权之规定。除此正约外，尚有两国的换文，其内容为嗣后南满洲及东内蒙古由中国自行筹款建造必需之铁路，如需外资，可先向日本资本家商借。又如在南满，拟聘用政治、财政、军事、警察及外国顾问教官时，可先尽日本人聘用。① 大凡所以巩固日人在东北的地位者，无所不用其极。发动郑家屯事件，掩护蒙匪作乱，攫取特殊利益，侵害门户开放，威胁与要求的苛刻，在国际史上罕有其例。由以可见日本坚持其在东亚领袖的地位，直认中国为其保护国。嗣后，日本集中其扩张利益的政策于铁路侵略。且乘俄国革命期间，谋发展其势力于北满，终以列强干涉俄国，共同管理西北利亚铁路及中东路，以致未克遂其大欲。至对于所谓"内蒙东部"，曾经帝俄于一九一六年承认日本有特殊的权利，继于一九一七年，得美国国务卿承认其在满洲的特殊权利，所谓蓝辛石井协约。（Lansing–Ishii Agreement——系一种换文，一九二三年四月由两国宣布无效，正式予以取消。）一九一八年，新银行团（Consortium）酝酿期间，日本复要求英、美，承认其在满对于建筑铁路有优越的权利，但始终未获英、美的承认，只予以部分的保证。（按新银行团成立后，迄未借款与中国，以建筑满洲的铁路。）此所谓铁路的优越权，竟成为以后巨变的借口。

华府会议与日本暴行的遭受制裁

欧战告终，美政府于一九二一年八月召集限制军备会议预备会于十一月十一日，在华盛顿开会。（按实际为两会议，一为五国裁军会议，一为九国太平洋与远东会议，本书但举后者。）被邀者凡中、英、法、日、比、荷、葡等国，讨论太平洋和远东问题，但集中于中国：一为门户开放，一为中国关税及其他。韦罗贝就其影响于日本在满的条件上权利者，作下列数语："……日本因受该会之压迫，对满

① 韦罗贝：《中日纠纷与国联》，商务本。

蒙以外所有中国各部之政治及他项权利，曾稍缓和其要求。但于满蒙地方，则仅对于尊重中国主权与独立，暨领土及行政之完整，与允许维持全中国门户开放主义，加以大体之认可，此外并无他种重要让步。"① 华盛顿会议中，最重要的协定，除限制军备事项外，当推九国公约，该约除将所谓门户开放主义加以解说，并作正式条约基础（第三条）外，于第一条规定：（一）尊重中国之主权与独立，暨领土与行政之完整；（二）给予中国完全无碍之机会，以发展并维持一有力巩固之政府；（三）施用各国之权势，以期切实建立并维持各国在中国全境之商务实业机会均等之原则；（四）不得因中国状况，乘机营谋特别权利，而减少友邦人民之权利；并不得奖许有害友邦安全之举动。华盛顿会议后，日本在满的铁路利益，依然在力求继续发展之中。而中国在此后的几年，亦努力于自筑铁路，尤以南满路以东的吉林和哈尔滨以北的黑龙江为多。其中虽大半未能脱离日本的资本势力，但仍以此而招致气度褊狭居心叵测日本人之大忌。

中俄间的东铁问题

俄自欧战以来，国内多故，在北满的势力，浸渐衰落。一九一七年春，俄国国内发生了大革命，中东路一时因赤白两党的关系，纠纷很久，我国乃派军警先后赶到哈尔滨和沿线，予以维持，因成立东省铁路警备司令部，对俄党争，严守中立。是年九月，协约国共同出兵西北利亚，成立中、日、俄、英、法、义、美七国共同管理西北利亚铁路及中东路协定，并决议中国铁路应完全由中国警卫保护。我政府乃正式任命负责人员。当时白俄盘踞沿线，藉作政治斗争的根据地，我国当予以禁止，继我对中东路的军警权、治外法权以及政权，先后予以收回。并进而谋恢复地亩权，（按地亩权于一九二八年始部分地收回）航行权，和其他如林产、矿山、学校。（按直至中俄邦交于一九二四年正式开始时，迄未收回。）一九一九年，苏联宣言以中东路及其附属产业，一概无条件地交还中国。我竟坐失良机，一九二○年，未向俄政府作直接交涉。反而和华俄道胜银行（此后即改组为俄亚道胜银行，而托庇于巴黎），订一管理东省铁路续订合同，对于现状，多予维持，只不过暂时代俄

---

① 韦罗贝：《中日纠纷与国联》，商务本。

政府执行一切职权而已。嗣后数年，苏联时请与我谈判，一九二三年，初议不成，次年成立《中俄悬案大纲协定》，并先后签订《暂行管理中东铁路协定》与《奉俄协定》，改成一种中苏合办东路的局面。后于一九二七年，北京搜查俄国大使馆和广州暴动、中俄绝交等等事变，皆未波及中东路。一九二九年五月，发现哈尔滨俄领馆内，举行秘密会议，中国军队因前往搜查，捕获华俄党几十名。继而撤换俄正副局长，放逐苏籍重要职员，苏联当向中国绝交。两国间继以武力冲突，中经数月之久，终于十二月间，中俄预备会议开会于伯力，签定伯力议定书十条，中东路遂又完全恢复了七月十日以前的原状。其后对此问题，再举会议于莫斯科，惟迄无结果，而有"九一八"事变的爆发。

破坏世界和平之"九一八"事变

日本阴谋占据东北、征服中国，处心积虑了几十年之久。民国十六年，田中义一内阁（彼奏书天皇有言："欲征服世界，必先征服'支那'，欲征服'支那'，必先征服满蒙。"）谋阻碍国民革命军北伐的成功。五月出兵济南，造成"五三惨案"。六月二十七日，召开所谓"东方会议"，在华公使、领事，皆回国与会。田中的开会辞，大意为："对华政策之纲要，共分八项，主要目的，即规画将来对满州政治如何着手，经济如何独占。"继之，而有所谓"大连会议"。基于上述两会议决定的满蒙积极政策，两度提向东北当局交涉，经过殊为秘密，大抵皆以铁路的问题为骨干，嗣复提出所谓"中日铁道交涉"，一时皆无结果。惟彼蓄之既久，终乃狡焉思逞，适一九二九年以后的世界经济恐慌，已影响到了日本国内；加以欧美自顾不暇；苏联建设未就；我国统一在即，且正有延及十六省难民不下七千万的长江大水灾；竟悍然大举侵略我国。驻华日军先后挑衅，以为兴风作浪的借口。二十年六月间，长春附近鲜农，强行毁我民田筑坝，日本从而使事态扩大，造成"万宝山事件"，杀我徒手农民，意我派兵前往，则可藉辞出兵，肆行侵略，结果我仅予以抗议，阴谋一再不售。于是进而捏造事实，挑拨中、朝民族间的仇杀，更嗾使朝鲜民于朝鲜各地，屠杀我侨胞，然终未获扩大，计仍失败。最后竟藉口所谓"中村大尉失踪事件"，向我东北当局，提出严重交涉，暗中积极作军事准备，布置既定，因以"武力发动"于"九一八"的前夕，拆毁柳条沟铁道，意使由长春开赴大连的列车颠覆，作为中国破坏铁道的口实，从而小题大做，师出有名。但心劳计拙，第一次所谋不遂，同夜续以炸药再度毁路，枪杀所雇中国苦力，此两次的作伪，全世界的人皆已识破。当时路既被毁，不暇通牒，即行进攻沈阳北大营，十八日晨，日军更入据沈阳，我国飞机三百多架，步枪八万枝，机关枪四千挺，以及弹药、粮秣、军用器械，尽为日掠，所有公私机关以及要人住宅，同时被日军抢掠一空，因移关东司令部于沈阳，以土肥原贤二为沈阳市长。更依事前预定的计划，东北各地日军，同时出动，遂致一日夜之间，失去重要城市，不下三十处之多。日军更扩大其军事行动，继后数日，续占吉林、洮南等地，轰炸锦州（东北行署于沈阳陷后移此）。十月中旬，进兵黑省，马占山将军率部继长春南岭之役，作光荣的抵抗，遂有嫩江桥的血战，日军败绩，后更大举来攻，我军终以械窳兵少，力竭不支，黑垣当于十一月十八日陷于敌手，我军不得已退入俄境，黑省大部遂告胥沦。二十一年一月一日，锦州放弃。二月五日，日军复占领哈尔滨，于是东北各城，至是尽失。其后日本组织伪国既成，复宣称热河厅属于伪国，先于二十二年占领山海关和九门口，以威胁平津，继于二月二十五日，对热开始军事行动，我军抗拒不力，三月四日，承德陷于敌手，后虽续有战事，迄未恢复。于是东北四省，乃一时脱离祖国的怀抱，而先沿海各省沦于敌人铁蹄之下。溯自民国二十年"九一八"事变始，中经东北、淞沪、榆关、热河、长城、滦河诸战役，凡历二十阅月至华北协定成立（即《塘沽协定》），我抗战则暂时地告一段落。

其他参考书：

张忠绂：《中华民国外交史》，北京大学出版组，民国二十五年出版。
《民国二十五年申报年鉴》。

第九章　九一八事变以后的东北

近数十年来日本侵略中国的劣迹

近数十年来的中日关系，可以谓为日本对中国无间断地施以种种侵略的历史。日本始终企图延长中国的内乱，妨碍中国的统一，极幸灾乐祸、投井下石之能事。综其步骤：（一）鼓动革命与反叛政府运动；（二）对内乱予以财政接济，使其永远延长；（三）阻碍中国统一；（四）直接占据中国领土，以期终归合并。① 此四种步骤发动的中心，什九集于东北，而割裂东北使之和中国分离，进而囊括以为己有的阴谋，更数见不鲜，如：川岛浪速的对华管见，后藤新平的秘密著作，后者更自供真象。民元以次，先后在东北组织复辟运动，以谋推翻中华民国，民国十四年（公元一九二五年）干涉郭松林［龄］的改革运动，使中国不即统一。民国十七年，国民革命军北伐，既出兵山东造成济南惨案，又一再恫吓中国，声称统一运动不得影响东北。同年六月，炸死张作霖等于皇姑屯，目的在阻止张作霖的返职东北，使中国内乱不已，势力日削，便其易于侵占东北征服中国，民国十七年张学良在东北易帜，日本又一再予以警告和威胁，要当日的张氏作今日的溥仪，计不得售，因而恼羞成怒；加以东北近年来的种种建设，蒸蒸日起，如移民政策，如铁路网计划，如葫芦岛筑港，原皆为我正当的经营，竟致彼无理的嫉忌，遂有一九三一年"九一八"的事变，公然用武力占据了东北，妄冀实现其征服世界和中国迷梦的第一步骤。

---

① 《参与国际联合会调查委员会中国代表处说帖》，商务本，民国二十三年出版。

日本武力占据东北后的傀儡剧

日本既以武力占据了东北，当时参加此种暴动的日方负责人，为南次郎、本庄繁和土肥原三个日本军阀，初拟于占据后成立军政府，嗣鉴于中国——尤其东北民气的激昂和国际形势的险恶，不得不变更其一口并吞的计划，而采取一种"避名取实"的政策，假借所谓"满民自决"一辞，于事变后扮演出多幕的丑剧：先则成立地方维持会，继则成立三省省政府，所有傀儡，大抵非因威胁，即受利诱，皆素为国人所不齿之徒，终于民国二十一年（公元一九三二年）三月一日，成立了伪满洲国，傀儡溥仪，当于三月九日行就职典礼，纪元"康德"，改长春为新京。更设所谓"自治指导部"，强迫民众参与庆祝，所有各级政府实权，无不操诸总务的日人，或日籍顾问之手。而一时东北税收、军警、报纸、教育、铁路、银行等，亦皆为日本所劫持。东北民众于此种蹂躏污蔑之下，为竭尽自卫的天职，为高唱正义的呼声，先后有马占山、丁超、李杜等高树抗日义帜，予暴敌以不断的直接打击。而各地的义勇军更风起云涌，相与誓死反对此种暴行和丑剧，以示东北真正民意之所在，和不甘屈辱的一斑，迄今从未中止。

日本对东北重施灭韩的故技

日本对东北不啻灭韩故技的重演：初则使之独立，继则承认为被保护国，终则并为领土，探一种间接的方法，以为征服的过渡。伪组织既在日人的卵翼之下成立起来，日人因对政治、经济等方面，作积极的夺取。八月八日，任命武藤信义为驻满全权大使，统辖日本在满洲的所有机关。（关东军司令官，同时兼驻满特派全权大使和关东总督。）九月十五日，即和伪国签订所谓《日满议定书》，由伪国承认日本在满洲的一切权益——尤其驻军权，名为共同防卫，实际将东北置于日本的保护之下。而所谓满洲傀儡组织，则藉此以取得日本的正式承认，（周鲠生对于伪满之法理的定义为"日本政府所承认者，并非一真正组织之国家，只是在日本武力庇护下，由一群背叛中国的逆党，结合的一种傀儡组织。既不能认为真正的自然的独立运动所产生"，在地方人民心目中，亦"直是日人的工具"。所以其自身不但自始即未有国民的基础与合法性，抑且完全不具有安定性。）其举动既荒谬绝伦，更足以见其永久破坏中国领土和行政完整的恶意之所在。继于一九三四年三月一日，扶傀儡溥仪称帝，袭专制君王尺地莫非其有，一民莫非其臣的落伍的封建的思想，以便日后即可将东北的土地人民，拱手让彼。更为使东北民众信任伪国起见，不惜用种种威胁利诱的方法，卑鄙龌龊的手段，致使东北秩序，自斯大乱，一切法纪，扫地以尽。更奖励栽种鸦片，以期达全满黑化的目的。据《泰晤士报》所称，一九三三报告：热河方面的烟税，预计可达千万美金之多。经济方面，日本完全使伪国为其尾闾，藉今日经济的霸权，演为他日政治的合并，用心叵测，蔑以复加！

日人对东北资源榨取的激进

日人于占据东北最初的五年中（一九三二——一九三七），统治东北最重要者有下列三事：（一）新省区的划分，改组东北行政区域（按名义出于伪国，实际操诸日方）。设奉天、吉林、黑龙江、热河、锦州、安东、滨江、三江、黑河、间岛、兴安东省、兴安西省、兴安南省、兴安北省等十四省，新京（长春）、哈尔滨（滨江）二市。其意不仅在谋中央集权的功效，而尤重国防计划的设施，兴安四省隶于蒙政部，其地介于辽、吉、黑、热之间，恢复旗制，使与他省不同，于此尤以见日人经营蒙古的野心，实以蒙政部、兴安诸省，为对蒙工作的核心组织。（二）铁道网的完成——满铁路线长一一二二·一公里，兼并东北诸铁路长度增加三倍。民国二十四年三月，复非法收买中俄合办的中东路，长一七二一公里，截至一九三七年一月止，东北共有铁路九六四七·五公里。满铁因于民国二十五年，改组所有东北各铁路，归其一元的统制管理。至松花江水运，亦由满铁附带经营，水陆运输囊括无遗，更横想完成二港二线政策（二港为大连、罗津，二线为南满路、吉会路）。其他新筑铁路，亦不在少数，皆特别富有经济与军事的价值。（三）实业的统制与垄断——东北铁矿储量最富，中国内地仅当其四分之一，日本尚不及其八分之一，民国二十四年，日本改组扩大鞍山制铁所为昭和制钢所，所有鞍山、弓长岭、庙尔沟三大矿区，皆归其掌握。其他新设制造钢铁机关尚多。煤矿则除南满所经营的抚顺、烟台、本溪湖诸大矿外，悉并于满洲炭矿会社，以阜新煤矿为中心，年产一百七十余万吨。更设满洲采金会社、满洲石油会社、满洲油化工业会社，以上各工业会社，自一九三八年始，悉统制于满洲重工业会社。东北贸易在"九一八"前，进口贸易约占全国进口总额五分之一，其出口贸易，更占全国出口总额三分之一以上，为我国最大的出超区域，"九一八"后，转为入超，与中国内地贸易，则日趋衰落，坐于受外国待遇。反之，与日本贸易，则与日俱增，以东北对日关税至轻，甚或予以豁免。① 近更以东北为特别重要的"重点"，积极进行其"以战养战"的阴谋，加倍强调其所谓"日满支"沃大基经济的建设。其中重要之点，在于资源供给的具体分组，加强压榨我东北及华北的资源，而把这些地方，充当日方沃大基经济阴谋的牺牲品。即连日人也都自认：地域重点主义除开满洲资源的开发，是无内容的。其次则扩充满洲重工业会社与南满洲铁路公司，把我东北的交通事业，交予后者经营；而由前者专营工业的设施。前者掠夺，而后者搬运。满洲重工业会社子公司的公积资金今已达八亿八千五百元，若与一九三八年初合并时比较，实已超过了四倍。关于内外机构上，更予以调整，暗示其将对我东北资源加紧的掠夺。南满铁路公司，一九三三年实现过第二次增资，总资金达八亿元；近又激增至十六亿元，除将伪满线已与满铁线混而为一外，近更进行着混合即所谓"社国线一元化"的法律手续。一九三九年七月统计，满洲共计有铁路一○五二二公里。又随着所谓"满洲产业开发五年计划"的推进，而对我东北的投资，与年俱进，只去年一九三九年度的公司债投资，即预计达八亿元以上，本年度（一九四○年度）还有更为增加的可能。据伪满经济部的调查，自伪满成立至去年十月底止，公司债股票及类似的借款（即证券投资），合计达三十二亿三千万元。其中资金占最多的部门为交通部门，矿山公司次之，工业公司占第三位。② 凡此设施，足见东北在其所谓"东亚经济新秩序"中，实占居一最重要角色的地位。又依莫德惠近顷在陪都东北同乡会"九一八"九周年纪念大会的报告：暴日以四十八万万日元，进行奴隶东北的五年计划，掠我兵工厂、黑河金、抚顺煤、鞍山铁，更拟开发五百处煤田，二万六千里大森林，并强迫我东北百分之八十五的农民，种棉植麻，以供其军用，东北辟地只有一万万三千亩，而暴敌却征用达一万万六千万亩，以我农民群起反抗，因而屠杀，若干农村，竟遭洗劫，另有所谓《产业管理法》，企图收我重要资源，悉数攫

① 张其昀：《沦陷后的东北》，民国二十七年九月，《大公报》星期论文。
② 宋斐如：《日寇"以战养战"阴谋下对"满"的经济掠夺》，民国二十九年九月十二十三两日，《大公报》。

夺以去。① 敲骨吸髓，只有与之偕亡的一途。

东北为日本的死命线

日人占领东北，大言不惭称东北为其"生命线"，然明眼人固谓为其"死命线"：牺牲无数生命和资财，日陷泥淖而无从拔出。我东北的民众，处于铁蹄蹂躏之下，水深火热之中，田园荒芜，庐舍为墟，收获锐减，价格低落。日人的虐政，更层见不穷，并大屯则毁灭散漫的农村，查户口则厉行十家连坐法，强迫日满通婚，侵占农民田地，实行奴化教育，惨杀无辜华人，更普遍的奖励吸种鸦片，严厉压榨内地居民，毒辣残忍，为生民以来所未有。我政府自"九一八"事变以后，始终持和平主义，借以避免冲突，并以此案件诉诸国联行政会，作得公理的解决，而道高一尺，魔高一丈，日军竟利我退让，更得陇望蜀。民国二十一年，有"一·二八"战役，和《塘沽协定》。更肆行蛮横，扩大野心，迫我承认伪国及划山东、河北等五省为特别区域，且不容许我获欧美国家友谊的经济上之助力，以事建设。民国二十六年，复引起"七七"卢沟桥事变和"八一三"沪战，我为保卫国土，不得已而作长期的抗战，当日人初占东北之日，说者谓日本如吞炸弹，则东北诚为日帝国主义的坟墓无疑。

日本的暴行已为举世所共斥

日本用武力占据了东北，一手制造伪满，非但侵害中国的主权，更冒世界大不韪，破坏条约（非但违反一般国际法如国联规约和"非战公约"，并破坏关于远东问题的国际公约，尤其一九二二年的华盛顿九国公约），弃背信义。更对我侵略，毫无止境，国联理事曾再三予以劝告，得事件反随国联的决议而愈为扩大，日人欺侮国联的毫无实力，态度软弱，极尽玩弄之能事，置国联行政院和十二会员国的劝告于不顾。国联外之美国，于日军占领锦州后，即照会中日两国："凡中日两国政府或其代表所订立之任何条约或协定，足以损及美国或其人民在华条约上之权利，

---

① 民国二十九年九月十九日《大公报》消息。

或损及中国主权独立、领土及行政之完整，或违反国际间关于中国之政策，即通常所谓门户开放政策者，美政府均无意承认。"又称："凡以违反一九二八年八月二十七日中、日、美三国在巴黎签字之非战公约之方法，而造成之情势或缔结之条约或协定，美国政府亦无意承认之。"美国务卿史汀生（Stinson）更其明白的表示："如果其他各国与本国为同一之决定，取同一之步骤，则即可警告日本，使一切凭恃强权违背条约所攫取之权利，不能得合法之承认。且历史昭垂，将必使中国横被剥夺之权利，终克复归原主。"（史氏八月七日在纽约演说辞）然日本终用其不正当的武力，扩大了军事行动的范围，以致仲裁解决丝毫无效，国联理事会因于民国二十年十二月二日，作第三的关于东北事件的决议，继于民国二十一年春，派调查委员会（International Commission of Enquiry——国联盟约中之国际侦查，旨在依公平的调查，辨清事实，以谋争端的解决）。而当时东北，在日军的占领之下，多方予以阻碍，曾使李顿（Lytton）领导下的调查团未能自由履行其任务，惟暴日思以一手掩尽天下人的耳目，终属徒劳无益，欲盖弥彰。

国联调查团报告书与其建议

国联调查团的报告书，系于民国二十一年九月四日在北京签字，九月二十二日送日内瓦，日本更于报告书未及提出之前，先期承认伪国，使国联遭遇既成事实，致无挽回的余地，东北局势，更以扩大。报告书继于十月二日在日内瓦、南京和东京各地同时发表，内容分为十章：第一章至第八章，为叙述中日关系和东北事件的种种相关事实。第九、第十两章，则系调查团关于解决东北事件的几种意见及提案，并揭破日本侵略的罪恶，判定日本对于东北事件的责任，确认"满洲"主权属诸中国；又认定日本承认伪国，与一九三二年三月十一日国联大会决议案的精神不合，而主张"中国在东北之主权须予维持"，乃声明"应于无背中国主权及领土完整之范围内"，使"满洲"有自治权。（按第十章所谓"满洲"自治制度之提案，等于国际共管之下，维持"满洲"分离之事实，此其含有若干矛盾和不利于中国者。）对于此报告书，国联理事会徇日本的请求，一再延期付议。十一月二十一日始开会讨论，二十八日，议决将报告书及中日争端全案移交特别大会，当通过此议案时，除日本一国外，其他十三会员国一致投票通过。于是报告书及中日事件全部的讨论及处决，最后乃属诸国联特别大会及十九国委员会。如斯展转决议，一再延宕，日本既一面扩大局势，一面又不服调解，并始终反对美、俄参加调解委员会，与坚持维持"满洲国"及中、日直接谈判的两大原则，特别大会终于民国二十二年二月二十四日，全体（四十二票对日本当事国之反对一票）一致通过报告书，（按系根据国际委员调查团所起草的大会报告书）"说明争议之事实，及大会所认为公允而适当之建议"。内容共分四部：第一部，述远东的事变，完全采用调查报告书前八章。第二部，述中、日争议在国际方面的发展。第三部，述中、日争议的主要特性，证定中、日事件曲在日本。第四部，则包括大会所认为公允而适当的建议，其具体办法，载在第二章，要点有四：一、日本撤兵；二、树立东省自治制度；三、解决中、日间一切悬案；四、由大会组织一谈判委员会，襄助中、日两当事国举行谈判，以实行上述诸项建议案。最后一次，仍本调查团报告书的精神，然其具体的办法，则已较多进步。中国代表当于大会席上表示"中国将予以无条件之接受"，日本代表则公然反对，声明日本政府"认为不能接受"，日继以进攻热河，扰乱平津。日本之违约作战，后虽宣布退出国联，然在两年之中，仍需受国联决议的束缚。徒以国联当时，未能作进一步的努力，予日本以第十六条规定的制裁，而但依大会决议，设立"顾问委员会"，监视今后局势的发展。迄今形势已变，然大会报告书之获得全体通过，至少已足使中国在法律上和精神上，得确定的胜利，博国际的赞助。此种精神，目前仍在方兴未艾，未可视为过去，无庸失望。而恢复东北失土，实我今后对日唯一的国策，国际联合会虽告瓦解，远东两大势力的美、俄要不容坐视。日本以武力独霸远东，举世各国，亦不容日本以武力为施行其国家政策的工具。所以我之抗战，不仅为国土的保卫、民族的独立，抑且为维护世界的和平、人类的正义。语云"得道多助"。我于今后必得胜利无疑。又云"千夫所指，无疾而死"，实正可引用之于暴日。

其他参考书：

《外交部白皮书第二十四号·国际联合会调查团报告书》，民国二十一年出版。
《民国二十二年—二十五年各年申报年鉴》。

第十章　余　论

世界公认东北为中国领土与其事实上的根据

英・李顿、义・马柯迪、法・亨法克劳德、美・佛兰克浴斯麦考益、德・恩利克希尼所负责起草的国际联合会调查团报告书中，谓："中国人民认满洲为整个中国之一部。使满洲脱离中国之任何阴谋，皆在极端反对之列。东三省为中国之一部，此为中国及列国共认之事实。中国政府当地法律上之主权，亦从未发生疑问，在中日条约协定上及其他国际条约上均可证明，各国外交部之正式公牒上亦一再申述，日本外务省之公牒亦然。"（第三章第二节）美东北问题专家杨格窝尔德（C. Walter Young）亦谓："满洲为中国完整之一部，中央政府常保持法律上之权威。"① 公论自在人间，武力难灭事实。史前以降，东北延至朝鲜半岛，早为华夏民族所宅居，且经世界学者认其具有考古学上、人类学上的确实证据。自一九三一年以还，日人既以武力劫持东北，继又制造傀儡国，强制地分裂中国，谓为民族自决。国际联合会调查团报告书已斥其妄。而自"九一八"事变以后，东北我三千余万民众，在日军的铁蹄蹂躏之下，无所谓"自由"，何有于"自决建国"的可言？民族系历史上的产物，为依据于种族、言语及文化所结系而成的集团。一民族的自决，需为自发与自力，东北在历史上既久属中国，而今日存在于东北的种族，以历代博挖的结果，早经融成一体，日人竟越俎代谋，无中生有，倡言满人自决，真正岂有此理！即退一百步为言，狭义的满人，在东北不过汉族的什一而别（汉人三千一百

---

① 杨格窝尔德：《日本在满洲特殊地位之研究》，叶天倪译，商务本，民国二十二年出版。

万，满人三百万），即此孑遗的满人，亦曾致书国联调查团，斥日人谬举有远满人心愿，且认为奇耻大辱，东北的言语，在昔秦汉之世，方语既同，其后虽有满语满文，然后者既于同化过程中，销蚀殆尽；前者今除吉林三姓宁古塔僻壤的少数满人使用外，余皆专用汉文汉语。即蒙古人、朝鲜人亦复如之。言于宗教，东北与中国内地无殊，其他风俗、习惯，无不冶于一炉，毫无歧异之处。东北过去，虽曾有裂土自立的事故，然要不过属于内政上一时的纷扰，终敌不过向心力的强大，离而终于复合。且与中国其他省份的国民，在历史上、文化理想上，以及民族意识上，并无二致，以成其为中华民族的一部，决不甘心自居化外，作日本人的奴隶，由东北义勇军的日益增加一端，已可观之。依李杜将军报告，抗日联军近已由七军扩充至十二军，数达二十余万人，军队更和民众打成一片，即伪军亦和抗日联军公开联络。敌关东军曾公布本年上半年，联军与敌伪有三千二百次的冲突。政治方面，现哈尔滨设有反"满"抗日总会，参加者共二十余万人，此外尚有妇女队云。① 此种不愿做奴隶乃至积极予敌伪以血的教训之表示，已足粉碎日人所谓"满民自决"的响言而无余。

中国在东北的根深蒂固与文化之伟力

日本常大言不惭地矜伐其有开发东北的劳绩，因恃为借口以攘夺东北特殊的权益，而视为其应得的酬应。但迹其所谓开发的劳绩，曰日俄战争，曰南满会社的多方经营，然前者为帝国主义者间的争夺战，以暴易暴，对东北徒为蹂躏，何与劳绩？后者为承受帝俄的余荫，其成绩在性质上和时间上言之，并无重大之处。以视华夏民族，自古迄今，无量人数在东北之所努力者，不过一毛之比九牛。况中国的开发，为属于自然的、和平的、文化的、历史的、天下为公的，而彼日本则适得其反，为属于勉强的、武力的、恶化的、一时的、自私自利的，贤不肖相去奚啻霄壤。又若一言开发，便当据有，则不仅朝鲜，即日本自国皆以我文化的启发而有今日，具膺我为宗邦，彼为臣仆，日人既不免数典忘祖之讥，复应有以怨报德之咎。溯我中华民族，初居东北，大抵经营游牧生活，其后因中原人士移入的影响，文

① 民国二十九年九月十九日《大公报》消息。

化、制度、礼俗、农耕，无不广沾汉化，内外一体，古代东夷、朝鲜为中国肖子，夫余、高丽，礼俗亦同于华夏。中世以降，始之则有鲜卑部族的慕容氏，尊晋室而染华俗，礼贤士而辑流亡，其所以盛，端在引用汉贤。(《晋书》载称："会稽朱左车、太山胡毋翼、鲁国孔纂，以旧德清重，(慕容廆)引为宾友；平原刘瓒，儒学该通，引为东庠祭酒，其世子皝率国胄束脩受业焉。廆览政之暇，亲临听之，于是路有颂声，礼让兴焉。")前后二燕诸主，皆雅好文学，臣下亦多所述造，诸燕文献，赖以不堕。次之则有夫余族的高句骊，受南北朝册封，自由吸收中原的文化，如北朝的学术、宗教、艺术，几完全支配了高句骊的思想界。佛教亦传自苻坚的使者，儒学、道教，也同时采用。更以高句骊为中心，而广布中国北方的文化于东北。再则有靺鞨部族所建的渤海国，和东胡族的契丹。前者与唐接触之后，始终倾服无渝。中国的册封使者与彼之贡使，往来相属于途。唐代文化，广泛而迅速地输入，数遣诸生到京师太学，习识古今制治，当时诸生所习不仅唐之典制，他如佛教、道教，亦俱悉心研究，传之本国。后者起于西晋，渐盛于唐，自五代至宋为最盛期，灭北宋而改国号曰辽，后亡于金。和中国关系很为悠久，其所兴盛，在以汉人流亡为所利用之故。史称阿保机(辽太祖)筑汉城，率汉人耕耘，为治城郭，邑屋廛市如幽州制度。[1] 汉人韩延徽、康默记为之辅翼，使努力汉化，统一各部。耶律德光(辽太宗)承其父风，征引汉贤。耶律兀欲(辽世宗)"慕中华风俗，多用晋臣"。[2] 三世相沿不改，所以辽之文化、制度、风俗、习惯，乃至日常生活，起居饮食，皆尚中国。金继辽兴，因族人过少，乃广招汉人。及入中原，汉化亦深。金世宗每念故俗，辄思葆全，违反自然，终不可能。金衰而蒙古起，统治了中国九十年，中国的文化基础和国家组织，皆无所改变。结果，中国的文化，战胜了蒙古的武力。忽必烈和他的后嗣，皆先后丧失了昔日野蛮的本性，变而为中国人。满清最晚出，但中国化最彻底，作为中国内部诸部落搏挠的最后之一环。论中国为具有灿烂历史、悠久文化的民族国家，东北乃其整个的一部分，自有史以来，其中经历无量数的先烈，筚路蓝缕，以启山林。而文化传播，代有其人，寓贤如汉之管宁、邴原、王烈、国渊，流人如宋之洪皓、明之辛浩、胡世宁、王时中、贺克恭，清之

---

① 《晋书》。
② 《晋书》。

杨越，皆中邦硕彦，迁居东北，安贤化俗，流泽后世。① 到清末民国，以迄最近，居流更盛极一时，这岂又是今日出于东北的日本军阀、浪人，所可同日而语？

汉族开发东北的劳绩

梁任公曾说："东胡问题，自周通肃慎，齐伐山戎以来，直至民国成立，满清逊荒，始完全解决。所谓解决者，非攘斥剿绝之谓，乃吸聚诸族，蜕变其原质，作为我族之一成分，而增廓其内容。"此所谓"增廓其内容"者，应作为多方面的解释。近年以来，其参加经营的人数，与年俱增，所创建的功绩，更见伟烈，承先启后，奕世不衰，致有今日举世刮目的东北。其中尤以中华民族中的农民，功居首要，"若非中国农民及劳工荟集，满洲之发展，不能如此之速"②。东北的农民，习惯操作，坚苦卓绝，征服环境，创造运命，所以民气蓬勃，极为可爱。俄人牙西诺夫对我东北农业，甚有研究，尝比较中苏文化的异同，略谓中国农民，历史相传，衍成若干特性，能适应环境，以求生活，实较苏联农民为优。特性中最可称道的，即技术优良，能应合天时和地方的需要。又坚忍耐劳，克勤克俭，绝不嗜酒酣饮。若以体力与俄人相较，自属弗如，然精神上有一种不可磨灭的地方，即虽处极困难之境，尤能擅长农业，此乃根据于天性，非勉强而致。③ 溯东北新石器的发现于辽、吉等地，其遗物为中国式，且已进至农业时代，渊源所自，由来久远。其人宛如波浪，愈后愈为壮阔，陈陈相因，嫣婵不绝。东北出产的丰富，固属土地肥沃之所致，然恒河沙数的中国农民之手胼足胝，实占绝大成分。东北的中华民族中，除汉人外，其余皆属游牧部族，绝鲜文化可言，汉人于其间乃普施教化，广辟全土。其在东北，终身与朔风、冱寒、猛兽、匪盗相为搏战，远离乡井，孑身荒原，备尝旅途的艰损，经历崔苻的骚扰，风霜之苦，寂寞之感，临之无畏，甘之如饴，实堪与美国人开发大西部的精神，东西媲美。终于变荆棘为良田，化猱狂作文化，使东北荒芜之区，顿成锦绣之场，既为祖国守边生利，更予东北化风成俗。过去陈迹，姑不具论，在于近日东北三千一百万的汉人中，清代以前移入者，不及六分之一，其

---

① 金毓黻：《东北讲学之今昔观》。
② 《国际联合会调查团报告书》。
③ 张其昀：《东北是中国的生命线》。

余六分之五强，均系嘉道以后移入，而其总数的二分之一，则系光绪三十年以后所移入。最先皆以流民的形式漂泊以往，初则打猎放山，后乃定居业农，中东路建筑后，更行团体移民，其中以二人至八人为一组的占多数，而以利害相关的邻里乡党为之中心。考其籍贯，历年以山东人居绝对多数，占百分之七十，其余百分之二十为河北人，百分之十为其他省人。移入东北人数最多者，为当民国十六七年之间，约百数十万。民国十九年，东北谷物的产量，达七八六七九九三三八英斗，值二万万元，此种农业的非常之发达，实东北繁荣的基础，而此繁荣的基础，要完全建筑于此等移民之膏汗之上。

东北是中国的生命线

东北是中国的生命线，共有面积一百二十八万方里，人口三千五百万人，人口密度每方公里仅得二十七人。据翁文灏估计，除现在人口外，每方公里尚可增加八十人，东北平原大约可再容纳三千万人，是东北人口尚可增加一倍。我们河北诸省过剩的人口，实赖此为唯一出路。东北的经济基础，完全建筑于农业之上，田土种大豆（即黄豆）者，约占十分之三，因为东北最重要的谷物贸易，全世界大豆出产，今殆集中于一地，所有运销于国际市场者，几全由我东北输出，每年所产的三千七百万石，占全国产额百分之七十，世界产额百分之六十。民国十八年，大豆、豆油、豆饼三项出口价额，共计二万三千万两，约占全国出口货总额四分之一，或东北出口总额三分之二，其重要若此。又特产柞蚕丝，俗称灰丝，近年产额二万六千担，约占全国总额百分之七十，其出口之多，有时达一千五百万两，与大豆同为东北的名产。东北所产甜菜可以制糖，甜菜与大豆、小麦，为适宜的经济作物。东北的森林，为世界有数之大森林，其面积之广，约占辽、吉、黑三省全部面积四分之一，或全中国森林面积百分之三十七。辽宁省有黄、渤二海，天日制盐业极发达，产额在四百万担以上。又旅大租借地，每年产额亦在四百万担以上，合计八百余万担，占全国产额百分之五十。盐税为东北财赋之大宗收入，民国二十年度，盐税收入为一万六千五百万元。其中辽宁盐税占三千万元，即占百分之十八。大兴安岭一带，气候较为干燥，弥望草地，适于畜牧。东北四省其计有牛二百七十万头，马三百二十万头，羊四百六十万头，总计一千万头，羊毛出产，殊有希望。东北储煤总量，据最近估计，为四千六百一十兆吨，查全中国储煤为二十三万六千二百八十六兆吨，东北四省所占的成数，不过百分之二，但以各省产煤量而论，则辽宁一省独占百分之三十。而辽宁铁矿，全国各省又莫能与之抗衡，因该省铁矿储量，约占全国的百分之七十九，石油矿储量，约占全国百分之五十二（抗战后新发现者未计入）。抚顺煤层之上，覆有油田页岩，蒸馏之即是石油，矿石储藏量约五千五百兆吨，含油百分之五十五，当有石油储量一千九百兆桶，占全国石油储量百分之五十二。黑龙江素以产金著称，含金之矿，殆到处而有。"九一八"以前，中国全部产金约在十万两左右，吉、黑二省所产，占其半数。东北为本部各省轻工业的销纳市场，如棉布、棉纱、面粉、纸烟等项，自本部进口者甚多。电气事业，比较甚为发达，民国二十年统计，全国发电量，不过八十四万瓦，东三省占十九万瓦，即当全国所有百分之二十二。又东北铁道事业，在全国中比较发达，民国二十二年度统计，东北共有铁道六千公里，占全国铁道里数百分之四十二（"九一八"以后新筑铁道将及一倍）。而东北四省的土地，则占全国九分之一，人口约占全国十二分之一。但其国际贸易，则占全国总额四分之一。若专就出口言之，则占全国总额三分之一以上。据民国二十年度统计，东三省国际贸易额为四万五千万两，即占全国百分之二十四，其出口贸易额为三千万两，即占百分之七十三。据中国银行报告，民国二十一年度出口贸易衰落的程度，较进口贸易特为严重，而以东北沦陷为其主因。是年度东北出口之数量，合计为三万八千万两，其中农产一项，已值三万万两，矿产、水产、林产三项，共值二千万两。东北资源的丰富，由此可以概见。[①]又论我国外患，以起于东北之戎为最早。但以东北属于一地理上的单位，所以同化亦称最易。近数世纪以来，东北一隅，在内政上尤能影响于全国。东北和苏联、日本两国接壤，我人视为前哨。自满洲而侵入长城以南的中国，包括北平在内，其势至便。[②] 东北在国防上的重要，更不容其丧失。

东北精神与存省兴国

金毓黻论东北精神学，既注意于东北地位的重要，尤着重于东北民族的合一。

---

① 张其昀：《东北是中国的生命线》。
② 《国际联合会调查团报告书》。

因列举汉、满、蒙三族的代表人物：汉族为周初的伯夷叔齐，后汉末的田畴，魏晋时代的辽东李氏。（李胤为晋司徒，隋之李密，唐之李泌，皆其后裔，绵延数百载不绝。）满族则渤海人的勇于战斗。（语曰："渤海三人当一虎。"又曰："女真不满万，万则难敌。"）而金太祖阿骨打、清太祖努尔哈赤可以为之代表。蒙古族则辽太祖阿保机、元太祖成吉斯汗及其子孙皆是。立国以来，武功文治，亦不让于曩昔。因复总括言之：其一为迈往前进的精神，满、蒙二祖具此优点，致有伟大的成功；其二为皎然不欺的精神，此为东北故有的风俗，迄今轮轨交通之日，仍能相仍勿替；其三为茹苦报国的精神，此风倡于田畴，而大盛于近时，东北人民流入内地者，无虑百万，倍受颠沛流离的痛苦，而毫无怨言，此由于不甘受敌人的钳制之故；其四为见危授命的精神，此风始于伯夷叔齐，而近时为尤烈。① 凡此精神一日存在，则东北决不亡。且所谓"东北"，于民族上永远属于中国。我三千余万同胞今虽受日军不断的威胁利诱，高压防范，其民族意识仍为盛炽，祖国之思仍然深挚。中国人终是中国人，日人绝无法消灭其和中国内地同胞间脉脉相通的情愫。抑中华民族为具有悠久历史的民族，在东亚向为文化宗邦，国人在世界上为最能耐受劳苦，能生存于他人不能生存的环境之中，其求生的意志，与其灿烂的文化，历五千年而如新发于硎。"周虽旧邦，其命维新"，虽属寄于平庸的形式中，实有其超人的精神，非并世的其他民族所能望其项背。所以中国的生命，决无中止之理，以中国之决不亡，斯其如一肢一体的东北亦决不亡，此一信念，实为今日举国国民所深信而毫无所疑。此次中日问题，起自东北，不收复东北，中日问题永不会解决。这也就是说：东北不收复，中国也就永远在日本帝国主义大陆政策的控制中，暴日可以随时侵入我们的内部，随时可以覆亡我们的国家民族。所以收复失地，是我们抗战建国唯一之主题，打到东北去，是我们军事最后目的。此更为全中国人所共信，而坚持其不久即将达到。

---

① 金毓黻：《东北精神》，东北大学《志林》第一期，民国二十九年出版。

东北之史的认识（卞鸿儒）

叙　录

　　白山黑水之间，吾家之田园庐墓在焉，为吾生长于斯歌哭于斯之故地，此吾父母之乡也。白山黑水之间，吾国之人民土地在焉，为吾先民披荆棘斩草莱之遗产，此吾民族之乡也。吾爱吾父母之乡，不忍忘之，吾尤爱吾民族之乡，尤不忍忘之。诗曰：惟桑与梓，必恭敬止。盖恭敬桑梓之义，根于人心之自然，非必于矫饰勉强也。凡吾故乡之一山一石，一草一木，皆为吾耳所常濡，目所常染，于是油然生其爱敬之心，一旦与之违别，则必有依依不忍之感，矧此三千万之桑梓同胞，四百万方里之天府宝藏，数千百年之创辟经营，一旦被强暴所劫，忍痛割舍以去，讵能违其自然之爱，而遽絜然忘怀哉？虽然，爱乡之情，纵出于自然，不忘故乡之念，亦人所同具，然必有物焉，传述之，维系之，更必有人焉，提撕之，启发之，俾此爱乡之念，弥漫于胸中，涵泳于脑际，庶可愈久而弥真，愈远而弥存也。否则，历时既久，必有数典而忘祖者矣。一旦处变，亦将置其沦陷之故乡于不顾者矣。此真自亡之道，所谓哀莫大于心死者也。

　　东北沦陷，倏已五载。回顾此五载严重之国难，白山黑水，既陷溺益深，冀云辽天，更忧患同切。固知国人值此五周年纪念，当同具有一周年不如一周年之痛感。然而，吾人应确信光复东北之广土众民，为中华民国独立之基本条件，湔雪暴日予我之奇耻大辱，为中华民族存在之惟一责任。国家一日不亡，民族一日不灭，则此原则即永久存在于天壤间，必实现之而后已。此无他，东北四省之为中华民国领土之一部，为中华民族生命线之所系，有悠久之历史，足为铁证；有明确之关系，堪资认识。则对于国人不忘东北之信念，与收复失地之决心，实足以维系之，启发之，俾愈久而弥真，愈远而弥存也。此本编之所由作也。

予东北人也，既爱吾父母之乡，又爱吾民族之乡，居尝因爱求知，因知益爱，盖研讨东北舆史之兴致使然也。乃痛别五载，每念不忘，值此周年纪念，益复百感交并。爰就向所粗治，稍益新知，草此纲要，藉资认识。惟短时间之所编述，要未足与言东北史的研究，且兹编之作，纯为阅者之研究便利，内容颇多征引抄撮。网罗放失，体同创记，整齐排比，固尚有待。稽撰目次，具如下列。

引　言

东北沦陷，倏已五载，日本亡国灭种之文化侵略政策，在其军事政治经济之掩护下，对我东北已以全力赴之，以谋劫夺我先民之精神遗产，消灭我固有之民族意识，可畏实甚！同时日本学者之素以研究东北舆史自负者，复大放厥矢，信口肆簧，不曰东北在历史上非我国领土，即曰东北与日本向有宿缘，信口之不足，则又妄引东北史事，以巧为比附，冀惑世人听闻。所谓日本学者之卑鄙无耻，竟至此极，固不足齿数。惟是我国人之知东北，本不若日人知我之深，而国人之忽视东北，更久与日人之重视东北成反比例。我弃人取，人取我予，由来久矣，宁待今日始然！抑至今日而后，则更然矣！然则，今后国人之所最应觉悟者，非对东北问题须有彻底认识之一事乎？盖欲复失地，须先作民气；欲作民气，尤须先使国人彻底认识东北。必也视东北之得失为我民族之生死存亡所系，因而对此民族故乡之东北，敬爱之观念必深，则谋救之心志必切矣。

顾中国之有东北问题，由来久矣。在今日国人所应彻底认识者，要以着眼于东北史事之研究，对于现局之关系为最大。何则？东北之有今日，不自今日始；东北之成为问题，亦非仅由于对外。盖远如东北诸部族之内属，近如明清两代设置之统治，由民族之观点言，皆民族同化问题也。梁任公之言曰："东胡问题，自周通肃慎，齐伐山戎以来，直至民国成立，满清逊荒，始完全解决。所谓解决者，非攘斥剿绝之谓，乃吸聚诸族，蜕变其原质，作为我族之一成分，而增廓其内容。"（见梁著《历史上中华国民事业之成败及今后革进之机运》）虽然，吸聚诸族作为汉族之一成分则有之矣，增廓其内容，则尚有待。而在此有待期中，强邻已不容我完成此大业，此实东北所以有今日之内在的主要因素也。

至于东北之对外关系，亦非如一般人所认为近三十年之简短历史，亦非如一般人所认为仅日俄两国之消长关系。吾人苟一溯其原，则始于清初之中俄交涉，历经中日、日俄、欧战三次战争之影响，东北遂成为东亚之一重要国际舞台矣。黎顿之言曰："初则为日俄竞争之区域，继则为中国与其两大强邻角逐之地方。其始也，满洲不过以其地位关系，被卷入于角逐政策之大漩涡中，盖以占领该地，即含有操纵远东政治之意义。其继也，因其自身所蕴藏之农林矿山之富，发现于世，遂复成为群雄觊觎之区。"（见调查团报告书）此群雄觊觎之区，欧战而后，更变为公开的国际的市场，明争暗斗，十年于兹，终乃引起日本独占之野心，卒发生"九一八"之暴变。此又东北所以有今日之外在的主要原因也。

譬之病夫，内体本虚，而外感复剧，则其危殆，固意中事。东北今日之症结，又何以异是！然而，于此有一待决之问题焉，即此一病夫元气之是否充沛，足以判定其命运之休咎。是东北者，非东北人之东北，而中国人之东北也，而我整个中华民族之东北也。东北元气所在，即系于我整个中华民族之民族精神。今则中日民族斗争方始，东北知识需要实殷，乃持东北事以问国人，每多不知其蕴，是犹病夫之不自知其病，亦惟有坐以待毙而已，则民族精神云乎哉？然则探究东北之史实，以诱导我国人对东北之认识，又焉可以已乎？

兹所述者，即根据过去东北之内在的与外在的两种现象，分东北问题之史的关系两大阶段：第一，民族同化之完成；第二，国际交涉之失败。由民族同化完成之史实，可以证明东北非中国领土之谬妄；由国际交涉失败之史实，可以证明日本独占东北之绝不可能。凡此皆我国人应有之信念也，惟先此首应辨明者，则东北之名不容与所谓"满洲"相混是也。故本篇之编述，首正名，次文化，次外交。

正名篇　第一

合辽、吉、黑、热四省，为称说之便，简名东北，此其涵义至正，由来亦最久。博考载籍，其始也虽指方位而言，原非地理固有名词，然其后终能成为固定区域为其涵义。则义纵有异，理实相因，殆无可置疑也。自俄日之势力伸入东北，为专图侵略或瓜分中国，乃凭空造出所谓"南满""北满""东蒙"，以至于"满洲""满蒙"等名词，既无历史根据，更乏地名可假，固不值识者一笑。惟"满洲"之称，俄日既有意臆造，世人亦因讹沿用，而国人不察更从而效颦。习非为是，入主出奴，影响至大，不可不辨。试根据史实，探究本原，先释东北，后辟"满洲"。

今之就地理以释东北者，约有两种涵义：一则以为东北三省之简称，一则以为东北区域之正名是也。东三省之名，始于清末之东三省总督，以前本无此政区之名。至民十一而后，东北边防屯垦之政令，实已括有辽、吉、黑、热四省之范围，东三省之称，遂成往迹。故今之以东北代东三省之简称者已甚不多见，近人从而认为非谛当者亦有之。

此一地段，清初为奉天、宁古塔两将军辖境。而奉天府尹辖州县民政，与山海关内之府厅州县制无别。康熙以来曰盛京省，清末曰东三省，分设督抚。……本编用"中国东北"一名词以括此东三省之区域，简称之曰"东北"从其实也。①

清光绪二十九年，中俄两国订立合办东省铁路公司合同。此时所称之东省，即为三省之总名。其后六年，中俄收交东三省条约成立，而东三省之称，

---

① 傅斯年：《东北史纲初稿》第一卷。

遂见于官文书。三十一年，日俄战役告终，中日新订之约，亦曰东三省条约。此时东三省尚未建省，而被以省名，从其实也。三十三年，明诏改建行省，设东三省总督。复于奉天、吉林、黑龙江各设巡抚一缺。于此三省冠以东字者，盖因在北京之东。或又谓辽、吉、江三省本居中国之东北境，又皆在榆关之东，谓之东三省者，东北三省暨关东三省之简称耳。据此，则东字之称，实非谛当。矧自兼辖热河以后，旧称益不适用。二者立名，均有不当，名从其实，断宜用东北之称矣。①

其就东北区域为说者，可分就行政区域、自然区域、文化区域立言之三种。而最有史的意义者，则为近人从远史方位之考证，迄于近代政区之确定，而释以五义是。

如《易》说卦，《周礼》职方氏，《山海经》《尔雅》释地，《淮南子·地形训》所指之东北，皆就方位为说者也。如《辽》《金》二史，《契丹》《大金》二志所载东北路各招讨司、统军司，皆就区域立名者也。寻方位之说，盖肇自庖牺画卦，其以乾、坎、艮、震、巽、离、坤、兑当八方之位，即为《周礼》以八方明九州方位之所本。《淮南子》更附益以八风、八殥、八纮、八极之说，而方位之说益定。然犹未有明确之区域也，迨耶律氏崛起临潢，东北诸族，悉就隶属。乃于泰州一带（今辽宁省之西北部吉林省之西部），设东北路招讨司，或统军司，以统治之。虽其品秩不尊，制同羁縻，然分画区域，设官而治，实自此始。亦即近顷以东北一名为行政区域之所因也。细绎方位之说，本以表明所在，使人易明。……东北云者，中国之东北部，亦即中国之一部也，非于中国外，而别有所谓东北也。东北之名，本由方位而起，其后复画分一定之区域，亦从而名之曰东北。对中央则明其为中国之一部，对地方则示以所在之方位，立名之允，涵义之当，称说之便，宜无有逾乎此者。……有清末叶之学者，鉴于俄人之陵逼，蒙疆之多故，乃以考订西北地理，揭橥一世。更因西北地理而上及元代之佚事。成绩之佳，前世莫比。往者如张石洲穆，何愿船秋涛，近人如屠敬山寄，柯凤荪劭忞，皆其俦也。惟尔时治西北地理者，皆

---

①　金毓黻：《东北释名》，《东北丛刊》第一期。

兼综东北，不相别异。如何愿船《朔方备乘》，内有《艮维窝集考》一篇，叙云东北方曰艮维，吉林、黑龙江二省实居艮维之地。此即因考揽疆索连类而及者也。其后楚人曹廷杰著《东北边防纪要》（一名《西比利亚东偏纪要》），及《东三省舆图说》二书，言之有物，不愧绝学。临榆李子丹桂林撰《吉林通志》，时有善言，足为嗣响。余友武进魏青声黖著《吉林地理纪要》，亦多创获。此皆专治东北地理，能别树一帜者也。第曹、李、魏诸氏，仅就学术一端，以东北一隅为对象，作极深研几之功夫，而于东北行政之区域，仍未有明确之界画。民国十一年，大总统令特派张作霖为督办东北边防屯垦事宜，实为明定东北区域之始。当是时，东北区域，即兼综奉天、吉林、黑龙江、热河四省最高长官，虽用镇威上将军名义，指挥四省，而陆军之编制，即标东北之名，以别异于关内各军。再至十七年冬，国民政府特任张学良为东北边防军司令长官，而东北之名，乃益确定。自兹以往，执行政务，简炼军实，遂有明确之区域。而研究学术者，亦可依固定之范围，为分析之探讨……

综前所论，其义有五。

　　一曰，神皋全壤，制以中枢，自中驭外，分为八方。东北者，八方中之一方位也。

　　二曰，舜肇十有二州，禹别九州。画分诸州之方位，位于东北曰幽州。东北云者，谓在中国之东北部也。

　　三曰，辽、金二代，于秦州一带设招讨、统军诸司，冠以东北之称。此政区也，而以方位之名名之，明示此政区在中国之东北耳。

　　四曰，近顷称辽、吉、江、热四省为东北，盖对西南、西北诸区域而立名，以示为中国一部之义。谓为别树一帜，割据自雄，非其义也。

　　五曰，因东北区域为中国之一部，则知立名之当无逾于此。其他诸称，断宜摈而勿用，以符正名之旨。

　　于此诸义，加之条理，则东北一名，真谛自见，而纷纷之说可以不作矣。①

---

① 金毓黻：《东北释名》。

其就自然区域为说者，乃本于自然地理上之关系，谓辽、吉、黑、热四省自成一区，可以东北名之也。

　　黑龙江包延于北，乌苏里河注于东，图们、鸭绿两江界于南，牡丹、松花、嫩江、洮儿、辽河、大凌诸水，交相贯错。举凡此数水流域所经而为之脉络者，统为东北之区域。此见之河流者也。阴山山脉既缘热河省西北边境于辽宁省之西境，北入黑龙江省，成西兴安岭，折东南下为东兴安岭、小兴安岭诸山，于东北之北部，环成叠嶂。完达、长白、小白、吉林哈达、千山诸脉，由东北趋向西南，俨若长屏。阴山之脉更歧为松岭、燕山，盘勃郁聚于热河之境，东趋而一峰独起，为辽宁名山医巫闾。举凡此数山系所经而为之骨干者，统为东北之区域。此见之山脉者也。行政区域每似出诸人为，而实际界划，仍多因于自然之形势。兹就山河形势言，则四省之脉络骨干，实为同气连枝。如是则东北一名词，即谓为自然之一种区域，亦殊不涉牵强。①

除以上就方位、政区、史迹、地理以外，予于五年前即曾倡东北应为推广文化事业之一领域之论。其言曰：

　　文化者，人类努力之结果也，匪降自天，实出于人。故文化之实现，仅可逐渐由内部为自然之发展，而不能积极自外部为勉强之冀求。因而某一地域文化之进展如何，恒与其地方地理及历史上有莫大之关系。析言之，即恒由某一地域：一生活之状况，二文化感受性及发展力之大小，三历史上之趋势，四人民之气性如何等而判定之，不能一概论也。由生活状况言之，凡水土丰饶，不待劳力，即易于生活之处，其人必乏努力之念，故不适于文化之发展。水涸土瘠，虽劳无获，其人汲汲于谋衣食，无复余力，其文化亦难发展。惟沃与瘠俱不过甚，而又未尽开辟之地，其人勤则生活裕如，惰则难免困乏。既富于努力之念，而又无生活极端困难之压迫，故最适于文化之发展。此政治学上之定论也。在东北所包括之地域，则东三省与热河，在中国领域内盖所谓处女的富源

_____

① 《东北年鉴·东北释名》。

者也。而此富源，既非若中国北部之多瘠土，亦非若中部之特丰饶，必有待于劳力，始有济焉。根据上述之原则，东北文化之易于发展，此其一条件也。就文化感受性及发展力之大小言之，则以政治学上学说观察之，凡固有文化程度甚高之地，其人之新文化感受性及发展力，大抵较固有文化低劣之地为弱……东北较内地为固有文化较低之区域，譬之植物，方在萌蘖，尚未花实，极适于培养，非若内地，或已开花结实，或且受害虫蚀伤也。据此则东北文化之易于发展，此又一条件也。就历史上之趋势言之，中国文化之进展状态，内地则先北部，而中部，而南部，此为既往之史迹所示，已然之势也。全国则先内地而后边徼，首东北，次西北，次西南，此由最近之过去与现在之情势而可推断者也。此其原因，或甚复杂，然本诸历史之情势，固不妨明白确定曰，今而后迫将及于东北文化发展之时期也……再由人民气性观察之，则文化之发展，多源于个人主义及自由主义之盛行，此根据文化史而可证明者。东北人民，多由冀鲁移来，其气性颇多自尊的、不羁的、冲动的特性，甚合于近代人之特质。况百数十年来，从事劳动生活，受环境影响，当然富于个人主义及自由思想。其气性实有易于发展文化之可能，尤为显著矣。明乎此，可知文化之发展，在东北固可自成一区域以提倡文化之必要。而在消极方面为以文化自卫，在积极方面为以文化救国，盖卫东北即所以卫中国也。[①]

予之主张采用"东北"一词，远在十数年前，一面认为东北四省之简称，一面视为东北精神之表现。昔日文化发展之论，盖有所为也。犹忆先此数年，当《东北杂志》发刊时（约在民国十年），予即有"释东北"之作，略申所见。当其时所谓东北督办、东北大学等等东北用词固尚未产生，所流行者日人"满洲""满蒙"一类之妄语而已。乃今则东北之名空存，"满洲"之祸已见，俯今追昔，感慨系之矣！

"东北"一词之名正义当，既如前述，则彼所谓"满洲"等一类妄诞之词，理应驳斥，自不待言。兹先述"满洲"二字之由来。次揭外人使用之恶意。

考所谓"满洲"二字，无论从任何方面解释，均为极无根据、无意义且极滑稽之一词。挽近中外学者，虽多致力于此事之考究，然结果莫不认为妄诞不经，毫无

---

① 《东北文化发展论》，载《东北丛刊》第五期。

存在之价值。特为明了此二字之由来起见，应先考语原之意义，次论命名之假借。

近人论"满洲"之语原，较能自完其说者，约可分为四义：一为佛号曼殊之对音，二为女真酋长之尊称，三为肃慎故称之音转，四为建州旧号之讳讹。

曼殊之说，始于《满洲源流考》及《皇朝通志》，近人多征引为说，而日人居先。

> 以国书考之，满洲本作满珠，二字皆平读。我朝光启东土，每岁西藏献丹书，皆称曼珠师利大皇帝。翻译名义集曰："曼珠，华言妙吉祥也。"……珠殊音同，室师一音也。当时鸿号肇称，实本诸此。今汉字作满洲，盖因满字义近地名，假借用之，遂相沿耳。实则部族而非地名，固章章可考也。①
>
> 满洲系满珠之转音，亦称曼殊。我朝龙兴东土，每岁西藏献丹书，称曼殊师利大皇帝。曼殊，华言妙吉祥也。当时满珠之鸿号，万里同符矣。②
>
> 清朝之祖先，明称为建州卫之属人。及太祖自立，称曰"金国"，又曰"后金之汗"。至创建清国，以太祖等称满住二字代之。满住者，佛名文殊之对音也。③
>
> 日人称满洲二字，为文殊二字之对音，是也。……满洲之即文殊，固为清室子孙臣工所自言，日人亦第据中国之官书耳。④
>
> 所谓文殊师利者，即留居五台山之僧，俗传之杨五郎（杨业之子与契丹战败遂留五台为僧）也。东方民族，均极崇拜之，故女真部族亦皆受其影响。建州名酋有李满住，有满答失利者，皆为显著之例。故族人称太祖努儿哈赤为满住，盖尊之也。太宗即利用此尊称而改号满洲，以名其部族，信有由矣。⑤

酋长尊称之说，亦一创解，但颇通行一时。

① 《满洲源流考》卷一。
② 《皇朝通志》卷一。
③ 日人稻叶君山：《清朝全史》，但焘译本。
④ 孟森：《清朝前纪·满洲名称考》。
⑤ 萧一山：《清代通史·满洲之名称考略》。

满珠字明代书作满住，系最大酋长之称，建州人历代相传如此。……又正统三年实录，(按据稻叶氏引《明实录》)建州卫掌卫事都指挥李满住，为朝鲜所压迫，内徙辽东……正统五年，又敕谕建州左卫都督凡察等，听总兵官曹义等安插，与李满住同居。是为建州卫与建州左卫酋长同处一地之始，亦即左卫依其所宗主之建州本卫不甚独立之始。凡察与孟特穆之子董山，即清官书所谓充善者，叔侄争印不决，明廷就而抚之，又分设建州右卫。要皆仅分官印，并未分地。则建州左右两卫，皆与建州本卫同地，不过多其酋长之名耳，惟李氏得称满住，盖犹建州女直种人戴为共主之意。……至清太祖仍称满住，则确知其为酋长之称，而非个人所命之名矣。……当时太祖已建元称尊号，将士尚称之曰满住。(按据朝鲜书籍《燃藜室记》所述) 可知满住二字为建州最尊之称，前惟李氏可称满住，至是则以称太祖宜也。满住即满珠，亦即满洲，为建州酋长之尊称。既如上述，则建州一部族，可称为以满住为酋长之部族，则谓之为满洲部族，犹之称国为王国、帝国、侯国之类。满洲固非部族之名，而称建州部族为建州满洲部族，则其文义，犹之大清帝国、日本帝国、比利时王国、卢森堡公国，略无足怪。①

满住即满洲，亦即酋长之尊称。②

满洲本为酋长之称号，继用部族之名。明中叶有建州卫酋长李满住者，由朝鲜咸镜道移居兴京。后清太祖统其部落，亦以满住为称号，音转为满洲。此即满洲得名之始。③

至肃慎、建州转讹之说，则与假借命名之说，有连带关系，后当另文述之。此外更有发为折衷之说者，其言曰：

满洲之音，由于曼殊，满洲之义，乃为酋长。既非部族之名，更与国号无关。且太祖建国，本号后金，崇德改元，以清易金。追述往事，有所讳饰，乃

---

① 孟森：《清朝前纪·满洲名称考》。
② 《心史史料》第一集，吕思勉白话本国史亦引其说。
③ 《辞源》满洲之解释。

借酋长之名，以为部族之称。①

余意"满洲"名称与其谓出自梵文"文殊师利"，或出自建州女真尊号"满住"，无宁谓为原出自梵文"文殊师利"，更转而为建洲女真之尊号，二者之间，有因果关系，不能屏甲，亦不能斥乙也。约言之，佛号之"满住"为因，尊号之"满住"为果，二者互相连贯，无宁合二说为一也。②

此则已略论及清人假借命名之意，而综观近人假借之说，又各自有别。有谓由于清人对外之关系，乃采用含有尊称意义之满洲者。此说亦最早见之于日人所著书也。

吾人考此字面之选择，又胚胎于对外关系。盖崇德初年，包容种族之范围，于彼等部族外，尚有强大之内蒙古。当太宗改号时，既放弃大金之名义，又撤女真之旧称，不得不另择一适当部族之称号。是则内对于女真旧部，外对于新附之蒙古，择一最共通之佳名，固彼等君臣所深思熟计者也。以此用意，太宗乃采用称太祖为满洲（即满殊、即文殊）之尊称。此尊称亘西藏、蒙古、女真及朝鲜皆知之，于当时之人，得与以良好之感想，无可疑也。满洲者，其意义为文殊之化身，或太祖之旧部也。③

满洲名称之作伪，满洲之名称，含有二种之意义：其一，因太祖之旧部金国人（即女真人），当时追怀太祖之威德。而满洲者，与太祖尊号满住之字音相同，故用之以维系人心也。其二，因文殊师利者，为佛之名号，满洲与文殊音亦相近，以之为部族之名，可借以博女真人、蒙古人乃至一般汉人之好感也。太宗即位而后，经过八年以来，慧眼静观，灼见此种名称，□国运之发展上，固有重大不良之影响，故辄作断然之处置。于是将一切档卷中之记载，凡作金或后金字样者，咸一律毁去，改为满洲国或满洲部族，务令从前使用金与后金之痕迹，俱消灭无余。……自是以后，世人俱陷其术中，几忘清人当时有

① 金毓黻：《东北释名》。
② 冯家升：《满洲名称之种种推测》，《东方》三十卷十七号。
③ 但译，稻叶：《清朝全史》。

此一番作伪矣。①

然亦有对日人之说，微嫌武断，而认为始于明人之误解满住建州称号，终乃被建州人将错就错而承认者。

《明季北略》（按系清初计六奇撰）称万历四十四年，清太祖建元天命，国号后金，黄衣称朕。当时自称曰朕，而其臣下则犹称之曰满住，亦即称之曰满洲。其对明而言，曰我满洲如何云云，犹之明人谓上命如何云云也。然彼此误会，他人闻建州人自称我满洲，不以为建州人系传其主命，直以为建州人自名其国或部族为满洲，建州人遂亦承认之。其后太宗时致书明督师袁崇焕，即自称满洲国皇帝矣。转辗袭用，满洲二字为国名，其中蜕化之所由来，约略可见。日本人谓清室捏造满洲二字，始于崇德年间修成之《太祖实录》，谓始祖即定国号为满洲……以自讳建州之旧号云云。此说恐亦微嫌武断。太祖以前百余年，即有李满住，太祖亦为其将士尊之曰满住，则明为袭其本部之旧称，并不因西藏之称为文殊师利，始有其名。盖满洲既为酋长之尊称，则其所称为始祖者，必即为建州女真之酋长。当时即受其所属尊称曰满洲，当无疑义。后既以满洲二字，移转而为国名，则□其得此二字之由来，谓在始祖之世，虽因果之间，未尽核实，要未可即指为捏造也。且满洲即文殊之佛号，建州女真之尊其酋长，辄呼为佛。此遗俗盖终清世，未之或改。②

于此当更进而述及所谓满洲为肃慎转音之说，与其谬妄。

吾人于明末记载，亦未见有满洲之称号，其称满洲者，不曰建州，即曰后金，而泛指其汗，则曰奴酋。又乾隆四十二年八月之上谕有云："金世祖居完颜部，其地有白山黑水。本朝肇兴东土，山川钟毓，与大金正同。史又称金之先出于靺鞨部，古肃慎地。我朝肇举时，旧称满殊所属曰珠申，后改

---

① 杨译，稻叶：《满洲发达史》。
② 孟森：《清朝前纪·满洲名称考》。

称满珠，而汉字相沿，讹为满洲。其实即古肃慎，为珠申之转音，更足征疆域之相同矣。"……是可知清之先为靺鞨，实与金为同源，而满洲之称，更非乾隆朝之所能解释也。（珠申转音，其说强解，不能自完。）珠申爱新与女真及金，大概皆属音转之异。满珠为文殊，其意另详。二者各别，故无若何之连带关系也。①

建州之讹，乃近人新说，较日人讳建州旧号之说，似同实异。

考建州一词之成立，最后亦当在唐渤海国时。……渤海之建州为一数名，历辽金元而未改。明永乐之设建州卫，实沿千年之习俗，并非创制。（按明代东北诸卫所创之名皆译音，其有此等雅称者，皆文化旧壤。）建州之称既远在先代，满洲之称当不闻于努尔哈齐时，两字若为一词，只能满洲为建州之讹音，决不能建州为满洲之误字。依上所分解，有五事可得指实者：一、建州之称，至明中季至少已数百年，约定俗成，官民公喻。二、满洲一词，清初未经掩饰之记载谓即建州，所谓"伪作"者，正指其本为一词耳。三、清代远祖居微小之部落，为明"忠顺看边"（见太宗代明告示），断无被西番称为"曼珠师利大皇帝"之事。且清初名金国，不称满洲，已由学者论定。四、满洲一词之来源，乾隆自己有两意见，全不相干。五、此词在满语中却作曼珠。将此五事并合，只能有一解释，即努尔哈齐所凭以创业之诸部，名建州者久矣。彼虽立金国之号，部落旧称之习俗不改。且汉化愈深，愈知金号之并非特别体面，于是借番僧语中曼殊之词，以讹汉语中建州之字。……盖建州一词，彼之先祖久已承认，入于神话故事，势不能改，只好讹之。然则满洲一词，谓为建州一词之亥豕鲁鱼可也。②

明代女真分三种：一曰海西女真，二曰建州女真，三曰野人女真。建州女真，爱新觉罗氏所从出也。明永乐元年，设建州卫，十年，又设建州左卫，授女真大酋官职，而使统领之。故清太祖太宗以前曾臣属明廷，毫无疑问。近据

---

① 萧一山：《清代通史·满洲之名称考略》。
② 傅斯年：《东北史纲》。

朱希祖君谓太祖未号"金"以前称"建州国",太宗天聪时因讳"建州"而改为"满洲"云。①

综上所述观之,则"满洲"两字之语原,无论其出于何音何义,要皆为对人之称,非固有之族名、地名与国名。后虽因建州人别有用心,掩饰旧号,牵强假借,然虽日人亦烛照其隐。今之学者,更有定论。要之,"满洲"一词,只能承认其在清初为建州人欺世盗名之计所臆造,与我东北数千百年之历史无关也,与我数千万方里土地、数千万人民更无关,史迹昭然,宁容混假!然而,今犹有所谓"满洲"一词之流行者,实出诸外人之臆造也。近人已有痛切言之者,试举一例,以实吾说。

> 日本及西洋人之图籍中,称东三曰"满洲"。此一错误,至为浅显,而致此错误之用心则至深。满洲一词,本非地名,《满洲源流考》辩之已详。又非政治区域名,从来未有以满洲名政治区域者。……有清二百余年中,官书私记均未尝以满洲名此区域也。此名词之通行,本凭借侵略中国以造"势力范围"之风气而起。其"南满""北满""东蒙"等名词,尤为专图侵略或瓜分中国而造之名词,毫无民族的、地理的、政治的、经济的根据。自清末来,中国人习而不察,亦有用于汉文中者,不特可笑,抑且可恨。②

至外人伪造"满洲"之由来与使用之不当,近人尤多揭其底蕴而予以驳斥,国人尤不可不察也。

> 光绪二十四年,中俄续订东省铁路公司合同,第一款"东省铁路达至旅顺大连湾海口取名东省铁路南满洲枝路",此为南满洲铁路得名之始。其后俄人以长春迤南讫大连之一段,割让于日本,仍沿用旧名,而南满洲之涵义微变。凡在长春以南之地,曰南满洲,于长春以北之地,则立北满洲之名以别之。至

---

① 冯家升:《满洲名称之种种推测》。
② 傅斯年:《东北史纲》。

东三省之全部，则总称曰满洲。外人以此立称，本为别有所受；而吾国人亦沿用之，则大不可。夫满洲之名，既为对人之称，本无与于地方。藉令清初曾用为部族之称，亦只限于旧建州之一部。东三省壤地至广，以偏概全，于义无当。一也。清初称金，已得多证，太宗建号，乃立假名，今已知其不衷情实，而犹沿用其称，是谓以讹传讹。外人固无足责，自号宁不可哂。二也。盖称名之义，断宜从实，故庄子曰：名者，实之宾也。海通以来，与外人订约通商，往往以一地一港立名之不慎，辄蒙重大地损失，勿谓称名事小，而不一为厝意，且彼外人以满洲为不足，又易称"满蒙"，其括地加广，其称名尤谬。①

西人所谓之满洲利亚 Manchuria，即中国领土内之东三省，乃中国之一部也。……满洲利亚为欧人之译名，中国人不识欧文，故不知其命意。考其语原，盖自俄人东渐以来，始现于欧文，殆为俄人取"满洲"二音，加以俄文语尾而成。如俄人谓英格兰为 Englia，法兰西为 Francia，其语尾有 ia 二字，是其例也。……满洲之谬分南北，更为最近之事。自日俄战后，南满北满之名，始渐流行。盖俄人于日俄之役，败于日本，与日人复为相当之谅解，分满洲为南北两部，以南满为日人之势力范围，北满为俄人之势力范围。实则此等口头分法，毫无依据。何为南满？南满北满之边界何在？无人能确指之。国人习而不察，用以自称，亦可怪矣。②

十七世纪时，欧西学者未有以"满洲"命名者……自俄人东渐，"满洲"之名始著，然犹以为部族之名焉。十八世纪后，欧西学者一变其从来之用语，而以"满洲"代之矣。

夫外人命名，意别有所受，而吾国上自大学教授之研究报告，下至小学校之教科书，尤而效之，何不思之甚也！号称支那学家之寇林 S. Conling 所著《支那学词汇》（Encyclopaedic Sinica），满洲字下注云"就地理上，分南满北满"，诚极天下之大谬！地理上如何分法？何度，何山，何水，为南满北满？后有增订其书者，首应正其谬妄，而改作"就政治上，分南满北满"。然欧美人之误解，孰尸其咎，岂非吾人无意间助成此大谬哉？③

---

①　金毓黻：《东北释名》。
②　宁恩承：《满洲字义考》，《东北丛刊》第一期。
③　冯家升：《满洲名称之种种推测》。

　　满蒙问题者，一般习用之名词，而非学术上用语也。严格言之，满蒙问题为满洲问题，满洲又非我国固有名称，则直称之为东三省可耳。……民国四年五月二十五日中日条约中，所谓南满洲及东部内蒙古，盖即满蒙问题之名所自起。实则南满洲及东部内蒙古之范围，异常不明。南满洲与北满洲之分界果在何处？东部内蒙古与西部内蒙古之分界又在何处？此种名称，用作日常通语，固无不可，用作条约上之名称，意义即不免暧昧。论者谓民国四年五月二十五日之中日条约，以南满洲及东部内蒙古范围不确定之字样，用之于条约中，实为一大病点，非无因也。

　　更进一步言之，所谓南满洲及东部内蒙古，皆非我国现今所用之地理名称。我国仅知有辽、吉、黑三省，不知有满洲，我国仅知有热河、察哈尔、绥远、甘肃，不知有内蒙古。内蒙古非复民国之地理名称，尽人皆知。乃日人故用此不确定之名称，希图朦混，其诈亦已甚矣！①

　　所谓"满洲"二字，既根本无存在之理由，则所谓"南满""北满"以及"满蒙"等一切臆造之丑词怪字，吾人当认为外人阴谋侵略希图瓜分，所加诸我之莫大耻辱。试观"九一八"后竟有所谓私生子之"满洲国"出现，不尤昭然若揭乎？嗟乎！欲复失地必先认识正确意义之东北，欲抗强暴必先打破含有恶意之"满洲"，此即孔子为政必先正名之义，而亦本文之所由作也。

_____

　　①　朱偰：《日本侵略满蒙之研究》。

文化篇　第二

　　东北之称，见诸史载，由来既久；而东北历史，与整个中国历史之不能分离，亦三千余年于兹。诚以昔日之东北，为我中华民族之一部人民生息繁衍之地域，今日之东北，又我中华民国土地人民统制权所构成之生活团体。由昔日之民族活动，始成为今日之国家领土，则东北史为中国史之一部，征诸史载，乃毫无疑义者也。

　　　　东北因民族之活动而构成史迹，殆三千年有余矣。其见于史册之记载，亦三千年有余。当其未经典籍著录，亦犹之乎八闽百粤，事迹疏略，非可强划时期，以为东北之开始发现，或初隶版图也。人类之活动，既不限于一地，生活状态复极显其参差，当其隔而未通，亦复各尽其性。比至交通繁密，聚散推迁，名称之变易，政权之转移，疆界之离合，始成其所谓史迹，以昭示于吾人。夫东北之史迹，中国史迹之一部，过去之东北、过去之中国之一部，而又中国民族表现其活动之纪录也。①

　　自日本阴谋由中国领域中而分割东北以去，于是乃有"满洲""满蒙"等臆造之名词出焉，于是更有"满蒙非支那领土"之谬说出焉。然日本野心学者，为贯彻其"满蒙非支那领土"之谬说，以自欺欺人计，在二十余年前，即已开研究东北史之端绪。时当日俄战争之后，有白鸟库吉者多极力提倡对于东北朝鲜，作学术上根本的研究，以为侵略东北及统治朝鲜之根本。嗣与满铁狼狈为奸，至光绪三十四年，满铁公司遂有"历史调查室"之设置，而以白鸟主其事，箭内亘、稻叶岩吉、

① 《东北年鉴·东北之建置》。

津田左右吉及松井等为之辅。越四年，至民国二年九月，所谓《满洲历史地理》与《朝鲜历史地理》遂问世。后"历史调查室"结束，又归由东京帝国大学文科大学继续研究（由箭内、松井、津田及池内宏四氏主其事）。两年以后，刊行所谓《满鲜地理历史研究报告》，内容之关于东北者，以隋唐后各东北民族之专论为多。同时稻叶君山于民三出版《清朝全史》后，又继续著《满洲发达史》，则详于明以后之东北记载。综其结论，殆莫不归于"在历史上东北非中国之领土"。然而欲掩弥彰，结果亦适得其反，近人已先我而斥驳之者矣。

　　日本人近以"满蒙在历史上非支那领土"一种妄说鼓吹当世。此等"指鹿为马"之言，本不值一辩，然日人竟以此为其向东北侵略之一理由，则亦不得不辩。退一步言之，东三省是否中国，本不以历史为其根据。所谓某地是否为某国者，原有两种条件：其一，依国法及国际公治之意义所规定。或以承袭，或以割让，通之于本国之法，见之于国际之约章。依此意义，东北之为中国，在一切法律的意义及事实上，与河北或广东之为中国领土无殊也。即日人与俄人订其《朴茨茅斯条约》，涉及中国者，亦须明定其必得中国许可然后有效也。其二，依民族自决之义，必其地之人民多数不与其所属之国同族，然后始可成为抗争之论。今吾国人在东三省者三千万，日人不满二十万，其中大多数在租借地及南满铁道区，其在中国统治只若干万方里中仅数千人！如许东北人民自决者，当直将作祸之日本人逐出境外而已。有此二事，东北之为中国，其意义正如日月经天者尔！历史之谈，本不相干。然而即就历史以论，渤海三面皆是中土文化发祥地，辽东一带，永为中国之郡县，白山黑水久为中国之藩封。永乐奠定东北，直括今俄领东海滨阿穆尔省，满洲本大明之臣仆，原在职贡之域，亦即属国之人，就此二三千年之历史看，东北之为中国，与江苏或福建之为中国又无二致也……日本学人近于东北史地之致力颇有功绩……且以见日本治历史者，如公实立言，亦只能将东北史作为中国学之一部研究之，亦不能不承认东北史事为中国史事之一部。其地或为中国郡县，或为中国藩封，且东北在历史上永远与日本找不出关系也。史学家如不能名白以黑，指鹿为马，则亦不能谓东北在历史上不是中国矣。①

其后，日本至田中内阁时（民国十六年），在其所谓《满蒙积极政策》文件中，更大肆其"满蒙非支那领土"之狂说，然亦不能自完其说。

> 兹所谓满蒙者，依历史非支那之领土，亦非支那特殊区域。我矢野博士尽力研究支那历史，无不以满蒙非支那之领土，此事已由帝国大学发表于世界矣，因我矢野博士之研究发表正当，故支那学者无反对我帝国大学之立说也。最不幸者，日俄战争之时，我国宣战布告明认满蒙为支那领土。又华盛顿会议时，九国条约亦认满蒙为支那领土。因之外交上不得不认支那为主权。因此二称之失算，致祸我帝国对满蒙之权益。

引野心学者之荒谬主张为正当，认国际间之正式公文为不幸，此其颠顸作态，丑陋甚矣！然而颠倒黑白，淆乱宣传，使欧美各邦向对东事隔漠者，自易发生误解，其影响亦至足骇人。如民十九美国记者团，游历东亚，因始终在日本包围之下，遂大被其蛊惑，回国遂作"中国政府无力统驭满蒙，须借日俄两国之力以谋建设"之怪论。其尤显著者，在前岁黎顿报告书中，述及所谓"满洲之状况"时，竟亦有此同调！如谓：

> 满洲在中国称为东三省，乃一广袤膏腴之区域，四十年前，几未开辟。即迄今人口仍形稀少，对于解决中日人口问题，其所占地位日见重要。山东河北两省之贫苦农民，已经移殖于满洲者，以数百万计。日本则将其工业品及资本输入于满洲，以换取粮食暨原料。在供应中日两国之需要上满洲已证明两国合作之有益。若无日本之活动，满洲不能吸引如许巨额之人民；若无中国农民及工人之源源而往，满洲亦不能如此迅速发展，使日本因此得有市场、粮食、肥料及原料。

---

① 傅斯年：《东北史纲》卷首引语。

此种抹杀史实之论，出诸号称"和事佬"之黎顿，固无足怪，然而由此已可证明日人恶宣传之有效矣。

吾人固深知在整个中国历史，原无东北一部分史实之可画分。易言之，即所谓东北历史殆无一不与整个中国历史有关也。然在今日，一方面，对我东北之往事，既不能不有深切之认识，另一方面，对外人瓜分之谬说，更不能不有严正之驳斥。而在整个中国历史中，关于东北史实之最显著者，厥有两大史的阶段：清初以前为民族之同化——可称为文化史的阶段，清初以后为外交之失败——可称为外交史的阶段。此两种史的阶段，前者为对内的，后者为对外的，由前者之史实，可以证明东北之所以成为中国之领土，由后者之史实，可以证明东北之所以遭致目前之危难。故本此两种史的阶段之史实，实大足予国人以深切之认识，并予世人以明了之印象也。试先述东北为中国文化史上领域之一部。

中国之国家，系以汉民族为中心，合其他极错杂之民族以成国，故中国之文化，亦系以汉族文化为主体，孕育多数民族以发展；兼容并包，同仁一视，所吸收之民族愈众，斯国家之疆域愈恢；载祀数千，巍然以大国立于东亚，斯固并世之所无，抑亦往史之所独也。东北之民族，皆中国民族史上之民族也；东北之文化，亦皆中国文化史上之文化也。舍中国民族，既无东北民族可言；离中国文化，更无东北文化可称。此稍具史识者之所能知，而亦世之史学家所公认也。抑但就东北民族之史迹一方面而论，则吾以为东北民族变迁之迹，与其文化演进之事，要亦未可同一等视。何则？民族之变迁一时者也，可变者也；文化之演进连续者也，不可变者也；民族之兴衰靡常，而文化之消长有定，其所由秉受者远，斯其所演化者久。乌得以东北民族名称之有异，而遂谓其非中国文化领域哉？

况另就我整个文化史一方面观之，则吾更以为历史上中国在东北之文化领域亦不能与政治领域并为一谈。何则？政治之领域一时者也，可变者也；文化之领域连续者也，不可变者也。过去东北政治上之建置，固有时为东北民族形成另外之局面；然无论历时久暂，终须消灭，徒成往迹。惟我文化所被，无远弗届，历久无间。浅识者流，徒见我国在东北之政治领域时有伸缩，遂谓东北民族向处于化外之地，甚至谓非中国领土，不亦愚昧之甚耶？

中国历史上之东北民族，本极繁复，既非一固定名称所能赅称，亦非某一时代所能晰举、某一地域所能区划。姑就见于史载者言之：在周秦为肃慎、东胡。在汉晋为挹娄、鲜卑。在南北朝至隋为高句骊、勿吉、靺鞨。唐则为渤海、新罗、百济、室韦。五代至宋则为女真、契丹、蒙古。明末则为"满洲"。此诸族者，有本系一族而歧称者（如勿吉、靺鞨之类），有原出同族而国异名者（如金与满洲同出女真之类），有以异族血胤从其母类而混种者（如金之始祖出于高句骊之类），有以居处接近致血统相淆者（如元室出于室韦、鞑靼混种之类）。其错综离合，迁移靡定，非详加考证，无以得其源流也。但此诸族，其文化虽皆本于汉族，而其部族则显有系别。今就载籍之可稽者，探溯原始，略为爬梳，可析为三大族系焉。其逼近内地，与汉族接触最早者，东胡族也。曰乌桓、鲜卑，曰奚、契丹者，汉魏以后东胡族之派别歧称也。其来自西方，迁于东北，更渐进于南陲（鸭绿江流域及朝鲜半岛），古所称为君子之国者貉族也。曰秽貉，曰夫余，曰高句骊，曰百济、新罗者，汉魏以后貉族之派别歧称也。若夫最早知名于中原，而发生关系则最晚者，如所谓肃慎也，挹娄也，勿吉也，渤海也，女真也，皆出之肃慎者也。肃慎族在东北之历史虽长，而同化于汉族最后，然今人即因此而以满族代表历史上之东北民族，实大谬也。

　　抑有进者上述三族之分别，特就史的联系关系言之耳，实则其各族之本身，绝少先后之联系关系。惟此诸族在东北地域所发生之文化关系，则纯系由我汉族文化之远被，有以提撕之、维系之；终乃使东北诸族与我汉族融合而为一体。故至现代，已无所谓东北诸族，即或有残余未开化之部族，而已非后三族之旧。故吾人今日如为明了东北而研究东北史实，则首应注意者，亦惟有诸民族汉化之历史而已，岂有他哉？

　　　　东北诸民族，以肃慎为最古。虞舜之世，来贡楛矢，其栖息之地，即在今长白山迤北吉林省之东境。其后曰挹娄，曰勿吉，曰靺鞨，曰女真，曰满洲，建国而为渤海，为金，为清，迄于有清之季，皆此族也。此外则有扶余，有乌桓，有鲜卑，有契丹，有蒙古，皆别族也。盘据于黑龙江省，内外蒙古东部之地（今热河省即内蒙古东部），或亡或存，皆具有相当之历史。考东北旧事者，不加深察，漫然谓曰，东北之地，别有所受，非中国本部可比，遂以外藩视之，何啻置家珍而不数，此大谬不然也。尝考周武王之世，封箕子于朝鲜，今辽沈以东之地，皆属古之朝鲜。是为汉族移殖于东北之始。及周之衰，燕自尊为王，遣将秦开，攻朝鲜之西方，取地二千余里，至满番汉为界，而汉族之势力益张。秦二世之乱，燕、齐、赵三国人，往避地者数万口。汉武帝平定朝鲜，画为四郡。汉族势力，远达朝鲜东部滨海之地，与日本隔海相望。自斯以来，辽宁省之南部，几全为汉族栖息之所。其后魏武帝灭乌桓，毌丘俭讨高句骊，皆为汉族势力伸张之证。虽西晋之后，五胡云扰，鲜卑之族大盛，隋唐以后，女真一族，又繁大于东北，然汉族之根柢已深，逐渐与彼通婚，血胤相混，无复界限可判，迄千余年而未之改也。盖民族与国民异。因人种学之关系，以其骨骼及其他生理之区别者，是谓民族。同居一地域，有一定之国籍者，是为国民。一民族可分作二国以上之国民，而一国国民亦可含二族以上之民族（用新会梁氏说）。明乎此义，始知民族与国家不可并为一谈。今之东北，虽有多数民族之混合，不害其为一国也。况各族血统之界，久已漫泯，风俗习性冶于一炉者乎？夫东北者，中国之东北，非别树一帜割据自雄之东北也。准是以言，东北民族者，中国国民之一部也，非于中国国民之外，而别有所谓东北民族也。①

东北诸族，本少固有文化，有之则受之我汉族者也。征诸史载，斑斑可考。兹仍征引时人所研究，以实吾说。

个别的研究

东胡族

乌桓鲜卑，皆以游牧为生。《后书》称其"俗善骑射，弋猎禽兽，随水草放牧。食肉饮酪，以毛毳为衣，居无常处，以穹庐为舍，东开向日"是也。然又云："其土地宜穄及东墙。俗识鸟兽孕乳，以别四节。耕种常以布谷鸣为候。能作白酒，而不知作曲蘗。米常仰给中国。"则亦非不知耕稼矣。……以上所述，皆契丹旧俗。既与中国交通，其文明程度颇有进。……《三国志》称轲比能："自袁绍据河北，中国人多亡叛归之。教作兵器铠楯，颇学文字，故其勒御部众，拟制中国。出入弋猎，建立旌麾，以鼓节为进退。"可见一斑矣。《后书》谓乌桓："妇人能刺韦，作

---

① 金毓黻：《东北释名》。

文绣。男子能作弓矢鞍勒，锻金铁为兵器。"疑皆中国人所教也。

晋时五胡，羯即匈奴，氐羌亦一族，与鲜卑而三耳。匈奴、汉人所以畜之者太骄；羌则颇为汉人所侵役，故积怨而叛。惟乌桓鲜卑，虽居塞下，而不处腹心之地，既不凌犯汉人，亦不为汉人所迫压，能获平和交通之利。故五胡之中，鲜卑最能仿效汉族之文明，非偶然也。……契丹故游牧之族，分地而居，合族而处，分地所谓部，合族所谓族也。然其后有以族而部、部而族者，亦有部而不族、族而不部者。部族之众，大抵以游牧为生，亦或从事种植。……史称其家给人足，戎备整完，虎视四方，强朝弱附，部族实为之爪牙，非虚语也。然其所得中国之地，亦自为其国元气所在。其设官分南北面。北以旧制治宫帐部族，南以汉法治汉人州县。观其财赋之官，多在南面，即知其立国之有资于汉人也。

貉族

貉介鲜卑、肃慎间，两族文明程度皆浅，而貉族程度独高，果何所受之哉？则不得不诉其原于箕子。箕子立国朝鲜，昔人皆以为即今朝鲜之地。近始有疑之者。谓箕子初封，当在广宁附近。予谓朝鲜初地，究在何处，殆难质言。然必不在今朝鲜境，度其大较，当在燕之东北，与貉杂居（或竟以貉为民）。貉族文化，多同于殷，盖自箕氏有国以来所渐染，非待北燕拓境，然后受之也。

貉族传受中国文化，当分三期：古代文化，盖受诸箕氏，此一期也。东晋简文帝咸安二年，符坚使送浮屠顺道及佛像经文于句骊。未几，僧阿道继至。是为佛教入句骊之始。阅五六十年，自句骊传入新罗。孝武帝太元九年，胡僧摩罗难陀自东晋入百济。百济枕流王迎之宫内。明年，立佛寺于汉山，度僧十人，是为佛教入百济之始（据金于霖《韩国小史》）。新罗之世，佛教大盛。新罗立国制度，一切以唐为模范。然民间风气，咸习于佛。论者谓是时之新罗，以制度论则儒，以风俗论则佛也。此第二期也。元时，宋学始传入。至李朝而大盛，李朝太宗，修饬内治，有海东尧舜之称。世宗建藏书阁，敕文臣编撰书籍，作雅乐，正历象，制测雨器，造新字，一切文化，灿然可观。此第三期也。朝鲜当元时，剃装易服，几举国同化于胡。然卒能自振拔，洗腥膻之习，而沐浴中国之文明，可谓难矣。不幸其尚文治而忽武功，逞意气而好党争，亦与宋人类。至酿成近世之局面，卒为东邻吞噬，亦可哀矣。然宗尚中华，感恩向化，列国中无如朝鲜者。……呜乎！以数千年之史籍观之，中国之于朝鲜，诚犹长兄之于鞠子也。"死丧之威，兄弟孔怀"，而今中国之于朝鲜何如哉？

肃慎族

肃慎处山岭崎岖之地，故其政治极为简陋。《汉书·挹娄传》云："无大君长。邑落各有大人，处于山林之间。"《北史·勿吉传》云："邑落各自有长，不相总一。"《唐书·靺鞨传》云："其部众离为数十，酋各自治。"盖自渤海以前，讫未尝有共主也。渤海制度，一切模范中华，稍变榛狂之旧。……《金史》谓女真地狭产薄，故其部族极贫窭。……惟其然也，故其兵力之强，乃为举世所罕觏以少胜众之民族，考诸往史，殆无如女真者。……《金史·兵志》曰："金兴，用兵如神，战胜攻取，无敌当世。曾未十年，遂定大业。原其所以成功之速：俗本劲鸷，人多沉雄。兄弟子侄，才皆良将。部落队伍，技皆精兵。加之地狭产薄，无事苦耕，可给衣食；有事苦战，可致俘获。劳其筋骨，以能寒暑。征发调遣，事同一家，是故将勇而志一，兵约而力齐。一旦奋起，变弱为强，以寡制众，用是道也。"盖金兵力之有限，实由其部众之寡少，至其风气之强悍，则固不可诬矣。……

女真部族，程度尚较契丹为低，而其模效中华，则较契丹为力。《金史·文艺传》："金用武得国，无异于辽，而一代制作，能自树立唐宋之间，有非辽世所及。"谓此也。……蒙人生事，本至简陋。骤入中国，惟知见纷华美丽而悦。至于损上益下，藏富于民，为久长之计，则非其所知也。……

蒙古初用畏兀文，后据藏文，别造新字。其传受汉人文化，远不如辽、金二代。……金人以同化于中国而败，元人颇豫防之。《元史·世祖本纪》：至元二十三年，"以从官南方者多不归，遣使尽徙北还"。《成宗纪》：大德七年，"以行省官久住，多与所部人联姻，乃诏迁其久住者"。是其事也。然亦终无救于其不振。此事自关文化之深浅，非可以力争也。[①]

综合的研究

分析东夷之文化最可注意者两端：一此若干民族中之文化互异处，二彼等文化

---

① 以上吕著：《中国民族史》。

似中国处。

甲、生活状态　夫余、高句骊、沃沮、濊貊诸部人饮食皆用俎豆，与中国同。其居处皆城栅，虽或为大国（夫余），或为部落（濊貊），要非游牧。此为历代东夷与北狄之绝对不同处，亦即东夷生活近于中国、别于朔漠部族之最要点。持此可知历代东夷，虽时与北部相混，究非一本一原，而东夷之与中国易于混同者以此。夫余、句骊、濊貊、沃沮，皆是农业部族，其中仅夫余稍染游牧之习，高丽亦善用骑，此当与中国之改习骑射者同，或由其统治者本为骑牧之民，其人民大体固是城栅农业者也。此若干部族中似以濊貊之中国化为最著，不特用中国之生活状态，且染中国之禁忌。《后书》谓"东夷似中国人"，《魏志》又独系箕子之教于乐浪东部之纯粹貊部落中，明其中国化之显著。夫余、句骊本以濊民为基，然其汉化稍远者，以后来颇染胡俗，故略有变态耳。沃沮以地理之形势，不便发达文化，且北近于挹娄，夏日须避居，故文化不能不简陋。然以诸书所记测之，亦与句骊、濊貊为一体。

乙、习俗　凡是濊民之地，无论夫余、句骊与乐浪东部，皆以十月为成岁，盖农功既毕之节也。《尔雅》曰："夏曰岁，殷曰祀，周曰年。"年者其字形表秋收之义。祀者每年祭天之礼。岁者其农功之义尤显。濊民盖以岁功既成为节，亦诸夏之风。其染于濊俗之韩族亦然，以十月为祭天节。夫余更以殷正月（腊月）祭天，尤类秦俗。句骊以十月祭天之大会为东盟，此或是濊人相沿之旧号。丧礼则《魏略》所记夫余之俗全与中国同。沃沮之瓦鬲悬椁，亦为中国北方通用者。……古代人最重发饰，发饰之别，竟是民族之别。中国人束发加冠，南蛮断发文身，北狄披发左衽。此一分布之形势，在古代东北若合符然。最北之挹娄人编发者也，中间之夫余、句骊、濊貊用弁或帻，明其与中国大同。其南部之韩族，则"魁头露纷"。章怀太子注曰："魁头犹科头也，谓以发萦绕，成科结也。纷音计。"然则虽不编发，亦非弁冠，此事可供分别民族之资。

综合《后书》《魏志》所记及上所标举之点，可得下列之断定：文化最高者为濊民诸部，其中乐浪东部之纯濊民最驯良，尽然华风。其北之夫余、句骊，虽长于兵革，犹不失其濊民之基本素。夫余之若干习俗尤与相传之殷俗合，盖略变于胡，亦以近于中国之故，所受之中国化或更多之。三韩部落文化颇低，在组织及生活上皆简略，然已至农业状态。其文化之稍进步处，皆秦汉人在乐浪者影响之也。文化最低者为挹娄，仍在石器时代，处土穴中。句骊以好洁著，挹娄以不洁闻，显非同类。至于挹娄人形似夫余者，盖以如此邻近之国，易有混合，其本非一系，可断言也。①

以上所引傅氏之论，虽止于慕容氏以前东北民族汉化之情形，但由此已可证明此诸族汉化之一斑。抑不惟是，诸族汉化之迹，虽日本学者亦不能讳言。如稻叶君山所著《满洲发达史》一书中，纵充满有意割裂东北之谬说，但字里行间，仍不能将东北诸族汉化之史实，尽为湮没。爰呕截取其所述与历代诸族文化有关者如下：

> 满洲原始之民族，按之历史之所载，大抵即挹娄种族。此族旧居长白山之东，肃慎氏之国，惟史文甚略，不可详考。按其种族最擅射弋，所制弓长四尺，矢长一尺八寸，以楛木为干，青石为镞。其住居为直下之穴，大户至累九梯以之上下。好养豚，食其肉而衣其皮，不畏污秽。其居多在山林之间，其产物以貂皮为最有名，其俗尚及文化，与肃慎氏不甚相远，故汉人每将以上之记载，与肃慎氏混合以观。欲求彼等种族之历史，只可仰赖汉人之典籍。至其与汉人之交涉，亦不过以其射猎所得之天产物以供给汉人之嗜好耳。故汉代有所谓挹娄貂者，其珍贵殆不可言喻。挹娄之户口不可稽考，当时如乌苏里及赫尔哈两江间之山地，皆为其游猎地，征以后世该地住民屡有威胁朝鲜北部之事，则可知上古时代必不能免同样之寇掠也。
>
> 农业国之扶余　满洲之各种民族中，以扶余民族之移入为最有价值。何则？以其能开农业国之先河也。当扶余之从某国流徙以至满洲也，首先择定今长春附近之大平野以为彼族生息之所，已得地利上之优点，决非其他东方民族据处山谷者所可比拟企望。考之扶余之古代记载，谓其地平敞，土性最宜五谷。其根据地所谓扶余度者，即今长春西方之农安县。当西历纪元三世纪之时，扶余户数已有八万之多，人皆土著，有宫室、仓库、牢狱之制，地方二千里，国王之下，置马加、牛加、猪加、狗加、犬加、大使者、使者诸官。诸加掌四出之道，即从其主府以达于四方之通路，并与其他国际关系是也。诸加之

---

① 以上傅斯年：《东北史纲》。

职位是否出于世袭，所不敢知，但其职权为内主国家之秩序，外主敌国之和战，则可推知也。扶余之豪族，有畜养下等民户以为奴隶之制，此亦农业国之成例也。扶余之工业品亦有相当出产，故并不全恃中国之输入。其服装，在国内则衣白布，出国则衣锦绣，此种遗风，今尤遗留于朝鲜半岛。彼等于殷历正月，择相当之时日祭天，国中大会，歌舞饮食，名曰迎鼓。按今朝鲜南部，每届十月农工已毕，辄有歌舞饮食之事，则与扶余风俗殆有相互关系。国中如遇有旱干水溢五谷不登之岁，则群相归咎于国王，以为废立之口实，则其民族之重农可想见矣。

汉人与扶余之交通　史称扶余财力殷富，自先世以来，未受诸部族所迫害而呈破坏，故能称霸一时。然有时亦觉悟与汉族发生龃龉之不利，遂权取属国之形式，奉中国之正朔。扶余之产物，有名马、赤玉、貂狖之皮、美珠。其珠之大者，与酸枣之实相同，尤为汉人所宝爱。至汉人与扶余民族贸易之市场，究在何处，虽无从稽考，但史载元搜在后汉徙居今奉天附近，其北边在开原、铁岭一带。以此推之，当时汉人与夫余之贸易市场，亦必在开原附近无疑。夫余恒收集国内之天产物，及其属国挹娄之貂皮，运至市上，以易汉人工艺品，如锦局绘织等物。考其贸易方法，大抵用物物交换之制，彼时中国纵有货币，恐尚不足以通行于满洲也。按《三国志》载夫余与中国之关系，颇有兴味。其言曰，夫余王埋葬之玉匣，必颁自汉廷，此物于夫余王生时，即豫存于玄菟太守之所，待王既死，径从玄菟太守处迎取玉匣，以资埋葬。三国之初，辽东公孙渊被杀，其时玄菟之库尚存玉匣一具云。又记公孙氏因边疆防御之必要上，不恤以宗女妻夫余王以相约结，借以中断蒙古方面之鲜卑族与高句骊之连络焉。夫余所用之国玺，又曰濊王之印，可见其文物之备具矣。

满洲接壤诸民族　其次则不得不就满洲接壤地方之民族而加以考核焉。当时接壤之民族，第一即据处西拉木伦河之鲜卑及其南方部落乌丸（乌桓）。鲜卑者，东胡之余众，所以名之曰鲜卑者，因被东胡所逐，走保鲜卑之山，遂以山名名之。按中国古代之记录，鲜卑之名，附见于匈奴传，乃胥纰之转音。为汉语所无，或称胥纰，或称师比，或称犀比，或称私匕，其实一也。白鸟博士对于鲜卑之名称，则曾引张晏之说，以下一别解。其言曰："鲜卑部落带者，本为瑞兽之意。当时此民族盖刻此兽形于带钩而佩之，故直以鲜卑呼焉。"其言若此，岂未知矗立于东蒙古之一角者，固俨然有鲜卑之山乎。鲜卑当前汉匈奴强盛之际，远遁北边，取其地方天产物之皮毛，输入中国。其制法极为柔软，遂成一种名裘，而博得美誉。至其后匈奴分裂，彼等始乘间南下西拉木伦河，作为根据地。迫至后汉之末，遂渐臻强盛，形成广大之鲜卑王国。其名王有檀石槐者，颇擅荣誉。考《魏书》檀石槐，在万柳之北三百里，其地恰当今山西省之东北张家口附近，建牙帐于弹汗山之下，全领域分为三大部份：即自平泉附近至长春之东边为东部；热河附近至独石口附近一带为中部；又自此西至敦煌北接乌孙地方为西部。白鸟博士之言曰："此种区划，盖一遵匈奴之遗制，而檀石槐之牙帐，果在此三部中之何部，虽历史未有明文，但所谓上谷者，既位于大同府广灵县之西，与高林相距不远，则其王庭当在中部之西境上谷之塞外可知也。上谷塞外据形胜之要区，统驭漠北，寇掠中国，俱甚便利。古来北族据守此地者，往往易致强盛，此皆由于地理上之影响云云。"不为无见。考檀石槐之世纪，自公元一七八年至一八三年为止，檀石槐既殁，其子孙争夺王统，国以分裂，其别部则有轲比能之名酋产出焉。

乌丸部族之入辽西　其次则为乌桓，乌桓与鲜卑同为东胡之一种，国亡于匈奴，走保乌丸山，与鲜卑民族同为射猎游牧生活，逐水草肥美之地，设帐幕以资居处。乌丸之根本地，大致俱在西拉木伦河附近。前汉之武帝，曾将其余众配置于承德府之北部，及今奉天省之西部，使之侦察匈奴之动静。迫至后汉之初期，乌丸日臻强盛，侵入边塞，终使辽西郡之东北大凌河之上流地方，俱被沦陷。至名酋蹋顿崛起，竟将辽西、上谷、右北平各处之乌丸统归一手提挈。建安十二年，其部众始为曹操所破，以至四散。

慕容氏之利用汉人　接近中国塞外之民族之受汉人文化影响最早者，要无过于辽西及直隶山西北边之鲜卑族。汉末有轲比能者，为此族之名酋，屡次兴兵胁迫中国北部，其接近中国之机会，因是而多。迫袁绍据河北，汉人多亡归轲比能，教之作兵器铠盾，其族自此亦颇习文字。依予之观察，鲜卑族之饮食汉土文化尚不始此，第至此际而益昭著，而能觉悟汉人之应加利用者，亦肇端于此耳。

高句骊之文化及其影响　根据以上所言，可知当时高句骊之版图，于朝鲜则割据其半数，于满洲则于辽河以东及吉林长春之平野，俄领沿海州之一部，俱归其统治。故按之高句骊当时之户口以事统计，在公元四三七年时，已较前魏时代增加三倍。其后则日益发达，卒能成立跨有满韩境域前此未有之大国家。无论朝鲜南境如百济、如新罗，惴惴然惟恐被其爪牙所攫噬，即当时独占北方中国之北魏，亦不敢稍加以兵锋。盖此时中原之时局，南北分裂，各逞干戈，决无暇力以事东略。高句骊之政治家，固十分明了，故于南朝之给与封册也受之，北朝之给与封册也亦受之。其外交上之手段，固十分如意，而吸收汉人文化，亦颇自由焉。但高句骊之吸收中原文化，则以来自江北者多，如北朝之学术、宗教、艺术，既充满当时高句骊之思想界，而为全能之支配。按之朝鲜之古代记录，有名《三国史记》者，载高句骊之佛教，乃公元三七二年之顷，前秦苻坚，派遣使者所传入。北魏既统一中国北部，其在黄河流域所发展之文化，固已灿烂一时，其东封所在，与高句骊之国境只隔一辽河衣带水，而西岸之义州，至今犹存有大和景明年间所造之佛寺。故知当时北方黑水地方之鞑鞨，南方之新罗、百济，亦已为中国北方文化所渐被。……又高句骊于佛教之外，如儒学、道教等，亦同时采用，惜为佛教所掩，遂至文献无征为憾耳。

渤海之文化及其产业　渤海既与唐和平交通，双方感情，甚为洽惬，未几渤海之君臣，其自出心裁将所采用震国之号，即行撤除，而用唐室所封之渤海郡王，领忽汉州都督焉。忽汉者，因宁古塔附近有忽汉城，故以为名耳。此国从大祚荣崛兴之后，即由旧都迁于此地，可见其形势在长白以东特为重要。又此国自与唐交通以还，一意从和平上求利益。除大武艺王之时，曾有海贼侵犯山东一次外，绝无须史龃龉。因此之故，此国之文化，步步向上，唐土之文化亦输入甚速。唐尽载渤海王数遣诸生诣京师太学习识古今制度，遂成海东名邦云。以予考之，此国之遣诸生入唐也，其所习者，犹不但唐之典制而已，他如佛教道教，亦俱悉心研究，传入本国，而艺术工业，亦同时以之发达。

契丹之利用汉人　契丹人之处心南下，几定为一国之国是。其统一八部之谋，受赐于汉人之谋略者不少。故对于汉人，抱有甚深之兴味。彼于滦河上经营之汉城，其中邑屋廛市，多半规仿汉人之幽州。故当时一般汉人居之，直有不复思蜀之概。其后阿保机又制作文字，参酌汉人智慧之处正复不少。考诸记载，当汉人王郁及卢文进投入契丹时，曾驱数州之士女一同入其国境。是以织纴工作品及其他工艺品，皆充满于契丹之市。契丹之所以强盛者，其依赖彼等之力固不在少。即此数端，可以窥见阿保机对人之政策，特为注重矣。

此外按之《满洲历史地理报告》及《满洲民族变迁史》等日人之著作，亦均可窥见同一之史实。盖日人纵竭尽其巧辩之能事，而终亦欲掩弥彰而已！由上述东北诸部族之汉化，足证东北自古即为中国文化领域，无论三系民族如何变迁，而终必为中国史上文化流之一支流，则固与内地汉族文化扩大之史实无二致也。然今世学者之研究东北史事者，每着眼于有形可见之政治上的设置与经济上的开发，而忽略文化上的关系。因而谓东北之为中国领土，仅在汉以前为幽燕及辽东西四郡之地，三国迄隋，中原多故，辽西以东，遂成弃土，唐之领域，虽及辽东热南，而宋代以后，久为辽金元所辖治，迨及明清先后设置，始隶中国版图，而汉人最后之开发乃在清中叶以后也。此种浅肤之见，不惟外人如此，即国人亦多有之；则日人之利此弱点，而有"满蒙非中国领土"之狂言，以济其分割东北之诡计，又何足怪？

夫东北之被列强所知，乃近代事也，东北之发生国际繁复关系，更近三十余年间事耳。前此东北之事惟中国人知之，东北之地亦惟与中国有关系；易言之，东北之有史，亦惟于中国史中见之耳，于他国何有哉？乃近世之外人，动以站在东北目前与彼利害关系之观点上作探索东北史事之臆说，此其误谬，固非事实问题，而其立言之矛盾，亦属必然的归宿。彼日本野心学者之号称熟习东北舆史者，如稻叶岩吉，八木奘三郎，鸟居龙藏，白鸟库吉诸人，举凡荒谬之表白，何一非出诸片面的偏见？自欺可矣，欺世则不足也！抑吾人即退一步言，但就东北政治上的建置与经济上的开发而论，则历代之建设与先民之缔造，亦史据昭然，不容诋毁。试分别探讨，用资征信。

在三千余年我民族活动之历史过程中，本可见出我族势力之孕育滋长，实以文化的潜在势力为基本，政治的显在势力为推移。由黄河流域而长江流域，而珠江流域，固如此矣；即由内地而边疆，由中原而东南而西南，以至于东北亦莫不如此。尤其如我族在东北之活动，历史虽长，困阻殊多；则以东北民族之繁复，非中国任何其他地域可比故也。然而，我族在文化领域，既无远弗届，且更历久无间；则政治上之建置，虽因朝代之兴衰靡常，致政治区域之伸缩无定，特沿革之异耳。至政权之终必属于我，则史实具在，可覆按也。

近人颇多考证东北建置者，如吴廷燮（向之）向著有《东三省沿革表》（清末撰，凡六卷），荟萃载籍，赅洽众说，对于东北历代建置，表列至为详尽，其著者也。故当时徐世昌曾为之叙曰：

> 东三省为《禹贡》冀青二州之域。如皮服之贡，碣石之道，嵎宅之略，皆炳如日星。其后肃慎，于周最为亲附，故《尚书》王会，皆所备载。而《左氏春秋》曰肃慎吾北土，与燕亳并举。秦汉至明，析为郡县，进为京辅，更为卫所。诸史沿革，可覆按也……余谓禹蹈远矣，扬州之卉服，为今台湾流球诸地，雍州之三危，与昆仑析支渠搜，则至今青海西藏以至新疆。黑水入南海，则括今之缅甸诸地。嗟乎！世变日异，方域沿革，尤今所重。有志地学者，诚能举今边域，一一为之考古证今，上明禹迹之旧，俾埏纮之人知为我固有，黄农之胄毋数典而忘，则此书亦嚆矢也。

盖慨乎言之，不啻预为今人道也！因呕录吴氏三省叙录于次，用知固有，兼俾毋忘。

奉天沿革表叙录

辽沈天府，实古冀域，职方幽州，巫间为镇。七国分据，燕得辽东。秦建二郡，项氏王广。炎汉隶燕，县有廿三。王满既灭，复郡元菟。自是以后，同于诸夏。慕容不竞，遂弃辽左。宝宁之变，和龙自帝。宇文一代，复无辽西。隋氏得之，郡邑寥廓，盖杂戎夏。唐至乾封，全郡辽域，万荣之乱，夷为邱墟。开元恢拓，始复营州，襄平迤东，没于渤海。禄山叛乱，迄于天祐，兹方建置，史策殊略。渤海京府，拟于景云，郡县之列，多于泰始。东土文明，大氏为盛。营平不守，契丹乃南，东京上京，于焉割隶。完颜州邑，多因辽旧。蒙古疏阔，州邑之置，较之耶律，十无其一。洪武之初，惟得辽南，海西告降，卫所增广。旧有郡县，以临边故，又悉废之。永乐招徕，东列建州，西控三卫，等于要荒，难以言治。昭代郡县，因明卫所。昌图置吏，遂田博旗，新民移丞，北越法库。光绪建元，鸭绿以西，接畛长春，胥为州里。甲辰增郡，横绝洮川。丁未改省，又疆长白。外邻龙江，内括吉林，方里之广，视昔加倍，辨厥沿革，多古未有。班志郦注，间存崖略，刘书辽史，只益迷离。近代经生，颇者舆地。钱徐汪陈，发明兰台。汪氏江宁，始图桑经，宜都继作，皆征沉故。统志沿革，多因其旧，韵编此外，每付阙疑。疆域有考，杨氏专书。凡此诸编，其可信者。洮南长白，分搜群籍，裒辑大凡，附志战攻，以推兴替。三京之归，人皆贺宋，四镇之复，蕃未忘唐，沉圻建置，究厥始终，荒于永嘉，盛于皇统。都司无郡，蹙国之原，万户有府，恃兵非策。治忽所在，其可悟矣。

吉林沿革表叙录

吉林郡邑，托始汉代。苍海殷台，华丽七邑，多有可征。夫余肃慎，勿吉诸部，晋氏元魏，东夷校尉，实皆统属。唐列军府，忽汗为雄，平卢镇帅，爰押渤海，奉朔授官，详于册府。耶律东略，郡邑部族，参错其间，完颜既大，上京之鄙，恤品曷懒，及胡里改，皆置节使。猛安谋克，多于州邑，盖重军府。蒙元制度，更为疏阔。合兰咸平，仅存府名，托胡列路。旁征旧简，千户为多。牙兰塔失，见诸明初，永乐招抚，遂荒大东，诸王之置，殆逾二百。唐之胡州，元之土司，盖与相颣。敕印相符，即予继袭。贡珠贡貂，岁不绝书，宣德兵力，达今俄境，永宁之碑，颇存崖略。征诸实录，造船松花，节制乞迷，规为措置，可谓远大，瓦剌之变，诸部附北，奴干之域，师不复出。海西诸卫，虔奉朝贡，侪于内地，二百余年。贵州肇始，盖亦同兹，大宁东胜，尚难与比。雍正新治，州建永吉，县列两宁，则举伯塔，均列井色。乾隆嘉庆，迭有更革。界约既改，边兵又兴。叶赫少保，遂条全省，备置民吏。宁姓三城，格于部议，吉长诸治，南尽太白，北濒混同。疆以周索，启以夏政。庚子而后，忠靖诸帅，续上方略。迄乎宣统，外括五国，内尽三京。守令乡亭，埒于班志，部督蕃州，盛于欧编。未央庙略，行台忠规，魏唐而后，所未多见。通志所书，颇称翔实，杨丁诸作，亦资参稽。综维当代，谈吉域者，凡十余家，征信阙疑，未敢从也。

黑龙江沿革表叙录

江境在古，同为肃慎，职贡有纪，载在经传。迨乎晋宋，厥名犹存。勿吉室韦，地分元魏。贞观列州，开元置府，经营黑水，实制大氏。室韦之长，每拜都督，盖如边郡。长春通化，为辽名州，蒲与迪烈，金有节度。胡浑之屯，曰卫上京，婆卢之堡，盖备边部。混同南北，元志五府，此有其四，诸王分蕃。乃颜合丹，翻为戎首，大德徂征，以绥骨嵬。至正增吏，用抚吾者。明代经远，永乐卫所，皆有实土。寨站地面，西及兀良，东越忽平。迄于隆万，奉职犹谨。天命天聪，招抚已勤，顺治绥边，防卫斯亟。康雍之间，北戡罗刹，西荡准部。爱珲列城，屯戍方始，呼兰置吏，萌芽咸丰，绥化增郡，规恢光绪。庚子俄难，旧制大易。永初饬治，改镇为州，太和图新，罗将置守。燕支猛越，同画井里，乌隈蒲里，胥分丞尉。钦真诸卫，忽沦异域，索苦列府，尚仍旧疆。平卢节度，但治军戎，讷干都司，不置令长，以校今制，尚云弇陋。盛京旧志，沿革殊略，屠氏地图，钧考维详。蒙兀有记，亦称博洽，杨李丁曹，均有所述。可信则从，备于附注。建河难水，历代通贡，耶律完颜，实备官守。明与吉境，同为海西，袭替宴贡，无异内域。方策所见，不可诬也。

此外如《东北年鉴》所述建置，及近人包瀚生从历史证明东三省及热河为中国领土之作，虽嫌疏简，不无参考价值，并节录之。

东北之建置

周秦以前，东北由渔猎时代进而至于畜牧时代。其时有部落而无国家，有首领而无共主，视中原之封建制度，疆界厘然，实为有间。故除辽东一隅，为燕将秦开拓地至此外，余之所谓肃慎、东胡，自无文字以传其事迹。仅于中原遗留之纪载，知其早自通于中国而已，然当汉武击破匈奴左地，徙乌桓于上谷、渔阳、右北平、辽西、辽东五郡塞外，其地即今河北省之口北顺义及热河东喀喇沁旗，河北龙庞与辽宁也。乌桓者，东胡之一支……光武时，其大人郝旦等率众来降。……及灵帝时汉纲解纽……其后蹋顿以武略抚众，号令及于各部，继与曹操战于柳城（今热河凌源县境），败走辽东，为辽东太守所平。东胡之北走者，是为鲜卑，当汉桓帝时，其渠魁檀时槐为诸部酋长，辖境至为广大。东部自右北平以东，至于辽东，接夫余濊貊二十余邑，已据有今热河辽宁之地，且延及吉林边境矣。其后国土分裂，慕容护立国于棘城（今锦县西北），至慕容廆以土降晋，拜鲜卑都督，及子皝立，南下高阳，东取丸都，跨辽热之境，为时雄国。此游牧时代之史迹，事有关于东北之建置者。世徒以设官分疆为建置，故东北游牧时代之史迹，每略而不书，宁有当哉？

肃慎建立部落，远在上古，根本重地，在今吉林宁安，奄有全省及黑龙江东南部之地。中古以后，名曰挹娄，初尚臣服于夫余，后乃自立。夫余一部于时为西境雄长，其族出于濊貊，与肃慎不同种姓，高句骊之先世也。……其国在今松花江鸭绿江浑河之流域，首府居农安附近，疆界设置，并厘然可观矣。

三国以后，肃慎复以七部立国，号曰勿吉。地域几复上古肃慎之旧壤，地在长白附近，延至长春以北达于龙江。其七部为：

粟末	今永吉县附近	伯咄	今扶余县
安车骨	今五常阿城等县境	拂涅	今宁安县
黑水	今依兰县	白山	今延吉县境
号室	今朝鲜境地		

唐代既平高丽，勿吉部复更靺鞨之号。维时大氏于今吉林敦化肇兴……唐遣使拜为渤海郡王，复称渤海国。……郡县林立，置五京，十六府，六十二州。……固已深沐唐之文物声教。……室韦五部据牧地于兴安岭，为一时巨族。其文化虽非勿吉扶余之比，而陵轹欧亚之博尔济金氏（元朝）则源出于是。中古时代东北民族之政治生活，至是已渐脱离其部落状态，而渐趋于稳定之建置焉。

自秦置郡县以来，辖境只限于辽东辽西，汉唐以迄辽金，地域渐趋广大，疆界日益详明。近古时期之中叶，契丹女真，叠操政枢，建置区画，弥以厘然。耶律氏起自临潢，号曰上京，以大定为中京，辽阳为东京，皆在今日东北辖境之内，独西京远在山西大同耳。……既拥辽、吉、黑、热四省之地，然生女真及其他部落，犹参错棋布于其间，与近世东北改省之际，蒙旗依然杂处，情势固相类也。金源代兴，完颜氏据辽领域，以临潢为北京，会宁为上京，辽阳为南京，大定为中京，皆在今东北领域之内。以咸平、上京、北京、东京四路，分区统驭，犹之行省之制……元起朔漠，契丹女真两族并被臣服，其设官施政，远及龙江以北，若孛苦江万户府，肇州屯万户府，脱干怜万户府，托温万户府，吾者乞迷万户府，此属于今之北部者也。胡里改万户府，南京万户府，东京万户府，斡朵里万户府，开元万户府，此属于今之东部者也。南部则有金州万户府，而辽阳行中书省，以七路一府（咸平）十二属州，分划东北，曰辽阳路、沈阳路、开原路、广宁路、博宇路、蒲与路、懿与路。北京路、西京路，又在今热河省境，隶于和林中书省，不系诸辽阳者矣。

朱明初叶，奠定边疆，洪武永乐间，边外归附者，官其长为都督、都指挥、指挥、千户、镇抚等官，赐以敕书印记，设都司卫所。初东北设都司一，卫三百二十四，所二十四。以山东布政使，隔海遥领。后以遥领之不便也，设辽东指挥使司于辽阳。正统以后，置广宁太监总兵，辽东巡抚，辖一百八十四卫及二十所。……盖其时卫所之制度，犹之屯营戍驻，设废靡常。满州各族又复离合迁移，渐失旧址，第今日建置诸县，犹多昔日之聚落，则可断言也。清代崛起建州，东迁兴京。既都沈阳，称曰盛京。彼时省界未立，其间初无明晰疆界。顺治十三年，以沈阳为奉天府，治以府尹，辖制州县，渐具行省规模。吉林则为永吉一州，隶于府尹辖境。其余参领佐领之名，胥属部族制度之含有军制性质者。康熙元年，始以镇守盛京昂邦章京为镇守辽东等处将军。四年改称镇守奉天等处将军，辖境以吉林别设厅治，不复如前此之广大。当顺治十年时，于宁古塔设昂邦章京。十五年移住船场。乾隆二十二年改称镇守吉林乌喇等处将军，至是始以将军之辖境，成为区域之总名。黑龙江省以康熙二十二年筑瑷珲城于黑龙江岸，设镇守黑龙江等处将军以资镇慑。虽曰设官，犹若行辕，与奉天府尹之亲民守土，厘然有异。辖境亦视今为广，而行省之名称，则基于是矣。热河省于明为北平府治，清代属直隶省热河道治，承德朝阳两府辖境咸属焉。以行宫所在，为清廷巡幸之所。内蒙昭乌达卓索图两盟之地，亦划归范围。简括言之：辽宁以奉天府尹，吉林以镇守吉林乌喇将军，黑龙江省以镇守黑龙江等处将军，热河以承德朝阳两知府之各辖境，扩张区划以成其为四省之疆域者也。①

历史证明东三省是中国领土。

东省开始服属中国时期——周以前

距今四千余年前，唐尧时，洪水为灾，虞舜摄地位，命禹治平水土，兼领有满洲内蒙。故《史记·五帝本纪》说："舜禹北服山戎肃慎。"肃慎即息慎，考他的国土，在今吉黑两省。帝舜二十五年，他来朝贡弓矢，可知那时满洲北部，已为中国声教所及。至若辽宁，属舜十二州的营州，故南满在当时已直接为中国领土了。

———————
① 《东北年鉴·东北之建置》。

夏商两代，吉黑还是息慎；辽宁隔海同山东相连，属九州的青州。

周朝中国也是划分九州。辽宁同山东北部，隔海相连，号称幽州。考幽州的意义，是"北方幽昧之地"，可见那时东省虽属中国，却未十分开化。周末辽宁属七雄的燕国，因为燕将秦开袭破东胡，把这地设辽东等郡。周时的吉黑，还是肃慎，武王时，来贡楛矢石砥，矢长一尺八寸，武王把矢末刻着"肃慎所贡"的字样。成王征东夷，肃慎遣使来贺。

东省与中国关系渐形密切时期——秦汉至隋

秦始皇灭六国，把燕国的东部——今辽宁一带，分设辽东辽西两郡，为三十六郡的二郡，由中央遣派守尉监直接治理。秦不久便亡，故对于吉黑两省，无甚史迹可说。

汉朝中国分十三州，辽宁分属辽宁、辽西、玄菟三郡，直辖于十三州的幽州。两汉之世，因乌桓、鲜卑、貊人侵扰，常常出兵辽东。汉末辽宁为公孙度所据。管宁王烈等贤士来此避乱，辽人大受感化。

晋初辽宁同汉一样，也是分三郡，属十九州的幽州。降至东晋，中国北方纷乱，今辽宁和热河河北一带联合起来，先后属十六国的前燕（今满族）、前秦（今藏族）、北燕（汉族）统治。

南北朝辽宁为高丽所据，虽暂与中国分离，但至隋炀帝三征高丽，高丽降服，可知那时辽宁一带，仍属中国势力范围。吉黑在汉为挹娄扶余，挹娄朝贡后汉，为中国属邦。南北朝隋的吉黑——为勿吉或称沃沮、靺鞨，勿吉和中国北朝的魏交通频繁，《魏书》有详细的记载。

东省全部与中国混合时期——唐五代宋

唐初辽宁属高丽。唐太宗打败高丽，占领辽宁称辽东州。后来高宗征服朝鲜三国——高丽、百济、新罗，就同辽宁设安东都护府管治，为唐代六都护府之一。吉黑唐初为靺鞨，各部都属唐，后有粟末一部的酋长大祚荣，在今镜泊附近，筑了忽汗城居住，打败武后的兵，自立做震国王，中宗招他来降，他就遣子入侍。睿宗封他为渤海郡王；玄宗封祚荣的孙钦茂为渤海国王；此后常常遣送学生留学中国；他所有制度都仿唐时，可见那时的吉黑也已属唐而汉化了。

五代北宋时，辽宁为辽阳府，吉黑为生女真熟女真，概属鲜卑族的契丹——辽，今满族。当时契丹兼管中国北方：因为五代时契丹曾从石晋得了燕云十六州；契丹太宗又到过河南做皇帝，虽然不久就跑回北边；但北宋神宗时，契丹又得了蔚、应、朔三州。故五代北宋时黄河流域已合东省全部合成一体了。

后来吉林的生女真——黑水靺鞨建立金国，平定吉黑两省，更乘胜灭辽灭北宋，统一东三省和中国北方，南宋高宗同他讲和，以淮水大散关为界，这时中国淮水以北，是同东省全部打成一片，归金国——今五族的满族管辖约经一百多年。

东三省完全为中国领土时期——自元至民国

元朝——今五族的蒙族，兴于蒙古，把东省与本部联合起来，归帝国统治。辽宁划分广宁、沈阳、辽阳、咸平等路府；吉黑大部为开元路，均属中国十一行省的辽阳行中书省。

明朝在边境设有都司、卫、所、线兵防守。辽宁是建州卫，吉林是海西卫、野人卫，黑省是朵颜卫。明初这些地方属辽东都司管辖，后来属辽东边防区管辖。明朝国势虽不如汉唐强盛，但东三省仍完全属中国。

清朝先代就是靺鞨女真。到明朝末年，努儿哈赤在建州卫兴起，定都赫图阿拉（兴京）后来搬到辽沈，打败明兵，征服附近各部。传到他儿子太宗，东三省平定了。世祖时吴三桂请他入关，中国仍与东省联合成一个大清帝国。清初吉黑设置将军都统管治，辽宁尊称为盛京，也设有将军都统。到德宗时，日俄战后，辽宁改称奉天，与吉黑同为行省，派巡抚管治，更设一个总督在奉天，管辖三省，这时三省是中国二十二省的三省。

民国成立，清帝赞成共和，甘愿退位，五族一家，东省自与中国一体。民国十八年，东省易职，服从中央，国民政府把奉天省改为辽宁，更是表明彼此一致。①

历史证明蒙古是中国领土。

蒙古与中国开始接触时期——周以前

夏商以前，蒙古为獯鬻山戎所居，史称北蛮。有一部侵入黄河流域，黄帝逐他

---

① 载《东方杂志》第三十卷第十九号。

到内蒙古去，自己就在河北涿鹿筑城居住，故《史记》有"北逐荤粥合符釜山而邑于涿鹿之阿"的记载。此是中国同蒙古最早的接触。

唐尧在山西的太原北教八狄，又大败戎人。虞舜北抚山戎。这种戎狄，都是住在内蒙一带，可见四千年前蒙古与中国已有密切的关系了。

周朝蒙古属猃狁（即獯鬻，今回族）。周自先代不窋失官，窜居戎狄之间，历夏商至太王居陕西的邠，常为猃狁窘迫，把皮币犬马珠玉奉献他，总是无效，乃迁避到岐山下居住。到武王时，才把他赶到泾洛（在陕西）以北。

宣王时猃狁又强盛，侵略周的京都——镐京附近，周将尹吉甫逐他到山西太原以北，周才能完成中兴事业。东周以后，内蒙及山陕河北的北部，概为东胡（今满族）、北狄（今蒙回）诸族占据，先后为秦、晋、燕、赵各国驱逐，乃退到蒙古去。

蒙古与中国剧战及其一部与中国混合时期——秦汉至南北朝

秦时内外蒙属匈奴（今回族），蒙恬带兵三十万，大败他，收回河套（今绥远南部）地方，设县四十四；又恐匈奴南下，乃劳师十余年，从甘肃临洮筑城，到辽东止，称万里长城，以为防御。可见那时匈奴势力的强盛。

汉朝蒙古也是属匈奴。高帝时，冒顿单于有兵三十余万，东从朝鲜，西到甘肃北部，凡内外蒙古都是他的领土，且侵略山陕。高祖起兵逐他，到平城，反为包围，经过七天，用了陈平的密计，才得脱险；还用娄敬的计，和他和亲，苟安一时。但至文景时匈奴又来扰边。武帝立志复仇，遣卫霍等攻匈奴，大战十三回，结果把他驱到外蒙，漠南无王庭。宣帝出兵救乌孙，也打败匈奴。元帝时，匈奴呼韩邪单于称臣纳贡，汉遣王昭君同他和亲，又得一时无事。但西汉末年王莽篡立，匈奴又叛。

东汉光武时，匈奴分南北两部：南匈奴居内蒙古来降，杂居陕甘北部，与汉族同化，为后来五胡刘渊的起源；北匈奴在外蒙不服。至明帝和帝时遣将军窦固窦宪伐北匈奴，打到外蒙的燕然山金微山，结果北匈奴大败，又分东西两部，西部跑去欧洲，东部归附鲜卑（今满族），故鲜卑就代匈奴兴于蒙古。

汉末蒙古为乌桓鲜卑占领。这两族即战国时的东胡，本来住于内蒙，后来为匈奴所败，余众散居内蒙东部的乌桓鲜卑两山，因此得名。曹操打败乌桓，乌桓的一部——阎柔来降曹魏。鲜卑在三国时占领蒙古大部，与三国并立为四。

两晋时蒙古为东胡匈奴混血统的柔然（蠕蠕）所据。同时匈奴在山陕一带，建立前赵、后赵、大夏诸小国。此外还有鲜卑的慕容氏拓跋氏由内蒙侵入河北山东山西各处，先后建立后燕、南燕、北燕诸国。

南北朝时，蒙古大部还是柔然占领，内蒙南半，与黄河流域为鲜卑拓跋氏占领，称后魏（即北魏，亦称北朝），一方面北与柔然竞争，一方面南与南朝两分中国本部。

蒙古全部与中国混合时期——隋唐至宋

隋时突厥（回族）灭了柔然，占领蒙古全部。后来分东西两部，互相战争，隋合东突厥打败突厥，虏他的部长。以后东突厥又发生内乱，隋助启明可汗平定，于是东突厥服属中国。炀帝曾到过启明帐幕，饮酒赋诗，可见那时彼此和好。且此时西突厥也闻风来朝。

唐初蒙古仍分东西突厥，北方还有回纥（回族）等部。高祖曾借兵东突厥，很优待他。太宗时看他骄横，就派李靖征伐、擒其酋长，把他灭掉，高宗又灭西突厥，打败回纥，故当时内外蒙古都属唐，唐乃设单于、安东、北庭三都护府管治。

五代——梁、唐、晋、汉、周时，蒙古属契丹（即辽，今满族），东攻女真，西并西突厥旧地，且伸势力到河北来，国势很盛。后唐庄宗同他有叔侄的关系。后晋石敬瑭求援契丹，把河北山西北部的燕云十六州割给他。后来石晋亡时，契丹太宗且到过河南汴京为帝。后周世宗北伐，夺回瀛莫——十六州的二（州）之地。

北宋太宗统一中国，但北方十四州，和蒙古全部，还是属于契丹。真宗澶渊讲和，与契丹结为兄弟。到了神宗又割蔚、应、朔三州（在燕晋两省）分岭与契丹，故北宋时蒙古与中国有密切的关系。

南宋时内外蒙有蒙古乃蛮克烈诸部，都属金；中国则淮水大散关以北，因高宗、孝宗、宁宗与金人讲和，也划归金国统治，故蒙古全部，与中国北平，都是属一个政府——金（满族）管辖，可说是蒙古与中国大混合。

蒙古完全与中国合并时期——元至民国

元朝即蒙古人（蒙族）来中国为帝。蒙族和从前据蒙古的匈奴突厥是同种，自从成吉思汗开始强盛，灭了内外蒙古各部落，更南征西讨。传到忽必烈不只灭金灭宋，做蒙古与中国的皇帝，凡亚洲全部，欧洲东部，都联成一大帝国。那时蒙古属中国和林行省，后改为岭北行省，为十一行省之一。故元朝不特蒙古与中国合一，即欧亚各国，都和中国联合，欧洲有好多学者商人来中国，蒙人也于此时为汉族同化。

明太祖崛兴，元人渐退到外蒙北境，故蒙人大都属明；太祖又在内蒙东部今热河一带，设朵颜、泰宁、福余三卫，属北平行都司管辖。

成祖时蒙族在蒙古，分鞑靼瓦剌两部，东西对峙，时常战争，成祖先后平定其乱。鞑靼酋长阿鲁台来贡马，受封为和宁王；瓦剌诸酋亦相继受封——马哈木封顺宁王，太平封贤义王，巴图博罗封安乐王。同时内蒙东部更有兀良哈部，亦为成祖平定，附属中国，故此时内外蒙古完全归中国统治。

英宗以后，国势不振，蒙古与本部时有冲突。但瓦剌的也先终与英宗讲和；鞑靼的俺答及其孙媳，同受明廷册封——俺答封顺义王，其孙媳封忠顺夫人。

清人起于满洲，又合并内外蒙与中国本部，建立大清帝国；清初内蒙有科尔沁、察哈尔等部，先后为太祖太宗平定；世祖入关，平定中国本部；圣祖时瓦剌后裔准噶尔酋长噶尔丹从西方来侵外蒙（喀尔喀），圣祖起兵往救，准噶尔兵败退，外蒙乃服清。

初外蒙分三汗——车臣、土谢图、扎萨克图。世宗把土谢图汗另置三音诺颜汗，共有四汗，设置定边将军，及办事大臣统治。高宗灭准噶尔，把额鲁特（即瓦剌）蒙古全定，设伊犁将军统治。

清人对于蒙古的区分：内蒙计六盟六十二旗，外蒙七盟一百十七旗，此外更有未编旗的热河都统所属的额鲁特部，乌里雅苏台将军所属的唐努乌梁海三十一佐领等。以上三蒙古——漠南（内蒙）、漠北（外蒙）、额鲁特称清廷的北藩。

民国成立，蒙古为五族之一，组织共和政体，彼此更见亲密。但日俄两帝国主义乘机煽乱，内外蒙局势顿形紧张，外蒙且宣布独立。故民国政府把内蒙设置察、热、绥三特别区域，外蒙喀尔喀四部，及科布多、乌梁海许他自治。

民国八年，外蒙取消自治。翌年活佛又勾结俄旧党宣布第二次独立。后来俄新党逐旧党，活佛更组国民政府，许红军驻库伦，外蒙政权，乃为俄国新党所夺。

民国十三年中俄协定，苏联认外蒙为中国领土。内蒙于国民革命统一全国后，改建察、热、绥三省，故内外蒙还完全是我国领土。①

日人所著《满洲民族变迁史》在其第六章标题"汉民族之侵入"下，历述：一、古代至汉末；二、隋唐以后至明末；三、清朝之满洲封禁政策；四、汉人侵入之状况；五、解禁后至现在。盖举我汉族往昔建置与近代开发之史实，虽欲掩饰而不可能也。

其次本于经济的观点，以论开发东北之主人公，此亦一最关重要且至饶兴趣之问题也。按合于经济的意义之所谓开发者，由游牧进而为农业之谓也。其在东北，为尤然矣。自来东北诸族之生活状况，据史所载，渔猎而已，游牧而已。当周秦以前，或已由渔猎时代进而为游牧时代矣，然虽辽金元清，延祚建国，而其种人固未能跻于半牧半耕之状态，至完全脱游牧而事农业，则几未之前闻。第考其故，则有二因：以未开化或半开化之民族，处完全未开发之土地，既乏农耕知识，且可利用天然，一也。部族分散，人口不繁，本部之众皆从事兵役，无暇农耕，二也。魏晋以前之东北诸族，要以前者为主因，唐宋以降之东北诸族，要以后者为主因。其不能从事农耕，为历史上开发东北之主人公，又奚待言？然则具有开发东北之资格与能力者，必为我炎黄之胄又奚待言？

尝谓我汉族在历史上对东北开发之业绩，约可分为三种型态：有时浸润以文化之力，有时统制以政治之力，要皆足以助长诸部族改进其生活状态，俾益于东北地方之建设的开发。当周秦以前，以及汉唐有明国威远被之时，皆此种型态之表现也。次则为民族之杂处，无形中表现农耕开发之成绩。有时我汉人虽处于被治者之地位，如当辽金元清时代，则东北虽在非汉族统治之下，而其土地固犹我汉人生息繁衍之地也。此种型态占有东北历史之阶段为最长，其关系我汉族开发东北之业绩亦最大。兹但举近人所述辽代东北境内民族杂处之史实于次，以见一斑。

> 窃尝致意于满蒙民族史之研究。深知此东北土地，初不仅曾为吾中华朝廷所有，亦且曾为吾中华民众所有；不仅在华族统治下为属于吾国之土地，即在异族统治之下，亦曾为中华人民生息繁衍之地也。……

---

① 载《东方杂志》第三十一卷第五号。

辽虽以游牧民族建国，然如太祖阿保机而后，即颇知兴农业，作城郭，改行国为居国。惟居国需众多之人口，契丹本部人常以战争为务，无暇及此，以是必取之于异族人。故《五代史》契丹传即称太祖攻陷幽涿城邑，俘其人民，依唐州县置城以居之。既立九年，国人欲代，太祖乃以九年来所得汉人自为一部以治汉城。汉城在炭山（今察哈尔独石口外之黑龙山）东南滦河上，即后魏之滑盐县也。其地可植五谷，太祖率汉人耕种为治城郭邑屋廛市如幽州制度，汉人安之至不复思归，卒以是复并诸部。自后终辽鼎盛之世，每有攻陷破灭，皆俘徙其人以处于本部未开发之地，使事农商。辽之武力威劫东北者百有余年，而"东蒙""南满"遂成为塞内外各民族之大杂处场。

据上所述，是辽代"东蒙""南满"境内各民族之混徙、杂处，显然当以二点为最重要：其一，为渤海之西居辽河上游；其二，为幽蓟镇定等处汉人之北徙；而后者尤为关系重大。此诸民族之被徙，虽处于俘虏形式之下，然生聚既众，经济之势力乃不可侮。……大抵城郭之居，农事发达之区，即为汉民族势力之所在地。此不特中京东京为然，即契丹根据地之上京亦然。……西人以契丹称我中国，实则契丹国确系以中国人民为主体，而契丹渤海人副之者也。①

由此推知，"大抵城郭之居，农事发达之区，即为汉民族势力之所在地"，固不仅辽代为然，即金源蒙古，亦何莫不然，又乌得以此一时期之东北出关，则有清三百年，已充分将东北部族游牧之场，授汉人以奠定三千余年以来开发东北未完全功之机会，俾其直接施展农业上开发之本能。此为我汉人开发东北之现代型态，尤显而易见者也。综合此三种型态观之，则开发东北之主人公，固舍我汉族莫属，抑亦非我汉族莫办。彼海外异族，更何所用其哓哓乎？

所可怪者，无耻之日本野心学者，竟囿于偏见，故乱史实以自欺欺人。如稻叶君山之言曰：

汉人之于满洲，至后汉之末期，势力即渐次失坠。自东晋以降，满洲方面，几绝无汉人之踪影。至于隋唐，经几次派遣远征军之结果，对于从前之势

---

①　谭禾子：《辽代"东蒙""南满"境内之民族杂处》，《国闻周报》十一卷六期。

力，乃有几分之恢复，然此乃一时偶然的现象，而并非继续存在者也。五代时，契丹势力方极旺盛，固不必论，即北宋之末期，虽曾有派遣使者至金之事，然此乃于危疑恐惧中行之。至于南宋，虽有痛饮黄龙府（今之长春）之豪语，要亦等之梦呓一场，终无实现万一之可望。继元而起者则为明人，彼等奋其偏师，居然攻陷辽东，但自吾人冷眼傍观，殆亦出于意外之运命耳。概括言之，汉人在公元一〇五一年至一三六八年之间，始将纪元三一七年以降所丧失之满洲一部重新夺回，而于他方面，即可征见汉人足迹之印于满洲者，稽诸前古之历史上所占部分甚少也。①

此其谬误，虽由于野心之偏见，而其不明了所谓开发之意义与我汉族开发东北型态之演进，亦其一因。彼日本所谓东北通之学者率多如是，可为浩叹！然稻叶固亦自相矛盾，而有发为"可畏哉中国人"之论调曰：

可畏哉中国人　所谓满洲之开发者，即于满洲丰沃之处女地域，建设一大农园是也。此种事业，实中国人旧有之极大企画，固尽人所知者。但中国人能本其百折不挠之意志，而委曲以发展此企画之手段，则又吾人所不可不加注意者。以满洲射猎生活之民族，而拥有优美之土地，其将被文化程度高尚之邻人所侵夺，固为必然之运命，但中国人之开发满洲，则纯任自然，循序渐进，是以其最后之胜利，始可于其最初举步时决之。考彼等之行动，既无赫耀之武功，又无明显之经略，然于其结果观之，觉彼等往来于旷野之锹锄戛土声，直能将哥萨克马队之剑光刀影，俱为压倒。而彼等所设之窝棚（即农舍）也，商店也，其发展吞并之力，即形以英国当年之印度公司，亦无稍逊色。则其开拓力之伟大，有不得不令人惊叹者，盖以卑弱之姿势，挫折强悍之敌人者，中国人自上古至今，数千年来所历练，而已成之一种民族特性，吾人能不与本国同胞（指日本）相为戒惧耶。满洲地方，经中国人垦殖，而入农业时代以后，其历史之领域始不啻为中国人所独占。即由是以推测将来，恐亦不能打破此例。且不特满洲地域为然，无论为俄领之黑龙州，为蒙古，乃至西伯利亚，亦无在

_____

① 《满洲发达史》第四章。

不发见与中国人竞争之迹。第受各地方政令之束缚，致彼等之行动，稍觉不能自由。试一观究竟，各地方政令，虽能与以束缚，但对于中国人恒久不变之努力，果有何等效力，则颇属疑问。近来（译者按：此系指民国二三年著作此书时言之）宣传各处之关于蒙古问题之中俄交涉，迄今尚未得要领，此亦为俄国政治家对于中国人之侵蚀力恐怖过虑之表征。吾同胞苟鉴及此，则于吾所慨叹之"可畏哉中国人"一语，慎毋河汉视之也可。①

抑知"于满洲丰沃之处女地域，建设一大农园"，岂惟"中国人旧有之极大企画"，实三千余年来我民族继续开发之盛业，至今日始为世人——尤其是日本人所注意耳！

综言之，在三千余年之中国文化史中，关于东北历史之一部分，虽皆视为我汉族开发东北之历史可也。征引史实，既非此短文所能尽，姑录近人概述明清开发之史迹于次。

汉民族之移居东北，以有明中叶为最盛时期，而近百年来，又为一度之扩张时期矣。明时以山东布政使司，遥领辽东，隔海相望，视若毗连，以故辽沈各城，汉人已多，大抵浮海而来，习同土著。其时辽河流域已有汉人五六十万，满洲崛起之后，固尝招致其中壮丁，转战四方，别为劲旅，后之所谓乌真超哈（见《八旗通志》），又谓之陈汉军（见《吉林外纪》）者是也。继以满清厉行边禁，移民渐行稀少，旧日三百万亩之耕田，荒芜至十分之九，直至清嘉庆八年弛禁之际，移民又复渐次激增。除累年自行迁入者外，以政治的原因而来者，如官庄，站丁，台丁，水手，流入亦复为数不少。益以旧户，人丁蕃衍，一百五十余万之汉族，乃确立于东北之大地矣。官庄者，亦谓之新汉军。清初未申边禁之前，曾由关内移民开垦以厚军食，受公家之支给，任耕作之劳役，初仅奉天有之，继则扩至吉黑。司耕稼者曰庄丁，驰送文报者曰站丁，巡台设栅者曰台丁，不隶于旗翼之下，别设官以辖之。初站丁多三藩旧部，颇受不平等之待遇，不许应试服官。清宣统元年改为民夫，渐脱羁绊，民国成立始

---

① 《满洲发达史》第一章。

获自由。水手者，亦称水师营，清顺治十五年，康熙二十二年两次制造船只，悉由汉人拨隶旗下者执役，后乃散处吉黑之两省焉。流人则以迁谪而来，久居不返，政治意味之尤为浓重者也。自由迁入东北之汉人，以沿海关系，旧称鲁苏浙闽为多，鲁人以地理上之便利，分布最为广阔。至于山西人河南人之早达龙江，云南人湖南人之麇集吉林，讷河一带之湖北住户，辽宁各县之浙江移民，近五年来，河南陕西之难民，巨量迁入，并足为汉民族之重要纪载。今日三千余万之东北人民，汉民族实居百分之八十以上。清光绪末，东北人口二三百万而已，民国十七年增至二千八百余万。再十年之顷，逾三千万矣。东北汉满蒙人之比率，据清嘉庆时之调查（禁止汉人出关时代），则汉人为一四三八九三，满人为二二〇八六〇，蒙人为五五六三〇，但此仅为男子之统计，略可窥见其一斑，汉人已渐有与满洲人均等之趋势。观于近年每年六十万之移居，则知自嘉庆时代以迄今日，居百分之八十，非不可能之比率也。此诚如一家之田宅资产，其宗族昆弟，得而居住取求，其事至易而至便，亦至简而至顺。彼邻右之处心积虑以谋我，望尘莫及，宜无所用其幸幸矣。①

东北垦务，应分军垦民垦二部说明。有清之初，计旗授地，以军法部勒民众，其时为军垦性质。参佐之名，原属军官，设治垦荒，兼理民事，然二百年中习于承平，军事性质，渐不存在。内地人民出关耕稼者逐渐增加，放荒给田，遂归民有，此为民垦之代兴，原属自然之趋势，然其时，官方犹不免于相当限制，非悉听人民之自便也。光绪六年，清廷规定办法三种，奖励移民：（一）凡可耕种之地，每百亩定价四串，卖与人民，但每人以购千亩为限。其无资购买而愿领地耕种者，每百亩纳地租六百文。（二）官有荒地付民间开垦，初免税五年，俟垦地基础巩固时，每百亩纳租六百六十文，第五年免税办法乃将垦地最少者之规定，而开垦达数千亩以上者，经若干年纳租之后，（以垦地多寡，定年限之长短）即归己有。（三）毗连南乌苏里地方，天寒地薄，往垦者少，故凡愿移居此处者，免纳租税，每户且可领得补助费三十二两。此皆官方协助民垦之过去情形也。然其时军垦固犹有依然存在者，光绪八年，吴大澂奉命督办边防，驻宁古塔，以饷糈无出，遂立屯田计划，为久远之计，在沿边

---

① 《东北年鉴》。

一带，使所部兵勇，垦荒耕作，除农具食粮籽种，皆由公家支给外，并发给每人银四两，以资维持，穆陵一带，赖以垦辟，此为军垦之见诸近世者。东北之北部，初有光绪二十五年之开放旗荒，及三十一年已开毛荒四十五万余垧，则由官吏奏请垦辟者也。民国十七年以还，裁兵救国之议起，寓兵于农之说，渐复有力。东北即有屯垦委员会之发起，以孙传芳为委员长，于济川副之，今兴安区屯垦督办邹作华亦为委员之一。此会为对于东北垦殖全局，研究方案或计划，分交各区采行，俟筹有底款再行实施。旋改为东北垦殖浚河委员会。邹之屯垦计划，乃先于兴安区开始施行，以所辖炮兵补充第一团，补充第二团，及补充第一大队，改编为屯垦军步兵第一团、第二团、第三团，担任垦务工作。自民国十七年九月起，至年底止为筹备及调查时期，十八年一月起至十二月止，为建设及军垦时期，十年一月以后，始为民垦时期。从此军垦与民垦互相合并，东北垦务，开一新面目焉。实行军民合作，此其权舆矣。东北自三百年以来，为关内过剩人口之尾闾，已有显著之事例。虽量有多寡，率有迟速，固无时休止，可断言也。当满洲初兴之际，不仅无移民之禁，恒以劳力之需要，时加招徕，或且出于掠取。比及入关，奄有中夏，当清康熙二十二年以后，三藩削平，犹每以罪人徙殖边境，尚阳堡宁古塔等处，为多数汉人所麇集。嗣以人口逐渐繁密，"根本重地"，不愿喧宾夺主。清乾隆四十一年乃申流民私往吉林之禁。康熙二十八年以还，妇女不经特许，即已不准入境，至同治五年，此令方始撤销。此殆为移民之停顿时期，而暗中滋长，初未尝因是而稍阻。清光绪三十三年，初设行省，翌年黑龙江将军恩泽怵于甲午之祸，俄筑东路，亟请清廷移民放荒，得允施行。二十九年由程德全实行丈放。东北人口当时尚无统计，约为二百万至三百万。民国十一年增至二千二百十万，近则超过三千万，向使无巨量移民之迁入，徒按级数增加，未克如是其迅速也。移民弛禁以还，尚无具体移民事业与政策也。如此消极之允许，亦且原于外力之侵凌，深虑所谓"龙兴之地"，断不能任其地旷人稀，永保神秘。历年设治之举，实则用以实边而已。十年以来，内战叠兴，关内各省歉荒累岁，难民之稍具资力者，群趋东北以谋生计，年有增加，关内各团体对于输送难民，逃荒殖边，浸成为有力之舆论。民国十九年，东北政务委员会通过移民垦荒大纲十三条，对于容纳灾民，开辟荒地，此为最具体之计划。而兴安屯垦督办公署之成立，是为见诸实施之大端。关内各省，若浙江省党部，曾通令所属党部，对东北移民认为防止帝国主义觊觎边境，最有效用之政策。国际方面，则民国十八年，太平洋国家讨论会第三次大会在日本西京举行时，对于东北移民，认为极关重要；讨论问题，曾托我国出席代表担任调查之责。而研究东北移民问题之各团体，遂亦顿呈活泼现象。①

溯我民族历三千余年长期间之酝酿开发，始据五百余万方里之幅员，拥三千余万人民活动于其间，以构成今日之东北，宁得谓之偶然？宁得谓之非其领土？顾至今日，开发盛业，方待猛进，而日寇垂涎，实行强占；谓我国民智力之不竞则可，谓我无开发资格与能力则不可也！虽然，彼日人者，今后果能合于东北经济开发之原则以从事农业之开发乎？今后果能在未来之历史上在我东北实现其大陆帝国之迷梦乎？吾尝从过去日本移民东北之成绩验之，吾更尝就现代日本经济关系与国民生活状态推之，绝不信今后之东北，能有脱离我民族悠久之史的关系以去也！谓予不信，请拭目俟之！

① 《东北年鉴》。

外交篇　第三

东北之在今日，已处于世界最关重要之地位，东北问题之在今日，已成为国际间严重问题之焦点。实则此种情势之形成，乃地理上自然环境使然，由来既久，不自今日始也。我中华民国东北四省，位于亚洲大陆之东北隅，西连西伯利亚而远接大西洋，东介渤海黄海之水而遥联新大陆。就国家疆界之接触言，其国际地位之重要，视我国内地各省有加，就海路交通之关系言，其世界性之浓厚，尤为世界任何地域所罕有。职是故，言中国问题者不能遗东北，言太平洋问题者不能遗东北，言黄白种族问题者不能遗东北，言列强竞争者不能遗东北，言世界问题者尤不能遗东北也。然则今之论东北者，谓为中国安危之所系，东亚荣枯之机括，世界和平之关键，岂不然哉，岂不然哉！

东北之世界地位，既极重要，东北之国际关系，乃至复杂，在中国外交史失败史上东北遂亦占最重要之一页，此固东北外交史上之特殊现象，最值吾人回顾者。溯当清初盛世，我国东北国境，几括有亚洲东北一隅，与邻邦隔绝，殆无外交之可言。自俄国之远东问题，日本之大陆政策，皆以东北为目的地，美国更标榜三 A 政策，以相抵制，于是东北逼处于列强角逐之场，其外交问题之繁复，遂不仅冠绝中国各地方，且亦为世界任何地域所罕有。说者谓过去东北之外交，不仅限于东北一隅，实为全中国存亡之关键，亦实世界和平之枢纽，证诸今日不尤可信乎？

中国正式外交之开幕，实始于清康熙二十八年（公元一六八九年）中俄尼布楚之订约。故中国之有外交史，实滥觞于东北。嗣此我国外交之失败，虽层见叠出，而要以由东北问题所引起，或直接间接与之有关系者为最多。即以中俄中日间所订正式条约而论，则在七十余条约中与东北有关系者竟逾半数焉（据《中外条约大全》)。此外如商埠开设之多（东北四省共三十处，占全国三之一）。各国领事馆驻在之多（东北四省共四十余处，占全国三之一），以及外交悬案之多，各国侨民之多（约达百万），在国内均居首位。（以上均系根据事变前统计）综言之：我国由东北所引起对外之关系，其为不平等条约所束缚，固与内地无异；而因列强利害关系之复杂，致阻碍内部之发展，则情势乃极特殊。

吾前固言之，曩昔东北之在中国，本有文化领域与政治领域之不同，而往往递为消长。政治上之建置，虽有时衰替；但文化上之浸润，反足以促进发展。唐末以来，辽金元清，先后凭借东北，以武力横行中国，中国在东北之政治势力，固已消灭无存；然中国文化确于此时期假女真、契丹、蒙古人之手，以开拓东北。（详见另文）浸假而女真、契丹、蒙人之政治建置，亦即中国之政治势力变相的存在。尤其当有清中叶以后，我国对东北之开发，民族文化之精神，与国家政治之实力，交攻互施，兼程并进。设无俄日势力之侵入，以及种种不平等条约之束缚，则以东北富力之雄厚，国人心力之充沛，虽使东北成为中国之生命渊泉，世界之和平乐园可也。又何至有今日之祸哉？乃今世外人之论，竟抹杀史实，倒因为果：不曰中国无力开发东北，即曰日俄应享东北权益；甚至谓"九一八"之事变，系由中国恢复国权运动所引起之冲突。此种愚昧之见，苟出之日本之巧辩，固犹可解；乃前岁以代表国联公正意见自居之黎顿，而亦不免，此真令人大惑不解者也。

初，中国于开发满洲方面所表现之活动，微乎其微，几使满洲坐让俄国支配。即在重行保证中国在满洲主权之《朴资茅斯条约》以后，日俄于开发此数省之经济活动，在世界人士眼光中，较中国自身之经济活动为尤显著。彼时中国数百万农民之移殖，实决定斯土将来之占有权。此种移殖，实系占领，虽属和平而不显著，然其为实际占领则一也。当日俄彼此从事划分其南北利益范围之际，中国农民已占有其土地；而今日之满洲，遂为中国人之满洲，不可移易矣。在此种情势之下，中国固可坐待良机，重行主张其统治权。一九一七年之俄国革命，使中国在北满得此良机；中国于是对此久经忽视之国土，开始采取较为积极之步骤，以从事治理与开发。最近数年间，中国亟欲减削日本在南满之势力，此种政策之结果，致使冲突扩大，至一九三一年九月十八日而达于顶点（《黎顿报告书》满洲之状况）。自俄人出入于黑龙江时以来，汉人渐潜入于"满洲",其时即有所谓采殖民实边政策者。尤其在辽东半岛方面,有萨克人之踪迹;在辽河附近,亦得睹英人勇敢之姿。此虽非在哥伦布发见以前,美洲已有东洋人可比,然决不能谓其有一变满洲之情形,使其被近代文化之明显的努力;有之,其自日本之入满洲始。

满洲之现状,今日亦甚困难,何以至此乎? 是即中国之军阀政府,及营业政治家所生之结果。彼等自身,无丝毫开发满蒙之功绩,因欲垄断其收获,反阻止搅乱其发展也。……

夙注重努力"满蒙"之经济化之日本,乃最忠实之平和主义者(?),同时又为极热心之门户开放主义者(?)……然中国之军阀与营业政治家,常使日本感受惶惑;使美国及其他列国,屡屡误认事实之实相,甚至阻碍"满蒙"之开放与发展。……

日本所忧者,"满蒙"之中国化——详言之,即"满蒙"之中国本部化。——而非其国际化。换言之,即牵制中国之"军阀",及"营业政治家",极力忌避扩大南北之混乱于"满蒙"之谓也。……然中国之"营业政治家",今也,故意混淆全然相反之两个关系,努力使列国误其特断,吾人深愿列国之有识者,就中美国之政治家,郑重留意于此点。①

如上所引日人淆乱黑白之论与西人似是而非之见,吾人已可恍于世人对东北所以迷惘于过去,东北外交之所以失败,盖有由来矣。

更进,吾人所应注意者,即此东北外交失败之事实,在中国外交史上究占如何之地位是也。近人之研究现代中国外交史者,约分为四时期:一、鸦片战前,二、中日战前,三、欧战以前,四、欧战至今。② 实则中外不平等条约之缔结,虽始于鸦片战争之结果,然而综观东北国际关系之发生,实始于帝俄远东势力之发展;而引起欧美列强对东北之注意,实又以中日战争为嚆矢。中日战争以前,帝俄势力虽仅及边陲,然自瑷珲、北京中俄两次订约,竟割弃广大领土,帝俄势力且由此东及日本海,南伸入朝鲜境,于是更引起日本大陆政策之推进,而有侵寇朝鲜之暴行。

---

① 细野繁胜:《"满蒙"管理论》。
② 金兆梓:《现代中国外交史》。

中日冲突，既由此而起，而欧美各国之视线，亦即由此开始集注于我国之东北。其后历日俄战争，欧洲大战，东北遂直接间接，始而为日俄两大势力起伏消长之舞台，终成列强勾心斗角争逐外交之场所，"九一八"事变而后，其迹乃尤显著矣。故今人之依据东北国际关系以观察我国东北之外交失败史者，率多以日俄势力之消长为中心，而各国之参与关系为附带之说明。如英人 Sir Harold Parlett 在其所著《东三省外交事件纪略》一书中，即曾分东省之外交史为四时期。

东三省之外交史，可区分为四时如下：

第一期为初期之外交，止于一八九四年至一八九五年之中日战争；

第二期为俄国侵略时期之外交，终于一九〇五年之《朴资茅斯和约》；

第三期为日本侵略时期之外交，迄扼于华盛顿会议之时；

第四期为最近期之外交，其特征为中国自求进步。①

美人 C. Walter Young 于其所著《满洲国际关系》一书中亦分为四时期。

满洲之国际关系，颇为奇特，可依其自然之趋势分为数个时期，亦可用以分划整个中国之近代史。即：（一）第一时期，自一八九五至一九〇五年；（二）第二时期，自一九〇五至一九一五年；（三）第三时期，自一九一五至一九二一年；及（四）第四时期，自一九二一以迄于今。②

日人之分析东北史期者，亦谓在日俄战前，中日俄三国在东北成一"三角关系"，战后则成为"多角形关系"。

东省现状……由中日俄之三角关系，加入德法，成为五角；今则一转而加入英美，变为多角关系。至称东洋之巴尔干者有之。③

① Sir Harold Parlett《东三省外交事件纪略》（原书绪言）。
② C. Walter Young《满洲国际关系》（原书原序）。
③ 汤译，藤冈启《东省刮目论》。

此其为言，亦至足玩味也。最近国人颇多关于东北外交关系之著作，观其内容，虽较庞杂，要可供吾人参考之资料。吾人如钩玄提要，则条理易贯，研究不难矣。职是故，予于此最关重要之一页外交失败史，雅不欲多所赘述（日后另成专文）。兹惟将向所制就之《东北外交关系清算表》附列于后，以殿本篇。

东北外交关系总清算表

时期	中俄东北外交关系	中日东北外交关系	中国与其他各国之东北外交关系	各国相互间与东北有关系之外交事件
一六八九（康熙二八年）	界务交涉尼布楚订约——中外订约之始			
一七二七（雍正五年）	界务交涉恰克图订约			
一八五八（咸丰八年）	割地交涉瑷珲订约		中英中法中美天津订约	
一八六○（咸丰十年）	割地交涉北京订约			
一八六一（咸丰十一年）	首次勘界立碑			
一八六九（同治八年）	订改《陆路通商章程》			
一八七一（同治十年）		始订修好条约		
一八七五（光绪元年）				日俄成立《库页千岛交换条约》
一八七六（光绪二年）		日韩江华订立和约		

（续表）

时期	中俄东北外交关系	中日东北外交关系	中国与其他各国之东北外交关系	各国相互间与东北有关系之外交事件
一八八一（光绪七年）	订伊犁条			
一八八二（光绪八年）		日韩济物浦订约		
一八八四（光绪十年）	俄韩订约修好			
一八八五（光绪十一年）		日韩汉城订约 天津订约	巨文岛事件	
一八九五（光绪二一年）		马关订约 订《辽南条约》		
一八九六（光绪二二年）	中俄密约签订于莫斯科 中东路合同、华俄道胜银行合同同时成立	缔结中日商约		俄德法干涉日本还辽 日俄《汉城协定》成立 日俄《莫斯科协定》成立 《日俄密约》成立
一八九八（光绪二四年）	旅大租地条约签订续订《旅大租界续约》 订中东铁路南满枝路合同		中德签订《胶澳租界条》	日俄《东京协定》成立

（续表）

时期	中俄东北外交关系	中日东北外交关系	中国与其他各国之东北外交关系	各国相互间与东北有关系之外交事件
一八九九（光绪二五年）	订《勘分旅大租界专条》		中韩订立商约	美国对德英俄法日意往复照会宣言门户开放政策
一九〇一（光绪二七年）			与十一国订立《辛丑条约》	
一九〇二（光绪廿八年）	订《中俄交收东三省条约及中俄交还关外铁路条约》			日英同盟成立俄法同盟成立
一九〇三（光绪廿九年）		订《中日通商行船续约》	订《中美通商行船续约》	
一九〇五（光绪卅一年）		成立中日会议东三省事宜正约及附约		日俄订《朴资茅斯和约》日韩成立议定书日英缔结二次同盟日韩成立《保护条约》
一九〇六（光绪卅二年）		订《交收营口条款》		

（续表）

时期	中俄东北外交关系	中日东北外交关系	中国与其他各国之东北外交关系	各国相互间与东北有关系之外交事件
一九〇七（光绪卅三年）		订《新奉吉长铁路协约》（第一次） 会订《大连海关试办章程》	中英订新法铁路草合同	《日俄第一次协约》及密约成立 日法协定成立 日韩新协约成立
一九〇八（光绪卅四年）		订《新奉吉长铁路借款续约》（第二次） 订中日电约 订合办鸭绿江森林合同		日美协定成立
一九〇九（宣统元年）	订中俄东省铁路界内设立公议会订定大纲条款	《议订安奉铁路节略》 订《图们江中韩界务条款》 订《东三省交涉五案条款》 订吉长铁路借款细目合同（第三次）	中美订锦爱铁路草合同	美国照会日俄法德英提议满洲铁路中立
一九一〇（宣统二年）		订合办本溪湖煤铁合同		日俄第二次协定及密约成立 日韩合并条约成

（续表）

时期	中俄东北外交关系	中日东北外交关系	中国与其他各国之东北外交关系	各国相互间与东北有关系之外交事件
一九一一（宣统三年）		订《京奉路延长协约》		日英缔结三次同盟 日俄第三次密约成立
一九一二（民国元年）			中国与英法德日俄五国银行团订善后借款合同	
一九一三（民国二年）		订中日朝鲜南满往来货减税试行办法 订中日满韩通商协约		
一九一四（民国三年）	订中俄呼伦贝尔条约	订溪碱铁路公所协约		日德俄德宣战
一九一五（民国四年）		订四郑铁路借款合同 日本迫订关于南满洲及东部内蒙古之条约及换文		
一九一六（民国五年）		订《溪碱铁路公所章程》		日俄第三次协定第四次密约成立

（续表）

时期	中俄东北外交关系	中日东北外交关系	中国与其他各国之东北外交关系	各国相互间与东北有关系之外交事件
一九一七（民国六年）		发生所谓西原借款 订吉长铁路借款合同（第四次）	中德断交宣战	日美成立蓝辛石井协定
一九一八（民国七年）		订四郑铁路短期借款合同 订吉会铁路借款预备合同 订吉黑两省金矿及森林借款合同满蒙四铁路借款预备合同 订弓长岭铁矿合办合同		各国出兵西伯利亚共同管理中东路
一九一九（民国八年）	苏俄宣言放弃中东路	订四洮铁路借款合同		巴黎和会我国拒绝签字国联盟约成立
一九二〇（民国九年）				日俄大连会议 四国银行团成立合同

（续表）

时期	中俄东北外交关系	中日东北外交关系	中国与其他各国之东北外交关系	各国相互间与东北有关系之外交事件
一九二一（民国十年）		订合办抚奉送电所合同	中德成立协约	华盛顿会议我国提出废止民四条约英美日法缔结四强协定日俄长春会议
一九二二（民国十一年）		《中日互换邮件等协定》成立订《合办天图轻便铁路合同》		华盛顿会议成立《九国公约》及关于中国事件之决议案
一九二三（民国十二年）		对日声明废止民四条约及照会		
一九二四（民国十三年）	《解决中俄悬案大纲协定》成立暂行管理中东路协定成立中俄协定声明书发表	订合办中东海林采木公司合同订□承建造洮昂铁路合同		日俄北京会议
一九二五（民国十四年）		订《吉敦铁路承造合同》		日俄新协定成立
一九二七（民国十六年）	中俄断绝国交			日俄渔业协约成立

（续表）

时期	中俄东北外交关系	中日东北外交关系	中国与其他各国之东北外交关系	各国相互间与东北有关系之外交事件
一九二八（民国十七年）		日本发表干涉东三省政治宣言		《非战公约》成立
一九三〇（民国十九年）		中日关税协定成立		
一九三一（民国二十年）		"九一八"事变		"国联"处理中日事件

附记：表中有竖线者，系以日俄在东北势力之消长为观点，分做两个阶段，六个时期（后略）。

东北地方沿革及其民族 （方德修）

吕　序

　　中国拓殖最有成绩的是哪里？是东北。东北四省中，辽热二省，虽然早是中国的郡县，然而中国实力，不能顾到他的时候也很多；吉黑二省，尤其自明以前，迄等诸羁縻！就是清朝也未尝尽力经营。然而到"九一八"事变时，国联调查团——这并不是真正主持公道的团体，他的主意不过看着这一片丰饶的未开发的土地，不甘令其为一国所独占，等于日俄战争前后，提倡什么以东北为永世中立地，到后来，则又变为东北铁路中立等等的说法而已。然而他也不能不说：东北是永远应该属于中国的。这是为什么？为的是东北三十个住民中，倒有二十八个是中国人。中国人何以能有此种成绩？这不是空言可以说明的。我们当先考其建置的沿革，以观其政治势力的消长；再看住居此地的，共有几个民族？其离合融化之迹如何？就可以思过半了。为要达到这个目的起见，看这本书，是最适当的，因为他叙述得简明而不遗漏，而且很有条理。

三十五年六月二十七日武进吕思勉识

自　序

随着抗战胜利的来临，许多收复区都亟待经营，尤其是沦陷了五十年的台湾，和十四年的东北。这是今日建国大业中最艰巨的工作。"蒋主席"在《中国之命运》一书中，更明白的指示我们，要"立志在边疆"。因此同胞们全对边疆发生了兴趣与关切，都多少想了解一些边疆的概况。

最近，有位曾到过东北的朋友，因为知道作者的意欲前往东北，而对作者说："满洲人很排挤关内人"。这，我想是：（一）封建时代留下的毒，清代皇室有意培养成这种偏狭的思想，使满汉间具此对立的感情，同时更用以表示他们满族的优越。（二）说这话的朋友，虽远在东北沦陷前已离开了东北，但日本帝国主义者的欲占领满蒙，已处心积虑了几十年，他们早在倡导所谓"民族自觉"，以挑拨汉满蒙三族间的感情。（三）农业的汉族移殖到东北，和游牧的满族，多少要发生些经济的冲突。总括说来，乃满汉间一向缺少了解，故使作者为此而留心历来的记载上，关于东北的地和人，在本国史上的关系。先言其建置的沿革，说也惭愧，我国虽号称文化之邦，而东北的沿革，在史地书上，都只有简略到不能再简略的记述，甚且谬误。人的方面，纵的说是中华民族史上的问题，这在前人和近人的著作中，还有不少正确或欠正确的记述；横的方面，（即现今东北境内的少数民族状况）除了游记和报章上的通讯中，间有一二外，要知其详确的状况，竟不得不借助日寇的调查报告。这些参考资料，虽非常缺乏，而在今日却万分需要，故作者花了两个月的时间，搜集了这些私人能力可以搜集到的资料，加以整理，写成了这本《东北地方沿革及其民族》。其间蒙吕诚之师的详为订正和赐序，陈伯流、叶颖根二先生的帮助读解日文资料，陈贻祥先生的鼓励，顾颉刚先生和杨宽先生的介绍出版，王伯祥先生的予以便利，全使作者万分感激，谨在这里向诸师友掬献我的谢忱。

　　本书因作者个人学力和客观条件的限制，其不完备自不待说，好在刊行本书的私意，原为抛砖引玉，其目的无非在：（一）论证东北和我国本部的历史关系，彼此的息息相关。（二）中华民族原是以汉族为核心，融和各族而成的一个集合体。时至今日，所谓汉、满、蒙、回、藏等族，早成了中华民族史上的名词。而且我们一向都抱着"四海之内皆兄弟"的思想，不仅要了解边疆的文化较落后的民族，应相亲若手足，"并积极扶助边疆各族的自治能力和地位，赋与以宗教、文化、经济均衡发展的机会，而增强其向心力与团结力，对于整个国家与中央政府，共同爱戴，一致拥护，和衷共济，休戚相关：俾我中华民国，日益富强康乐"（见《中国之命运》二章一节）。在古代，汉族虽对边疆的民族有所谓蛮、夷、戎、狄的称号，但现今，我们对于构成中华民族的任何支派，不应该有所歧视。偏狭的种族思想，无非是野心家的说辞，他们对外便是帝国主义，对内则提倡曲解了的优生学，以摧毁异己者的生命持续，这只是希特勒之流的玩意！

　　　　　　　　　　　　　　　　　　　　　　　方德修一九四五年六月

　　民国三十六年六月五日，国民政府正式公布东北九省行政区域，其划分情形与三十四年所公布者略有不同，现本书已遵照新划定者全部改正。

　　　　　　　　　　　　　　　　　　　　　　　作者附记一九四七年七月

第一章　东北的地方沿革

第一节　总　说

　　"东北"二字的范围，有的说是指"满洲"（即辽宁、吉林、黑龙江），有的说是指"满蒙"（即热河、辽宁、吉林、黑龙江）；但若根据地理学上的地理单位（A Geographical Unit）而言，热河、辽宁、吉林、黑龙江实在是一个很大的自然区域（A Natural Region），她的地形好比是一个顶宽底狭的四边形，东边为长白山系，北边有黑龙江，西边是大兴安岭山脉，南边滨渤海和黄海，都属天然的屏障。且东北一词的指此区域已有其极悠久的历史，《辽史·兵卫志》有东北路统军司，《辽史·地理志》上京道："泰州（今郭尔罗斯治①，按：即吉林省滨江、吉长西境）德昌节度……属东北统军司，统县二"；"长春州（今科尔沁左翼前旗治②，按：即辽宁省康平县西）韶阳军下节度……属东北统军司，统县一"；《元一统志》："开元路南镇长白之山，北侵鲸川之海，三京故都，五国故城，亦东北一都会也。"都可证"东北"早成了个专名词。民国十八年一月，国民政府特任张学良氏任东北边防司令长官。复成立东北政务委员会，抗战胜利后，更有东北行营的设置。凡此皆足以确定此一区域应以东北为其总称。

　　东北的历史沿革，尤其悠久，当战国时，燕国秦开质于东胡，燕昭王时，秦开

---

　　①　李兆洛《历代地理志韵编今释》卷一六。
　　②　《历代地理志韵编今释》卷四。

归燕，起兵大破东胡，东胡却地千余里①，燕国的势力，直到达现今朝阳和建昌以北，又从造阳（今察哈尔怀来县）到襄平（今辽阳县北七十里），建筑了一条长城作防御，更在这防御圈内设置了五郡：（一）上谷（包括现今宣化至独石口一带地），（二）渔阳（包括现今密云至承德一带地），（三）右北平（包括现今河北北部和热河平泉及凌源一带地），（四）辽西（包括现今热河朝阳及辽宁辽水西部一带地），（五）辽东（包括现今辽水以东及朝鲜平安北道一带地）。关于秦开开拓东北的年代，我们固难考定，但这段史实，《史记》卷一一〇《匈奴传》却记载得很明白：

> 其后燕有贤将秦开为质于胡，胡甚信之。归而袭破走东胡，东胡却地千余里。……燕亦筑长城，自造阳至襄平，置上谷、渔阳、右北平、辽西、辽东郡以拒胡。

是东北在二千多年前，已由秦开将军开拓，使她归入了中国的版图。秦代的三十六郡也包括上面所说燕置的五郡。汉初，更西讨匈奴，东置苍海郡②，武帝伐灭朝鲜，分其地为乐浪、临屯、玄菟、真番四郡。三国时代，曹魏的幽州包括上谷、渔阳、北平、辽西、辽东、玄菟、乐浪等郡③。在晋初，属十九州中的幽州和平州地方（《晋书·地理志》）。隋代的冀州，唐代的河北道，都包括有现今东北的一部分。宋代，其地为辽、金所据。在元代，为沈阳路、开元路、大宁路、会宁路、上都路。明代对东北的经营，尤为努力，曾设藩王镇守，如宁王权镇大宁（今热河平泉县东北百里的黑城），辽王植镇广宁（辽宁北镇县），韩王松镇开原（辽宁开原县）；又设辽东、大宁、奴儿干（又作努儿干，辖吉林全境）三都司统治东北的女真和蒙古诸部族，兵力常达松花江、黑龙江一带。永乐十一年（一四一三年）的永宁寺碑文（寺在今庙街——黑龙江之上二百五十余里混同江东岸，俄领东海滨省特林地方），宣德六年（一四三一年）重建永宁寺碑文（俱见《吉林通志》卷一二〇《金石志》），都可做佐证。

---

① 《三国志》卷三〇，《魏书·东夷传》注引《魏略》说："取地二千余里。"
② 见《汉书》卷六《武帝本纪》，《后汉书》卷一一五《东夷传》。
③ 据吴增仅《三国郡县表》，顾祖禹《读史方舆纪要》。

日本的军阀和政客，为了想实现大陆政策的梦想，说什么"欲征服支那，必先征服'满蒙'"（田中奏折语），因此乘民国二十年（一九三一年），我国长江流域大水灾时，在九月十八日夜，乘"水"打劫了我国的东北，次年（一九三二年）三月，便捧出清废帝溥仪做傀儡。民国二十二年（一九三三年）更攻占热河省，并入伪满洲国。他们居然会捏造历史根据，说我们明代在东北的疆域，只限于辽东边墙①，想一手抹煞史实，淆乱视听，我们且退一万步，不笑日寇的浅薄，把学问当作政治侵略的宣传品，假使竟如他们所说，明代的政治区域，并不包括东北，甚至说东北从来未属中国，但现今居住在东北的居民，百分之八十以上，是汉人。占次多数的满人，也是构成中华民族的重要分子，就依民族自决的原则来投票，东北也一定属于中国的版图！

第二节　热　河

热河省简名热省，她的得名是因境内有热河（滦河的支流）的原故。战国时，北部是东胡族居地，南部为燕国的辽西等郡，秦汉时皆沿之，已见第一节。东胡为匈奴所破，分为乌桓、鲜卑，边外之地为其所据。晋初属鲜卑段氏、宇文氏，其后并于慕容氏，是为前燕。至苻坚灭燕，为秦地。慕容垂复国，为后燕。冯跋时为北燕。拓跋魏时为安州、营州及库莫奚契丹地。隋代，其地为奚、契丹所据。唐代亦仅东南一部仍属营州，其余地方只设羁縻州而已。辽时，北部为上京路，南部为中京路。北宋时，金灭辽，改作北京、西京两路。元朝，其地分属中书省的上都、会宁两路和辽阳省的大宁路。明初，属北平府，不久改为北平行都司，是大宁诸卫的地方；成祖永乐元年（一四〇三年），徙卫于山南，尽割大宁诸卫地方与蒙古乌梁海，于是诸卫尽入朵颜、泰宁；及后又被蒙古察哈尔吞并，属于内蒙的喀喇沁、敖汉、土默特诸部落。清初，相率归附，康熙间在热河（今承德）建避暑山庄。雍正元年（一七二三年）设热河厅；十一年（一七三三年）为直隶州。乾隆七年（一七四二年）仍为热河厅；四十三年（一七七八年）升为承德府，隶属直隶省。民国二年（一九一三年）改县；三月一日更划直隶的朝阳、承德府等十五县合成热河

---

① 见日人矢野仁一著《满洲国历史》等书。

特别区域，设都统管治，七月复置热河道。民国十七年（一九二八年）九月，改为热河省，设省政府于承德。

第三节　辽　宁

旧辽宁省境，古代是肃慎、东胡及貉族的居地。战国时，为燕的辽东西郡。秦及西汉因之。东汉末，其地被公孙度占据，晋代为慕容氏、冯氏占有。南北朝时，属高句丽，一部分仍如晋时属平州，唐灭高句丽，为安东大都护府辖地，后渐被靺鞨、渤海侵入。五代后，陷于契丹，以为东京路。金因之。元为辽阳省，并立沈阳路。明代，属辽东都指挥司。清太祖天命七年（一六二二年）建东京于辽阳；十年（一六二五年）三月迁都沈阳；天聪八年（一六三四年），尊之为盛京。清世祖顺治十四年（一六五七年），置奉天府尹。清圣祖康熙元年（一六六二年）改昂邦章京为镇守辽东等处地方将军；四年（一六六五年）改为镇守奉天等处地方将军。清高宗乾隆十二年（一七四七年）改为镇守盛京将军。清德宗光绪三十年（一九〇四年）裁府尹；三十三年（一九〇七年）三月罢将军，置东三省总督，奉天巡抚，改为行省，名曰奉天。民国纪元，改总督、巡抚为都督、民政长；三年（一九一四年）五月，改民政长为巡按使，六月改都督为督军，巡按使为省长。十八年（一九二九年）二月，国民政府因"奉天"二字含有浓厚之君主色彩，乃取辽水流域永久安宁之意，改名为辽宁省，简称辽省，设省政府于沈阳。

第四节　吉　林

旧吉林省境，古代为肃慎和貉族等居地。汉时，貉族建国曰夫余，肃慎则称为挹娄。晋时，夫余为慕容氏所破。挹娄至南北朝时称靺鞨，亦作勿吉。唐贞观二年（六二八年）来降，以其地置羁縻府州。后其族自立为渤海国，吉林之地属焉於，西南境置上京龙泉府。辽统和清宁间，置边州、宁江州。金时，置上京会宁府及肇州、海兰、率宾、和啰噶等路。元代，为辽宁省开元路北境，兼置海兰府、硕达、勒达等路（宁古塔境），设军民万户府：（一）桃屯、（二）和啰噶、（三）鄂托哩、（四）托郭琳、（五）布固江，分领混同江南北两岸。明代属辽东都指挥司。清顺治十年（一六五三年）在宁古塔置昂邦章京及副都统二人。康熙元年（一六六二年）宁古塔改置将军；十年（一六七一年）在吉林乌拉设副都统；十五年（一六七六年），移宁古塔将军镇守吉林乌拉，留副都统镇守宁古塔；三十三年（一六九四年）移吉林副都统驻伯都讷。雍正三年（一七二五年）复置吉林阿勒楚喀副都统；四年于吉林置永吉州；宁古塔置泰宁县，伯都讷置长宁县，俱属奉天府；五年增三姓副都统；七年省泰宁县。乾隆元年（一七三六年）省长宁县；十二年（一七四七年）省永吉州，改设吉林理事同知，属将军管辖。光绪七年（一八八一年）置珲春副都统，吉林、宾州、五常三厅；八年吉林厅升府，后增长春、新城、依兰各领县有差；三十三年（一九〇七年）建行省，改将军为巡抚，裁副都统等。宣统三年（一九一一年）定西南、西北、东南、东北四路为四道，凡辖府十有一，州一，厅五，县十八。民国初，分设吉长、滨江、延吉、依兰四道，并改置护军使；五年（一九一六年）改为督军、省长。十七年（一九二八年）废道区，设省府于永吉。吉林省之得名有二说：（一）由满洲语"吉林乌拉"（"吉林"意即"沿"，"乌拉"义为"江"，谓沿松花江）而来；（二）吉林省在唐代，属新罗之鸡林州，"吉林"乃"鸡林"一音之转。

第五节　黑龙江

旧黑龙江省境，东北两面俱为黑龙江所环绕，因此得名，简称黑省，又或以为"黑"非美词，简称为龙江省，或江省。至于江名黑龙，不知何所依据，在清代诸志书中均谓满洲语称黑龙江为"萨哈连乌拉"（"萨哈连"意即黑龙，"乌拉"意即江），又谓萨哈连乃黑龙江境内一部族之名称（清太祖天命八年——一六二三年征萨哈连），是以人皆以为由"萨哈连乌拉"意译作"黑龙江"，然《辽史·道宗本纪》则谓"太康三年——一〇七七年夏四月泛舟黑龙江"，是黑龙江之名，辽代早有之。萨哈连部或系以江之名称名部族。至若江名黑龙，殆因江水黑色，（《黑龙江外纪》："黑龙江，水色黑……《松漠纪闻》《龙沙纪》等书谓上游江水，掬之微黑，下游则精奇里江汇入后，混同江未入以前一段，水色黄黑各半，分界如划。"）蜿蜒如游龙故。

旧黑龙江省境，在唐代以前为靺鞨和室韦二族之根据地，渤海强盛，靺鞨皆附属之；辽平渤海，靺鞨仍擅其地，在南者，系辽籍；在北者，均不系籍。金时，为蒲兴路及肇州北境。元代，隶开元路。明领于奴儿干都司。清初有索伦、达呼尔诸部散居黑龙江内外额尔古纳河及精奇里江之地；天聪崇德中，次第征服；康熙二十二年（一六八三年）征罗刹，始设镇守黑龙江等处将军及副都统驻江东岸之瑷珲城，不久并移驻墨尔根；三十七年（一六九八年）副都统移驻齐齐哈尔，三十八年将军亦移驻，遂为省治。后增设墨尔根、黑龙江、呼兰、呼伦贝尔、布特哈各副都统；光绪三十三年（一九〇七年）裁将军，设黑龙江巡抚，改为行省，定省会在龙江（齐齐哈尔），尽裁副都统各缺，变置地方官制。宣统三年（一九一一年）为道三，府七，厅六，州一，县七；拟设之府一，直隶厅十一，县五。民国初，设巡按使及护军使，改府、厅、州为县，分龙江、绥兰、黑河三道及呼伦贝尔地方；三年（一九一四年）六月，改护军使为督军，改巡按使为省长；十七年（一九二八年）十二月，隶属国民政府，废道存县，仍设省政府于龙江。

第六节　抗战胜利后省区的重划分

东北的总面积，占我国全面积十分之一以上，几与河北、河南、山东、山西、江苏、浙江、安徽七省的总面积相等；幅员如此辽阔，无论就政治、经济、军事说，都非常重要。因此抗战胜利后，国民政府鉴于以前的创痛，乃将东北三省的省区重行调整，加以划分，以便于建设，中华民国三十四年八月三十一日，国民政府颁行收复东北各省处理办法纲要六项：

（一）国民政府为便利处理东北各省收复事宜，特在长春设立军事委员会委员长东北行营综理一切。

（二）行营设主任一人，其编制另定之。

（三）行营内将设政治委员会及经济委员会，分别办理行营区域内政治经济之收复事务；各设主任委员一人，委员若干人，其组织规程由行政院另定之。

（四）辽宁、吉林、黑龙江三省区域，重行划分为辽宁省、安东省、辽北省、吉林省、松江省、合江省、黑龙江省、嫩江省、兴安省九省。

（五）行营得就近指导、监督上列九省区内行政机关。

（六）在长春设置外交部东北特派员公署，办理行营区域内交涉事宜。

因此东北这一区域，除热河省仍沿旧疆外，东北三省已划分为九省，加上热河省，合为十省。但旧辽、吉、黑三省，虽经明令改划为九省，惟各该省所辖行政区域因接收工作一再迁延，迄未明白划定。[注] 至民国三十六年六月五日，方由国民政府正式公布，其划分情形如次：

甲、省区

一、辽宁省

省会：沈阳市。

面积：6,725,870 方公里。

人口：10,059,921 人。

辖市：锦州、营口、鞍山、旅顺四市。

辖县：沈阳、锦县、金县、复县、盖平、海城、辽阳、本溪、抚顺、新民、辽中、台安、黑山、北镇、盘山、义县、锦西、兴城、绥中、庄河、岫岩、铁岭二十二县。

二、安东省

省会：通化市。

面积：6,342,152 方公里。

人口：3,334,005 人。

辖市：通化、安东二市。

辖县：通化、安东、凤城、宽甸、桓仁、辑安、临江、长白、抚松、蒙江、辉南、金川、柳河、海龙、东丰、清原、新宾、孤山十八县。

三、辽北省

省会：辽源县。

面积：12,331,521 方公里。

人口：4,634,677 人。

辖市：四平市。

辖县：辽源、北丰、西丰、开原、彰武、法库、康平、昌图、梨树、通辽、开通、瞻榆、安广、洮南、突泉、洮安、镇东、长岭十八县。

辖旗：科尔沁右翼前旗、科尔沁右翼中旗、科尔沁右翼后旗、科尔沁左翼前旗、科尔沁左翼中旗、科尔沁左翼后旗六旗。

四、吉林省

省会：吉林市。

面积：8,728,467 方公里。

人口：6,416,640 人。

辖市：吉林、长春二市。

辖县：永吉、长春、敦化、蛟河、桦甸、磐石、双阳、伊通、怀德、农安、九台、扶余、德惠、舒兰、榆树、五常、双城、乾安十八县。

辖旗：郭尔罗斯旗。

五、松江省

省会：牡丹江市。

面积：8,078,869 方公里。

人口：1,911,348 人。

辖市：牡丹江、延吉二市。

辖县：宁安、延吉、安图、和龙、汪清、珲春、东宁、穆陵、苇河、延寿、珠河、宾县、阿城、方正、绥芬十五县。

六、合江省

省会：佳木斯市。

面积：12,362,023 方公里。

人口：1,604,625 人。

辖市：佳木斯市。

辖县：桦川、依兰、勃利、密山、虎林、宝清、饶河、抚远、同江、富锦、绥滨、萝北、汤原、通河、凤山、鹤立、林口十七县。

七、黑龙江省

省会：北安市。

面积：19,829,511 方公里。

人口：2,714,694 人。

辖市：北安市。

辖县：瑷珲、漠河、鸥浦、呼玛、逊河、奇克、乌云、佛山、嫩江、龙镇、孙吴、克山、通北、海伦、绥棱、庆城、绥化、望奎、明水、拜泉、依安、讷河、德都、克东、铁骊二十五县。

辖旗：依克明安旗。

八、嫩江省

省会：齐齐哈尔市。

面积：6,696,722方公里。

人口：2,102,143人。

辖市：齐齐哈尔市。

辖县：龙江、景星、泰来、林甸、安达、青冈、兰西、肇东、肇州、大赉、呼兰、巴彦、木兰、甘南、富裕、东兴、泰康、肇源十八县。

辖旗：杜尔伯特旗、札赉特旗二旗。

九、兴安省

省会：海拉尔市。

面积：25,835,226方公里。

人口：163,654人。

辖市：海拉尔市。

辖县：呼伦、奇乾、室韦、胪滨、雅鲁、布西、索伦七县。

辖旗：索伦旗、新巴尔虎左翼旗、新巴尔虎右翼旗、陈巴尔虎旗、额尔克讷左翼旗、额尔克讷右翼旗、巴彦旗、莫力达瓦旗、布特哈旗、阿荣旗、喜扎嘎尔旗十一旗。

乙、院辖市

一、大连市

面积：（包括在辽宁省内）

人口：722,950人。

二、哈尔滨市

面积：92,950方公里。

人口：713,943人。

三、沈阳市

面积：22,900方公里。

人口：1,094,804人。

东北十省县名表（附乙种市）

热河省		
县市名	旧名（或土名）	备注
承德		今省会，清承德府治，民国二年二月改县
滦平		清旧县，民国因之
平泉	平泉州	民国二年二月改县
隆化	皇姑屯	清旧县，民国因之
丰宁		清旧县，民国因之
凌源	建昌	民国三年一月改名塔沟县，八月改今名
朝阳	龙城	清朝阳府治，民国二年二月改县
阜新		清旧县，民国因之
建平		清旧县，民国因之
绥东		民国二十年九月移治八仙洞
赤峰		清赤峰直隶州治，民国二年二月改县
开鲁		乃就阿鲁科尔沁东西扎鲁特三旗设立
林西		清旧县，民国因之
围场		清围场厅，民国二年二月改县，二十年九月移治锥子山镇
经棚		旧经棚设治局，民国三年十一月改县
林东		旧林东设治局，民国二十一年八月改县
鲁北		民国以开鲁县北扎鲁特阿鲁科尔沁一旗置设治局，后改县
天山		旧天山设治局，后改县

辽宁省		
县市名	旧名（或土名）	备注
沈阳市		今省会
锦州市		近设市
营口市		旧营口直隶厅，民国二年三月改县，今改为乙种市
鞍山市		旧鞍山镇，近设市
旅顺市		近设市
沈阳	承德	清奉天府治，民国二年一月改承德县，三年五月改今名
锦县		清锦州府治，民国二年改县
金县	金州	民国二年二月改县
复县	复州	民国二年二月改县
盖平		清旧县，民国因之
海城		清旧县，民国因之
辽阳		旧辽阳州，民国二年二月改县
本溪		清旧县，民国因之
抚顺		清旧县，民国因之
新民		清新民府治，民国二年二月改县
辽中		清旧县，民国因之
台安		民国三年析辽中县，八角台与黑山县迤南地置县
黑山	镇安	民国三年一月因与陕西省镇安县同名故改今名
北镇	广宁	清广宁厅，民国三年一月因与湖南广宁县同名故改今名
盘山		清盘山厅，民国二年二月改县
义县	义州	民国二年二月改县
锦西		清锦西厅，民国二年二月改县
兴城	宁远	民国三年因与甘肃、湖南、新疆、山西四省宁远县同名故改今名
绥中		清旧县，民国因之
庄河		清庄河厅，民国二年二月改县
岫岩	大宁	清岫岩州，民国改县
铁岭		清旧县，民国因之

安东省		
县市名	旧名（或土名）	备注
通化市		今省会，前属旧辽宁省
安东市		前属旧辽宁省
通化		清旧县，民国因之，前属旧辽宁省
安东		清旧县，民国因之，前属旧辽宁省
凤城	凤凰	清凤凰直隶厅，民国二年改县，三年改今名，前属旧辽宁省
宽甸		清旧县，民国因之，前属旧辽宁省
桓仁	怀仁	民国三年一月因与山西怀仁县同名故改今名，前属旧辽宁省
辑安		清旧县，民国因之，前属旧辽宁省
临江		清旧县，民国因之，前属旧辽宁省
长白		清长白府治，民国二年二月改县，前属旧辽宁省
抚松		清旧县，民国因之，前属旧辽宁省
蒙江		清蒙江直隶州治，民国二年三月改县，前属旧吉林省
辉南		清辉南直隶厅，民国二年二月改县，前属旧辽宁省
金川		民国十八年析辉南县地置治小金川，前属旧辽宁省
柳河		清旧县，民国因之，前属旧辽宁省
海龙		旧海龙府，民国二年二月改县，十八年改辉北，但本部仍沿旧名，前属旧辽宁省
东丰	东平	民国三年一月因与山东东平县同名故改今名，前属旧辽宁省
清原		民国析开原县地置治八家镇，前属旧辽宁省
新宾	兴京	清兴京府治，民国初改县，十八年改今名，前属旧辽宁省
孤山		旧为大孤山镇，今改为县，前属旧辽宁省

辽北省		
县市名	旧名（或土名）	备注
辽源	郑家屯	今省会，旧辽源州，民国二年二月改县，前属旧辽宁省
四平市		旧为四平街镇，今改为乙种市，前属旧辽宁省
北丰	西安	前属旧辽宁省，清旧县，民国因之，今因与陕西西安县同名故改今名
西丰		清旧县，民国因之，前属旧辽宁省
开原	上京	清旧县，民国因之，前属旧辽宁省
彰武		清旧县，民国因之，前属旧辽宁省
法库		清法库厅，民国二年二月改县，前属旧辽宁省
康平		清旧县，民国因之，前属旧辽宁省
昌图		清昌图府治，民国二年二月改县，前属旧辽宁省
梨树	奉化	民国三年一月因与浙江奉化县同名故改今名，前属旧辽宁省
通辽		民国析辽源县地置治白音太来，前属旧辽宁省
开通		清旧县，民国因之，前属旧辽宁省
瞻榆		民国四年划突泉县南境析置治开化镇，前属旧辽宁省
安广		清旧县，民国因之，前属旧辽宁省
洮南		清洮南府，民国二年改县，前属旧辽宁省
突泉	醴泉	旧醴泉县，民国三年改今名，前属旧辽宁省
洮安	靖安	旧靖安县，民国三年改今名，前属旧辽宁省
镇东		清旧县，民国因之，前属旧辽宁省
长岭		清末以农安县西境及新安镇迤北新垦旗地置县治长岭子，前属旧吉林省

吉林省		
县市名	旧名（或土名）	备注
吉林市		今省会
长春市		近设市
永吉	吉林	旧吉林省治，民国二年三月改县，十八年八月改今名
长春	宽城子	旧长春府治，民国二年二月改县
敦化		清旧县，民国因之
蛟河		旧为蛟河镇，今新置县
桦甸		清宣统元年在桦树林子置县
磐石		清光绪间就奉天围场设盘山巡检，寻改为磐石县，民国因之
双阳		清光绪八年析伊通县地置双阳县
伊通		清伊通直隶州治，民国改县
怀德		清旧县，民国因之，前属旧辽宁省
农安		清为内蒙古郭尔罗斯前旗地置农安县治龙湾
九台		旧为九台镇，今新置县
扶余	伯都讷	旧新城府，民国二年三月改县，三年一月改名扶余
德惠		清宣统间析长春府北境之怀德沐惠二乡置德惠县，治大房身
舒兰		宣统二年析吉林府北境之舒兰站地置县治朝阳川
榆树		旧榆树直隶厅，民国二年三月改县
五常		清五常府治，民国二年三月改县
双城		清双城府治，民国二年三月改县
乾安		民国十六年析长岭农安二县地置

松江省		
县市名	旧名（或土名）	备注
牡丹江市		今省会，旧牡丹江镇，近设市，前属旧吉林省
延吉市		近设市
宁安	宁古塔	清宁安府，民国二年三月改县，前属旧吉林省
延吉		清延吉府，民国二年三月改县，前属旧吉林省
安图		清旧县，民国因之，前属旧吉林省
和龙		清旧县，民国因之，前属旧吉林省
汪清		清旧县，民国因之，前属旧吉林省
珲春		旧珲春厅，民国二年三月改县，前属旧吉林省
东宁		清东宁厅，民国二年三月改县，前属旧吉林省
穆陵		清旧县，民国因之，前属旧吉林省
苇河	苇沙河	民国初设苇沙河设治局后改置县治苇沙河，前属旧吉林省
延寿	长寿	清为长寿县，民国初改为同宾县，十八年改名延寿，前属旧吉林省
珠河		民国初设乌珠河设治局后改置县治乌珠河，前属旧吉林省
宾县		清光绪间置宾州厅同知宣统初升府，民国改县，前属旧吉林省
阿城		清宣统初置县，民国因之，前属旧吉林省
方正		清旧县，民国因之，前属旧吉林省
绥芬		旧绥芬镇，近改县，前属旧吉林省

合江省		
县市名	旧名（或土名）	备注
佳木斯市		今省会，旧佳木斯镇，近设市，前属旧吉林省
桦川		清旧县，民国因之，前属旧吉林省
依兰	三姓	清依兰府，民国二年三月改县，前属旧吉林省
勃利		民国析依兰县地置县，前属旧吉林省
密山		旧密山府，民国二年三月改县，前属旧吉林省
虎林		清虎林厅，民国二年三月改县，前属旧吉林省
宝清		民国析同江密山二县地置县，前属旧吉林省
饶河		清旧县，民国因之，前属旧吉林省
抚远	绥远	清绥远州，民国初改县，十八年改今名，前属旧吉林省
同江	永康	旧永康州，民国元年改县，三年因与浙江云南两省永康县同名故改今名，前属旧吉林省
富锦		清旧县，民国因之，前属旧吉林省
绥滨	鄂来木城	旧为汤原县绥东城，民国初置设治局，十八年改县，前属旧黑龙江省
萝北		旧萝北设治局，民国二年三月改县，前属旧黑龙江省
汤原		辽五国部金奴里国地，清为吉林插花地，光绪三十二年置县，三十四年划归旧黑龙江省
通河	大通	旧大通县，民国三年一月改今名，前属旧吉林省
凤山		民国十八年析通河县地置设治局于岔林河上游，近改县，前属旧黑龙江省
鹤立		旧鹤立岗，近改县，前属旧黑龙江省
林口		原为林口镇，近置县，前属旧吉林省

黑龙江省		
县市名	旧名（或土名）	备注
北安市		今省会，旧北安镇，近设市
瑷珲		民国元年裁黑河府并入瑷珲直隶厅，二年改县
漠河		旧为漠河金厂，民初置设治局寻改县
鸥浦		本漠河县东倭西门地，民初置设治局，十八年改县
呼玛		民国十三年移治古站
逊河		民国二十年由设治局升县
奇克		本瑷珲县东南奇克特卡伦，后置设治局，民国十九年改县
乌云		旧为萝北县地，民初以温和镇宝兴镇两卡置设治局，二十年改县
佛山		民初置设治局，十八年改县
嫩江	墨尔根	旧嫩江府，民国二年三月改县
龙镇		旧为龙门乌古安古三镇，民初置龙门镇设治局，后改县
孙吴		近置县
克山		旧为讷河县属克山地方，民元置设治局，后改县
通北		旧属海伦，民国置县
海伦		清海伦府，民国二年改县
绥楞		旧为绥化县上集厂地方，民国置县
庆城	余庆	旧余庆县，民国三年改今名
绥化		清绥化府，民国二年改县
望奎		旧为海伦县属望奎镇，民国置县
明水		旧名三里三镇又名兴隆镇，民国十二年设三里三设治局，后改县
拜泉		清光绪三十四年置县
依安		民国十四年置设治局，后改县
讷河		旧讷河直隶厅，二年改县

（续表）

黑龙江省		
县市名	旧名（或土名）	备注
德都		本克山县北境地，民国十八年置设治局治纳谟尔河德都镇，近改县
克东		民国十六年十二月以克山县治之，东设克东设治局，近改县
铁骊	铁山包	旧属庆城县，民国四年置设治局，后升县

嫩江省		
县市名	旧名（或土名）	备注
齐齐哈尔市		旧龙江府治，今省会，近设市，前属旧黑龙江省
龙江	齐齐哈尔	又名卜奎，前属旧黑龙江省
景星		民初置设治局，十八年改县，前属旧黑龙江省
泰来		旧为杜尔伯特札赉特两镇屯垦局屯垦地方，民国置县，前属旧黑龙江省
林甸		民初置设治局，七年改县，前属旧黑龙江省
安达		清安达厅，民国二年三月改县，前属旧黑龙江省
青冈		旧属海龙厅，后改为县治柞树冈，前属旧黑龙江省
兰西	双庙子	旧属呼兰，民国置县，前属旧黑龙江省
肇东		民国元年因昌五城分防经历昌五设治局，二年十二月改县，前属旧黑龙江省
肇州		清肇州厅，民国二年三月改县，前属旧黑龙江省
大赉	绰尔城	旧大赉厅，民初改县，前属旧黑龙江省
呼兰		清呼兰府治，民国二年三月改县，前属旧黑龙江省
巴彦		清巴彦州，民国二年三月改县，前属旧黑龙江省
木兰		明哈阿哈卫地，清属呼兰县，光绪三十一年置县，前属旧黑龙江省

（续表）

嫩江省		
县市名	旧名（或土名）	备注
甘南		本龙江县西境，民国置甘南设治局，近改县，前属旧黑龙江省
富裕		本龙江县富裕乡，民国十八年置设治局于乌鲁尔河南大来克屯，近改县，前属旧黑龙江省
东兴		旧为旗丁屯垦地有协领管辖，民初因之，后改设治局，近改县，前属旧黑龙江省
泰康		民国析林甸安达诸县地置泰康设治局，近改县，前属旧黑龙江省
肇源		近置

兴安省		
县市名	旧名（或土名）	备注
海拉尔市	呼伦	今省会，旧呼伦府治，近设市，前属旧黑龙江省
呼伦		清呼伦府，民国二年改县，前属旧黑龙江省
奇乾		原属呼伦贝尔，民国设奇乾设治局寻改县，前属旧黑龙江省
室韦		旧为吉拉林设治局，民国改县，前属旧黑龙江省
胪滨	满洲里	旧胪滨府，民国二年改县，前属旧黑龙江省
雅鲁	札兰屯	原由札兰屯、济沁河两稽垦局合设雅鲁设治局，后改县，前属旧黑龙江省
布西	布西特哈	民国四年置设治局，二十年改县，前属旧黑龙江省
索伦		民国析呼伦县置县，前属旧黑龙江省

　　（注）东北在沦陷时期，伪满洲国在日寇策划下，分热河省为"兴安西省""锦州省""热河省"三省；分旧辽、吉、黑三省为"安东省""奉天省""通化省""兴安南省"（以上大抵属旧辽宁省）；"间岛省""吉林省""牡丹江省""东

安省""三江省""滨江省"（以上大抵属旧吉林省）；"龙江省""北江省""黑河省""兴安北省""兴安东省"（以上大抵属旧黑龙江省）。抗战胜利时，因便利接收故，除热河省仍沿旧疆外，为一时权宜计，约合敌伪时代之"兴安北省""兴安东省"为兴安省；"黑河省""北江省"为黑龙江省；"三江省""东安省"为合江省；"牡丹江省""滨江省"为松江省；"吉林省""间岛省"为吉林省；"通化省""安东省"为安东省；改"龙江省"为嫩江省；改"奉天省"为辽宁省；改"兴安南省"为辽北省。

第二章　边界交涉

第一节　日俄战争前的中俄东北边界交涉

俄国势力的扩展到远东，和元人的西征有密切关系，因俄国已被蒙古化，受东方的影响比西方的影响为深，所以假若说俄国是个东方的西方国家，也毫不为过。俄国自彼得人帝以来，即有两个传统政策：一个是在地中海觅一出海口，一个是在远东觅一出海口。可是西方列强众多，帝俄颇难实现其政策，而在东方则没有巨大阻碍，因此竭力向东方活动。

帝俄侵略东方的初步，先是占领中亚细亚一带，因为自从帖木儿帝国瓦解后，已没有能和帝俄对敌的对手方，自然不会遭遇到挫折，次乃向西伯利亚远东一带扩展，故当明清之际，帝俄的势力已达到黑龙江。

库页岛原属于中国，是明显的事实，如《大清一统志》说："吉林宁古塔所属大洲……"《清会典》图说中也有明文，当后金天命间已确属于中国（满洲），只因清人在该处不编佐领，不列八旗，未实行统治，故在乾隆初，俄人的势力便侵入库页岛，那时中国尚不知道，后来俄人的势力更侵入南部，日人也在该处竭力扩展，乃演成了北俄南日的分据局面。到了光绪八年（一八八二年）日俄签订协定，彼此私自将千岛划归日本，库页岛划归帝俄，当时清廷竟未提出抗议。日俄战争后，帝俄失败，日本的势力更加倔强，于是又恢复北俄南日的局面。

《尼布楚条约》（康熙二十八年——一六八九年——九月九日）的订立，就外交方面说，实在是失败的。因为该约以外兴安岭及额尔古纳河为中俄境界，致把外兴安岭以北和额尔古纳河以西数十万方里地无形丧失。《尼布楚条约》订立的经过，是因清初俄哥萨克人（当时中国名之为罗刹）侵入雅克萨尼布楚，筑木城驻守，并且渐向南部扩展；康熙二十一年（一六八二年），三藩既平，乃命宁古塔将军巴海，副都统萨布素建木城于瑷珲呼玛尔，从宁古塔出兵千五百名往守，又使蒙古车臣汗和俄人断绝商业关系，并大破俄军。二十四年，都统命彭春、萨布素等更率水陆军一万八千人，野炮一百五十尊，攻城炮四十尊，攻毁了雅克萨。次年，俄人又携大炮八门，占领雅克萨，重筑城垒，清廷复命萨布素等率陆军三千，舟师百五十艘，围攻雅克萨。俄人终因求援无应，且城内疫疠流行，雅克萨城乃再为我国攻克。那时适值俄皇遣使请撤围修好，清廷也因创业未久，且在三藩之乱方平以后，国基未固，不能倾全力注意边疆，故经荷兰使节的调停，双方派遣全权大臣赴尼布楚勘定疆界，议定黑龙江界约八条，用满、汉、蒙、拉丁、俄罗斯五种文字，在格尔毕齐河东岸额尔古纳河南岸刊石立碑，是为《尼布楚条约》，也即是清代我国的第一次丧失国土。

《瑷珲条约》订立的时期，适值太平天国革命和英法联军入寇期间，故而帝俄有机可乘。先是咸丰四年（一八五四年），俄人以舰队顺黑龙江而下通知勘界，嗣后调哥萨克兵万二千名据黑龙江口，威胁我国和他商议境界，清廷乃任命奕山与俄人会商于瑷珲城，奕山因慑于俄国的兵威，不敢坚抗，乃在咸丰八年（一八五八年）和俄国缔结《瑷珲条约》，致将黑龙江以北，外兴安岭及乌第河以南一百四十万方公里地丧失，又把乌苏里江以东至海一百万方公里地作为两国共管的境界。

瑷珲东岸，精奇里江以南，有我国江东六十四屯地，广袤达六千六百余方公里，依据《瑷珲条约》仍属我国领土，并且咸丰十年（一八六〇年）中俄《北京条约》内也申明黑龙江左岸中国人居住地，俄人不得侵占，并永无变更等语。但到光绪二十六年（一九〇〇年）义和团事起，俄军竟乘机驱逐我国各屯居民，加以焚烧屠杀，其中少数幸免的只得凫水逃回江右，俄人全据其地，虽屡经交涉，迄未解决。

中俄《北京条约》的缔结，由于英法联军陷北京，文宗北狩热河，恭亲王奕䜣穷于应付，因此依赖俄使，居中调停，英法遂和中国订立《北京和约》，事后俄国挟调停之功，要求酬劳，于是提议《瑷珲条约》所定乌苏里江以东共管地归属俄国，当时清廷无力拒绝，不得已在咸丰十年（一八六〇年）和俄国订立《中俄续增条约》十五款，亦称中俄《北京条约》，又把黑龙江下流以南，乌苏里江等以东到海的地方，正式割让俄国。东北的地方当时被帝俄取得的如此之多，我们真佩服目光远大的林则徐先生在此以前便说："终为中国患者，其俄罗斯乎？吾老矣，君等当见之！"（见《李元度先生事略》《林文忠公事略》）甲午中日战争（一八九四——一八九五年），中国失败，订立《马关条约》，自此李鸿章欲联俄制日，这种以夷制夷的方法是李氏的一贯外交政策，《马关条约》订立后，清廷请俄人干涉，俄国恐力量不敌日本，乃联合法德以公文致日本外交部抗议，且以兵力威迫，日本知众怒难犯，乃允把辽东半岛归还中国。那时，中国感激俄国的帮助，因此和俄国缔结军事秘密协定，俄国担保我国如果再遇日本的侵略，当出兵助我以抗日本，我国则允俄国自赤塔到海参崴间建筑铁道，此即所谓中东铁路。光绪二十四年（一八九八年），俄国又向我国索得旅顺、大连租借权，以二十五年为期，遂建旅顺为俄国的海军港，大连湾为商业港，更要求建筑自哈尔滨到旅顺、大连的中东支路，此即所谓南满铁路。不久，俄政府以辽东租借地改建关东省，仿西伯利亚制度置总督以治之，以旅顺为首府，俨然当作帝俄的领土了。义和团事起后，俄国借口保护满洲铁道，直派军队进占；又恐列强疑忌，对外宣称俟满洲秩序恢复后，当即撤兵。此后屡次威胁中国和他缔结特别条约，到联军议和，帝俄仍借口和中国有特殊关系，东三省问题应归中俄两国直接自行商议，此与联军入都别为一事。及《辛丑条约》行将成立，俄国乃另提出交还东三省条件，条件复极苛刻，李鸿章迫于形势，已将允许，幸东南各省士绅和民众起而力争，日本也因俄国的迫还辽东半岛而怀恨，乃会同英美等国加以抗阻，俄国的另约因而未遂，不得不与各国共约，分三期撤兵，初尚按期实行，到第二期不但不撤兵，且反增兵，并提出新要求，几乎想将"满洲"置于俄国保护之下，英、美、日三国乃同向中国警告，清廷因得三国外援，乃毅然拒绝帝俄要求，俄人因见形势已非，也就自行撤回要求案，及后复提如下的新议：（一）扩张华俄道胜银行的营业权。（二）营口税关事务，今后二十年委托华俄道胜银行管理。（三）奉天、吉林两省设交涉局，由中俄两国委员组织，关于两地的政治、军事、经济、卫生、司法等事，相互协商办理。（四）由北京至张家口经库伦恰克图的蒙古铁道，归华俄道胜银行修造。（五）西藏西北部，行中俄协同行政制度。日本听到了这项消息，舆论哗然，主张和俄国决战，必令俄国归还东三省与中国，因此引起日俄战争，盖日本早图囊括"满洲"，且在俄国提议的先一年（光绪二十八年）已和英国订立同盟条约，所以有恃无恐，敢于和俄人开战了。

第二节　日俄战争前的中韩边界交涉及中日形势

在明万历间，日本已蓄意侵略我国，那时日本大臣丰臣秀吉氏，野心很大，曾说当并日本、朝鲜、支那为一大帝国。并且曾经攻略朝鲜，以图侵明，朝鲜不敌，向中国乞援，明发大军救援，大败日军，旋复因轻进致败，成为相持之局。至丰臣秀吉死，日军乃退。一八六八年，日本明治天皇即位，励精图治，国势突强。乃于光绪五年（一八七九年）并吞琉球，又在甲午之后，迫中国放弃朝鲜，夺我台湾等地，而于宣统二年（一九一〇年）又将朝鲜实行吞并。

间岛乃图们江畔的一岛，我国称之为江通，或曰夹江，韩人称之为间岛，或曰垦土（Kentu）。咸丰间，韩人已经渡江开垦。到光绪七年（一八八一年），吉林将军铭安，命知府李金镛办理珲春招垦事业，才发现韩人移居开垦事迹，因此铭安和边务督办吴大澂氏奏请将越界私垦的韩民，编入敦化和珲春两县民籍。但韩王上书，请领回韩人，清廷许之。岂知韩人乐不思蜀，强言土门非豆满江，豆满江以北非中国领土，双方派员查勘，都同意以豆满江为国界。后来吉林将军长顺征韩民垦地的租税，并编韩民入我国国籍，韩政府也表示同意，吴大澂更扼图们江以为重防，但时日一久，韩人又渐渐越界开垦，韩国受日本保护后，遂变为中日间的问题。日本图谋间岛，无微不至，对于间岛的区域，更众说纷纭，各不相同，历次交涉，到宣统元年（一九〇九年），双方订立《间岛条约》（即《图们江中韩界务条款》），方告一结束。自此，鸭绿江西岸为我国辽宁省，东岸则属朝鲜平安道，图们江北岸属我吉林省，南岸则属朝鲜咸镜道，中韩的界线虽得确定，可是图们江从"土"字界碑以下，到江流入海为止，三十里地，北岸属俄，南岸属日，已不是我国的领土了！

第三节　日俄战争后的东北交涉

日俄战争是后来日本侵略中国的一个基本原因，日俄战争爆发在光绪三十年（一九〇四年），次年，帝俄海陆军失败，双方在美国朴资茅斯地方媾和，订立

《朴资茅斯和约》。该约关于我国东北的部分有：第五款：俄国将旅顺、大连及附近领地、领海的租借权与关联租借权，及组成一部之一切权利、特权让与日本。第六款：俄国将长春、旅顺间之铁道及其一切支线，并同地方附属一切权利、特权及财产与其所经营之一切炭坑，无条件让与日本。根据此约，日本乃攫得侵略我国的基础。同年，中日订立《满洲善后协约》，中国除承认《朴资茅斯条约》中第五款和第六款外，又缔附约十一款，日本又取得了陆路通商的优惠待遇和安奉铁路经营权以及租界等，这些都是后来侵略我国东北的根据。

俄国自从第一次欧战失败后，国内发生革命，帝俄被推翻，革命政府设立，即宣言凡帝俄时代在中国攫得的权利，无论属于政府或资本家的，都自动归还中国。后来因恐怕日本乘机扩展其侵略，因此保留了中东铁路，和我国订立《解决中俄悬案大纲协定》，谓到相当时期，中国可备款购回中东铁路；又和那时东三省当局缔结奉俄协定，内容大都相同，且第二项中，将中东铁路归还我国的期限，自八十年缩到六十年，并谓若情形许可，尚可缩短之。后来，苏联藉哈尔滨领事馆作中东铁路职工联合会，为宣传赤化总机关，秘密宣传共产主义，斯时适值我国清党时期，因此政府下令搜查哈尔滨俄国领事馆，获得确实证据，乃撤换苏联正副局长，中苏因此绝交，苏联并出兵袭我东北边界，我国战败，双方言和订立条约，但此约在中国并无新的损失，仅恢复以前的状态罢了。这是民国十八年的事情，后来中苏复交，迄今邦交敦睦。

日本自从势力侵入南满后，有两个问题急待解决，即旅顺、大连租借权和南满铁路经营期的延长。当第一次欧战爆发后，日本假借对德国宣战作口实，出兵山东，占据胶州湾，后来日本因在青岛获得德国的青岛总督有秘密承认袁世凯称帝的文件，乃洞知袁氏蓄意称帝，故一方面假意引诱袁氏作帝王的迷梦，使中国内部发生紊乱；一方面乘机向袁氏提出二十一条要求，袁氏被迫承认多款，屈辱无以复加。这二十一条中，关于东北的，其要点有：（一）将旅顺、大连及"南满"、安奉两铁路租借期限均展至九十九年。（二）日本国臣民在"南满"及东部内蒙古，为监造工商业应用的厂房或为耕作，可得其需要土地的租借权或所有权。（三）日本臣民得在"南满"及东部内蒙古，任便居住往来，并得经营工商业。以上三点在袁世凯政府和日本所订的《中日条约》中已大致承认，此外如在"南满"之要求开采矿产权，及"南满"、东部内蒙古铁路等权，这些要求全异常毒辣，故我国不承认他有法律上的效力，在凡尔赛和会和华盛顿会议中都曾提请取消，而未达到目的。到民国十二年，我国国会提请政府向日本照会民国四年的二十一条中日协约无效，日本覆文谓中国有意破坏成约，日本万难承认，同时向各国作外交活动，尤其是对英国说，倘该约全废，则旅顺、大连势必由中国收回，那么英国的九龙必为其续，故要求英国对日表示同情。从此日本更屡次借我巨款，一方面助长我国的内战，一方面换得许多利益，如借给北方政府段祺瑞内阁的款项，总计便不下数万万元，这些借款大半都用作军费，助长南北战争的延长。当国民革命军北伐时，日本认我国统一，又在民国十七年五月三日发动"五三"惨案，阻碍我军北上。后来因其奸未售，张作霖反通电南北停战，日人恐怕张氏服属中央，乃在皇姑屯炸毙张氏。其子学良因鉴于日本的毒辣，国难家仇集于一身，因此同年在东北易帜，中国于是得到统一。至此，日本恐中国自此励精图治，乃于民国二十年九月十八夜，派兵突击，占据沈阳。日本由欲占领"满洲"，而思占领满、蒙，由欲占领满、蒙，而思占领华北，欲据有华北，而思囊括我全中华，这便是"七七"事变的所以爆发的主因。

　　自"九一八"事变以来，日本攫得东北全部，在政治方面捧出满清废帝溥仪做傀儡，建立了所谓满洲国；在经济方面，则竭力搜刮东北全部资源，想实现他征服全世界的迷梦。幸我国上下一心，坚决抗战，终于消灭了日本帝国主义者。抗战胜利后，沦陷了十四年的东北，全部由我收复，中华民国三十四年八月十五日，国民政府批准了中苏友好条约，其中要点有：苏联对华声明：苏联重申尊重中国在东三省之完全主权及领土行政之完整，苏联声明无干涉中国内政之意。关于外蒙、中东、"满铁"问题：中东及"南满"两路之干线称为中国长春铁路，由中苏共有共营，以三十年为期，期满无偿归还中国；上列铁路纯为商业性质之运输事业，路警由中国政府组织，不由铁路自办；除中苏两国对日作战期间外，该路不运苏联军队。共同所有与共同所营，系以中东铁路在俄国与中苏共管时期，与"南满"铁路在俄国管理时期所筑之铁路辅助线，而为该两铁路之直接需要者，以及上开时期所建置，并直接供应铁路之用之附属事业为限，一切其他铁路支线与附属事业，应归中国完全所有。又，大连与旅顺两协定：（一）大连，中国宣布大连为自由港，各国贸易航运一律开放。大连一切行政权属于中国，惟港务长官由苏籍人员担任，开放期间定为三十年。（二）旅顺，在《中苏旅顺协定》有效期间三十年内，以旅顺口为中苏共同使用之海军根据地，该地区民政归中国管辖，在该区域内并设中苏军事委员会，以处理有关共同使用等问题，将来期满后，苏联当无条件退出。但胜利以来，已经二十二个月了，东北的情形仍是一片混乱，大连等也未能顺利接收，其主要的原因，当然是国共两党的未能合作，内战的日渐扩大；而国际间的彼此猜忌也是一个极大的原因。美国耶非氏说"谁得了满洲，谁就得了中国"。我们眼看东北的烽火遍野，真是感慨无限。

第三章　东北居民的史的考察

第一节　总　说

东北一带的人类历史，从旧石器时代的遗物和现存的遗迹来看，可说非常悠久。但石器时代这一带的人类事迹，现在还没有人研究得明白；便是石器时代以后的古代满蒙史实，满蒙人自己也毫无记载。中国史籍上记载最早的是肃慎，故东北的民族，其著者有貉族、鲜卑（即锡北）和肃慎三种，现把它们分节略述于后。

第二节　貉　族

"貉"与"貊"通，又称作濊貉，或简称作濊，"濊"又作"薉"，作"穢"。我国史书的朝鲜、夫余、高句丽和百济全属这一族。貉族虽大多数属于朝鲜史上的民族，但古代的朝鲜，当在现今辽水流域，本同中国不能分割（详见后），并且貉族受中国文化的影响很大，四裔中能传中国文化的，当推他为第一。再就人种上说，也很早和汉族的移民同化。若果说貉族是构成汉族的主角之一，也不为过。

貉族的最古居地，有东方和西方两说，《诗·韩奕》："溥彼韩城，燕师所完，以先祖受命，因时百蛮。王锡韩侯，其追其貊，奄受北国，因以其伯。"据郑玄笺，韩国当在现今陕西韩城县，则貉族发源于西方，后来方迁到东方。据王肃说，韩国在涿郡，则貉族当初居东方。清俞正燮主张郑说（详见《癸巳类稿》卷二《韩奕燕师义》），他的论证是以经证经，颇足信，那么貉族的居地，本在周畿的北方。但这却不能便说是貉族自西向东迁，也可说周代貉族自东向西布，后来被猃狁所迫，重复东迁。（郑笺云："其后追也，貉也，为猃狁所逼，稍稍东迁。"）战国时代的貉族，其先似乎在燕的东北，或竟与燕杂居。后来，因了燕开上谷、渔阳、右北平、辽东、辽西五郡，被燕人压迫，不得不再向东迁，移住辽东之外。

古代冀（今河北、山西、河南黄河以北地），扬（今江苏、安徽、浙江地）二州有鸟夷（据《禹贡》、伪《古文尚书》误作岛夷），又，《诗·商颂》"天命玄鸟，降而生商"，《左传·昭公十七年》："秋，郯子来朝，公与之宴。昭子问焉，曰：'少皞氏以鸟名官，何故也？'郯子曰：'……我高祖少皞挚之立也，凤鸟适至，故纪于鸟，为鸟师，而鸟名，凤鸟氏，历正也；玄鸟氏，司分者也；伯赵氏，司至者也；青鸟氏，司启者也；丹鸟氏，司闭者也；祝鸠氏，司徒也；鴡鸠氏，司马也；鳲鸠氏，司空也；爽鸠氏，司寇也；鹘鸠氏，司事也；五鸠，鸠民者也。'"这可证明中国古代沿海一带到淮水及渤海湾等处的民族，大多奉鸟为图腾。且貉族和殷的文化也很类似，姜亮夫氏《殷夏民族考》，以为《说文》训夷作东方之人，《太誓》"受有亿兆夷人，离心离德"，因说："东夷、淮夷等或者还是殷之先民也难说定。"

殷亡后，箕子逃亡到朝鲜称王，古代的朝鲜，上文已说过非在现今朝鲜境，据吕诚之（思勉）先生考定，"度其大较，当在燕之东北，与貉杂居"（见《中国民族史》第六章），其后展转播迁至今朝鲜之境。箕氏的朝鲜，传了四十余世，朝鲜侯准自行称王，后被燕人卫满所夺。汉武帝元封三年（公历纪元前一一〇年），灭朝鲜，分置乐浪、临屯、玄菟、真番四郡，从此被中国统治了约四百年。西晋末年，高句丽、百济渐次兴起，唐初将他灭掉，收为郡县。不久，又被新罗、渤海占领。其后，渤海亡于辽，而半岛之地为高丽王氏所统一，然北部仍属荒废，遂为后来女真人兴起之原。

夫余的所在地，在今吉林西部，介乎肃慎和东胡之间，东汉光武帝建武二十五年（公历四九年）才通中国。东汉末，夫余服属辽东。晋代，夫余被鲜卑慕容廆袭击，其王依虑自杀，其族人常被售与中国作奴役。从此以后，只有《魏书·高句丽传》曾经提及夫余被勿吉压迫，逃向朝鲜。《新唐书》说渤海靺鞨内有一部分是夫余的旧地。其余诸史上都不再见。

第三节　鲜　卑

谈到鲜卑族，有三点必先加以说明：

（一）山戎、无终、北戎的种族问题

杜预《春秋释例·土地名》以山戎、无终、北戎三名为一。旧时学者都以为北戎在北方，无终是在东北的山戎的一国。其实，山戎和无终的瓜葛，并无确证。《春秋经·昭公元年》载："晋荀吴帅师败狄于大卤。"《左氏传》又说："败无终及群狄于太原。"如此，无终或是狄（匈奴）的一支，和东胡系的山戎并不相涉。春秋时，山戎曾攻击燕齐，可见他的地方在河、济。战国时，燕将秦开为质于东胡，后来大破东胡，辟地千里。东胡即山戎，就地望上说，似可无疑。至于北戎的"北"字乃指方位言，古本《竹书纪年》说晋人败北戎于汾隰；春秋时，北戎曾和郑、齐、鲁等国作战。"北戎"或是许多部族集合的公共名称，其中一部分或许属东胡，一部分或许属他族。他们的根据地当在古代黄河的北岸。

（二）东胡的名号问题

"东胡"二字，昔人都以为是通古斯的译音。其实，"通古斯"意即是"猪"，乃通古斯人的仇敌题给他们的恶名。而"东胡"两字，却是中国因他们的居地在匈奴的东方，而给他们取的名号，换言之，意即指他们是东方的胡人。

（三）乌桓和鲜卑的名号问题

"乌桓"，《后汉书》卷一二〇说："乌桓者，本东胡也；汉初匈奴冒顿灭其国，余类保乌桓山，因以为号焉。"又释鲜卑说："鲜卑者，亦东胡之支也；别依鲜卑山，故因号焉。"这种说法，并不足信，因为"鲜卑"是他们的大称，"乌桓"是他们的小部，实非种族因山的名称而得名，乃是把种族的名号呼唤他们所占据的山，这种例子，在历史地理上是很多的。并且鲜卑一族在此以前，已见于记载。《禹贡》上所说的雍州有析支，析支便是鲜卑（见吕著《中国民族史》第四章附录一）。鲜卑族的居地，在里海到西伯利亚（西伯利亚即由鲜卑一音而得）和辽水流域一带。

简括言之，当春秋时代，现今河北省东南部和山东省北部，有一种自称鲜卑族的种族，中国人最初称他做山戎，继而号他做东胡。后来他们北迁到燕所开的五郡等地。秦汉间，东胡被匈奴进攻，他们的残部才分做鲜卑和乌桓两部，依据在蒙古东部二山（今苏克苏鲁、索岳尔济等山），这二山便因这二部族的名号而得名。汉代将乌桓移殖到五郡塞外，助中国捍御匈奴，后来，才逐渐迁移到塞内。曹操曾因乌桓作乱而亲自征伐，大破之于柳城（今热河境），把他的"余众万余落悉徙居中国"，因而被汉族所同化。

东胡的另一支——鲜卑，占据在乌桓的北方，起而附合匈奴，后渐归化中国。虽也曾和汉室夹击匈奴，却时常在边境扰乱。自北匈奴西徙，鲜卑乃盘据了他的故地。汉桓帝时，鲜卑的大人（即酋长）檀石槐勇武有智略，统一了东西诸部，向边境侵略。檀石槐死后，其子和连继位，才能不及其父，且内部又呈分裂，因此逐渐衰弱。大人中有名轲比能的，权势虽比较强大，但不久即被魏人刺杀。在三国以前，鲜卑因内部的不统一，故为患中国并不甚。

匈奴亡后，鲜卑族的势力范围占有从现今蒙古西部到辽东一带，大概情形是：慕容氏占领辽宁、热河一带，拓跋氏占领察哈尔以西：这是鲜卑族中的两大部落。在五胡十六国时代，前后燕是慕容氏所建，元魏是拓跋氏所建，秃发氏建南凉，乞伏氏建西秦。又有慕容氏的支庶在现今青海地方建立吐谷浑。宇文氏当南北朝时建立了北周。这许多部族，到隋唐时代，大致被中国同化。只有吐谷浑是在唐代中叶被吐蕃所灭的。

契丹是宇文氏的支裔，据今热河一带地，曾被慕容氏和元魏击破。唐时设立了松漠都督府统治他，这便是所谓营州胡的一支。此后，仍常叛变。唐代末叶，契丹渐强，到五代时，竟成了大国，定国号曰"辽"，南进侵略中原，后被女真征服。

第四节　肃　慎

肃慎一族在中国古籍记载得最多，如《周书·王会篇》、《左传》（昭公九年）、《国语·鲁语》、《史记》（五帝本纪、周本纪、孔子世家）、《大戴记·少间篇》、《书序》、《说苑》和《家语·辨物篇》等书上都有关于肃慎的记载。

肃慎的居地，史家多以为在今吉林、黑龙江等省，即后世挹娄、靺鞨的所在地。这因《孔子世家》说："有隼集于陈廷而死，楛矢贯之，石砮，矢长尺有咫。陈湣公使问仲尼，仲尼曰：'隼来远矣，此肃慎氏之矢也。昔武王伐商，通道九夷百蛮，使各以其方贿来贡，于是肃慎贡楛矢石砮，长尺有咫。'"因今长白山之木，中为矢干；松花江之石，中为矢镞；遂谓古代肃慎氏的楛矢石砮，必为此物，固无解于武断之讥。（见吕著《中国民族史》第七章）吕诚之先生又说："若谓古代肃慎，即在后世挹娄、靺鞨之地，则今松花江上游，周初视之，已与河南北、山东西、陕西、湖北相等，此为情理所必无。"（见《中山文化教育馆季刊》创刊号《貉族考》）据吕先生的考定："朝鲜、濊貉、肃慎皆本居燕北，迨燕开五郡时，乃为攘斥而北走。"（见《中国民族史》第七章）

《史记·五帝本纪》上说肃慎在舜时已经来朝贡，这话固然难以置信，但依据上面所引的《史记·孔子世家》上的一段话和《周本纪》"成王既伐东夷，息慎来贺"，那么肃慎和中国的交涉，可说至迟在周代已有之。

秦汉以来，肃慎未通中国，即如汉武帝的好大喜功，远拓东北，也未提及肃慎，这因自汉以来，肃慎臣属夫余（见《后汉书》卷一一五），改名作挹娄的缘故。挹娄，《后汉书》说是肃慎的别名。南北朝时，中国称他为勿吉，亦作靺鞨，实系同音异译。《隋书》上说他的部落大者凡七："曰粟末部，居最南，与高句丽接；曰伯咄部，居粟末北；曰安车骨部，居伯咄东北；曰拂涅部，居伯咄东；曰号室部，居拂涅东；曰黑水部，居安车骨西北；曰白山部，居粟末东南。"以地望按之，北魏时擅勿吉之名的即此所谓粟末部。延兴中，曾遣使来贡，太和初，又贡马五百匹，并请攻打高句丽。后因中原混乱，才不相往还。隋代，他的一部曾助中国攻高句丽，受中国的封号。唐初，曾助征刘黑闼和突厥，赐他姓李，移居幽州，后又破吐蕃，世为唐室的功臣。

渤海，姓大氏，原系附属于高句丽的粟末靺鞨，句丽亡后，内迁到营州。唐武后时，契丹作乱，大氏酋长率其部族东走，武后加以封号，不受命，乃令李楷固、索仇等征伐，结果唐军反大败，因此大氏便占领了东牟山建立国家，去靺鞨号，专称渤海。他的典章官制全模仿中国，文化程度很高，国势也很强，传十四世，被契丹征服，渤海的疆域包括吉林省的全部，辽宁省的东部，朝鲜的北部，和俄属东海滨省。是肃慎族在塞外所建立的国家中，最早又最文明的一个。

女真即女直，是肃慎的音转，原出于黑水靺鞨。以系契丹的姓与否，而分熟女真和生女真两种。他的皇室出于高丽金氏（据朝鲜人说，金氏出于中国），据他自己的传说，其始祖函普娶女真完颜部内一个年龄六十而未嫁的贤女，因此成为完颜部人。六传到景祖，受辽主任命，做生女真部族节度使，世祖统一了内部，太祖叛辽独立，建立金国，辽地全被他占领，又和宋起争端，进兵攻陷了汴京，掳走了徽、钦二帝，宋室因之南渡。

"满洲"二字本非部族的名称，明人写作"满住"，意即最大酋长。孟森《清朝外纪》："其对明而言曰'我满洲如何云云'，犹之明人谓'上命如何云云'也，然彼此误会，他人闻建州人自名其国或部族为满洲，建州人遂亦承认之。其后，太宗时致书明督师袁崇焕，即自称满洲国皇帝矣。"至于满洲人自己说"满洲"乃是由佛之名号"文殊"一音而来，这只不过是存心附会罢了。建州人的建号为"清"，在太宗天聪十年（即崇德元年），在此以前，国号称金（后金）。他的先世实在是女真，自金灭亡后，他的遗族散居在混同江两岸，服属于元，元设万户府治理之。明初，建立二卫，那时的女真分作三部：（一）建州女真（建州是渤海旧疆，在今新宾县附近），（二）海西女真（海西是元的行政区域名称，即后来扈伦四部地），（三）野人女真（野人卫在吉、黑两省的极东）。明永乐间，有名阿哈出者受职建州卫指挥使，赐姓李，是为李满住。又有名猛哥帖木儿者，即孟特穆（清人尊之为肇祖），受职任建州左卫指挥使，后被七姓野人所杀，他的兄弟凡察和他的儿子董苍，带了卫印逃到朝鲜。不久，凡察奉明室命令承袭了指挥使，但因孟特穆的另一个儿子董山和凡察争印，明室又令凡察把印交付董山，凡察不听命，因此明室分建州作左右两卫，董山执新印掌左卫，凡察执旧印掌右卫。董山后被明室所杀，继任者即《清实录》之都督福满，都督福满生子觉昌安，明人称为叫场，觉昌安第四子塔克兴，明人称为他失，他失之子努儿哈赤，即清太祖。《清实录》所载清人自造的开国神话，说什么仙女误吞了神雀衔来的朱果，因而怀孕生子等语，无非是有意自命为天之子的"山海经"罢了。

第四章　东北的主要民族与人口分布

第一节　各族的名称

世界人类若以外貌来分类——即以皮肤的色泽，头发的鬈直及颜色，瞳子的颜色等来区别——有黄种人、白种人、黑种人等。若依据科学的分类法来区别，则有印度·日耳曼人种、昆仑人种、乌拉尔·阿尔泰人种、马来·波利尼亚人种、山米·哈米人种、古西伯利亚人种等等。

现今居住在东北的人种，大多是昆仑种的汉族和乌拉尔·阿尔泰种的满族及蒙族，且他们之间，早经同化，已如上述，至其少数的，约如附表。

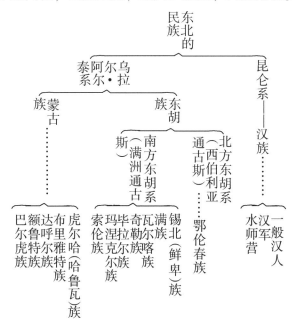

第二节　人口数目及其分布

东北的人口状况，根据民国二十六、二十七两年年终（即一九三七、一九三八年）伪满洲国的调查为：二十七年年终，人口总数有 38,623,640[①] 人。人口密度平均每平方公里为 296 人。其山岳及砂草地带的人口密度平均每平方公里不足 10 人。二十八年年终日人的统计，东北的人口，共 6,447,594 户，计 39,454,026 人。至其民族的类别，根据二十八年年终日人的调查，为：满、汉族 36,373,414 人，蒙族 1,035,525 人，回族 172,894 人，韩人 1,162,127 人，日人 642,356 人。三十五年六月二十六日，国民政府内政部户政司统计：东北十省人口总额为 33,106,782 人，内热河省 5,900,000 人，辽宁省 1,246,000 人，辽北省 3,990,000 人，安东省 3,213,894 人，吉林省 7,012,128 人，松江省 4,285,057 人，哈尔滨市 637,530 人，嫩江省 2,093,500 人，黑龙江省 2,468,844 人，合江省 1,927,873 人，兴安省 331,956 人。人口密度平均每平方公里为 33.7 人，热河省为 42.3 人，辽宁省为 18 人，安东省为 47.1 人，辽北省为 505 人，吉林省为 60 人，松江省为 55.6 人，合江省为 17.5 人，黑龙江省为 14.8 人，嫩江省为 30.2 人，兴安省为 1.3 人。但自三十六年六月五日国民政府根据内政部拟具的方法，将东北九省重行划定行政区域后，这个统计已不准确了。

---

① 整理者注：本节人口统计数字原为汉字，为直观了然起见，整理时改为阿拉伯数字。

第五章　东北境内的汉族

第一节　总　说

汉族的名称，因汉朝而来，是外人以我国王朝的名称，误为我民族的名号，犹如外人称我中华民族为秦人，唐人。但时至今日，汉族一词早和朝代无关，已成为中华民族中的最主要分子的一个专名。至于汉族的由来，乃属于中国民族史上的问题，不在本书范围以内，故只得从略。

东北境内的汉族，人口总额达二千八百万人，占东北总人口百分之八十五。满洲族和蒙古族都受汉族的同化很深。又，在东北境内的汉族有两种，一种是满洲族化的汉军旗人、水师营等集团；一种是普通的汉人，后者的人口数目比前者为多，而前者在今日也看不出有什么特异性。

第二节　汉军旗人

汉军旗人的主要者为山东籍汉人，在清代被编成满洲旗，以嫩江为驻防中心，后来分散于各地。

当初的汉军是和满洲族及满洲·通古斯种族为伍而称为旗人，在清代他们的社会地位较一般汉人为高，但自民国成立以来，他们不但和一般汉人及其他种族同等，且他们自己也讳言为旗人了。

第三节　水师营

水师营，是清代康熙帝所收编的，居住在吉林一带的船夫。这些水军，曾征伐雅克萨，抵抗帝俄的侵略。因为他们精于操舟，故是役有大功。自后，他们在松花江流域以齐齐哈尔（龙江）、呼兰等城为中心定住着，一部分已包含在汉军中。

第四节　站　丁

清代三藩之乱，吴三桂起于云南，占有贵州、四川、湖南各地，后其孙世璠因失败而自杀，他的一部分残部因被判刑充军到东北，这便是所谓站丁的由来。此外，清代的政治犯和普通犯也有被充军到东北的。这些站丁，在当时担任着东北各重要都市及连系北平（当时称北京）的主要道路的驿卒。有的则为满洲族或达呼尔族中豪门的奴隶，他们的主人可将他们任意典卖，让渡给他人。但自民国成立后，这种情形已经没有。又，自东北交通和通信发达后，驿传制已被废止，因此他们都已改营农耕。他们的子孙也早和满洲族混血，人口数目也没有详确的统计。

第五节　一般汉人

这儿所说的一般汉人，和前面所说的汉军旗人、水师营、站丁有别。他们是占东北境内人口最多者，多由中国北方移往，其开始约在明代，明室移徙他们到东北为屯垦队，南满的农业因此才得渐渐兴盛。到了清代，汉人更大批移往东北，因此乾隆间，感于满汉间在经济上的斗争，而厉禁汉人到东北、蒙古去开垦，并颁布了满蒙封禁令。但中国北部的过剩人口仍旧渡勃海湾，越长城秘密地前往，禁令徒成了虚文。尤其在清末，清室因防俄人入侵，不但废止了颁行多年的满蒙封禁令，反奖励汉人移民，故在东北的汉族，人口更急速地增加。汉族在东北推行农业经济，游牧民族的满洲人和蒙古人自然而然地渐被同化，所以说现今除了满洲人中的贵族的姓氏没有汉化外，早不是一个血统纯粹的种族。汉族在东北，刻苦耐劳地进行开垦工作，完成了举世咸知的农业东北的基本条件，这种旺盛的生存力，真不愧是黄帝的子孙！

第六章　东胡系各族

第一节　鄂伦春族

鄂伦春人（即俄伦春人 Orchons）一名鄂伦奇、鄂伦古、鄂鲁春，皆同音异译，他们是原来居住在兴安岭及伊里呼里山西北方驯鹿地带的驯鹿游牧民族。

该族现今居住的区域为苏联的沿海州、桦太及今兴安省、黑龙江省的西北部、兴安岭一带。古代的文献上称他们为"栖林""乞麟""赤林"等，现今当地的人士尚称他们做栖林人。鄂伦春人身躯矮小，全身的比例为身躯较大、头颅小、瘦型、瞳子黑色、发黑直、少胡髭、皮肤为黄褐色，好像久受强烈日光曝过的一般，眉粗短、鼻扁略上翘、唇薄、耳壳富角度。

鄂伦春人的发祥地，已不可考，他们旧居西伯利亚东部、桦太区域。他们在政治上的活动，开始在清代初叶，即当公历一千六百二十年左右，因居住西伯利亚的达呼尔族归附清太祖，自嫩江沿岸来归，那时鄂伦春族散布在内外兴安岭一带，和达呼尔族关系亲近，故也渐渐归附清室。清康熙三十四年（一六九五年），鄂伦春族、达呼尔族、索伦族在满洲八旗制度下，组成布特哈部（"布特哈"系满洲语，意即狩猎）。当时布特哈部的编制，是在黑龙江将军下，置布特哈总管，达呼尔族三旗三十九佐领、索伦族五旗四十七佐领、鄂伦春族十一佐领（骑兵六佐领，步兵三佐领，其他二佐领）。鄂伦春族的佐领有骁骑校一名、领催一名、马甲十五名。佐领的地位相当高。满洲旗制，普通都是一佐领由马甲二百名编成，布特哈部的少数数目，乃是清室优待他们的明证。因该部所处地域，对俄作战上具有重要性。该部部民长于骑射，辗转游猎于兴安岭中，每名马甲必须年贡貂裘一袭。清同治间，吉林马贼猖獗，将军富明阿奏请招练鄂伦春人五百名，一战即平定马贼。光绪时，黑龙江将军奏请以鄂伦春人分隶瑷珲、墨尔根（嫩江县）、呼伦贝尔、布特哈四城。

鄂伦春族的人口，据民国二十七年伪满洲国的调查，其人口分布状况如下：

东北境内鄂伦春族人口统计表

省别	县旗别	户数	人口
兴安省	布特哈旗	38	180
	莫力达瓦旗	43	210
	巴彦旗	76	326
	索伦旗	27	103
	额尔克讷左翼旗	32	136
黑龙江省	漠河县	26	78
	鸥浦县	55	204
	呼玛县	129	541
	瑷珲县	61	248
	嫩江县	34	143
	逊河县	57	297
	奇克县	6	28
	乌云县	42	203
	佛山县	21	89
	孙吴县	24	81
总计		671	2,867

本表以外，在今合江省汤原县约有七十名，萝北县、饶河县亦有少数，总数约三千人左右；但据一九一七年调查有四千一百十一人，一九三四年调查只有三千七百人，比较起来，似显著的在减少了。

鄂伦春族所度的狩猎生活，全是原始状态，他们冬天住在山之阳，夏天住在河之滨，三四户零落地居住着，并无定所，只是设帐幕以为家，这种帐幕不过是用两根（或几根）大柱，和十三根圆木围成，直径约四米，高约二米，外部覆以白桦皮或皮革，布类、枯草等，俗称"撮落子"。篷帐的上顶尖部露天，以代烟囱，冬季则围以獐皮，用来防寒，内部中央设有围炉，正面及左右设有座席，上敷獐皮以防潮湿。鄂伦春族因系狩猎民族，故衣服方面以兽皮为主，夏季穿没有毛的薄皮衣，近来也多穿布衣，冬季则用鹿、獐、山猫及栗鼠等毛皮所缝成的皮衣，套在夏服的外面。富有者穿狼皮或狐皮，其他靴子手套等大多数是用鹿皮，衣服上喜欢绣花纹，身上挂着烟袋。他们食的方面，以兽肉为主，其中又以鹿獐为最普通，粗糙的面粉或粟及乳类也是必需品，有时捕鱼为食。面粉和粟乃是把狩猎所得与汉人交换而获得的。调味有岩盐、豆油及白糖，饮砖茶，很少吃到蔬菜。一部分吃鸦片（不是吸），用以抵抗蚊蛇等的侵袭，酒有白酒、马乳酒等。

鄂伦春族狩猎所用的枪弹虽全是手制品，但却百发百中，妇女们也善射击。他们一生和犬马为伍，在风霜雨雪中度着原始的生活。他们也知畜养牲畜，俗名驯鹿为四不像，因为他的蹄似牛，头似马，身似驴，角似鹿，性驯善走，能负重百余斤，因鄂伦春人多畜有这种驯鹿，因此又称他们为驯鹿游牧民族，我国旧史上又称之为使鹿部。他们最喜欢猎得的是鹿，若因此获得鹿茸，则可得巨利。他们狩猎的最高目标是貂，但现今兴安岭中貂已很少，且他们赖以为食的兽类，也随着森林的开发而渐减少，时至今日，连他们的酋长的生活也感到了困难。

鄂伦春人的语言是用索伦语和达呼尔语，但也有通汉语和俄语的。性情愚直，非常勇敢。"人死即为易衣放在撮落子外面地上，通知同族及戚友以志哀，焚化纸钱，然后用桦皮将尸体裹起，择日昇出，架于树上，待皮肉腐烂骨坠下，然后拾起埋之土中"[①]。他们信奉萨满教，选择狩猎的方位或居处的迁徙，以及婚、丧、祭等礼仪时，先必由该教的方士通告神祇，否则以为必遭神谴。[(注)]

鄂伦春族中因所饲养的家畜不同，也可分为两大类，养马的称马鄂伦春，养驯鹿的称驯鹿鄂伦春；马鄂伦春族能做相当距离的狩猎移动，驯鹿鄂伦春族则因驯鹿的主要食料为藓苔类植物，所以远距离的活动不大可能。但这两族在语言上体质上是毫无差别的。驯鹿鄂伦春族因和苏联接近，故在经济上和苏联已发生了密切的关系。宗教上和文化上也受到了深切的影响。

---

① 《中华民俗志》下篇卷一。

自民国二十年日寇占领东北后，竭力推行毒化政策，近年鄂伦春人不问老少男女多喜吃生鸦片，再加上酒、茶、烟草等嗜好，因此狩猎不振，而罹饥馑，且在那种不卫生的居住环境中，又全无医药，故早衰者日众，死亡率日高，出生率日低，人口逐年在减少，尚望政府予以救济！

第二节　索伦族

索伦族（Solons），原来居住在兴安岭，是近似鄂伦春而较为进步的一种民族。"索伦"为射手的意思，其居住在兴安岭西者，在元时已蒙古化；其居东部者，已同达呼尔族混血而满洲化。他们的体质：身长中等、骨骼粗、颧骨秀、瞳子黑、眼细斜似睡状、鼻低、唇厚、面部扁平、短发少须、面圆额广。性情勇猛和鄂伦春族相同。

清初，索伦族先鄂伦春族和达呼尔族归化，自康熙间参加对俄作战后，其骁勇即为世所称道。其一部与达呼尔族、鄂伦春族一同编入布特哈八旗，居住在兴安岭斜对的嫩江、松花江沿岸一带地，其主力在呼伦贝尔（今兴安岭西部地），称为索伦八旗，和新旧两巴尔虎族、蒙古族及达呼尔族相邻。居住在呼伦贝尔的索伦族，虽日渐脱离了原始东胡族的阶段，但居住在嫩江、松花江沿岸的布特哈索伦族的文化，却日渐衰退。索伦族现分散在兴安岭东麓，嫩江上流，呼伦贝尔和额尔古纳河东岸等地方。人口总额约有六千人。近年来，也和鄂伦春族一样，已消失了特异性。兴安省东部境内的索伦族已分散在各旗，兴安省西部的因昔日属索伦八旗，故现今仍保有索伦旗一名。住在索伦旗和伊敏河流域的，都从事蒙古包式的游牧生活，住在兴安岭东麓的，大体营半耕半牧的生活，近年来已全倾向农耕的趋势。索伦族的主要生活方式原是狩猎，能自缚于树上，射鹿熊负归，只因近年来狩猎不振，故从事木材的采伐、苦力、农耕。索伦族亦奉萨满教。至于言语方面，主要的是近于满洲语的索伦语，居住在呼伦贝尔一带的用巴尔嘎蒙古语，稍东一些住在辽北的北端和嫩江流域的用达呼尔语，但现今已大概通晓汉语，其居住在西伯利亚黑龙江中部的更能操俄语。索伦族的就学儿童，近来也逐年增加，此后的文化、经济发展，当较鄂伦春族为速。

索伦族在康熙时，因抗御俄人哥萨克的入侵，曾练索伦兵，自雍正以还，征服伊犁、卫藏，也无不用索伦兵以充役。当伪满洲国建立之初，日人驱使他们组织自卫队，联合达呼尔族的自治军，和义勇军自相残杀。

第三节　瓦尔喀族

瓦尔喀族，即赫哲人，又作黑斤人（Goldi）、答抹哈人，他们乃古代黑龙江及乌苏里江下流居地的东胡族的一支。其原来根据地在今苏联哈伯罗夫斯基郡，总人口五千人。该族现居住在东北境内者不足二千人，分散在今合江省包有的乌苏里江及松花江的沿岸，多居住在两江合流点附近一带地，即抚远县境。

瓦尔喀族的体质特征：身长中等或矮小、瞳黑眼细、颧骨突出、鼻偏平、发黑、皮肤带暗褐色、面形狭长、须髯稀少。固有的族语为西伯利亚·通古斯及满洲·通古斯间通行的语言。他们性情特别温厚慈爱，似乎有点愚直，没有一般的凶暴的习性，好和平，恶杀伐，和人交际，至为亲密，有敬老济难之风，且性富艺术，善雕刻。捕鱼以外，兼营农业及狩猎，生活方式很低级，善睇兽，踪迹之必获，马有逸者，虽数百里外，皆能踪迹得之，但一经雨后，即不可识。又因喜用数犬驾橇，故又称做使犬部。该族因有剃发风俗，故又被称夺毛子、短毛子或秃毛子。他们的衣服、靴子及其他用品多用鲑皮（冬衣狗皮），因此当地人绰号他们做鱼皮达子。鲑鱼一名答抹哈鱼，故又称答抹哈人，至于他们的被称做黑斤人或赫哲达子，乃因为他们的皮肤带暗褐色的缘故。

瓦尔喀族奉萨满教，尊敬虎熊及豹等，绝不杀戮之，似奉之为图腾。若有人偶然将虎熊杀死的，必将尸体盛入棺材中埋葬，且立碑谢罪。他们的崇奉虎熊和沿海州与桦太地的东胡族及古西伯利亚族类似。瓦尔喀族的居地因和外界隔绝，故以前并无满洲化之点。他们没有文字，故削木裂皮为记，最有趣的是不知岁月，用吃过几次答抹哈鱼代替年龄的多少，夏季捕鱼晒干后，储充一年的食粮，冬季则捕貂交易货物。近年来，瓦尔喀族居地因有不少汉人移入，因此他们的风俗、语言受汉化很深。他们生子女后，不论冬夏，都浴以冷水，妇女产后也马上即行劳动，母子都毫无妨碍。因为没有医药，故对痘疹极忌，偶有患者，必全屯迁移他处，或将患者远送森林中以与他人隔离。乡族各有酋长，担任诉讼的判决和调解纠纷的任务。食物除鱼肉外，兼食谷类。其中以小米稀粥为最普遍，一日两餐，肉则置粥中煮食或用火烤食，食器用木类或白桦皮所制成，住处多依山面水，屋形大体与鄂伦春族相仿佛。又，该族好饮酒吸烟，终日不离，年幼者亦染有此种恶习惯，加上传染病和饥馑的侵害，因此人口日渐减少。在抚远县附近，少数的奇勒族和古西伯利亚族与瓦尔喀族相混，他们的生活状态，彼此很相同。

第四节　奇勒族

奇勒族（Kill）和瓦尔喀族类似，惟语言相异。因为他们蓄发、垂辫，故又称长毛子。又因他们衣鲑皮，故亦称之为鱼皮达子。他们多居住在今松江省宁安县（旧名宁古塔）的东北，居无定处，住无庐舍，以渔猎为生，性似生番，极凶悍，生活习惯很似原始人，奉萨满教，似以熊为图腾，习性不洁，人口极少，故和瓦尔喀族很难区别。奇勒族是东胡系各族中最未开化者。

第五节　锡北族

锡北族又名斜婆、西伯、西北、席北，乃鲜卑族的遗裔。自元朝以来，为科尔沁蒙古人（今辽北省的蒙古人）的属役。他们在古代的中心居留地是伯都讷（今吉林省扶余县）。从元朝到清初，随科尔沁蒙古人同服属清室。康熙间，他们被编成旗兵，分驻在齐齐哈尔（龙江）和伯都讷（扶余）两城，其后，驻在齐齐哈尔者移至墨尔根城（嫩江），驻在伯都讷者则移驻呼兰和奉天（今沈阳）。锡北族在清代，有许多是为驻京王公的世仆，另外一部分则随边疆守备的满洲旗军分驻在各地。

在东北境内的锡北族，除居住在扶余的以外，已无聚集，分散和汉人杂处，故一般的说，在东北境内的锡北族早已汉化，人口据估计只有五千人。在今新疆省内，他们的子孙和满洲族共同残存着，构成一个独立的、种族的、语言的集团。

第六节　毕拉尔族

毕拉尔族属黑龙江沿岸的东胡族的集团，所以他们的特有的种族名称的有无，已不得而知。

　　毕拉尔族多数散居在苏联的阿穆尔河沿岸；在东北境内，嫩江附近的东胡族中亦包含有毕拉尔的系统，但无特殊的种族表现。今黑龙江省的讷河县、北安市、佛山县、乌云县、逊河县、奇克县以及合江省、松江省的鄂伦春族，亦间或被通称为毕拉尔族，这一点，我们须加以注意。

第七节　玛涅克尔族

　　玛涅克尔族（Momgargs，Monegres，Menagris，Menegres）的主体是居留在苏联结雅河中流地域固有的东胡族的一支。他们在东北境内者，系居留在兴安岭西部斜面的北部地带，营狩猎生活，依驯鹿为生，因此又被称为驯鹿通古斯。而额尔古纳河下流的，生活多和汉人相似，很多已穿中国的服装，与汉人交际频繁。容貌有两种，一种高颧低鼻，和蒙古人相似，一种是颜面椭圆，颧平鼻高。男女都垂辫，住屋则系木柱、桦皮、鹿皮等所造成的锥形的包，他们大部分仍衣皮革，性喜剽盗，人口及其他情形不详。

　　（注）萨满教（Samanism），蒙古语作 Saman，亦作 Boga，为原始宗教形态之一。从佛教输入蒙古后，蒙古人多称萨满教为"哈喇夏琴"（义为黑教），称佛教为"希喇夏琴"（义为黄教），我国本部则称之为萨满、珊满、萨玛、撒麻、叉马，这些都不过是一音之异译。萨满教为西伯利亚东部和东北嫩江等处土人所信奉的一种宗教（有的学者只认为是一种信仰），他的发生之时，已不可考，或说金时已有之，萨满教以天堂为上界，诸神所居；地狱为下界，恶魔所居。男巫称萨满（蒙古语名"蒲鸽伊"），女巫称乌答有（蒙古语名"乌大甘"，俗称萨满太太），昔时多女巫，今则多男巫，为人治病、被邪、问卜。所有宗教仪式举行时，都必须面向太阳，举行祭典的日期，是阴历元旦、五月初五日、八月十五日，是日必各携酒食，集于深山，举行大宴会，热烈地歌舞着。在清代，萨满太太可以出入宫禁。

第七章   蒙古族

第一节   总   说

  "蒙古"一语出自邱处机的《西游记》，《元史》沿用之。《旧唐书》谓蒙古族出于室韦，吕诚之先生考定其为室韦与鞑靼的混合种，而鞑靼又为靺鞨和沙陀突厥的混合种，是蒙古族实为中国北方民族的一个集合体。此集团中兼有匈奴、东胡、突厥、肃慎等的血统成分。《蒙古皇室史》称出于室韦，或称鞑靼，室韦为契丹别部，是东胡种；鞑靼则是靺鞨及沙陀突厥的混合种，靺鞨为肃慎之族，是蒙古皇室又为东胡、肃慎及突厥的混合种。而其民族则实包举秦汉以来北方民族的全部，为一极复杂的混合种，有如前表。

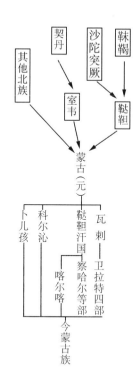

  当公历一千二百年以前，在中国南宋时，该族有名铁木真者，他的祖父被主因塔塔儿（即鞑靼之一部）所害，铁木真备尝艰苦，统一蒙古诸部，先报祖父之仇，国势日盛，北方诸部族多归之，于是铁木真大会诸部于斡难河上游，受拥戴为成吉思汗，侵金灭夏，旋又西征，至其后裔忽必烈（即元世祖）即位，统一了中国，建立有史以来，奄有欧亚两洲的元朝大帝国。但自元室崩溃后数百年间，失了他的统一国家，在砂草的蒙古高原，营其游牧生活。仅仅能维持封建社会。

现今蒙古族居留地为戈壁沙漠的蒙古，由中央亚细亚到西伯利亚，人口总数约三百万人。他的种族方面，一般的区分为：虎尔哈族、布里雅特族、额鲁特族、乌里雅汗族四部。在东北境内的蒙古族，主要的是虎尔哈族，此外，有少数的达呼尔族、布里雅特族。至于呼伦贝尔地有古代居住的蒙古族，其种族及政治诸端上分为数集团，此与索伦族等的东胡系种族加入，有极复杂的关系。一般的称呼居住呼伦贝尔的原居民为巴尔虎族，但巴尔虎乃呼伦贝尔一地名，并非种族的名称。东北境内的蒙古族，主要居住地为今兴安省。人口及种族分布之状况有如下表：

东北境内蒙古族人口统计表

省别	民国廿六年秒	民国廿七年秒
兴安省	48,425	47,975
辽北省	368,761	384,953
热河省	257,839	254,428
嫩江省	122,705	122,252
黑龙江省	18	29
合江省	1	5
松江省	12,941	11,398
安东省	8,474	9,353
辽宁省	139,998	163,476
吉林省	26,855	22,793
长春	499	360
合计	986,516	1,017,022

附注：本表根据伪满调查数字制成，其时，依克明安旗属"嫩江省"，今则属黑龙江省。故本表内所列嫩江省及黑龙江省两省人口数字有混淆。

东北境内蒙古族种族分布状况表

省别	旗别	种族名
兴安	巴彦旗	达呼尔族
	莫力达瓦旗	索伦族
	布特哈旗	鄂伦春族
	喜札嘎尔旗	
	阿荣旗	
	额尔克讷左翼旗	蒙古族
	额尔克讷右翼旗	鄂伦春族
		其他少数东胡族
	新巴尔虎右翼旗	布里雅特族
	新巴尔虎左翼旗	额鲁特族
	陈巴尔虎旗	索伦族
	索伦旗	达呼尔族
辽北	科尔沁左翼前旗	哈鲁瓦族
	科尔沁左翼中旗	
	科尔沁左翼后旗	
	科尔沁右翼前旗	
	科尔沁右翼中旗	
	科尔沁右翼后旗	
吉林	郭尔罗斯前旗	哈鲁瓦族
松江	郭尔罗斯后旗	哈鲁瓦族
嫩江	杜尔伯特旗	哈鲁瓦族
黑龙江	依克明安旗	额鲁特族

省别	旗别	种族名
	札鲁特旗	哈鲁瓦族
	库伦旗	
	阿鲁科尔沁旗	
	巴林右翼旗	
	巴林左翼旗	
	克什克腾旗	
热河	奈曼旗	
	喀尔沁左翼旗	
	喀尔沁右翼旗	
	喀尔沁中旗	
	敖汉旗	
	翁牛特左翼旗	
	翁牛特右翼旗	
	吐默特左翼旗	
	吐默特右翼旗	

第二节　虎尔哈族

　　虎尔哈族，又作哈鲁瓦族，为蒙古族内的中心种族，他们的王公差不多仍属成吉思汗的嫡系后裔。他们的居住地是由外蒙古东半部到东西内蒙古，自古便以勇敢谋略见称。外蒙古的虎尔哈族称内蒙古的虎尔哈族为塔塔鲁族，当地人士称他们做达子。

　　虎尔哈族的体质和容貌属蒙古型：身长中等、头的外型富轮廓、颜面阔大扁平、颧骨秀、眼细斜、发黑直、少须髯、鼻不高、颐稍向前突、皮肤黄褐色。

　　热河省南部的蒙古人因早和汉族接触，故体质和容貌，已渗入汉人型。又，今辽北省的蒙古人也很早便与满洲人接触，其间也很相似。蒙古人受汉族的影响很深，汉化的倾向极显著。

虎尔哈族原营游牧，但自汉族开垦蒙古后，他们已进入农业、半农半牧、游牧三阶段。并且农业已很普遍，热河省喀喇沁蒙古族在十四世纪时已具有了农业经济。

第三节　布里雅特族

布里雅特族也是蒙古族中的主要部族。居留地在今苏联领域札拜加鲁的贝加尔湖一带，约有三十万人。自俄国革命发生后，布里雅特族在苏维埃政权下，组织了布里雅特蒙古自治共和国，但一部分反共产主义的布里雅特人则分为两支：一支流浪到呼伦贝尔，一支流浪到察哈尔省北部。民国十八年，呼伦贝尔政厅收抚之，将他们编成两旗，居之于呼伦湖西地，统属于原来居住在呼伦贝尔的巴尔虎蒙古中。呼伦贝尔的布里雅特族，其中不少有相当识见者，因此实际上并不亚于呼伦贝尔的居民，并且他们多富有向学心。

第四节　达呼尔族

达呼尔族（土名瑷猁人）的发祥地未详。其由来据一般的说法，有：

（一）达呼尔族是鞑靼的遗裔。

（二）达呼尔族是鲜卑—契丹的支庶。

（三）达呼尔族是成吉思汗的兄弟喀不特合撒儿的后裔（喀不特合撒儿即哲里木盟的札赍特旗蒙古人之祖）。

（四）达呼尔是萨吉哈尔的汗的后裔。但萨吉哈尔的汗有谓为蒙古的哈不勒汗（成吉思汗的曾祖）或拙亦合撒儿汗（成吉思汗的同母弟），亦有谓其为神话中的人物，达呼尔十八氏族俱尊萨吉哈尔的汗为祖神。

"达呼尔"一名乃其归化清朝后始有之。其语源出于蒙古语，即"随伴"的意思。达呼尔族自十七世纪初叶归化清朝后，被分于黑龙江（瑷珲）、墨尔根（嫩江）、齐齐哈尔（龙江）诸城的旗兵内，和满洲旗兵同在通肯、呼兰、东兴以及嫩江所挟有的讷河、布西两地为中心地而居住着，进入半农半猎的生活，以迄于今。

现今，东北境内达呼尔族的居住地是在嫩江省、兴安省，人口总数约达十万人。

达呼尔族的体质为蒙古型，酷似东胡系的索伦族，身长中等、骨骼粗、头盖稍大、圆广额、目细斜、颧骨秀、鼻扁、唇厚、瞳发俱黑、少须髯、性勇果、知识发达，因此达呼尔族在清代入仕途者很多，他们且长于政治及行政。其任清室御前侍卫、参赞大臣、库伦办事大臣、黑龙江将军、察哈尔副都统、吉林副都统、侍卫大臣、江宁将军等要职者不遑枚举。近年来，达呼尔族渐移入兴安省，其经济状况较其他东胡系的种族为富裕，因他们非从事狩牧，而是经营农业的缘故。其人口亦较他族为多。该族的语言，因种族的被同化，致语言亦被同化，他们的语言是蒙古语、满洲·通古斯语混合成的一种独特语言。文字则用满文，今已习尚了汉语和汉文。宗教方面信奉萨满教。

第五节　额鲁特族

额鲁特又作鄂勒特、厄鲁特、额尔特，为古代住于阿尔泰地的准噶尔部的自称。康熙间，他们的首领名噶尔丹者乘强袭外蒙古虎尔哈部。其后，康熙平定了准噶尔部，到乾隆二十年乃渐归化中国，为蒙古诸部中服属清室最晚的一部。准噶尔部归化清朝后，他们的另一部以依克明安公为首领，居住在齐齐哈尔北方的克山县，这便是现今黑龙江省中蒙旗内的依克明安旗。

依克明安旗的额鲁特族，为额鲁特族的支族名辉特的末流，他们拥戴世袭王公，具有氏族的形态，和居住在呼伦贝尔的完全不同。依克明安旗的额鲁特族，人口约一千六百人，奉喇嘛教，以农为生，其文明程度与居住在其附近的汉人不相上下。他们是居住在齐齐哈尔的达呼尔族及其他东胡系各族中的纯粹蒙古族旗。

第六节　巴尔虎族

巴尔虎一作巴尔呼、巴尔忽，本来是一个地名，由呼伦贝尔地的原住民的总称，转讹为一种族的名号，他们别称为呼伦贝尔蒙古族。

巴尔虎族由：（一）布里雅特族，（二）额鲁特族，（三）东胡族三者构成。在清代，其属于齐齐哈尔副都统的管辖者，称陈巴尔虎；其属于呼伦贝尔副都统管辖者，称新巴尔虎。他们在清代，亦被编成八旗制，称巴尔虎外八旗，在察哈尔的称内八旗，宣统三年（一九一一年）又被编为十七旗，至民国二十一年（一九三二年），旧有的旗制被废止。

第八章　　"满洲旗人"

　　"满洲"两字本非种族的名号，以及其先世的史迹，我们在第三章中已详言之。满族——女真族的建国，始于唐代的渤海国；在明代，他们的部族名为女真，明分女真为建州、海西、野人三种。建州女真是渤海的直系后裔，居留在现今的依兰县（三姓）至瑚尔喀江沿岸、长白山一带。海西女真为黑水靺鞨的后裔，在松花江、嫩江沿岸平原地带度着狩猎和畜牧的生活。后来建州女真的英主努儿哈赤（见第三章第四节）统一了诸部，建立了清朝（当时国号金或后金）封建帝国，其八旗旗主就等于封建诸侯，他们虽没有封邑，却有属人，旗下全是奴隶，披甲的全是士兵，人民户口依兵籍编制，无户籍而有旗籍。八旗的上三旗，又称内府三旗：（一）镶黄、（二）正黄、（三）正白，由皇帝亲将之；下五旗：（一）镶白、（二）正红、（三）镶红、（四）正蓝、（五）镶蓝，则由诸侯——王公僚属分将之。后来，因蒙古人和汉人的被征服，故又次第地编有蒙古八旗、汉军八旗，隶旗籍的都称做旗人，或曰旗下人。可见"旗人""满洲人"或"满洲旗人"，都不成其为中华民族中的一个民族名称，勉强地说，也只可说"满族"是东北地带，许多民族中的一个近代的集合体。民国二十七年，据伪满洲国的调查，所谓"满洲旗人"约有四百七十万人，其实，建州女真和海西女真，早已接受了汉族文化的同化，自民国成立以来，他们更有自讳其旗名的倾向，又因为受汉族的同化很深，致外表上也早无满汉之分，除了他们中的少数贵族，姓氏未汉化外，其余的满族早和汉族混成一体。民族的差异，今日一般学者都认为在文化，而不在血统，况且满汉两族的血统也早混淆，故真正的所谓满洲人，在现今虽不敢说绝无，却可说是仅有，可见"九一八"发生之初，日寇和溥仪等奸逆所倡说的"真正满洲人"或"满洲旗人"的民族自觉说，是如何的荒谬和可笑了。

参考书目录：

中文（本书所引用之旧籍如正史《清史稿》、《黑龙江外纪》等不备录）：

吕思勉《中国民族史》

张其昀《中华民族志》

宋文炳《中国民族史》

林惠祥《中国民族史》

傅斯年《东北史纲》

吕思勉《貉族考》（《中山文化教育馆季刊》创刊号）

冯家升《述肃慎系之民族》（《禹贡》半月刊三卷七期）

冯家升《述东胡系之民族》（《禹贡》半月刊三卷八期）

卞鸿儒《历史上东北民族之研究》（《东北丛刊》）

吴廷燮《东三省沿革表》

魏声龢《吉林地理纪要》

杨守敬《历代舆地沿革险要图说》

顾颉刚《中国疆域沿革史》

童书业《中国疆域沿革略》

冯家升《周秦时代中国经营东北考略》（《禹贡》半月刊二卷十一期）

王伊同《燕秦西汉与东北》（《禹贡》半月刊七卷五期）

葛绥成《中国近代边疆沿革考》

刘彦《帝国主义压迫中国史》

稻叶君山，杨成能译《满洲发达史》

稻叶君山，但焘译《清朝全史》

萧一山《清代史》

萧一山《清代通史》

日文：

白鸟库吉《满蒙地理历史》

西藤辰雄《"满洲国"的现住民族》

鸟居龙藏《"满洲国"的民族与宗教》

矢野仁一《"满洲国"历史》

满蒙文化协会《满蒙全书》

八木奘三郎《满蒙民族志》

山田久太郎《满洲的民族》

高华五郎《"满洲国"的民族问题》

高杉新一郎《满汉民族的人种见闻谈》

边疆问题研究会《边疆支那》

满洲事情案内所《满洲的宗教》

满洲事情案内所《满洲民族考》

京城帝国大学大陆文化研究会《满蒙民族的体质》

大岛义美《鄂伦春的狩猎》

甲斐巳八郎《满洲旗人》

小藤文治郎《韩满境界历史》

东北史纲

　　本书是基于傅斯年先生、历史学和文字学研究所成员徐中舒先生以及来自北平师范大学（现北京师范大学）的方壮猷院士等人汇编的一部较大的中文著作翻译而来。本文涉及的所有档案、断代史和现代研究著作等资料来源都经过了审查。

　　历史上的"满洲"① 当然只是中国历史的一部分，历史上确切提到这一地区可以追溯到公元前 12 世纪。通常认为这个阶段的发展是中国历史上最令人关注的部分之一，从这一时期的大量史料中总结出以下主要特点：

　　1. 早在铜石并用时代，无论是在种族还是文化上，南满和华北都属于同一地区。

　　2. 自公元前 12 世纪后期以来，朝鲜半岛和部分南满地区都是由同一血统的中国皇室统治。

　　3. 公元前 4 世纪，中国对这一地区开始主动管理，并于公元前 109 年汉武帝征服后得到加强。这段时期，许多来自关内的华人在辽东定居下来，中国文化的雏形也为越来越多的非华部落所接受。四个多世纪以来，南满一直是中华帝国不可分割的一部分。

　　4. 公元四世纪中叶以后，非华部落相继宣告独立，但每一个独立过程都大致相同：（a）学习中国文化的一些因素，（b）自己当家做主并宣布独立，（c）与汉人或来自关内的中国人自由混合，实现更深程度的汉化，（d）完全被中国同化。

　　5. 明初，即公元 1372 年左右，"满洲"再次被统治在中华帝国的体系中。虽在 17 世纪中期的王朝更迭期间有过短暂中断，但这种统治一直持续到现在。

　　6. 自古以来，中国人就在辽河流域和辽东半岛一带定居，这里成为了中国在"满洲"影响的中心。从明朝开始，中国人口在此迅速增加。北方和东方的非华族也相继受到影响，从而习得了战争与和平的艺术。所谓的"满人"或"旗人"建立了清朝，他们最初也是由女真人、蒙古人以及在辽东定居的中国人组成的，而不

---

　　① 文中出现"Manchuria"或"Manchou"，均翻译为"满洲"以保持其文意一致——译者注。

像许多人认为的在民族意义上代表任何"种族"。

　　7. 清朝的祖先"为明朝忠心耿耿地效力了好几代"①。1644 年他们继承明朝的统治时，已经掌握了中国关于政府、道德和教育所有的思想观念。因此，对于在过去频繁发生王朝更迭的中国，他们占领北京只意味着一个朝代的变化，而并未造成"满洲"或其他地方管理制度的改变。

　　8. 到十九世纪末，"满洲"经历了和平盛世，人口逐渐增加。直到最近"满洲"才成为一个国际问题。然而，最近一段时期的历史须由其他学者来研究。

---

　　①　引自努尔哈赤的继任者在 1629 年反对明朝的宣言。

东北史纲英文节略

李　济

第一部分　原始历史时期

　　"满洲"亦或"Manchou"作为地名出现得很晚。现代历史研究表明，这是对之前"建州"一词的有意替代。"建州"一词早在唐朝就被用来表示现代中国东北地区的一部分，并在其后的各个时期，辽、金、元、明都一直沿用。换句话说，"满洲"这个词甚至在清朝建立者努尔哈赤时期也不为人知。当时，他掌管着明朝边界的（封邑国）并自称"建州可汗"。在获得了一定的政治权力后，努尔哈赤之子试图在自己卑微的出身上建立光环，用"满洲"一词代替"建州"。"满洲"是蒙古喇嘛对努尔哈赤之子的尊称，在藏语中是"东方光辉"的意思。然而历史事实是：清朝皇帝的早期祖先只是接受明朝朝廷正式任命的建州部落首领。

　　尽管现代"满洲"一词所指代的地理区域经历了很多政治性变化，然而实质上它从很早的时候起，就在政治意义、种族、文化方面都是中国北方的一部分。这至少在可获取科学资料的最早时期铜石并用时代就被证实。

A. 考古证据

　　1921 年安特生（J. G. Andersson）在奉天（今辽宁省）附近的沙锅屯挖掘到一个洞穴遗址，他在 1923 年中央地质调查所发表的论文（《中国古生物志》，丁种第一号第一册）中作了描述。根据这篇报告，该遗址中发现的新石器时代的文化遗迹与他在河南西北部仰韶村发现的文物惊人地相似。在他的研究结论中，他指出他在河南仰韶遗址发现的贝壳戒指，同样也以"惊人的频率"出现在奉天洞穴遗址。而在奉天矿床的底层还发现了彩陶碎片，"这是河南遗址储藏物中最值得注意的部分之一"。（42 页）这两点意义重大，因而引用安特生博士自己的话，他倾向于认为"奉天洞穴遗址和河南遗址不仅大约处于同时代，它们还和我命名的仰韶文化属于同一种族文化群"。

步达生教授对这两个地方的人骨化石进行了研究。他的结论还表明，这两个地区新石器时代的定居者本质上是同种的。他这样说道："因此经过与北方人的比较，我们不难得出这样的结论，即沙锅屯人和仰韶人在本质上与今天中国北方人相似。"（步达生：《沙锅屯洞穴沉积中人骨化石与仰韶村人骨化石及近代华北人骨的比较》，《中国古生物志》，丁种第一号第三册，98 页。）

安特生和步达生都是各自领域的权威，他们得出的结论肯定很有分量。因此，很明显，早在史前时期"满洲"就在民族和文化上都是中国的一部分。

这些由一名欧洲学者、一名加拿大学者根据考古资料得出的结论也被日本学者加以证实。滨田耕作教授在他关于貔子窝①的发掘报告中，也发现了几乎相似的结果。他说：

> 历史向我们证实通古斯部落在这些时间分布在中国这些地区的可能性。他们在早期被称为肃慎，之后被称为挹娄或勿吉。鸟居博士几年前就详细阐述了他的观点："南满"发现的新石器时代的遗迹被归属于在《晋书》等中记载的以肃慎为代表的通古斯部落遗址。肃慎人在汉朝入侵之前就居住于此，而砖室墓等则是在汉武帝之后汉人自己建立的。虽然这似乎是对这个问题的一种解释，但谁知道他们是不是在周朝或汉朝的早期就占领了"南满"呢？此外，谁能否认在公元前 1 世纪武帝时代之前，汉民族的扩张就曾一次又一次的发生过呢？我们更倾向于认为汉朝的入侵是对之前历史时期扩张的重复，而汉武帝的成功在一定程度上可能只是由于已经奠定的民族基础。

---

① 《东方考古学丛刊》，第 1 册，《貔子窝》。

我们认为，遗址中出现的鬲式甗（yǎn——译者注）式的陶器，应归因于中国人的扩张或汉代以前汉人扩张的结果，而不应仅仅被认为是肤浅的文化输入。如果貔子窝附近的这些遗址在一定程度上受到了通古斯部落的影响，那么我们确信这些遗址在文化和种族方面主要的特点将更具有中国特色。这是通过对这些骨骼化石和考古遗迹的研究自然而然得出的结论。（《貔子窝》，第 23-24 页）

清野谦次教授及其同事研究了这个遗址的人骨化石。他们的结论并不逊色，甚至更加明确。

Zusammenfassend laesst sich sagen, dass der P'i-tzu-wo-Mensch in vielen Punkten dem rezenten Chinesen und dem rezenten Koreaner fern und dagegen dem steinzeitlichen Menschen aus Sha-kuo-t'un, und dem aus Yan-shao-ts'un naeher steht. Fasst man aber die Koerperliche Verwandtschaft zwischen dem P'i-tzu-wo-Menschen und den rezenten Menschenrassen ins Auge, so daft man be haupten, dass der P'i-tzu-wo-Mensch vielen Skeletteigenschaften nach unter den rezenten Rassen dem Chinesen am naechsten steht, und es ist hoechst wahrscheinlich, dass dieser steinzeitliche Mensch aus P'i-tzu-wo mit zu einern der Vorfahren des rezenten Chinesen raehlt……（同上：第 4 页）

（翻译：将这些事实放在一起，可以断定貔子窝人在许多方面与近代中国人和朝鲜人相差较远，但与沙锅屯人和仰韶人相似。然而提到貔子窝人与近代人种的体躯关系，我们可以说貔子窝人在骨骼特征上最接近近代中国人。这个石器时代的人，很可能是近代中国人的祖先之一。）

近期对居住于此的居民人体测量学研究逐步揭示所谓的通古斯部落，与中国北方部分居民在身体上极其相似。一些人类学家甚至提出这样一种推测：即"满洲"的通古斯部落原本是中国北方的本土居民，他们后来才向东北迁移。

B. 最早的历史文献

这些考古结果对早期的历史文献具有很强的启发意义，而早期的历史文献也贴切地证实了这些结论。中国可靠的历史记载始于殷商时期（约公元前 1400—公元前 1100 年）。现在的"满洲"在当时即为肃慎和朝鲜。在《左传》《国语》《周书》

《书序》《史记》和《汉书》等所有古书中都经常提到由肃慎制造的特殊物产石砮楛矢被送到周朝作为主要贡品，而朝鲜也曾是商朝的封地。商朝灭亡后，商最后的统治者纣王的哥哥箕子在公元前1134年被周朝封为"朝鲜王"。因此，很明显，至少早在公元前1100年"满洲"就是中国早期文明领域内的一个部落，而朝鲜实际上是中国的封地。

古代中国与东北周边的密切关系也表现在中国早期对东北邻国的友好感情上。中国的史家常常用轻蔑的名称来称呼边疆的部落，然而这个地区的人却是一个惊人的例外。他们被称为"夷"，在公元2世纪的《说文解字》中"夷"被解释为"慷慨的人"。《后汉书》中也将该地称为"君子之国"，这种亲如一家的感觉无疑是基于一些紧密的种族和文化上的联系。根据现有的资料，这些人定居、养猪、造屋、守孝三年、施巫术、使用弓和箭作为主要攻击武器，住地窖，这些都属于中国古代文化的基本特征。

C. 起源神话

第三组数据表明"满洲"、朝鲜和中国北方的文化统一性，他们拥有一个共同的"起源神话"。关于这个神话有很多不同的版本。主要情节如下：

1. 鸟的蛋。

2. 一个处女在吞下这个蛋之后怀孕了。

3. 这位处女生下了一个儿子，却被遗弃了。

4. 被遗弃的儿子得到了各种动物的精心照顾，终于活了下来。

5. 长大后，这个儿子以他的军事威力而闻名。

6. 受到部落首领的迫害，他成了难民。

7. 在逃命的过程中，鱼和乌龟背着他过河，过河后鱼和乌龟消失了，停止了追赶，救了他一命。

8. 最终成了部落首领。

这些不同的情节在不同的版本中有很大的不同；有些非常详细，有些则很简短。在某些版本中，一些情节被其他情节所代替。但它们本质上都是同一个主题，并在"满洲"和朝鲜广泛传播。最早的系统版本出现在汉代的《论衡》，与吉林省的一个叫扶余的部落有关系。我们发现高句丽、高丽和最后的爱新觉罗家族的清王朝也都有着同样的神话起源。

　　但最令人惊讶的可能是，商朝（约公元前 1766 年—公元前 1122 年）的部落的起源在早期文学中记录在一个神话中，其中包含的情节基本上与上述相同。在《诗经》中我们发现了一句原文是这么说的，"天命玄鸟，降而生商"。故事是说玄鸟的蛋被有娀的女儿吞下，她后来生下了商的始祖契。

　　通过近期对河南北部商都遗址的甲骨文记录的精心研究和发掘后发现，商朝的统治者对被称为妣乙或"妣母"的女性祖先进行了特殊的火祭。在这个仪式上有两个明显的特点：一是，不像其他女性祖先，妣乙没有配偶；其次，使用火作为祭祀的手段，一直仅限于最杰出的祖先。妣乙是唯一被如此崇拜的女性，这表明她在祖先名册上的显赫地位。对这种仪式表演的唯一可能的解释是，妣乙正是《诗经》中提到的玄鸟。这种解释也有其语言学依据——《说文》中对"乙"一词作了明确的定义："是一种黑色的鸟，或者更确切地说，是一只燕子。"

　　这里收集的证据表明，不仅只有"满洲"和朝鲜共有着这个重要的神话；实际上，这个神话的最早版本可以追溯到商朝的建都地河南北部。同一神话在朝鲜、"满洲"和华北不同版本的出现，必然是由于这三个地区属于同一文化区域。

第二部分　第一个中国政府

（大约公元前 1134 年—公元 352 年）

　　概要：可据的中国历史始于商朝（约公元前 1400—公元前 1100 年）后期，当时已经提到了"满洲"和朝鲜。据可靠的证据表明，这一地区的发展在历史时期的一开始就掌握在中国人手中。公元前 4 世纪"南满"被燕国统一后，便处于中国内地的统一政治管理之下。秦始皇在该地设立 3 个郡（公元前 222 年），并以和其他 33 个郡同样的方式来管理。经过一段短暂的半独立状态后，仍归中国人统治。汉武帝在"南满"和朝鲜的新土地上划分 4 个郡，后来合并为 2 个郡，从而将这一地区再次纳入中国的共同体。在汉武帝征服之后，这些地方在超过 4 个世纪的时间内一直是中华帝国不可分割的一部分，这是一段和平而繁荣的时期。公元 3 世纪，当中国内陆内战肆虐时，这一地区的管理或多或少掌握在展示出非凡治理能力的中国游牧民族手中。这些习得了中国管理方式的当地部落不断扩大其影响力。当扶余部落最初成为这个地区的主导力量时，他们仍然承认中国的宗主权。公元 352 年他们宣布独立，这标志着第一次中国管理的结束并导致了一系列当地部落的起义，最终以蒙古人的征服而告终。

A. 燕国对朝鲜的征服

上面已经指出，周朝灭商的统治后，被征服王室的王箕子逃过鸭绿江，在那里建立了名为朝鲜的侯国。直到 700 多年后，这个侯国才被人们熟知。公元前 4 世纪，朝鲜的王模仿他的邻国燕王（今直隶北部和奉天西部）的统治自封为王。据说，朝鲜的第一代王曾向燕王提议建立泛华同盟，联合军事力量来维持衰落的周王朝。这个提议由于大臣礼的反对而没有实行，但是朝鲜和燕国仍保持着友好的关系。在他死后，他的继任者变得狂妄自大而荒淫无道，被认为难以胜任。燕国趁机进入，在秦开的指挥下，这次远征成功进行，2000 多公里远的一大片朝鲜领土被燕王兼并，这就是辽东郡的起源。直到公元 4 世纪，它一直是中国不可分割的一部分。燕对朝鲜实行了进一步的统治，它的政府受到燕国官员监管，实际上成了燕国的属国。它的邻国真蕃也遭受了同样的命运。所以早在公元前 4 世纪"南满"就和中国的东北地区处于同一政治管理下。

B. 始皇帝时代

在公元前 230—公元前 221 年，始皇帝秦始皇统一了整个中国，燕和其他诸侯国的命运一样。在燕国都城易彻底沦陷后，被打败的燕王带着他剩下的部下前往辽河对岸，自立为王。然而这并没有持续多久。公元前 222 年，秦始皇的将领王贲俘虏了多舛的燕王。被征服的燕国东半部的"南满"和朝鲜半岛的大部分地区，都被纳入了由秦始皇建立的行省制度。

秦始皇立即巩固其统治地位，设立了包括"南满"和热河在内的 3 个郡，即：右北平，今热河；辽西，今直隶东隅，奉天西隅；辽东，即现奉天中部及东部。①朝鲜和其他族落则仿效燕国的模式，被划归"辽东外徼"。此外，还建造了贯穿戈壁南部山脉的西起临洮，东至辽东的中国长城。②

---

① 这些省份都是燕之前的辖地。

② 外国人经常把秦始皇的这座长城和明朝建立的相混淆，秦始皇修筑的长城处在除了最西的部分以外更北的地方。

C. 卫满及其后继政权

随着公元前207年秦朝的灭亡，汉代于公元前202年建立。中华帝国东北角的行省制度没有发生任何变化，只是汉代在血腥的内战后，由于军事力量的耗尽，放弃了早期对"辽东外行省"的有效控制。这一转变也导致了朝鲜王朝的变化，中国大量流民涌入朝鲜，促进了中华文化在这一地区的传播。高祖皇帝任命卢绾为燕王，卢绾随即反叛。卢绾的一个部下卫满带着亲信逃往朝鲜，并请求在位的箕氏朝鲜后继者让他留下。箕氏朝鲜王答应了他的要求，将他们安置在王国的西部边境。卫满很快凭借自己的才能脱颖而出，赢得了朝鲜的信任。他利用这个机会在身边招抚了一群中国流民，他们最终帮助他推翻了朝鲜的统治，并让他登上了王位。

卫满采取吸引越来越多的汉人移民来汉化朝鲜的政策。同时，他还臣服于汉朝并承认中国的宗主权。他与吕后（公元前187—公元前180年在位）达成了以下协议：（1）臣服于汉朝，（2）守护中国东北边境线免受蛮族的攻击，（3）不妨碍朝廷与东部各族间的交流。

卫氏朝鲜兴盛了四代，直到卫满的孙子右渠与中国的恺撒大帝——武帝（公元前141—公元前87年在位）发生了冲突。公元前125年，在朝鲜征服前的16年，居住在"南满"和朝鲜东北部部分地区的秽族，在首领南闾的带领之下自愿加入帝国。右渠对帝国朝廷只是半心半意地顺从，这自然是一件令人担忧的事情。武帝在出征时，控告他犯下了以下罪行：（1）不曾入朝觐见，体现其违抗与不忠，（2）庇护中国犯人，（3）阻塞东方首领前来朝廷的路，（4）谋杀辽东郡都尉。这次征伐力量分为水陆两军，公元前109年，他的王国被武帝兼并。

D. 汉武帝征服后

汉武帝征服后，"满洲"和朝鲜在几个世纪内一直是中国政治实体的一部分。直到公元352年，即蛮族入侵后的35年，汉化的慕容家族不再效忠于东晋王朝。

汉武帝在军事上的迅速胜利、对于"满洲"的长期统治，以及朝鲜对于中国的地方制度的保留只能归因于先前联合的事实："南满"和西朝鲜无论是在文化上还是政治上，甚至在人口上都已经汉化或至少占主导地位。汉代的《方言》中记载了汉武帝以前辽东和西朝鲜的居民使用汉语方言的情况，据应劭说，《方言》中含有周朝和秦朝的方言资料。书中提到北燕（今北直隶、热河、奉天）和朝鲜（今朝鲜半岛地区）直到洌水（今汉江）的人都说同一种汉语方言。这构成了研究这一时期"南满"和朝鲜文化及民族问题最重要的材料之一。

E. 汉、魏、唐时期的"满洲"管理

秽族部落投降后，汉武帝征服朝鲜半岛并于此建立 4 个郡，命名为：

1. 玄菟郡或称"黑兔郡"，包括奉天东部、朝鲜东北部、吉林东南部以及俄罗斯的符拉迪沃斯托克（中国称海参崴）附近领土。

2. 真蕃郡，包括吉林的部分领土。

3. 乐浪郡，包括朝鲜半岛（盖马）一带以西地区。

4. 临屯郡，包括朝鲜半岛（盖马）一带以东地区。

公元前 82 年，为了减少行政开支，真蕃郡被并入玄菟郡，临屯郡被并入乐浪郡，4 个郡被合并为 2 个郡。玄菟郡和乐浪郡与辽河沿岸的古老省分即辽东和辽西地区的行政管理体制一样，在至 4 世纪中叶的 400 多年间保持不变。除了中原发生朝代更迭的短暂时期，这期间的大部分时间是太平昌盛的。

每个郡都有一位太守或高级长官负责管理，由一位乃至多位都尉或上尉进行辅佐。一旦发生战争或镇压叛乱，将军或上将被冠以特殊的头衔来完成特定任务。一个省由几个，有时多达 30 个县组成，由一名地方法官管理。这是中国古代的常规管理制度；帝国的东北部分，包括"满洲"，也被同样的制度管理着。

F. 当地部落

这些郡的官员不仅负责管理汉人的臣民，而且还管理当地的部落和朝贡领地。每个朝贡地区都由自己的世袭首领管理，首领通过太守从皇帝那里获得官印、官费、帽子、丝绸、乐队和其他文化物品。这些朝贡部落被要求维持边境秩序，维持与各郡的贸易往来，对皇帝表示敬意，并服从太守的命令。在这些朝贡部落中，以下被中国历史学家记录为居住在"满洲"和朝鲜的重要非汉民族。

1. 扶余。扶余是居住在吉林和松嫩平原的一个农耕部落，受玄菟郡高官的监督。这个部落富裕而强大。虽然有时他们会反抗，但他们与中国人的关系总体上是亲密和友好的。作为对他们忠诚的回应，中国人保护他们免受西方野蛮人的攻击。

3 世纪末扶余被鲜卑部落推翻时，中国军队曾帮助他们恢复统治。扶余也有自己的分支部落，挹娄或称肃慎，是跨吉林东部和俄罗斯乌苏里的一个部落，文化上更原始。

2. 高句丽。高句丽与扶余同宗，是一个好战的部落。在西汉时，他们的城镇在玄菟郡形成一个县。他们受雇于臭名昭著的中国篡位者王莽的军队，但他们打得很差。在东汉时，他们通过征服东边的邻居濊貊逐渐变得强大。他们比扶余更频繁地叛乱，但是公孙度和毌丘俭的征服使他们继续处于中国的控制之下。公元 4、5 世纪野蛮人入侵中国后，其中的一个分支成为一个强国。

3. 东沃沮。东沃沮的领土最初处于汉武帝时期的玄菟郡，后来该部落向西北移动，并与高句丽合并。

4. 濊或称濊貊。濊或称濊貊是居住在朝鲜（盖马大山）东部的一个部落；他们说一种与高句丽人相似的方言。在西汉，他们受到了乐浪郡（东部驻军指挥官）的控制，但在东汉时获得自治权。

G. 公元 3、4 世纪的 "满洲"

在公元 2 世纪末至 3 世纪中叶的中国朝代战争期间，"满洲" 处于公孙度及其后代的统治之下。他是中国辽东郡襄平县（今辽阳）人，最初在郡政府担任职员。后来，他被任命为太守，并最终升任辽东侯。在中国进行改朝换代时，他趁机吞并周围的郡以巩固自己的统治，并且与被追封为魏开国皇帝的曹操结盟。他的子孙通过征服周边的部落，让 "满洲" 和朝鲜有很强的影响力，并且实质上成为一个独立的帝国。公元 238 年，他的孙子与司马懿的势力发生冲突，他的军队被彻底击溃。公孙家族在该地的独立统治也就结束了，东北再次处于帝国的直接管理之下。

我们也不应该忽略曹操对中国东北的影响。公元 207 年，他通过在热河的一场战争成功打败了好战的乌桓部落，及时根除了对中国在东北统治的直接威胁。这一战役也延缓了半个世纪以来 "蛮人入侵中国" 的进程。

在推翻公孙家族的统治后，驻边官员毌丘俭派远征军去征服高句丽，高句丽最终在公元 245 年投降。最近新发现了他的一个纪功残碑，附图是它的拓印复制品。

但在 4 世纪的前十年，无法避免的 "蛮族入侵" 最终到来，都城长安和洛阳被洗劫一空。慕容廆是鲜卑人的首领，通过征服高句丽人和黑龙江北部部落，控制了辽东，建立了一个强大的国家。他和他的后人充分利用了中国内地难民的服务，使行政管理制度化，并取得了巨大的成功。因此，尽管军事上是由鲜卑人控制的，然而从文化和政治上看，"满洲"仍然是中国的。慕容廆认为自己是一个忠诚的中国人，公元317年前到南京支持中华帝国的事业。他的儿子以他为榜样。南京朝廷先后任命他们为辽东、乐浪两郡总督，并获得了世袭贵族的头衔。公元352年，慕容廆的孙子慕容儁从其他"野蛮人"手中夺取了中国中部的大部分领土后，认为自己足够独立并自宣为帝。

慕容儁的成功是短暂的，他的领土很快就转移到了其他"野蛮人"的手中，高句丽的崛起就变得不可避免。公元5、6世纪，除辽河以西仍是中国领土外，"南满"都属于高句丽。这个部落名义上承认了中国北方和南方的宗主权。

第三部分　当地部落的暴动和过渡时期

（公元352年—1372年）

概要：从公元352年开始，从慕容家族宣布独立到明朝以前，除了唐朝设立安东都护府（公元668—758）时帝国的管理再次触及这一地区，"满洲"和朝鲜大部分时间都被非汉部落统治着。但这一时期所谓的当地规则很大程度上受到了汉人的强烈影响：慕容氏、高句丽人、鞨鞨人、契丹人和女真人都依赖于中国的支持并利用中国专员的服务。他们不可避免地受到中国文化的吸引，与汉人自由结合，直到完全被吸收。

A. 高句丽的兴衰

高句丽发源于奉天北部，是玄菟郡的一个县（区），北与吉林接壤，西与辽东接壤。三国时期，高句丽屡次入侵辽东，屡遭击退。这些军事接触逐渐导致了文化渗透。公元246年，当毌丘俭成功远征高句丽时，他把灌溉的方法也带给了高句丽当地居民。这种新的农业方法开创了一个繁荣的时代，并为后来的成功奠定了基础。

5世纪初，高句丽逐渐强盛起来。慕容家族日渐衰败，辽西陷入一片混乱。高句丽趁机向西北扩张，吞并了辽东，征服了扶余。根据公元437年汉人使节所做的观察，高句丽的面积增加了大约三倍。在高句丽的鼎盛时期，它的领土包括三分之二的朝鲜地区，以及辽河以东的"南满"大部分地区。

当然，一个昌盛国家的领土野心永远不会停止。在辽东并入后，高句丽开始入侵辽西。但在这个时候，中国在隋朝再次统一，隋朝皇帝开始认真处理高句丽问题，对高句丽进行了四次制裁性远征（公元 598、611、613、614 年），但都以失败告终。这项任务留给唐朝皇帝去完成。公元 644 年，唐太宗亲自出征惩罚高句丽。他征服了几乎一半的领土。他的儿子高宗在公元 667 年完成远征，建立了安东都护府。

B. 安东都护府

高句丽沦陷，新罗和百济被吞并后，整个朝鲜和"满洲"的领土完全处于中国的控制之下，它完全按照中国的方式统治。辽河以东的全境有 176 个城市，690,000 户，分为 9 个都府、42 个州和 100 个县。一位总督被任命为行政部门的负责人。都护府的第一个都城是在平壤，并拥有很高程度的自治，所有的重要职务都由当地人担任，政府非常仁慈。《旧唐书》这样描述第一届管理部门：

> ……老人和孤儿得到了很好的照顾，有才能的人被委以公职，尤其宣扬忠诚、孝顺、贞洁和诚实。因此，所有受过教育的人都学会了欣赏帝国文化……

正是在这个时候，日本人开始接受中国文化，部分是通过这个渠道。当然还是有很多不守规矩的人不断地暴动反抗。公元 669 年，约有 38,000 人被带到长江和淮河流域。

与此同时，帝国与来自西北方的吐蕃人发生了纠纷，于是驻扎在安东的一支军队被转往西。为了平定高句丽中遗留的不守规矩的分子，政府授予了该地更大的自治权。公元 676 年，都城迁往辽东。从那时起，可以说中华帝国对这片领土的主要影响是文化上的，当地居民享有政治上的自由自治权。后来，行政权完全并归东北边境驻边的都督，从而持续管理都护府 90 年（公元 668—758 年）。

C. 靺鞨部落

靺鞨人是汉代勿吉人的后代。从一开始，靺鞨人就渴望成为中国的属国，他们经常向朝廷效忠。在 4 世纪下半叶与高句丽的斗争中，他们谨慎地向北魏朝廷寻求许可，这无疑是他们成长期间巨大的道义力量。从那时起，北方就定期向朝廷进贡。作为回报，他们无论是精神上还是物质上也获得了朝廷的大量恩惠。隋朝几乎像父亲一样给他们施恩。隋炀帝在给部落使节的一封信中说："我视你为我的孩子，你也应该视我为你的父亲。"（《隋书》第 84 卷）

这种密切的接触必然导致这些部落开始接受中华文明。当靺鞨人送马和石砮楛矢到朝廷时，朝廷教他们礼仪并给他们丝绸。随着时间的推移，他们逐渐巩固成为一个政权。

靺鞨部落的真正崛起是在征服高句丽之后。武后（公元 685—704 年）统治时期，当时，契丹军与营州驻军发生冲突。大祚荣是中国军队中的下级军官，也是靺鞨部落的分支粟末人，他逃往当地，并在那里建立了一个政权。后来又巩固了扶余、肃慎及周边地区的旧疆域并入国家，唐朝册封他为"左骁卫员外大将军、渤海郡王、忽汗州都督"。隋唐及之后各朝代，他们对朝廷的进贡从未间断。

政权完全按照唐朝的模式管理，送一部分人到唐朝都城来学习唐朝制度。根据《新唐书》（219 卷）的记载，正是基于这个原因，他们才成为东北地区的强国。

公元 927 年，他们被契丹人征服并吞并。

D. 契丹人

当渤海从一个部落演变为吉林及其周边地区的一个政权时，另一个游牧群体——契丹人也逐渐在热河南部和西部奉天附近崛起。契丹与靺鞨分支的渤海分支一样，出现于公元 4 世纪。起初，他们只是一个占据了现代朝阳的一个有限的地区小部落。在唐朝，它的疆域逐渐向西、向东扩展，面积不少于 2,000 平方公里。五代时期（公元 906—959 年），它的领土扩大得更多，有 8 个行政区和 41 个区。公元 10 世纪初，耶律阿保机继续征服，并于公元 916 年宣布独立。他的儿子耶律德光把契丹的势力扩大到直隶和山西的北部。当时的领土范围从西部的鄂尔多斯到乌苏里的宁古塔。从北京到松花江一个新的国家辽宣布成立，它注定成为北宋的一个强大对手。

他们成功的秘诀在于耐心地向唐朝学习所有的管理方法。整个唐朝时期，他们都是附庸国，且经常与皇室通婚。他们的头衔是唐朝皇帝授予的，官方职位在很多情况下是由汉人担任的。他们定期向唐朝朝贡，有时甚至采用皇室的姓氏李作为他们忠诚的象征。因此，无论从哪个角度看，他们都是一个从属者，接受唐朝的头衔、荣誉、印绶和姓氏。

他们成功的另一个原因是他们充分利用了汉人的服务。唐末，当帝国开始瓦解，中国本身处于混乱状态时，许多汉人逃到契丹，帮助他们组织各种机构。下面是叶隆礼的《契丹国志》的摘录：

> 初，契丹有八部，族之大者曰大贺氏。后分为八部，部之长号"大人"，而常推一人为王，建旗鼓，以统八部。每三年则以次相代，或其部有灾疾而畜牧衰，则八部聚议，以旗鼓立其次而代之。被代者以为元约如此，不敢争。及阿保机，乃曰"中国之主无代立者"。由是阿保机益以威制诸国，不肯代。其立九年，诸部共责诮之。阿保机不得已，传其旗鼓，而谓诸部曰："吾立九年，所得汉人多矣。吾欲别自为一部以治汉城，可乎？"诸部将许之。汉城在炭山东南滦河上，有盐铁之利，乃后魏滑盐县也。其地可植五谷，阿保机率汉人耕种，为治城郭邑屋廛市如幽州制，汉人安之，不复思归。阿保机知众可用……

他的儿子在位时实行更大程度的汉化。他采用了所有的制度、法律、习俗、日历、音乐和写作。这些部落的人自由地与汉人通婚，随着时间的推移，他们与当地的汉人并没有明显的区别。这种对中国文化的吸收无疑帮助他们立即建立了一个帝国。在蒙古时期，马可·波罗在中国旅行时，他仍然称中国北方为契丹。

E. 女真人

女真人或金鞑靼人最初只是靺鞨部落的一支，他们被称为黑水靺鞨。他们最初起源于黑龙江的某个地方。他们作为靺鞨和契丹的附属者，也向中国的唐王朝进贡。在 10 世纪上半叶，他们开始被称为女真人。当他们一接触到汉文化，就很快地被汉化了。他们征服中国北方后，与汉人自由通婚。这种情况和之前的情况一样。作为粗鲁的野蛮人，当他们面临可能将要统治的大片领土时，他们自然地学习了他们能接触到的最接近的技术，也就是从汉人那里。

以下两段来自《金史》，显示了他们是如何接受汉文化并与汉人融合的。

> 斜也、宗干当国，劝太宗改女直旧制，用汉官制度。天会四年（公元1126
> 年），始定官制，立尚书省以下诸司府寺。十二年（公元1134年），以企先为尚
> 书右丞相，召至上京。企先博通经史，知前代故事，或因或革，咸取折衷。企先
> 为相，每欲为官择人，专以培植奖励后进为己责任……（《金史》第78章）

韩企先是一个土生土长的直隶人。

还有就是，在关于金的兵制记述中（第44章）：

> ……及其得志中国，（女真人）自顾其宗族国人尚少，乃割土地、崇位号
> 以假汉人，使为之效力而守之。猛安谋克杂厕汉地，听与契丹、汉人昏因以相
> 固结。

女真部落于公元1114年起兵反抗辽朝。随后的一年，一个名为"金"的帝国
宣告成立。公元1123年，辽朝被金朝迅速征服。四年后，金朝军队进入开封城，
结束了北宋的统治。从那时起，包括东北在内的中国北部被金朝统治了一百多年，
直到公元1234年势不可挡的蒙古人推翻他们的时候，统治才告结束。

F. 蒙古人

征服了整个亚洲和部分欧洲，并在中国建立王朝的蒙古人，也发自靠近大兴安
岭的"满洲"西北。他们原本是北魏时期"满洲"边境上的一个小部落。隋唐时
期，他们经常向中国进贡。

蒙古人崛起的详细论述已超出本文的讨论范围，这在世界范围内具有重要意
义。可以说，在成吉思汗的时代，影响力的中心仍然在蒙古的东北部。公元1234
年，在征服了中国北部的女真之后，他照搬了女真和宋朝关于统治方面的全部的东
西。"满洲"被统治的方式与契丹和女真完全相同。因此，蒙古人的征服没有给
"满洲"带来任何物质或精神上的改变，除了蒙古人自己。

第四部分　回到帝国——一次重聚

（自公元 1372 年始）

概要：1341 年，汉人开始反抗蒙古人的统治。27 年后（公元 1368 年）蒙古王朝被推翻了，他们的人被赶出了长城。明朝的开国皇帝洪武帝继续进军"南满"，并于 1371 年至 1372 年攻入"南满"，在那里建立了许多军事据点。他的儿子永乐帝继承了他的事业，征服了蒙古的大部分地区、"北满"以及西伯利亚的部分地区。整个明朝期间（1368—1644 年），这片领土一部分由帝国直接管理，另一部分由朝廷正式任命的当地首领管理。

无论是政治上还是文化上，清朝都只是明朝的延续。爱新觉罗家族的奠基人是明朝官方正式任命的。虽然他们在起事后成功地建立了一个新的王朝，但从现代意义上说，这算不上是一场革命，因为他们几乎没有引入任何政治或经济变革。"满洲"仍然是中华帝国的一部分，就像在明朝时期一样。直到最近"满洲"才成为一个国际问题。导致这一事态转变的历史，须交由其他学者解释。

A. 汉人在辽东的定居

自唐朝灭亡以来，四百多年来，"满洲"的领土一直处于"蛮族"部落的控制之下，他们有时承认中国的宗主权，有时造反，那里的汉人处境非常不利。但是，由于人数不多的女真人和契丹人都无法开发这片广袤的地区，因而在他们的统治下，许多汉人被引诱到这一地区定居。就这样，辽河流域及辽东半岛的人口一直以汉人为主。这些汉人在他们的军队中服役，并被鼓励与当地部落通婚。在《辽史》和《金史》中，经常提到中国内地人口大量迁往辽东的事件。在蒙古王朝，这样的移民仍在继续，因此，辽东地区几乎完全被汉人所定居。当时航海的发展更是加速了移民的迁移。如果顺风的话，山东人可以在 24 小时内抵达辽东。

B. 明朝的行政管理

从明朝开始，"南满"包括奉天、吉林的部分地区和热河地区在内，与山东同在一个省级机构管理之下。这一地区参加科举考试的考生都必须渡海或经过北直隶前往山东。

历史学家都知道，明代的省级管理具有双重性：人口分为军人和平民两个阶层。军事阶层的成员必须在军队服役，而平民则要缴更重的税。平民由州（县）、县（区）知事管理，而军队则由卫、千户所管理。这种双重性存在于每个省份。在边疆和战略要地中，军政的地位更为重要。当时山东海域北部的"满洲"地区就是这一规则的例子，它分为二十五个卫和若干千户所，都由一个称为辽东都司的军长统管，同时也统管人民。

根据明朝史料记载，永乐七年（公元 1409 年），帝国的势力到达了黑龙江，一直到达了位于鞑靼海峡阿穆尔口的奴儿干。他们在那里建立了另一个都司，即奴儿干都司。在这些东北地区，有一支九万五千人的常规军队。

C. 奴儿干都司

特别值得一提的是奴儿干都司的建立。毫无疑问，明朝在其最强大的时期，它的影响力远远超出了现代的"北满"边界。公元 1411 年，奴儿干被一个宦官征服，包括海岸、西伯利亚黑龙江省的大部分地区和千岛群岛。符拉迪沃斯托克博物馆展出了在这一地区发现的两块石碑，证明了中国对这片土地的控制。据日本考古学家鸟居龙藏称，在黑龙江经常能发现中国明代的陶器。日本汉学家内藤虎次郎对明朝东北地区历史地理的研究，充分证实了明朝的正史。他根据最近的考古资料指出，边境地区奴儿干实际上到达了鞑靼海峡的海岸。

D. 羁縻卫所

除了辽东都司和奴儿干都司，这里还建立了大量的羁縻卫所。《大明会典》（或称《明会典》）列出了 384 个卫所（或驻地）以及 24 个千户所（或驻地）。这些地方大多数散布在嫩江、中国东北东部地区包括西伯利亚的沿海地区及黑龙江畔在内，且已被证实。这些要塞的管理留给了具有世袭权力的当地首领。这些首领的最高头衔是都督或指挥，但他们中的大多数人都更喜欢都指挥使或都指挥这个称谓。

明朝对这些卫所的控制的有效性是一个令人关注的问题。现代研究表明，在不同的时期和情况下，控制的有效性有着很大的差异。在明朝最强盛的时期，即使远在黑龙江以北的卫所也必须服从中央官员的命令。但到了明朝晚期，只有吉林和黑龙江东南地区仍受明朝官员的监管，其他的则只是进贡。在建州女真起事前，哈尔滨、吉林的建州、奉天东部还有黑龙江东南部的女真就一直处于明朝的控制之下。他们的首领是由朝廷任命的。如果他们不服从命令，那这个职位随时可能转到另一个部落。建州的历史清晰地显示了明朝的统治是多么有效，首领们总是为自己是明朝的臣民而感到骄傲。

必须指出的是，清朝官方所修的历史非常积极尽力地在抹杀明朝的军事成就和政治控制，因为"满清"皇帝不希望人们知道他们的祖先曾受到明朝的统治。

E. 建州封臣和清代初期

《明实录》中有大量关于建州女真的记载，并且在《朝鲜实录》或称《李朝实录》中都有。建州女真，作为清朝的祖先是可以追溯的。

元末时期，建州女真定居在吉林的三姓城附近。公元 1403 年，女真人的部落首领阿哈出被任命为建州卫的首领。他得到了皇上的极大宠爱。他的女儿被带到明朝朝廷，成了皇帝的妃子之一。这个家族因而可以使用一个汉姓。

公元 1411 年，另一个部落和军事单位在建州成立，称为建州左卫，猛哥帖木儿或称佟猛哥帖木儿被任命为首领。爱新觉罗家族的创始人、清王朝的统治者努尔哈赤也以他的姓氏命名。在他写给明朝皇帝的奏折中，他曾以东努尔哈赤自称。

建州的历史比较复杂曲折。它不断受到来自内部的野蛮人和来自外部的朝鲜土匪的压迫。有一次，建州的军事首领决定不再听从明帝国的统治。这很快被明朝的军队所镇压。结果导致建州的军事力量减弱，明朝决定改变其管理政策。扈伦部分为乌拉部、哈达部、叶赫部和辉发部 4 个部落，是松花江当地的部落，后来占据了吉林。当建州的女真不再服从时，明方给予了扈伦极大的庇护，让他们监视建州。这一政策达到了预期效果。公元 1583 年，建州女真缩小到几乎无足轻重的程度。

与此同时，扈伦内部也发生了争吵，并逐渐分裂。这给了建州的女真人一个新的生存机会。他们发现努尔哈赤是一个极有能力的领袖。

努尔哈赤 19 岁时离开父亲去做人参的生意。在抚顺，他在那里接触到了许多汉人，并有很多读中国小说的机会，在读《三国演义》和《水浒》的过程中，他学到了一些军事策略。他也曾在李成梁的军队中服役，作为李成梁的贴身护卫，受到了他极大的关照。

公元 1583 年，当建州的状况处于最低迷时，一个 25 岁的年轻人努尔哈赤开始了他那改变历史进程的伟大事业。他报复了谋杀他的父亲和祖父的尼堪外阑，用三年的时间完成了这项任务。公元 1588 年，他已经集结了超过一万人的军队。从那时起，他逐渐统一了东北地区的各个分散部落，同时他对明朝非常顺从。明朝皇帝任命他为建州左卫都指挥使。公元 1590 年、1593 年和 1608 年努尔哈赤都亲自去北京觐见明朝皇帝。到 1608 年，他已经巩固了在现在的"南满"的地位，并向北推进到松花江。1612 年，他的军队预计超过 6 万人。1616 年，实际上他已经独立了，但在名义上仍承认明朝的宗主权。两年后，他起兵讨明，在 1626 年去世前打了一系列战役。如果明朝将他的地位提升为王，那他早就被安抚了。

F. 清代"满洲"的近摄

爱新家族占据北京并巩固其在中国的地位，满族人大量向西南迁徙到中国内地，并作为官员和"旗人"定居在长城以内。到 17 世纪中叶，"满洲"地区除了在辽东依旧繁荣的中国旧居，其他大部分人口都减少了。

这样造成的情况很严重，满族统治者很快意识到它的危险。1665 年，政府颁布了一项法令，鼓励在"满洲"定居。移民直到他们第一次收获前都可以获得免费的土地、种子、牛以及免费的食物。然而，由于持续多年的内战，中国本身的人口大大减少，所以这并没有取得任何成功。1663 年，政府决定撤销原法令并封闭"满洲"：汉人被禁止在奉天以外定居，蒙古人被挡在了长城以外，朝鲜人也同样被禁止越过"满洲"边界。

这一政策变化的原因是复杂的。首先，中原地区希望与"满洲"人进行毛皮、人参和珍珠贸易。历史上的人参贸易尤其重要。人们可能记得努尔哈赤是在抚顺的人参贸易中做商人开始其职业生涯的。这一传统为他的后代所珍视。汉人是人参的最大消费者，这种人参在汉人市场上总是卖得很高，而且只在"满洲"才有。为了维护这种垄断，"满洲"封闭了所有的外来者——朝鲜人、蒙古人以及汉人。而朝廷在这里每年的收入也不过 15 万两。

其次，满族人开始相信汉人迷信的"风水"或称地理占卜，当地的皇宫必须保持其固有模样。由于汉人农民是土壤的主要破坏者，因此必须把他们严格排除在外。

第三个原因是由于清初时皇帝想要保持统治民族的纯正。然而事实上，即使在这些日子里，满族人在种族和文化上都是"纯正"的。努尔哈赤本人深受中国思想的影响，既会说汉语，也会说满语，满语包含了大量的汉语和蒙古词汇。所谓的"满州旗人"在多数情况下都来自汉人，最初加入努尔哈赤的汉人都被称为女真人，并受到女真人的待遇。除此之外，至少有康熙、嘉庆和道光这三位皇帝的母亲都来自旧汉人家庭。正是这种最初的汉族文化和血液的注入，使得后来满族人的融合异常迅速。到了18世纪中叶，很少有满族人会说他们自己的母语。到了19世纪末，中国东北的满族人也与其他民族的汉人移民难以区分。①

值得注意的是，将汉人排除在"满洲"之外的政策仅限于奉天以北的地区，之前在那里中国人一直可以自由出入，奉天以南的地区一直以汉人为主。

G. 清朝时"满洲"的统治

在清朝早期，对东北的统治方式与明朝非常相似，都是一种军政统治。但由于它是皇宫的所在地，因而出现了一些名义上的变化。奉天是清朝的陪都，皇帝频繁到访于此。为了方便接待皇帝的来访，政府在那里设立了五部尚书。② 官方对这片土地的描述是盛京，是繁华都城。这实际完全是模仿明朝皇帝对待明朝第一个都城南京的方式。

但由于人口稀少，这个地区几乎没有民政管理。在早期，黑龙江和吉林的一部分作为皇家禁地，人们被禁止前往那里。然而，奉天被划分为几个区，以照顾原有的汉人移民。1791年，吉林西部第一次向移民开放。后来，"北满"也逐渐仿效。据估计，吉林开放的前十年共开垦超过26万亩的土地。这让我们对这一时期移民到那里的人数有了一些了解。这些移民都是汉人，"旗人"都不愿意回去了，因为他们再也无法忍受北方的严寒。在19世纪七八十年代，汉人向这一地区迁移的势头越来越大。当俄国的威胁开始显现的时候，出于加强边防的考虑，政府就大力鼓励移民到黑龙江

---

① 真是命运的讽刺！雍正皇帝和乾隆皇帝不仅竭尽全力想要创造一个根本不存在的满族架构，还试图摧毁所有与满族起源有关的文学，而这为1911年推翻王朝的革命奠定基础。这场革命的动力是民族意识，而雍正和乾隆创造的架构对其发展起着重要的推动作用。他们企图抹杀满族起源的行为也同样失败。许多文学作品幸免于这场劫难。现代研究重建了清崛起成为一个帝国前希望世界所忘记的其真实的历史背景。

② 这只是一个仪式性的机构，因为五部尚书并没什么事可做。

去。这些移民大部分为山东人。到 1907 年，"满洲"到处都可以看到汉人农民，因此有必要建立一套更系统的民政管理制度。"满洲"被划分为三个主要行政单位，即"东三省"，从那时起这些省的管理方式就与中国本土的其他省完全相同。

上面所写的是近三千年来"满洲"发生的事件的最简短的概要。历史表述很难具有连贯性，因为不可能只单独讲述"满洲"的历史。"满洲"发生的事件只是中国本土发生事件的反映：中国对东北的统治、游牧民族的入侵、各部落的起事和灭亡，是中国历史的全部阶段。然而，从这个历史表述中可以清楚地看到一个事实：辽河流域自古以来就是中国人定居的地方。随后的移民运动促进了与不同的外来民族的接触，并经常与这些地方发生冲突，尽管野蛮人持续统治，中国的影响仍然占主导地位。不同的部落在中国本土、朝鲜，或是他们原来的家园来了又去。他们部落剩下的人无一例外地变成了完全的汉人。只有后者是各个时期中这一地区文明、政治制度和定居人口的不变因素。

从历史的角度来看，把"满洲"看作一个单一的整体也是错误的。黑龙江省虽然受到了中国汉唐时期文化和政治的影响，但直到明朝开始才并入帝国。另一方面，"南满"地区特别是辽河流域和辽东半岛，与山东或直隶一样一直以来都是中国的一部分。

（《东北史纲英文节略》1932 年北平协和书店英文版）

勘 误 表

图片概述

图一：该石碑是公元 240—248 年为纪念毌丘俭攻打高句丽而竖立的纪念碑碎片。最近在鸭绿江岸边的辑安县（现称集安市——译者注）被发现。

图二：该石碑上记载的是公元 713 年，使节崔忻给靺鞨人带来了任命渤海郡王的诏书。这块石碑是在他第二年经由阿瑟港（旅顺港在西方的称呼——译者注）返航时竖立起来的。

图三：该石碑是于公元 1413 年由中国奴儿干都司所建。现在符拉迪沃斯托克博物馆展出。

图四："鞑靼馆来文"里面有两页记载了建州（清朝的祖先）卫所的首领给明朝皇帝的请愿书，恳求皇帝施恩于他。

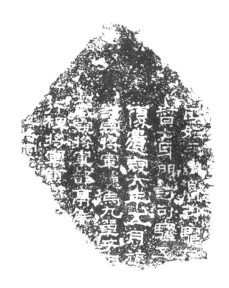

图一：毌丘俭伐高句丽记功碑

图二：唐宣劳靺鞨使崔忻井题字在旅顺黄金山

图三：明永乐十一年敕修奴儿干永宁寺记

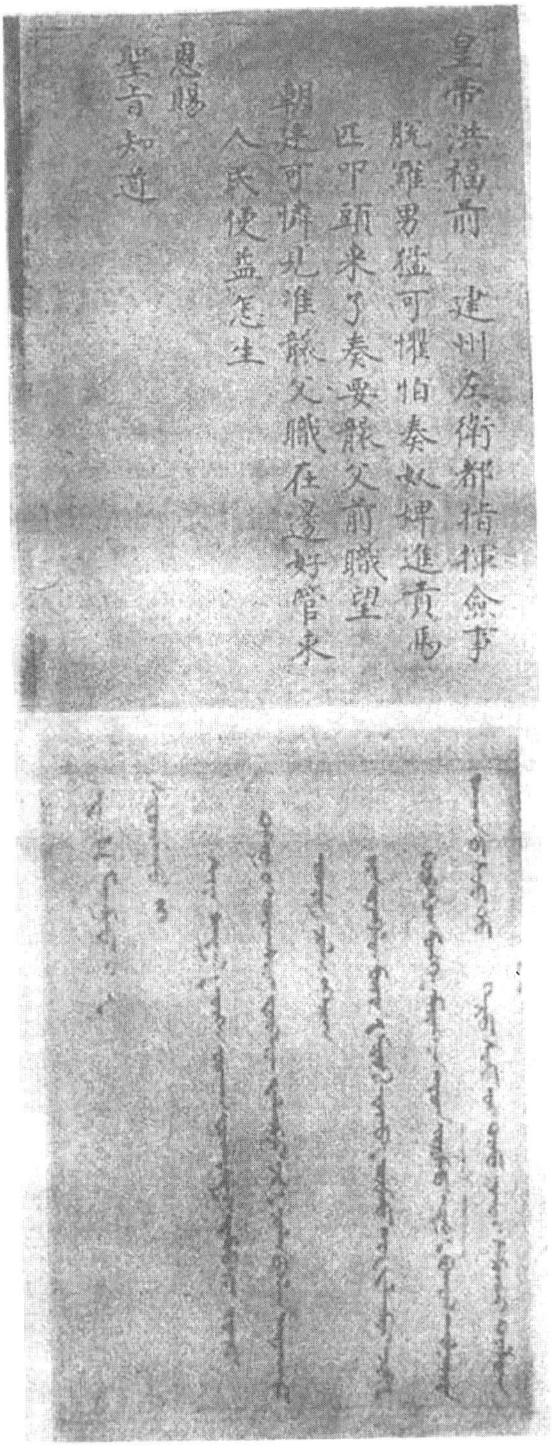
皇帝洪福前　建州左衛都指揮僉事
脫羅男猛可懼怕奏奴婢進貢馬
匹叩頭來了奏要襲父前職望
朝廷可憐見准襲父職在邊好管來
人民使益怎生
恩賜
聖旨知道

图四：明“鞑靼馆来文”之二半叶

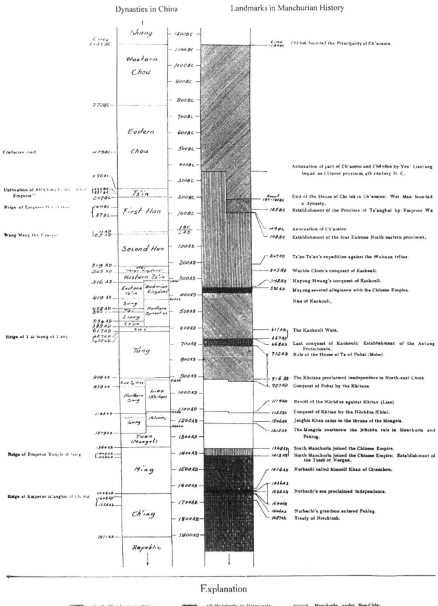

A　Chronological　Table

Dynasties in China　　　　Landmarks in Manchurian History

Explanation

 South Manchuria in Chinese Provincial System

 All Manchuria in Union with the Chinese Empire (with the Republic from 1912)

 Manchuria under Non-Chinese rule (when part or whole of China was also under the same Non-Chinese rule).

 South Manchuria and Korea ruled by Chinese Dynasties

 South Manchuria recognizing China's Suzerainty

 Period of Transition and Chaos

《东北史纲》 未刊部分补缀

清代东北之屯垦与移民

萧一山

非宇馆文存卷四

一、满洲封禁之意义

清初满洲之封禁，并非包括东三省全部，而封禁之意义，亦不在限制民人之垦殖。其封禁之区域，大约有三种：一曰采参之山场，二曰捕珠之河流，三曰围场及牧群；此三者皆因特殊天产物之关系，政府划定禁约处所，不许人民阑入，设卡稽查，勒有定章，采捕之务，围牧之厂，各设专员管理之，如打牲乌拉之总管，典牧之总管牧长，围场之协领是也，而总其成于将军。凡禁约之处，四围皆设封堆，立哨道，以时遣官巡查，禁止民人越界。《黑龙江通志·经政志·垦务沿革》（卷八）云：

> 呼兰城东北一带山河，出产参珠，是以封禁为采参捕珠之地，岁遣官兵巡查，以防奸民侵盗。自呼兰城东七十里之绰罗河口起，向北至弩敏河口，立四封堆，酌设哨道，以分内外。哨道以内为封禁官荒，不准开垦；哨道以外，为公中间荒，向准旗丁耕种，而禁民户入界私垦。

又《吉林通志·食货志》（卷三十一下）云：

道光二年奉上谕……伯都讷围场现在封禁，设立封堆四百一十个，委无民人在内私行开垦之处，着富俊随时查察，严禁私垦，无得日久疏懈，致滋流弊。……寻富俊奏言：臣查，伯都讷围场设立封堆，严禁私垦，并咨伯都讷副都统责成旗民地方官不时严查，按季结报查核……臣初设双城堡，原系由拉林管辖闲荒内拨出地界，南北七十余里，东西一百三十余里，四围设立大封堆，以别拉林、双城堡两协领分管界址。嗣因分设左右二屯，又将中屯与左右二屯分界，各设立小封堆，以别双城堡三屯佐领分管界址。其小封堆以外，大封堆以内闲荒，仍留作本地官兵及京旗官兵随缺地亩之用，此项地亩，随缺交代。若兵丁老病事故退革，便无容身糊口之处，续开北面间荒，东西展长一百二十七里，西南展开宽五里，挖立大封堆一百二十七个，以备退革兵丁恒产之用，此双城堡封堆之形势也。其小封堆以内，皆系旗丁之产，未便人民离处，早经逐出屯田外而大封堆以内，先系拉林管界，其嘉庆十五年奏准入丁陈民，未便全行驱逐，随于所居周围挖界，止许垦界内数垧，以养身家，不准越占官荒。

就上两文，可见采参捕珠之山河，围牧之场所，皆有封堆为界址。封堆以内，谓之官荒，不准开垦，以外谓之闲荒，则准许旗人之屯田。于是闲荒中又有大小封堆以限制民人之携眷垦殖者，是因禁采捕而连及屯垦矣。

黑龙江禁约之区，只呼兰城迤北之蒙古尔山（《会典》称蒙古鲁山，在巴彦县东阿力窄段），及布雅密河绰罗河一带，即前引《通志》，所谓官荒者也。乾隆元年于呼兰绰罗口、布尔噶赖峪、白杨树、努敏河口等四处设立台卡，禁私盗，实则山既无忧（乾隆五十四年试采一次，稍见参苗，不堪入贡，久经停采），水亦无珠（嘉庆二十二年试采一次，亦停捕，未得珠）。膏腴之壤，利于屯垦，后日开禁，此其权舆也。自余禁处，未见明文，仅雍正间议定墨尔根绥楞额山喀木尼哈达二处，及黑龙江城讷谟尔河地方各设台卡官而已。吉林则因长白山为发祥之地，产参最富，禁地独多。其见于官牍者：

一、乌苏里；二、绥芬；三、宁古塔；四、玛彦窝哩别派；五、绥哈河；

六、伊拉莫河；七、额尔敏；八、哈尔敏；九、二道江（即额和讷音）；十、吉林；十一、伯都讷；十二、乌拉；十三、拉林；十四、罗拉呆玛延；十五、达巴汗；十六、英额岭；十七、额赫诺殷；十八、萨音诺殷（以上见《会典·事例》卷二百三十二户部参务山场所引谕旨中有参山禁山之地）。

《东三省纪略》（卷六）云：

> 清初起于鄂多哩城，（今敦化县）图们江左岸，皆为发祥重地，入关以后，遂加封禁，列为禁山围场。

又引《八旗通志》及《珲春册报》云：

> 清初封禁采捕之河流山场，曰布尔哈通河，曰海兰河，曰噶哈哩河，以上为捕采河。见《八旗通志》。曰瑚珠山，曰阿布达哩（今之珲春东沟），曰乌尔珲山（即今之黑顶子），曰呼兰山（即今之火龙沟，在珲春东南），曰呼兰河，以上为采捕（山）河，见《珲春册报》。

观上则知吉林全境之山河，几无不在参珠围禁中，是以关卡之设，随处皆有。《大清会典事例》卷二百三十二户部参务关记巡防云：

> 乾隆二十年，议准吉林、宁古塔、伯都讷、拉林等处，于紧要隘口，安设卡伦，刨参之年，出派官兵，早为起程，彻底摺查，果无偷避出山过冬人犯，行令俟本年放票收参事竣后报部。

又据所载谕旨设立之卡伦，表之如下：

吉林属

镇北堡（大路后移二道河地方）、额赫木（城东参山）、登滩辉发（城东南沿松花江岸附近参山）、平顶山、白石、立发、苏尔济、觉哈、舒尔哈（六处皆附近参山）、呼兰河（直通出参之大安华山、小安华山、大发山等处在努敏口呼兰河之东南）、布勒札木。

打牲乌拉属

四道梁子、喀隆里、那木唐阿、长岭子。（四处皆附近参山）

宁古塔属

冲德林（城西）、乌赫林伊车（皆在城东呼尔哈河下游通三姓路）、玛尔胡哩萨齐库穆楞（三处皆南通珲春大路）、霍真松荫噶拉库（皆在城西南阿布毕尔腾地方）、上西聂赫（皆城东通产参乌苏里山路）、白河、呼什喀尔倭嫩、倭楞、噶斯哈、花兰、鄂勒浑、噶尔翰、多雍武、呼兰吉、塔克通吉（十处皆附近参山）、额赫木。（宁古塔吉林间之驿站设二卡伦）

伯都讷属

松阿哩嫩江（城西北厄克沁舒鲁齐多欢斯保地方）、当吉（城东北产参之乌苏里绥芬山通松阿哩江路南岸地方）、鄂齐尔渡口（城东北）、八间房（城东北）、富勒坚雅克萨（城东南）、宁山岭（城东南）。

三姓属

乌斯浑河（通宁古塔之路）、玛颜（松阿哩江上游）、翁萨口、斐遥屯河、佛勒和、乌珠遇兰、法勒图浑河渡口、图雅齐、音达木溪、音达木厓（皆乌苏里绥芬等山相通要路）、锡芬河、郭布齐、喜吉兰（并路通罗米尔玛延山）、团河口（松阿哩河下游北岸通蒙古）。

阿勒楚喀属

锡北河口（通阿勒楚喀路之松阿哩河上游北岸）、多欢、墨兰（城西南吉林当冲）、斐克图（城东北三姓当冲）、斐克图口、佛多和海沟、鄂勒浑、阿勒楚、库鞯、额木山。（皆附近参山）

卡伦之密如此。虽原设于参山隘口，河道渡口，以稽查出入刨夫所领官发之腰牌印票，（按原定八旗分山采参彼此不得越境。康熙间分山之例暂停，照盐引给与参引。雍正初谕采参虽经严禁，盗挖究不能除，与其肆令盗挖莫如定制收课，因议定自备资斧采参者，无论旗民，每票一张，交银四两，负载徒行之人，征银优各二两。八年奏准招商刨采，每票一张，收参十六两，十两交官，六两给商作本，余参留给领票之人。乾隆间，定盛京每票一人一状准带爨炊人四名，交参五钱。吉林一票四人，炊爨人至多不过五六名，交官参二两，余夫每名交参五钱。参票盛京以千七百五十二张为额，吉林以四百六十五张为额，宁古塔以一百九十六张为额。）然自吉林英额岭小山西南与盛京接壤，东北与罗拉米玛延小山与三姓所属乌苏里大山接壤，凡吉林、宁古塔、三姓等处大小山口，及百里附近要处地方，皆为堵闭，而乌拉、伯都讷又有禁河，有围场，实无异于全省之封锁。若奉天则因东北环绕长白山之关系，设有边墙，划为禁山。《东华录》嘉庆十五年谕云：

> 盛京、吉林、宁古塔一带，环绕长白山，为本朝发祥之地，产毓人参，实为瑞草。二百年来附近山场，刨采日多，必须远历深山，方能采获佳品。

又《大清会典事例》（卷二百三十二）参务禁令云：

> 康熙二十一年议定凤凰城至山海关开原边至萨林窝哩沿边设有柳条边墙，不得私入禁山。

清以柳条边外为禁山之区，复严毁坏边栏私自出入之罪，而边门乃为关隘，置兵尉以守之。《盛京典制备考》（卷七）云：

> 将军兼管东六边：五部侍郎内派一员为管边大臣。

威远堡、英额、汪清（按《会典》作旺清，或即兴京边门）、碱厂（按《盛京通志》即加木释门，碱亦作鹻）、爱阳、凤凰。（以上六边门俱拴桩挖濠）
每边门文职一员，由五部员外郎、主事、赞礼郎内签掣奏派，管理二年更换。武职章京五员，由驻防防御、骁骑校内圈派，三年更换。惟凤凰边门无武职。
将军统辖西十边门，每边门设防御一员：
开原属：法库门。
广宁属：彰武台边。
义州属：白土厂清河九关台。

锦州属：松岭子、白石嘴、新台、梨树沟、明水塘。

吉林亦有边门，据《盛京通志·职官志》（卷十九）云：

> 布儿德库苏把儿汉门（即半拉山门，按《吉林通志》作布尔图库。）。黑儿苏边门，一统门（按《吉林通志》作伊通）。发忒哈门（按《吉林通志》作巴彦鄂佛罗，《八旗通志》作巴阳俄佛洛。）。

> 各置防御笔帖式各一员，俱统于宁古塔将军。

边门之禁，凡出入非有公文者不得放行，即行路亦须有票照。《大清会典·盛京兵部》（卷五十二）云：

> 凡公事之由边门者，皆给以单，守边官稽其出入以具报。

又设卡派兵巡边，严查偷采私挖之人。《大清会典事例》（卷七百二十二）关门禁防云：

> 东六边门以外，安设卡伦二十一处，边内安设卡伦三处，凡二十四卡伦。每年四月初一日，出派官兵前往坐放，一年更换，每年四季由内外城城守尉、防守尉、协领内按季各派一员，带领官兵统巡边之内外卡伦境界，查拿偷砍木植，私挖人参，偷打鹿茸贼犯。

按盛京原设卡伦甚多。雍正间冗卡悉裁，所余二十四处，同、光间又裁去二十二，仅留中江帽尔山二卡，定制：采参人行走之门，为兴京英额夹木产（亦作嘉产边门即碱厂），爱阳四边是奉天，只有边外为禁约之区。而边内则不禁。边内有禁者，仅大凌河牧厂养息河牧厂及陈苏鲁克、新苏鲁克牧群及一百零五个围场而已。（围场亦有在吉林者）《盛京典制备考》（卷五）云：

> 围场卡伦十二处
> 南六台，系西半拉河督查。

台毕拉应管七围，（围名从略，下同）

蒙古伙落应管三围，

西半拉河应管九围，

大荒沟应管十一围，

土口子应管十四围，

梅河额夫勒应管十六围。

北六台，系赫尔苏督查。

双榆树应管五围，

赫尔苏应管十围，

归勒合应管九围，

孤山河应管五围，

那丹伯应管六围。

大沙河应管十围。

　　南台为奉天属境，北台系吉林属境。牧围之处，皆有卡伦，非官役兵丁不得私入围场。此与禁采参捕珠为一例。（捕珠区皆河流，与参山相近，官役珠轩头目等，由乌拉总管管辖以外尚有采蜜诸役，可参看《会典事例·内务府采捕例》，以与垦殖无大关系，故不细述。（以上皆三省封禁之区域也。若不明乎此，则封禁意义之谓何，与以后开禁之事实，皆不免开闇，而移垦之真象，亦将难明，故不惮详述之如此。）

　　封禁之意义，既如前述，若官府禁止流民入境，而以根本龙兴之地，及满洲风俗为言者，则仅见于乾隆四十一年之谕旨。《吉林通志·圣训志》（卷一）云：

　　丙申十二月丁巳上谕军机大臣等，盛京为本朝龙兴之地，若听流民难处，于满洲风俗攸关，但承平日久，盛京地方，与山东、直隶接壤，流民渐集，若一旦驱逐，必致各失生计。是以设立州县管理。至吉林原不与汉地相连，不便令民居住，今闻流寓渐多，着传谕傅森查明办理，并令永行禁止流民，勿许入境。

据此可知盛京本非禁地，吉林虽禁，其效亦鲜。因采捕有严罚（按私采人参之禁：为首者处死刑，为从者枷杖，物畜入官）。而垦殖仅驱逐。及流民渐集，势难尽遣，又恐别生枝节，不得不设法安插之。东三省之移民，及州县之增设，以至于放荒开禁诸问题，其根原皆在此。《大清会典事例》（卷二百三十三）乾隆二十四年奏准：

> 三姓接连新设各台站，驱逐流民，不准栖止，并于宁古塔、三姓、珲春设立界址，不准盖房垦地，至各途无票行走者，严行禁止。其种地贸易佣工人等，由该佐领具保注册，随文稽查。

又《黑龙江通志》引旧志及《呼兰府志》云：

> 初，旗丁自垦，转租于民或招民户开垦，私收地价，并按年按垧收取租粮三二斗等，谓之小租。及后民户私垦，认旗户为东，亦按年交纳小租，或钱或粮不等，均书立永不增租夺佃契约。旗户自垦之地，转租与民，或自垦自种者，谓之老圈地。旗招民垦者，谓之牛力地，咸丰季年查出旗丁自垦租给民户之地，四千五百余垧，旗营屯站界内历年旗招民垦地八千余垧，民户一千五百余名，大荒沟等处私垦地一万五千余垧，民户四千一百余名，先拟将旗户私招佃民驱逐，嗣以人户众多，恐别生枝节，奏准就地安插，当年升科。

是则台站禁地，不准流民栖止者，而旗丁招佃，贸易佣工则不禁。且私垦既多，驱逐何易。此亦名禁而实不禁耳。总之，满洲之封禁，为局部的与相对的。其封于民垦事业，则有禁等于无禁。及时势变迁，移民日众，向之所谓禁地者，亦逐渐被侵占而开放矣。

（附言）按封禁地方一事，不仅东三省有之。户部则例云：（一）浙江沿海新长沙涂，孤悬海外者封禁，附近内地者官为丈勘。（二）察哈尔游牧厂地，禁止民人开垦，每年地方会同旗员亲身严查驱逐，年终取具并无私垦印结。

（三）浙江象山县之大小南田樊屿、鹁鸪头、大佛头、大月屿、箸鱼山等处荒地，永远封禁。（按南田列禁，系明洪武间事，因防海故也。吕璜有南田弛禁议，见《吕月沧集》。朱桂桢有《论南田山开垦状》见《皇朝经世文编》。道光二年，谕南田自前明封禁，至于四百余年，无业游民，藉捕为名，潜往私垦，愈恳愈多，若概行驱逐，必虞失所，恐致别滋事端，着即相机筹办。务出万全等语。）（四）江西广信府属铜塘山中零星地亩，永行封禁。（五）台湾奸民私暵熟番埔地者，依盗耕本律问拟，于生番界内私垦者，依越渡关塞律问拟，田仍归番。《东华续录》云：（六）道光六年申禁云南流民租种苗田。此类事甚多，大约皆为保护番夷生业及海疆守险之故，与满洲封禁之性质不同。而禁律之严则过之，然犹有私垦者。则东省可知矣。

二、官庄与旗地

清朝八旗以兵政寓民，于京城内外，按旗分给房屋，于近京五百里内圈给地亩，衣租食税。（以上孙鼎臣《苍筤文集》中语，姚文燮《无异堂集》有《圈占记》一篇记圈地事甚详，可参考。）盛京及各省驻防旗兵亦然，量给圈地多寡不等。又划定旗界，不许民人垦殖，其隶于户部及内务府者，曰官庄。《盛京通志·田赋志序》（卷二十四）云：

> 国朝肇基以来，内府官庄，仅备粮刍之供，八旗军屯，并无粟米之征。凡所以优恤辽海者，皆给复丰沛意也。洎邑镇日增，开垦浸广，旗田计日（按即晌［垧］字）薄征草豆，民亩分料，兼纳银粮，官庄定等，永塞兼并。合而计之，较《禹贡》青冀之赋为尤薄焉。

盛京官庄有三种：一曰粮庄，二曰棉花庄，三曰盐庄，共百二十六所，皆给以官牛，纳米于仓。《大清会典事例·盛京户部》（卷二百八十九）云：

> （雍正）八年定盛京户部官庄百二十六所，从前均系按丁征粮，但粮米出地亩，嗣后将官庄编定等次，停其按丁征收，内棉庄五所，盐庄三所，并无别

项差使，均作一等粮庄，其（粮庄）一百十八所，分一等十二所，每庄岁征米三百八十二仓石，二等二十所，每庄岁征米三百五十二仓石，三等三十七所，每庄岁征米三百七仓石，四等四十九所，每庄岁征米一百九十二仓石，共征米二万三千三百九十一仓石，除折粮存留供应三陵及各祭祀稷麦米豆高酒，并匠役牧厂人口粮，过往差役饲马人丁口粮马豆，又需用鸡鹅鸭蛋草丝麻线麻羊草青草油柴炭席瓢刷箕帚木锨等项外，余悉交内仓收存。

按《盛京通志·旗田志》据前志所载庄名地理凡一百二十七处，共田四万六千零三十六垧五亩六分。户部册及《会典》止一百二十六处，《盛京典制备考》额设庄头亦同，惟谓报粮者一百十七名，棉花庄五名盐庄三名，是粮庄又减其一矣。所有庄头共领地二十八万九千余亩，除水冲沙压不堪耕种外，实额二十六万五千一百余亩，此户部所属官庄也。若内务府所属庄头六十八名，共领官地五十一万零九百九十八亩，各名原领官地二三万亩，至四五千亩不等，竟有地多粮少，地少粮多者，则兼并之状可见已。

其分给驻防官兵庄田或旗丁开垦荒地，曰旗地。康熙十九年，经丈奉天地，东自抚顺，西至宁远，南自盖平，北至开原，划定旗界内地四百六十万余垧，余为民界内地。《大清会典事例·盛京户部·旗地》（卷二百八十九）云：

> 康熙十九年定：奉天东自抚顺起，西至宁远州老君屯止，南自盖平县阃石起，北至开原县止，共丈出荒地三十四万八千八十五顷二十六亩。除烧砖及打草甸马厂甸羊草甸共地一万九千三十五顷九十六亩，实丈出三十二万九千四十九顷三十亩，分定旗界内地二十七万六千三百二十二顷八十亩，余系民界内地。

旗民地界虽分，而杂处年久，交连耕种者甚多，以致纠葛争告不已，清廷谕令定界分居，议卒难行。因制定旗丁不准在民界内垦种，及旗界房屋不准卖给民人之例。《大清会典事例》（卷目同上）云：

> 康熙二十八年谕：奉天等处地方旗民杂处，地亩陇界交连耕种者甚多，旗

地界内居民有力垦种者，许其耕种，照例征收钱粮。若旗丁有力开垦亦听垦种，不许互相拦阻。又谕：奉天等处旗地民地所立界限不明，着将各部贤能司官，具题差往，会同盛京侍郎府尹将旗地民地并牧厂逐一确查，各立界限，详议具奏。钦此。遵旨议定：旗民互相垦种，以致争告不已，嗣后旗丁不许在民界内垦种。又定盛京所属如有多余荒地，旗丁情愿耕种者，务将地名亩数，呈明盛京户部在各界内听部丈给……

又云：

五十四年谕：奉天地方旗民杂处，生事之人及盗贼命案较前甚多，必照旗兵驻防省分旗民分居之例方可无事，亦与地方有益。九卿议奏。钦此。遵旨议定：旗民杂处年久，暂停其搬移，嗣后有卖房者，在旗界内之民房，令其卖与旗丁，若不照此遵行，仍越界居住，照侵夺例治罪。五十五年定除现在旗民有情愿互相调换房屋者，即令搬移居住外，嗣后所勘旗界内房屋，不准卖给民人，卖买者各呈报该管官，违者治罪。

此可见严旗界勿许潜越，本不易行，旗界内民房只准卖与旗丁，旗房不准卖与民人，亦欲由渐而分，然成效殊鲜，其故则旗地民地，官档划有定名，而民人佃种旗地庄园，原为法所不禁。（户部则例有民人佃种旗地，地虽易主，佃户仍旧，地主不得无故夺佃增租之例。乾隆五十六年始停。嘉庆五年又复不许夺佃增租。《会典事例》五十七年议准民人租种庄头地亩，只准按年交租。）是旗人虽有地主之权，颇少垦植之力，及生事日繁，民业渐广，典卖隐托，官所难禁。以后禁地之开，鸿沟之泯，皆以是为权舆矣。

旗地大约有两种：一曰官兵随缺地，为旗人之公产，随缺转移，每官兵应得地数，将军四十六垧，副都统三十一垧（地十七垧二亩，园地十三垧四亩，按将军副都统皆有随缺住房，故地数较少）。城守尉及协领五十垧，防守尉及佐领四十垧，防御四十垧，骁骑校三十垧，主事六十垧，笔帖式三十垧，前锋领催兵丁各十垧。以后内外城兵丁马厂开地作为伍田，亦属此类。《东三省政略》附有《奉天八旗官兵随缺地亩表》，兹简录于下：

驻防	地亩		官随缺地	兵随缺地	伍田地
奉天					
辽阳			四〇二〇	二五〇七七	一一八二七五（点数下有八位似非亩数特从略）
岫岩			四〇二〇	四五〇六三六二	一一八一八〇
广宁				二四〇〇〇	
	巨流河	按此四驿为广宁主管之东四路	八四〇	一二〇九〇	六九〇〇
	白旗偓		六〇〇	一二〇〇〇	
	小里山		一〇三七五	一七二七二三	二〇八九
	间阳驿		八四〇	一一七〇〇	
	彰武台边门		二一〇	一八〇〇	
牛庄			一九八〇	二〇六九四	五〇四〇
铁岭			一一四〇	一二〇〇〇	八九二
兴京			三六六〇	五五八〇〇	
抚顺			八四〇	一二〇〇〇	三五〇
开原					
	法库边门		一八〇	二四三〇	三〇〇四
凤凰			四〇二〇	三四〇二	二二〇〇
金州			五九四〇	五四〇〇三四三八	七五二四
复州			三三八七	三一六七〇五二四	三六四六四
盖州			二八二〇	一六七八九七	三四七四
熊岳			二三〇四	五二五六五	一三七六九
锦州				五二〇二〇	
所属松岭子新台梨树沟白石嘴明水塘五边门因数阙从略					
	小凌河	按此四驿为锦州主管之西四路		一二〇〇〇	
	宁远		一〇二〇	一二〇〇〇	
	中后所		一〇二〇	一二〇〇〇	
	中前所			一二〇〇〇	一〇七〇

（续表）

驻防	地亩		官随缺地	兵随缺地	伍田地
义州			五二六六	四六一九〇一三	
	白土厂边门		一二二		
	清河边门		一六〇	一四五〇	
	威远堡边门		一二〇	无	
	英额边门		三六〇	二二〇八	
	碱厂边门		二四〇	六三〇	
九关台旺清（暖）阳三边门因数缺从略凤凰边门无					
统计			四六一四六五	九五二六九七七一二	三三一七二〇

注：《政略》所载伍田总数为三三一七二〇，二六三三九九五六，因点下分数太多，故从略。《盛京典制备考》载伍田共地三十四万六千八百余亩与点上之数略同。

二曰红册地，皆系各旗人开垦，而报效国家者，为旧日旗人之私业，定例旗丁开垦地亩，令该管官出具保结，呈报盛京户部，将垦过数目，于年终汇报户部，因时派员勘丈，造册具题查核，《东三省政略》附有《奉天旗地表》，兹录如下：

地亩 / 驻防	米地	草豆地	升科地	余租地	其余各地	总　计
奉天	三千六百三十七垧	三十七万三千二百垧	七千三百二十六垧	五千一百三十垧		三十八万九千二百九十三垧
辽阳	九万五千二十垧		六万四百二十余亩	十万八千八百六十亩		九万五千二十垧十六万九千二百八十余亩
岫岩	六万二千八百垧		二万七千二百亩	七万三百五十亩		六万二千八百垧九万七千五百五十亩

（续表）

地亩\驻防	米地	草豆地	升科地	余租地	其余各地	总　计
广宁	十五万余垧		八万六千三百亩	二十五万四百十亩		十五万余垧三十三万六千七百一十亩
牛庄	十万八百八十垧又九万四千九百三十垧		六万四千六百四十亩	十五万三千四百亩		十九万五千八百一十垧二十一万八千四十亩
铁岭 开原	九万三千三百垧		十二万九千四百五十亩	十一万五百廿余亩	徽银地二千四百六十余亩	九万三千三百垧　二十三万九千九百七十余亩 徽银地二千四百六十余亩
兴京	九千四百四十垧	六千四百七十余垧	二万三千九百三十亩	六千四百七十余亩		一万五千九百一十余垧三万四百余亩
凤凰	四万五千五百六十垧		七万四千六百二十亩	八万五千一百十亩		四万五千五百六十垧十五万九千七百三十亩
金州	七万九百二十垧		五千二百四十亩	七万三千五百亩		七万九百二十垧七万八千七百四十亩

（续表）

地亩＼驻防	米　地	草豆地	升科地	余租地	其余各地	总　　计
复州	三万五千六百七十亩		五千九百十亩	五万二千八百亩		九万四千三百八十亩
盖州	七万四千九百垧		九千八百四十亩	二万八千七百五十亩		七万四千九百垧三万八千五百九十亩
熊岳	五万七千三百二十亩		一千四百亩	五万二千六百九十亩		十一万一千四百一十亩
锦州	十六万六千一百垧		一万四千二百四十亩	九万二千八百五十亩	试垦地十三万九千四百四十亩	十六万六千一百垧十万七千九十亩试垦地十三万九千四百四十亩
宁远	七万九千三百垧					七万九千三百垧
义州	十一万二千七十垧					十一万二千七十垧十三万五千二百六十亩（?）
统计	一百十七万八千九百五十七垧九万三千九百亩	三十七万九千七十余垧	五万七千三百二十六垧五十万七千五百六十余亩	五千三百三十垧一百二十万六千六百一十余亩	十四万一千九百余亩	一百五十七万九百八十垧一百九十五万九千六十余亩

　　按旗地初无赋税，《大清会典事例》云：康熙三十二年始定每地六亩，岁征豆一升，草一束。雍正后，盖平、牛庄、熊岳、金州、复州等沿海旗地改征米。《盛京典制备考》谓官兵随缺地各纳仓粮与红册地粮数同，兵丁随缺地例无仓粮，每垧草一束，豆一升二合七勺，或米二升六合五勺七抄。是末叶已较初年略有增加。至乾隆三十一年丈出旗民余地一百八十七万四千四百余亩有奇，一并入官输租，定为三等九则：上等每亩租银八分七分六分，中等每亩租银七分六分五分，下等每亩租银六分五分四分。嘉庆四年谕："奉天旗民私垦余地，隐占日久，自应清查办理，以杜争端。着赏限二年，令各业户将浮多地亩，自行首报。向来纳租余地，每亩交银六分，今加恩减半，每亩酌中纳租三分，如有隐匿不首者，准令地邻人等首报，丈出余地，即拨给首告之人耕种纳租。"是租银虽轻减，仍较原额地量为重。（按乾隆间豆一石折银二钱，米一石折银四钱，草一束折银三厘。）政府之不能放任余地私垦，中叶后已可概见矣。惟隐匿不报者，恐仍未能免。《盛京〔典〕制备考》盛京内仓额征红册草豆地三十七万八千余垧，征米地十八万一千三百余垧，升科地一万余亩，租地三万零三百余垧，统计不过一百二十五万九千三百余垧四万零三百余亩，较前引《政略》所举随缺及旗地两表，总数相差尚远。（官兵随缺地共九九八八四三亩，旗地一五七〇九八〇垧一九五九〇六〇余亩，共计约二百零六万余垧。）《政略》时代较《备考》约晚三十年，（《备考》光绪七年修，《政略》宣统二年修。）其增比律已超过十分之六七，若在乾隆以前，其旷关，或不成问题，中叶以后，奉天旗人有逃往吉林垦种者，则遗利之少可知。除开放牧厂屯田以外，边内及东边一带，几全为汉人所占种。旗田何能增加如此之多？若就雍正以前之数目观之，则似可比较而得其故矣。兹录《盛京通志》所载旗地亩数表之如下：

	顺治间原数（垧）	康熙三十二年丈量数（垧·亩）	雍正五年丈量数
兴京	二、四四一	六二、七八四·一	一一六、二四〇
奉天	二五八、九三七	二一七、四四八·四	三六二、七一五
开原	一一、六六七	八〇、四一八	二〇七、六三八·四
凤凰	七、五九〇	一八、二八五	三五、六八八·一
盖平	一六、二七四	二八、六六七	七四、五一八

（续表）

	顺治间原数（垧）	康熙三十二年丈量数（垧·亩）	雍正五年丈量数
金州	五、一五〇	一六、二〇二·三	五五、一六四·二
牛庄	二八、一一四	五八、八〇四·二	一四〇、八九七·五
广宁	二二、〇七八	一六三、五六七·一	三七六、〇六四
义州	三三、〇五二	八六、七四〇·一	一四六、七三九·五
锦州	二九、九三八	一一三、一五四·三	一八三、三三二·五
山海关	二六、八五六		
辽阳		一四六、八〇一	三五三、二二八
熊岳		二一、九七一·三	五六、七二一
复州		一四、〇二六·三	二七、九八六
岫岩		一二、二二三	三五、七七四·三
宁远		一二六、四五一·一	一九五、〇九八·二
共计	四四二、〇九七	一、一六七、五四四·五	一、三六七、八〇四·四

据上表可知旗地逐渐开垦，康熙间较清初增多二倍有半，雍正间又增多二十万垧，何以自乾隆至光绪初凡一百三十余年间，反减少数万垧？（雍正五年为一百三十六万七千余垧，光绪初为一百二十五万九千余垧，又曰四万余亩，相差殆十万垧。）是则余地私垦既有相当之限制，且仍不免有匿报者矣。

吉林官庄凡九十处，每处壮丁十名，每壮丁地十二垧，各交仓粮三十石，八旗地共三十六万五千余垧，无赋额。兹据《吉林外纪》表之如下：

（一）宫庄

吉林	五十处	壮丁五百名	共地六千垧	交粮一万五千石
宁古塔	十三处	壮丁一百三十名	共地千五百六十垧	交粮三千九百石
伯都讷	六处	壮丁六十名	共地七百二十垧	交粮一千八百石
三姓	十五处	壮丁一百五十名	共地一千八百垧	交粮四千五百石
阿勒楚喀	六处	壮丁六十名	共地七百二十垧	交粮一千八百石
以上共原额地一万零八百垧			共征仓谷二万五千五百石	

（二）旗地

吉林八旗及蒙古鸟枪营旗地共九万五千一百三十四垧。

水手营地共二千二百六十垧。

各驿站地共四万九千九百九十七垧。

四边门地共二万六千六百五十二垧。

宁古塔旗地共六万五千二百九十垧。

伯都讷旗地共六万九千零十一垧。

三姓旗地共八千一百十六垧。

阿勒楚喀、拉林旗地共三万六千二百七十八垧。

珲春旗地一万二千零五十垧。

乌拉旗地共四万零三百三十八垧。

以上旗地共三十六万五千零九十二垧。无赋额。

据嘉庆间将军赛冲阿奏准：吉林因连年被灾，收成歉薄，应征丁粮以一万零六白八十石作为正额。富俊又奏壮丁逃故一百五十四名，现有三百四十六名，其计官地及旗民私开毗连之地一万五千二百四十八垧三十亩，按三等征收共得粮一万一千一百九十七石四斗五升，较前定额实多粮五百一十七石余。此外依《通志》所载册报乌拉有官庄五处，庄头五名，壮丁一百四十名，熟地共二千一百七十五垧，每丁种地十五垧，凉水泉官庄地一万四千垧。又三道卡萨哩官庄地二千八百八十二垧三亩，则间荒招佃开垦，升科起租以补缺额者也。

吉林官兵之有随缺地，始于道光年间，将军富俊、倭什讷等先后奏准于双城堡伯都讷先行拨给。光绪间复经将军铭安、长顺等先后奏请于三姓及吉林等处亦一律拨给。双城堡原有总管一员，地一百六十垧，光绪八年铭安奏裁总管改设协领，地八十垧。佐领五十垧，防御四十垧，骁骑校三十垧，左右司开缺翻译笔帖式五十垧，笔帖式领催甲兵各二十垧。伯都讷协领地四十垧，佐领三十垧，防御骁骑校二十五垧，云骑尉恩骑尉二十垧，笔帖式领催前锋披甲兵役各十六垧，三姓副都统地一百八十垧，衙署公用地二千垧，协领以下同。双城堡，惟每兵十六垧，吉林、乌拉、伊通、额穆赫索罗、宁古塔、珲春、阿勒楚喀、拉林、五常等处协领地六十垧，（参领同）佐领四十垧，（四品官及主事同）防御笔帖式骁骑校各三十垧，（五六品官及总站官均同）领催前锋各二十垧，兵十六垧。兹据《吉林通志》表其总数并旗田如下：

	官兵随缺地		旗田
吉林	六七、七三四垧		一八四、五三六垧二亩（外水师营五九七五垧三亩）
宁古塔	二三、一〇八		五九、一二五
伯都讷	一九、七九二		三九、四七二
三姓	二九、〇八〇		六三、三九二
珲春	一九、〇四〇		一一、五九三
阿勒楚喀	一〇、六五二		九八、六四〇·〇三
拉林	九、〇〇〇		六四、九一二·九六
打牲乌拉		（总官属）	五八、〇〇〇余
	一二、一三六	（协领属）	一九、三二九·二
双城堡	六、七四〇		一五一、一四五·四六
		旗丁承种纳租滋垦毛荒	八、〇〇〇
		三项旗地	六〇、七三七·六一
		站丁承种滋垦浮多地	二一五
五常堡	四一〇	甲兵随缺地未开报	三、六五七·八四
伊通	三、五〇八		一三、二〇八
额移赫索罗	二、〇〇四		七、九〇六·五
伊通边门		七台旗田	一三、五六〇
赫尔苏边门		八台旗田	一七、七三六·六八七
布尔图罗边门		七台旗田	五、□七四·五一
巴彦鄂佛罗边门		七台旗田	一一、三〇〇·六
金珠鄂佛罗	管下二十二站	四八·六五五	
乌拉额赫穆	管下二十站	六三·三六一	

依上计总表官兵随缺地约二十万三千余垧，旗田约一百零一万余垧，两共一百

二十一万余垧，较前举《外纪》之数，（三十六万五千余垧）增加三倍有余，《外纪》撰于道光初（吉林堂主事萨英额吉夫所撰），《通志》作于光绪中叶以后，相距约七十年间，开发之率如此，岂果旗丁之力哉？实则汉人移殖日众，多由代佃承种之功也。

黑龙江省之设旗屯，始于康熙二十三年，诏令出征罗刹官兵，同汉军披甲在瑷珲永戍，筑城屯田。二十四年，特遣部院大臣督领盛京官兵至黑龙江分给牛种，垦地九十顷有奇，墨尔根令索伦达呼尔官兵耕植，垦地二千余垧。二十九年，官兵移住墨尔根，即以此项成熟之田分给耕种。乾隆二年续移奉天开户旗丁于呼兰设屯，黑龙江等处亦依次添设。十年郎中富明安条奏兵丁生齿日繁，请照旧例再加推广，四城之设旗屯，大率皆在乾隆中叶以前。其屯地初以黑龙江为腴，后以呼兰为腴，墨尔根、齐齐哈尔则皆次焉。若垦况地数，《黑龙江通志》谓均无可考，其散见于档案及其他诸书者，呼兰初设官庄四十所，令盛京将军于八旗户内选能种地壮丁四百名，携带家口前往开垦，每壮丁一名，拨给地六十亩，盖给草房二间，每十壮丁合编一庄，每十庄设领催一名，口粮籽种牛磨均官给。每丁所授之地，岁纳粗细粮三十石，第一年免输，第二年交半，第三年全纳。（见《通志》引北京档案乾隆二年户部议覆原折。）旋两次续增庄官十所。见《通志》引六年七年户部议覆增设官庄折，黑龙江初设屯庄三十，墨尔根十一，齐齐哈尔二十，每屯屯丁十名，每岁并交粗细粮三十仓石，（见《通志》引乾隆十年大学士议覆巡察黑龙江郎中富明安条奏），齐齐哈尔至后有壮丁三百名，设官庄三十，墨尔根壮丁一百五十名，设官庄十五，黑龙江壮丁四百名，设官庄四十，呼兰壮丁五百十名，设庄官五十。（见《黑龙江外纪》卷三）嘉庆九年将军观朗请改屯田马甲一名为养育兵二名，并墨尔根黑龙江屯田者亦归划一，号曰公田，每年每丁交粮二十二石（见同上）。道光五年，增设官庄，谓之"新官屯"。（见《黑龙江通志》引旧档）屯丁除呼兰以先岁交二十五石外，后皆改与养育兵同。兹据《黑龙江述略》并参《外纪》列其总数如下：

	八旗养育兵	旧官屯	新官屯	共纳仓粮
齐齐哈尔	三百二十名（水师水手廿名）	三百名	一百五十名	一六六一〇仓石
	《外纪》岁征粮数	七四八〇石，六六〇〇石	按《外纪》无新屯	《述略》纳粮总数若以丁数计算似有误
呼兰	无	五百一十名	一百九十一名	五四〇〇石
墨尔根	一百八十名	一百五十名	无	七二六〇石
黑龙江	二百七十名（水师水手十五名）	四百名	无	一五七〇石
(《外纪》作三百名征粮六六〇〇石)	八八〇〇石			共一五四〇〇石

《述略》谓官庄共百六十六所，系合新旧屯而言之，八旗养育公田不在内。若合养育兵及壮丁统计，共二千五百零五名。每丁以六十亩计，仅十五万零三百亩。较之奉吉则瞠乎后矣。故黑龙江一切岁需银两，皆仰给于盛京也。

（附记）按《黑龙江外纪》（卷四）云："关外田土以垧计，一垧六亩余，黑龙江亦然，广狭长短，大抵约略其数，非如关内以弓步丈之准。"《吉林通志》（卷三十一下）引伯麟奏云："查奉天一带谓一日可犁之地，为一垧，计地六亩，吉林每垧约有十亩谓之大垧。"《黑龙江通志》（《经政志·垦务》）所载毛荒及垦熟地垧下有零九亩，零八亩，零七亩者，似亦以十亩为一垧，余询之黑龙江人马奎（马占山将军子）云黑省十亩为一垧。则《外纪》之言或误。

三、京旗之移屯东北

自清室入主，旗人在社会上占特殊之地位，政府圈给房地，授以口粮，其恩至渥。顾旗人不事生产，服力田亩者至少，又不知节俭，妄事奢靡，及生齿日繁，渐至穷困。雍正五年谕管理旗务王大臣曰：

> 近来满洲等不善谋生，惟恃钱粮度日，不知节俭，妄事奢靡。朕屡曾降旨，谆谆训谕。但兵丁等相染成风，仍未改其靡费之习。……从前皇考轸念兵丁效力行间，致有负债，曾发帑金五百四十一万五千余两，一家获赏，俱至数百，一二年间，荡然无余，后又发帑金六百五十五万四千余两，赏赐兵丁人等，亦如从前，立时费尽。朕自即位以来，除特行赏赐外，赏给兵丁钱粮者数次，每次所赏，需银三十五六万两，此银一及兵丁之手，亦不过用于饮食，不及十日，化为乌有，亦何裨益？

乾隆元年又谕云：

> 八旗为国家根本，从前敦崇俭朴，俗最近古，迫承平日久，渐即侈靡。且生齿日繁，不务本计，但知坐耗财米，罔知节俭，如服官外省，奉差收税，即不守本分，恣意花消，亏竭国帑，及至干犯法纪，身罹罪戾，又复贻累亲戚，波及朋侪，牵连困顿。而兵丁闲散人等惟知鲜衣美食，荡费赀财，相习成风，全不知悔，旗人贫乏，率由于此！……在己不知节省，但冀朝廷格外赏赉，以供其挥霍，济其穷困，有是理乎？嗣后务期恪遵典制，谨身节用，勿事浮华，勿耽游惰，交相戒勉，惟俭惟勤，庶几人人得所，永远充裕，可免窘乏之虞！

观上两谕，可知八旗贫困之原因，实由于奢靡不节。康熙间二次恩赏至于千余万之多，雍正间优恤亦过百万，而八旗之贫乏如故。又旗人不习耕作，典卖田地与民，政府为保护旗产，动帑赎回者，为数甚巨。后复有私卖者，皆入官。然乾隆初年二次赎回旗地又二万余顷，是虽欲禁而不能矣。且康雍乾以来百余年间，旗丁增加几及七倍，而孳生无已，奢靡如故，旗人益困。于是筹八旗生计者，均以移屯实边为言。乾隆二年御史舒赫德首疏论之云：

> 我朝定鼎之初，八旗生计，颇称丰厚者，人口无多，房地充足之故也。今百年以来，甚觉穷迫者，房地减于从前，人口加于什佰，兼以俗尚奢侈，不崇

节俭，所由生计日消，习尚日下，而无所底止也。夫旗人所赖以为生者，惟有房地，若房地不充，虽百计以养之，究不过目前之计……惟是京师房屋，尚可通融，而地亩则昔时所谓近京五百里者，已半属于民人。前经臣工条奏，动辄收赎，奉旨徐徐办理，尚未举行。臣愚以为即便举行，而八旗之人口太多，亦未必尽能有济。故臣熟思长计，势不得不变通布置，惟使不聚于一方，庶可并得其利益，苟能收效于后日，何必畏难于目前。伏思盛京、黑龙江、宁古塔三处，为我朝兴隆之地，土脉沃美，地气肥厚，闻其闲旷处甚多，概可开垦，虽八旗满洲不可散在他方，而于此根本之地，似不妨迁移居住。且八旗之额兵，将及十万，复有成丁闲散数万，老稚者不在内，若令分居三处，不惟京城劲旅，原无军弱之虞，而根本重地便添强壮之卒，事属两便。

至乾隆五年御史范咸复上沿边屯田疏云：

目前所尤宜急筹者，莫若满洲八旗之恒产，盖生民有四，各执厥业，士农工商，皆得以自食其力。而旗人所借以生计者，上之则服官，下之则披甲，二者皆取给于大官之钱粮。夫家国之经费有定，户口之滋息无涯，于此而欲博施济众，虽尧舜犹有所不能也……臣夙夜思维，以今日欲为满洲八旗立恒产，惟有沿边屯田一法……辽东边外，原为我国家发祥之地，兴京一处，似宜建为都会，择可垦种之地，派旗人前往驻牧。其余如永吉州、宁古塔、黑龙江，幅员不下四五千里，其间地亩，或仅设为牧厂，或且废为闲田，亦甚可惜……

而御史柴朝生一疏，尤为切直，其言曰：

今满洲、蒙古、汉军各有八旗，其丁口之蕃昌，视顺治之时，盖一衍为十，而生计之艰难，视康熙之时已十不及五，而且仰给于官而不已，局于五百里之内而不使出，则将来上之弊必如北宋之养兵，下之弊亦必如有明之宗室。此不可不熟筹通变者也。臣窃以满洲闲散，及汉军八旗，皆宜设法安顿。查沿边一带，至奉天等处多水泉肥美之地，近日廷臣如顾琮等，俱曾请开垦。请遣有干略之大臣前往，分道经理，果有可屯之处，特发帑金，为之建堡墩，起屋庐，置耕牛农具，令各旗满洲除正身披甲在京当差外，其家之次丁余丁力能耕种者令前往居住，其所耕之田，即付为永业，分年扣完工本。

此外更不升科，惟令其农隙操演，则数年之后，皆成劲卒，复可资满洲之生计。

时旗人久长辇下，一旦迁移，心感不便，而大臣因事体重大，不敢轻言，故扞格而不能行。翌年户部侍郎梁诗正复上疏论之，清廷可其奏，派大学士查朗阿查勘三省可种之地，经议政王大臣议以拉林、阿勒楚喀距船厂甚近，请先于该处移驻满洲一千名屯垦，俟有成效，由近而远，渐次举行。移驻者每户给地三顷，外有间荒，听其招佃开垦。官给车马牛种，约百余金。自乾隆九年筹办起，至十九、二十五等年，始行移驻就绪，并专设拉林副都统以稽察之。然往者无意屯种，仍习故态，始而招佃取租，后渐典卖与汉民，其效殊鲜。《吉林通志·食货志》（卷三十一下）富俊奏云：

臣检查旧卷，移驻京旗苏拉盖房垦地，均籍吉林各城兵力赶办，其地但垦而不种，虽酌留数人教耕，一年裁汰，新移京旗苏拉，往往不能耕作，始而雇觅流民，代为力田，久之多为民有，殊失我皇上爱育旗人之至意。

顾为八旗筹生计者，舍此法亦别无良图，于是嘉庆朝一再行之。《吉林外纪》（卷十）嘉庆十七年上谕云：

八旗生齿日繁，京城各佐领下户口日增，生计拮据，虽经添设养育兵额，而养赡仍未能周普。朕宵旰筹思，无时或释。……国家经费有常，旧设甲额，现已无可复增，各旗闲散人等，为额所限，不获挑食名粮，其中年轻可造之才，或闲居坐废，甚或血气方刚，游荡滋事，尤为可惜。因思东三省原系国家根本之地，而吉林土膏沃衍，地广人稀，闻近来柳条边外采参山场，日渐移远，其间空旷之地，不下千有余里，均系膏腴之壤，内地流民，并有私侵耕植者。从前乾隆年间，我皇考轸念八旗人众，分攒拉林地方，给与田亩，俾资垦种，迄今该旗人等，甚享其利，今若率循成宪，斟酌办理，将在京闲散人陆续资送前往吉林，以间旷地亩，拨给管业，或自行耕种，或招佃取租，均足以资养赡，将来地利日兴，家计自裕，旗人等在彼尽可练习骑射，其材艺优娴者，仍可备挑京中差使，于教养之道，实为两得。

观上文所言，采参山场，日渐移远，其间空旷不下一千余里，已有民人私垦者，封禁之渐破，可推而知矣。寻将军赛冲阿奏称："派员先往吉林、宁古塔距城附近地方查勘，缘生齿日繁，近地十里内外，早经该处旗人零星开垦，亦无成片之区，是以检查旧卷，只有拉林东北闲荒一处，自鞍子山至桶子沟约可垦五千余垧，拉林东南夹信子沟一处，约可垦二万余垧，惟近来各属收成不丰，应请缓办。"清廷以既有旷土可垦，应即筹划章程，使旗人前往耕种，俾收地利，不必推诿时日。会赛冲阿调任成都，未及举办。十九年，将军富俊莅任后，因奏言：

此时预筹试垦，莫若先期屯田，通盘合算，应请先于吉林所属，无业闲散旗人内，令各旗共拣丁一千名，出结保送，作为屯丁。每丁由备用项下，给银二十五两，官为置买牛具，自行搭盖窝棚。由阿勒楚喀公仓内，赏给籽种谷二石，每年给倒毙牛价银一千三百三十六两，于前勘定拉林东南夹信沟地方，每名拨给荒地三十垧，垦种二十垧，留荒十垧，试种三年后，每垧交谷粮一石。计自第四年起，交粮贮仓。十余年后，移驻京旗苏拉时，将熟地分给京旗人十五垧，荒五垧，所余熟地五垧，荒五垧，即给原种之屯丁，作为恒产。免其交粮，亦不补给倒毙牛价。如此因利而利，并不多糜国帑，吉林穷苦旗丁，获沐殊恩，即将来京旗苏拉移驻到吉，得种熟地，与本处旗屯众丁，犬牙相错，易于学耕移种，殊于移驻有益，不致雇觅流民代耕，启田为民占之弊。

疏入，得旨准行。富俊旋带同委员前往详查原勘夹信沟之荒地，虽属沃衍，大势洼下，询悉前勘时，秋深草茂，未能辨别。随复往拉林西北八十里之双城子一带，东西约有一百三十余里，南北约有七十余里，地土平坦，洵属沃衍，可备移驻京城闲散旗人二三千户之用。因奏准：每旗设立五屯，共屯丁一千名，一切农具耕牛分别采买备齐，于二十一年春一律开垦，即以双城子名为双城堡，设委协领一员，总司其事。后屯丁有脱逃者，询悉因系念妻子之故，遂每丁盖给窝棚一间，（原议四丁一间）令接取家口，无妻眷者，佣工帮垦，亦有栖所。嘉庆二十二年富俊调任盛京将军，复奏言：

> 八旗数十万众，聚积京师，不农不贾，皆束手待养于官，势所不能。再四筹维，惟有移驻屯田，因天地自然之利，使自耕种为养，方资久远之计。因查双城堡尚有荒地二分未垦，拟于盛京吉林八旗无论满蒙汉军各项旗人内，挑丁二十名，置买牛粮器具，□挖井眼，搭盖窝棚，于二十五年春正月前往垦耕，名为双城堡左屯右屯。将前屯处所名为中屯。

富俊旋又回任吉林将军，二十四年奏准议行，于是双城堡设立三屯，其为百二十屯，屯丁三千名，（中屯每旗五屯，共四十屯，左右二屯亦同）"比屋环居，安土乐业，合具者多系一旗，同屯者半属姻亲，犬牙错环，麟次分疆，颇有井田遗风"（富俊奏中语）。富俊严宙查勘，男耕妇织，俱极勤劳，皆酌加奖犒。因奏闻。仁宗朱批云：满洲故里，佃田宅宅。洵善事也。钦此。

吉林之设屯，原为京旗人不谙耕作，常雇民代垦，或私行租佃，久之悉为流民占据。故特选旗丁为之垦成熟地，俾移驻时可以自耕。富俊原议于二十八年起，每年移驻京旗二百户为二起，每户用盖房银一百二十两，置买牛粮器具银五十两，治装盘费银共六千两。每起共用银四万两。计十五年，即能陆续移驻三千户，惟据道光元年上谕，及富俊奏，又酌议自道光二年为始。至移住户数若干，《皇朝政典类纂》（卷十三）引孙鼎臣《苍筤文集》语云：

> 每屯屯丁三十户，京旗三十户，中左右三大屯，议移驻京旗三千户，每岁移驻二百户，愿移之户，十月报部，次年正月起程，每户户部给治装银三十两，本旗津贴银十五两，车马皆官给。到屯后户给屋四间，皆官建。自道光二年始移驻二十八户，三年移驻三十一户，四年移驻五十三户，五年移驻七十七户，时垦熟之地已三万三千一百余垧。

按道光六年户部覆议，愿往移驻京旗共一百八十九户，与孙氏所举数目同。文据《吉林外纪》六年移驻四十二户，七年移驻八十五户，又据《吉林通志》光绪三年将军铭安奏，先后移拨到堡六百九十八户，未到者三百零二户。人情之不踊跃可知。道光二年大学士曹振镛等会议伯都讷屯田一折，有云："开垦屯田，专为移驻京旗闲散而设，上年富俊奏定双城堡章程，经各都统晓谕八旗，迄今已逾一年，愿移者仅二十八户。恐十五年内移驻三千户，必有展限之事。"故九年即将移驻京旗三千户，改为移驻一千户，所余二千户地亩四万垧添给京旗，每户十五垧，旗丁每户八亩三分，每户京旗合原拨可得地三十五垧，（原拨熟地十五垧荒地五垧共二十垧）旗丁可得地十八垧三亩三分余（原留荒熟地各五垧共十垧）。通堡地亩九万垧，均予拨竣。惟屯丁一户垦地三十垧，交出移驻地二十垧，与京旗一户，今京旗减为一千户，而屯丁三千未减，其余二千丁应交之地，作何处置？官牍未有明文。《苍筤文集》附注，有道光三年松筠奏改两户屯丁拨给一户京旗二十垧，各屯丁每户留二十垧为恒产之语。大致京旗迁移，或不足额，垦地均为屯丁占有，其势使然也。

黑龙江于乾隆年间查郎阿查勘时，曾定齐齐哈尔东南六百余里呼兰地方，有地径五百余里，列为上等。呼兰之东佛讱喜苏苏地方径二百余里，列为次等。乾隆十年郎中福明安奏各城壮丁闲散五千余名，应早谋生计。因拨佛讱喜苏苏地方设立官庄，留呼兰上等地为京旗移垦之用。及双城堡移驻之后，虽愿往者日渐增多，而终未能悉符原额。黑龙江亦迄未举行。至光绪二年，将军丰绅等始议以濠河以北呼兰河以南拨京旗散丁编十屯，复扩屯至二十营屯，每屯十五户。嗣拨发京旗十户到屯，后均相率逃去，仅余三户尚哀求放还。《黑龙江通志·经政志·垦务》（卷六）云：

每户先拨地，以三十五垧限七年垦齐，交京旗拨丁管业，以三十五垧归代垦户管业，限五年后以二十科，每垧先交官租六百六十文，其余十五垧，即作为该代垦户己产，并不助给牛具，亦不交纳押租，嗣发京旗十户二十八人到屯，在京起身时，由户部给治装银三十两……每丁日给米宿费银二钱……到屯由官预备庐舍井灶并牛具籽粮。及后相率逃去，仅余三户，亦屡求将军咨回，部议未准。

清廷之为京旗谋生计者，可谓无微不至。移驻吉、黑，每户所费帑官不下二百金，荒地先交丁民代垦成熟，念其未习耕作，又准契买奴仆，或雇觅长工助其力穑，惟不准私行典卖耳。（见道光九年上谕）。而旗人狃于奢靡为官之习，不事生产，惮于移徙，终裹足不前。《吉林通志·食货志》（卷二十九）将军铭安奏云：

> 国家体恤旗人生计，按户授田，给资治具，几于纤悉无遗。而八旗人等犹复惮于移徙者，诚以吉林天寒地僻，物产不丰，京旗之人，素又未习耕作，胼手胝足，是所难堪。在京旗人，尤以报效当差为务，近值文教昌明，更以读书应试为荣。趋功名仕宦之人，强之使耕效，又奚怪其裹足不前也？

观此则知京旗不愿迁移之原因，宁受苦于京隅，不移耕于荒迈，安座而食，已成惯性，后之陷于绝境，皆其自取之咎也。

东省闲散余丁试垦之时，以壤地相近之故，尚易招集。故双城堡三屯前后拨移吉林奉天无业旗丁三千户，男妇大小万余人，后兴伯都讷屯田，致旗人无可拨者，故不得招民代垦。然以后数十年，京旗并无一户移来，光绪初即由佃民承领，当于后节述之。至宣统二年奉天旗务处以长白设府，议招旗丁百户，试垦于安图县，而报名者乃至五千户之多。金梁《试办迁旗实边报告（初编）·纪略》云：

> 旗务处尝建迁旗实边之议，以事体重大非可轻举，迄未实行。上年奉督宪锡饬先试办□□□之安图县，于是酌筹经费，妥拟办法，分期筹备，奏准试行。初议迁旗百户，旋以该□交通险阻不便迁移，改迁五十户，饬先划段建屋，分起招迁。不意示谕力□而先后报名内外城至五千余户之多，急行截止。来者仍踊跃不绝，风气渐开，八旗□士，皆知俸饷不足恃，别谋恒业，固属可嘉，而生事艰难，衣食不给，迫而迁地谋生，其情状亦良可悲矣。……遂改章不加限制，惟以田屋能容为度。……计共迁男妇大小五百四十余口，约需经费三万金，分而计之，每口不过费五十余金而已。

由道光初至宣统初，不过九十年，旗人生计，已有江河日下之势，东省且然，京旗更可知矣。至东北之不能常保封禁，围荒牧厂，早已不成问题，长白山布尔瑚里一带，本系产参之区、禁荒要地，人迹罕到，今亦听旗民垦荒采捕，尚何有禁地可言？所谓保护灵区者，不过为安插旗丁之口实而已。兹将当时招集旗户告示，简录如下：

　　长白山是我朝发祥的地方，新近设治，长白安图抚松一府两县，单说安图一县，地势极佳，水土肥美，物产兴盛，旷地很多，任人领种，不用交价，荒田易垦，不使粪料，收获极好，什么森林啊，矿产啊，人参鹿茸，貂皮灰鼠，譬如满地黄金，只要有人去取。真是奉省难得的地方！现在本省旗人生计日艰，困苦已极，亟应各自设法，难得遇着大帅仁明，招徕旗户，迁往安图。一来为八旗筹生计，一来为长白固根本，尔等不要错过机会啊！

据此可见禁地所谓特产之物，既不能长保封禁，且以为开放招徕之具矣。惟旗丁屯田，迁旗实边，旗人自耕者殊少，大约皆招工雇佃，而汉人随之。因东省之初禁，除流民私垦之地外，以后开拓官荒闲荒，皆以政府优待旗丁之故，为之破除。是以移驻京旗屯丁，实即汉民移垦之先导也。

四、奉天之垦务与移民

清初当丧乱之后，各省旷土甚多，政府为奖励生产之故，定劳徕安集之策。凡州县卫所荒，无主者，分给流民及官兵屯种；有主者无力垦殖，官给牛具籽种，州县以劝垦之多寡为优劣，地道府以督催之勤惰为殿最。奉天虽龙兴故都，亦汉人拓殖之地，除禁山围牧而外，旗民错居，交运耕种。顺治八年，以山海关外荒地特多，令民愿出关垦地者，山海关道造册报部，分地居住。十年，更定招民授官之例，《盛京通志·户口志》（卷二十三）云：

　　顺治十年定例辽东招民开垦至百名者，文授知县，武授守备。六十名以上，文授州同、州判，武授千总。五十名以上，文授县丞、主簿，武授百总。

招民数多者，每百名加一级。所招民每名口给月粮一斗，每地一垧给种六升，
每百名给牛二十只。

盖明末汉民逃徙者众，及州县新设，户无旧籍，丁鲜原额，不得不招民起科。
（奉天府属每丁征银一钱五分，锦州府属每丁征银二钱。）康熙七年，招民授官之例
始停止。五十二年，诏人丁以五十年编审为定额，以后滋生户口，永不加赋。自是
丁粮渐合，（雍正六年，户部覆准奉天府所属入籍民人增除不定，仍照旧例，丁地
分征，不摊入地亩。）而田畴益辟。人口田亩，时有增加。雍正以前，其数目可稽
者，依《通志》表之如下：

奉天府属：顺治十八年，人丁三九五二名，田土五五三顷三三亩一分二厘。

州县丁田	康熙二十年人丁	康熙二十二年地亩	雍正十二年人丁	同年地亩
承德	二九四三	三四一五六亩五分	三四六九	一五二五〇亩 五分四厘
辽阳	三二九三	二九九三五· 九八八三三	三四五三九	二八〇〇八五·五
海城	二五五八	三〇八八一· 三四三	三七五七	一三五二八六·三八
盖平	一〇一三	一六三六四·二九	一三五二	一二五〇九三·二七
开原	二一六二	三三四〇七·五	二四三九	九六一七〇·□
铁岭	二一二二	三八二〇九·八	二四七七	八九二四四·四
复州			二〇七四	二一九〇一六·七二
宁远			一三〇二	七七一〇一·七

锦州府属：顺治十八年，人丁一六〇五名，合奉天共五五五七。田土五六顷，
合奉天共六〇九顷三三亩一分二厘。

锦县	六八〇一	六〇六一九·一	一二二三九	三二四五七五·一
宁远	五二七一	四八五八六·二	七五四九	二一七七一六·一
广宁	二四五六	二〇六九八·五	八三九二	一〇六二五三·五

（续表）

		外退属地	七五五七八·二
义州从宁广二县拨入，因未割，《清通志》未开载			
共计	二八七二四	三一二九一五·二 六一三三	四五〇共九一八九 六二五·四一

据上表，自顺治末至康熙中，凡二十年间，人丁增加五倍有奇，而田亩亦增加约五倍。自康熙中至雍正末，凡五十余年间，人丁增加约十分之六五，而田亩则增加六倍。人丁数目，因征赋之关系，当不确实，然彼时旗兵不及二万人，汉人实在行差者，已四万五千余，此外流寓之民，佣佃之夫，无籍可稽者，更不知有若干倍。是清初汉民之势力已浸加乎满族人之上矣。

乾隆以来，旷地渐少，开荒之例停止，而旗民私开者仍时有所闻。三十年丈量奉天旗民余地，已四十余万坰，因撤出拨为公田。《皇朝政典类纂》（卷十三）乾隆三十年盛京刑部侍郎朝铨奏云：

> 奉天各项旗人原红册地，共二百五十五万七千四百坰有奇，现今丈出自首余地三十三万六千一百坰有奇，民人红册地四十六万零二百坰有奇，丈出并自首余地七万四千七百坰有奇，二共余地四十一万零八百坰有奇，民人余地在停止开荒以后，违例私开者，全行撤出。在定例以前，或依傍畦垄者，照旗人例酌量地数，分拨其官员兵丁应得随缺地亩，并各城学田水手公产，及旗民水冲沙压不足红册地亩，但请即于丈出余地内拨补。

次年因户部侍郎英廉言，遂论除拨官员随缺地外，余地一并入官，即令原种之旗民，照数纳租承种，以裨生计，此盖夺其所有权，而不夺其承佃权。然就此可知者，民地共五十三万余坰，较之雍正末年之一百八十余万亩，仅增多一百三十余万亩，三十年间，未及一倍，其故何哉？盖因余地无多，当时盛京旗人有逃往吉林种地者。且从前奖励开荒，人民自垦自报，十年起科。乾隆定报垦之律，须先请布政使司照，否则以私垦治罪。但私垦者决不因是而减少。山东直隶之流民，群以关外为乐园，佣工代垦，成伙寓居，势且偷种。官府无法阻止，不得不定入官纳租之例。《皇朝政典类纂》（卷十三）引《通考》云：

> 乾隆四十年户部议岫岩城五块石各兵丁牧马官厂内，有山东流来民人，偷垦地亩，私造房间，不必拆毁，令其入官，仍着伊等居住耕种纳租，并令交纳地亩租银米石，若有不愿耕种者，即行另召耕种。

山东流民私垦牧马官厂，则奉天旷地已少，渐侵及于禁荒可知矣。当乾隆中叶后，各省及□外及东北牧马厂，皆因荒废为流寓小民所垦，有渐成村落者，五块石之官厂即其一例已。清廷知闲地势难禁其私垦，与其定有严禁之名，而无其实，不若准其耕种，作为有收之土，于是牧厂之禁始渐开。而大凌河与养息二牧之放荒为尤著。初康熙二年令锦州大凌河牧场划定界址，（东至右屯卫、西至鸭子厂、南至海、北至黄山堡）留为牧马地，不许民间开垦。乾隆十三年，始议准于马场西界，横越十里给与官兵就近耕种。又恐其私行侵占，因特筑封堆以界之。《大清会典事例》（卷一百六十一）云：

> 大凌河马场东西长九十里，南北长十八里，至六十里不等，折算约二百九十余里，计地万七千九百余顷。此内应自西界横截十里，有不足者，照依地势裁减，计地已有九百三十八顷有奇，随分定界址：东至杏山北壕沟，西至鸭子厂，南至七里河，北至金厂堡，将截裁之处，建筑封堆，以杜将来私垦。

此为牧厂缩禁之始。五十六年，又奏准大凌河东西牧厂荒地三十一万八百余亩，分别肥瘠，设置庄头，令各开垦。嘉庆五年又奏准盛京各城旗可垦马厂地三十八万九千八百七十四亩，听各城旗开垦。是时大凌河及各处马厂已垦者达七十余万亩，较初放之地，盖八倍矣。

同时彰武台边门外之养息牧河牧厂查出蒙古人垦地二万四千四十六垧，除有碍游牧地九千四百四十六垧全行平毁外，其余一万四千六百垧，按户口三千五百三十名，每名给地四垧，牧长牧丁四十员名，每员名再给地十垧，永远定额不许多垦。然牧丁私招民人开垦，藉收租息者，其势固不能免。嘉庆十七年将军松筠因会勘养息牧厂闲地，可移住旗人，并筹办大凌河西厂，先行试垦。清廷以经费不敷，未能办理。而松筠佣工翻犁，大凌河领佃旗人雇工一千六七百人，于原垦试垦及浮多地至十一万五千八百余亩。养息牧旷地开垦成熟一百六十八顷，清廷虽以未经奏明为松筠咎，但牧厂之终必开禁，亦承认之。《嘉庆朝圣训》十九年谕云：

> 养息牧厂闲荒地亩，松筠等于奉旨停止勘办之后，复行试垦，并未详悉奏明，乃伊等之咎。至此项地亩原在三营牧厂之外，其陈新苏鲁克黑牛群，原定牧厂界址，各宽二十余里，至八十里，长四里至一百数十里不等，本属宽余，近年又拨给养赡地一万四千六百垧，于生计更为充足。此项旷荒马厂，与牛羊厂毫无干涉，该牧丁等前此借以牧放私有牲畜，并私自开垦地亩，□词诬控，兹审明分别治罪。若仍听该地丁等占据放牧，刁风断不可长。即如军机大臣等所议令该将军每年派员巡察，严禁私垦私放，但地既开旷，又与三营厂界相连，恐稽查难周，仍复多滋讼端……养息牧旷地现已开垦成熟一百六十八顷，五年加垦，可得熟地八千四百顷，曾经降旨，以此事办理一年，已有成效，著循照办理。本年该处秋收丰稔，旗佃均沾利益。此时若尽行裁撤，平毁沟壕，拆逐窝铺，转多纷扰。此事既不靡国家经费，每年竟增收租谷，竟以仍行开垦为是。

据《户部则例》所载，养息牧河厂试垦地亩，准雇用民人开垦或租与民人耕种，及与民人伙种分粮，均听其便。俟开垦成熟，照奉天伍田升科之例，每亩征银四分。兹将各属领荒数目约举如下：

养息牧河厂	地亩
锦州属领荒	三三〇〇〇〇亩
广宁属领荒	三三〇〇〇〇
义州属领荒	六〇〇〇〇
苏鲁克三营牧丁领荒	一二〇〇〇〇

大凌河牧厂虽经松筠招丁试垦，共开地十二万三千八百余亩，（见《皇朝奏议书》元疏）后因风淘沙压，不堪耕种，报部消除额租，仅□三万余亩。松筠又先后奏请府牧厂荒地全数开放，马匹分拨三省兵丁拴养，奉旨饬驳，严行封禁。然道光间旗丁达凌阿德寿等呈讨大坨子闲荒八千亩，咸丰间锦县民人穆亭扬等径赴户部讨垦古龙湾等处荒地八千亩，皆在禁荒及毗连之处，而民人任意偷垦，牧丁私收租课，实属有名无实。于是六年盛京户部侍郎书元奏云：

> 查奉天锦州府所属之大小凌河东西两岸地面辽阔，四方绵亘，不下数十百里，内有额设官马厂一处，向来不准垦粮。……惟此项荒地，甚属旷阔，虽名为马厂，而牧马不到之处尚多。案查嘉庆十七年奏准官马厂以凌河为界，河西仍作牧厂，河东荒厂，东至老壕，西至大凌河，南至海，北至九花山，招令旗佃，择其高阜者，认领试垦升科。其间所遗水洼城片夹荒数处，当即抛弃。续于嘉庆二十年间，准令旗人阿克达春等在试垦以东认领荒塘一处。此外夹荒水洼，于道光七年因大凌河水涨发淤积平坦，堪以耕种。数十年来，虽属久经封禁，而奸民任意偷垦，兵丁牧可私收租课，为之包庇隐匿种种弊端，难保其必无。是徒有封禁之虚文，而以牧厂千百顷之荒田留作兵役营私奸民渔利之设，殊为可惜。……道光二十八年奏查已开未开荒熟各地二一四万余亩，咨报起科，历年以来，详加查核，仅止十八万余亩，按照原奏之数，亏短五万余亩。查奉天通省空关闲荒地亩，未有如大凌河马厂之多者，其所短之数，未必不在此中牵混。……从前各案，辄以封禁为辞，未尝皆实，与其任由私开，致启弊窦，何若奏请垦种，按亩升科，有裨帑项。

奉旨以该处水草畅茂，若渐次开垦，势必侵占牧养，于马政大有妨碍，着不准行。并将私垦地亩平毁。惟大凌河以东之地，则于次年升科矣。《嘉庆朝圣训》七年谕云：

> 大凌河东岸原准试垦，既据该将军等查明实系牧马不到之区，有界壕为限，旧制昭然，两无妨碍，兴其久旷地利，徒使奸民偷种，致启争斗之端，不如行概入官，一律升科。……西岸马厂正身，仍不准开垦，以示限制。

同治二年御史吴台寿以奉省闲旷之地，未垦实多，锦州、广宁、义州一带官荒马厂，尽可设法变通，以开利源。清廷饬副都统恩合查覆，恩合奏开间阳驿小黑山等界之东厂，招佃认租，并以东边地方千有余里，良田数百万顷，流民聚众私垦，已有建庙演戏立会团练通传转牌等事，应派大吏筹办。《东华续录》同治二年谕云：

> 恩合奏称：锦州牧马之区，名为西厂，水草丰茂，足敷牧放，此外行广宁所属之间阳驿小黑山等界，名为东厂，地势平坦，内有洼陷，于牧放不甚相宜。若将东厂裁撤一律开垦，可得田一百万亩。惟东边一带，近有流民在彼私垦，聚集日众，查办甚难。请派封疆大吏，详酌筹办等语。间阳驿小黑山等界旧设牧厂，既据恩合奏称地势低湿，于田政不甚相宜，而大凌河西岸地势宽广，即官马多至一万余匹，亦足敷用。即着照恩合所拟，令盛京六十六佐领下甲兵按名分领，招佃取租，除交升科租银外，余资津贴常差。……至盛京东边一带，闲旷山场，林木稠密，奸民流民，聚众私垦，历年既久，人数过多，经理稍失其宜，即恐激成事端，利未兴而害立见，于根本重地，殊有关系。着玉明会同恩合将东边自瑷阳边门以北，何处必应照常戍守，何处可以展垦地亩，流民之屯聚者何以化梗为良，隐患之未形者何以潜消默化，严密防查妥议具奏。

自此大凌河以东牧厂均放垦，而西牧厂仍封禁如故，并挑挖壕沟，重整封堆，以旧河底为限。至光绪中叶以后始全行开禁云。惟时东边禁地，防检难周，人民私垦已久，渐成村落。朝廷不能不注意及之，因叠派大臣查办，同治六年民人何名庆等呈请升科，将军派员履勘，丈出熟地一百八十万余亩，遂筹设东边道以资治理。《盛京典制备考》（卷七）东边外开垦升科设官事宜云：

> 省东凤凰瑷阳、碱厂、旺清、四边门外东北千有余里，闲荒之地游民开垦多年，渐成村落。人民繁庶，良莠不齐，道光间即有展边之议。同治六年，民人何名庆等呈请升科。盛京户部侍郎额勒和布等据以入告。经王大臣会议，与其守例而谕禁两穷，何如就势而抚绥较便。钦派侍郎延煦等出边查勘，复经钦派通晓堪舆礼部主事张元益，恭抵永陵□，由启运山上溯龙脉老岗，西至金厂岭，东至邯郸坡之高岭，约长百数十里，南北宽约二三十里至十余里不等，俱

系有关风水之处，设立封堆九处，永远查禁。旋由原任将军都兴阿派员履勘边外各地亩，于近边一带，准升科熟地五十余万亩。迤南之东沟各处，旧有匪徒盘踞，私立镢钱锄税各名目任意苛征且负隅抗拒，内地马贼，视为逋逃薮。光绪元年，钦差原署将军尚书崇（实）调集天津及古北口马步队，会同本省捷胜营练兵合力兜剿，将积年巨熟宋三好等匪歼除净尽，并平定迤北之庙儿沟通沟各股匪，边外一律肃清，流民均经向化，奏请边地普律升科。钦奉谕旨：但凡认地耕种者，无论旗民，一体编入户口册籍，等因。钦此。钦遵，遴派道员陈本植、知府恒泰、记名提督左宝贵等率领各委员逐启行绳，除上则之地按亩升科外，其除中则以两亩为一亩，下则以三亩为一亩，通其折算，并将军都（兴阿）所办升科五十余万亩之地，统计熟地一百八十万三千余亩有奇，每亩征正课耗羡银三分。所有朝鲜贡道两旁，留宽十丈以便往来，并筹办木税苇租山货烧炳斗租各项杂税，以为增设官兵之费。旋于三年奏准设立道标靖边营马队二百名，步队五百名，并添设东边道以下等官。

边门以外本为封山禁地，流民逾越私垦，渐成村聚。官吏故无可如何，所谓谕禁两穷者也。同治十一年，都兴阿奏称种"边外河岸山厂，关系捕鱼采蜜地方，游民耕种多年，未便封禁"。又称"地极宽广，游民强悍，一时碍难查办"。此指浑江迤东一带而言，然山厂之不能封禁，已可概见。其初奏设安东县系在凤凰边斗外东沟一带，升科地已五十三万余地。是为南路。崇厚之筹办东边事宜，勘丈暖阳城厂旺清三门外，并凤凰城沿边以及通沟一带两次升科地亩约一百三十万余亩。是为北路。又设东边道以总辖之。而边荒之禁始全开。当时边外民多于旗者奚止十倍？即牧厂放荒，招旗领佃，而种植者亦多系民户，则知当时流民之出关者其势已不可复遏矣。

咸同之时，太平天国与捻军并起，内地不能安居，山东直隶一带之人民，流出关外者亦多。奉天封禁之区，既逐渐开垦，牧地放荒，边荒升科，其势亦不得不然。若尚保存旧制，严行封禁者，仅一小部之围场而已。《大清会典事例·户部·田赋·开垦二》（卷百六十七）云：

光绪十年谕：围场重地，关系重要，岂容率请开垦。着该将军等即将奉天大围场地亩，永远严行封禁。嗣后如有希图渔利，赴部具呈，捏词请领者，即著该部解交奉天讯明治罪，以肃禁令。

光绪中叶以后，世变日亟，内地之民，有相率东徙者，生聚既繁，私占私垦，所在多有。守土者势不能不创议开荒，为固圉实边之计。其初办试垦续垦及开放东边凤岫通怀各属山荒已略述如前，海龙围场之开禁，大约在光绪初年及二十二年，将军依克唐阿奏准开放西流水围荒及养息牧厂，以侍郎良弼溥顾分勘之。而东流水先亦开放，皆曩年所放海龙围场余剩各围地本封禁者也。自是牧厂围场，已全部开放，而奉天无例禁之闲荒矣。惟中经庚子之乱，迭遭兵燹，案卷荡然无存，其办法缘起，业已无从稽考。兹仅依《东三省政略·垦务篇》综其放竣之荒如下。

名称	丈放年份	报竣年分	放地总数
东流水围荒	光绪廿七年	三十一年	荒地一一六七二七〇亩城镇基地二四六〇·九
西流水围荒	光绪廿九年	三十一年	荒地三〇二二〇三〇亩城镇基地九七五八·八三九六
大凌河牧厂	光绪廿七年	二十八年	各项牧地五〇九四九〇·六七六七
盘蛇驿垦务	光绪廿九年	三十三年	各等地五七四二一〇·三六八
锦属归公地	光绪卅一年	三十三年	各等地二一三七七〇·九二
锦州官庄	光绪卅一年		各等地一〇四一五六〇·〇七七
彰武清丈	光绪卅二年		各等地二六三七四九九·一七七
牛庄苇塘	光绪卅二年	三十四年	各等地三八五五二二·五三
凤岫山荒	光绪卅三年		各等地一二三二七五〇·九
凤岫苇塘	光绪卅三年		
东流覆丈	光绪卅三年		

据上表总计，放荒地数为一千一百四十九万余亩，较之乾隆三十年民地总数，共三百一十八万余亩，过之已三倍有半，而海龙围场尚不在内。凤岫苇塘，东流覆丈亦无确数。今再就《政略表》全省旗民各项地亩之总数，则可以比例而得其增加之率。

旗地经征数目

余租地	一三三一三九九亩
升科地	五九九九九八
伍田	三五五六五二
红册地	一四三〇九八四七
随缺地	一六八九五九
银米兼征地	二六五三二
民人加赋地	五一八六七
试垦地	七七二一三四
三陵官庄	二七四九二三
内务府官庄	七三五二七
大凌河牧厂	五〇九四九〇
总数	一八四七四三二八亩

民地经征数目

红册地	一六七六六七二亩三五五
全征银两地	八五九五一·九四六
退圈米豆地	六四五七九八·二三
民人余地	四八五四一五·三四七一七五
加赋余地	一五二二四·八一五
首报私开地	一四五六〇八·六〇五
续增首报地	五六七九四·九九
民典旗人余地	二四九七一二·四五七六
永远征租地	一七六三〇·二四
暂行征租地	二四八六二·六四
寡独养赡地	三七五·九
东边升科地	二〇七二二〇六·一二九九
东边苇塘地	五六五八六·七九

东流围荒地	一一六七二七〇·□
西流围荒地	二九八五七〇〇
锦属竺处为公地	二八二三三一·一
科尔沁镇地	二四一四五八垧七亩
国公旗荒地	
扎萨克图王旗荒地	六二五〇〇五垧
续放扎萨克王旗余荒地	一二七二三三垧五亩二分
彰武升科地	二三二七七八·五
盘蛇驿牧厂升科地	五四四六九三·二八八
总数	二〇六八七五八四·九五七六七五

观上表则知民地二千零六十八万余亩，较之乾隆时代，已增加六倍有余，然与旗地相比则过之约二百万亩，仅多十分之一。而民人户口，较旗人几十倍，旗丁少而地多，民人多而地少，清之厚待旧侣，可以想见。故禁地开放，皆尽旗户招佃，以所有权归之旗，惟旗人怠于耕作，将地亩租给民人，坐获租息，久之生计渐窘，地皆典卖。《嘉庆朝圣训》八年谕军机大臣云：

> 本日大理寺卿窝星额由盛京差竣来京，召见时，据奏伊于关外路上，见出关民人均赴该处种地为生。该处旗人，近因贫民出口种地者多，究于生计不能充裕等语。看来关外民人聚积日多，物价较前昂贵，即所产米石有余，食之者众，其价亦必至增加，于旗人生计，未免有碍。总由旗人怠于耕作，将地亩租给民人，坐获租息，该民人即借此牟利。著晋昌劝谕旗人，或将现有地亩，自行耕种，或将未种荒地，以次开垦，俾各自食其力，渐增饶裕，断不可图得一时租息，将自有地亩，尽租佃民人，转致生计缺乏，至民人等出关后，定例不准私垦旗人地亩，并当出示查禁，勿得阳奉阴违，视为具文。

此谕之不能生效，无待说明即可推知。非官府视定例为具文，阳奉阴违实大势所趋，虽欲禁而不能。其原皆由于旗人不耐耕作，招民佣，民人积劳所获，渐得典卖。虽向来旗民交产，例禁綦严，无如日久弊生，或指地借钱，或支使长租，显避交易之名，阴行典卖之实，又招朋引亲，来者络绎，遂不免于私垦。私垦既久，驱逐不易，惟有升科而已。此亦东省移民之由来也。

田畴增辟之率，既如上述，而民户移来之数目，其进率如何，尤应详列，以为比较，则东省移民之状况，斯可大明。惟自康熙五十年征粮丁册，定为常额，以后滋生人口，永不加赋，守土者未议政体，初虑赋随丁加，于造报丁口，大半不实，继以丁不关赋，而稽核民数，遂同具文。虽有保甲之制，亦只奉行故事而已。奉省居户，本皆旗丁，自顺治十年关郡县，招耕佃，乃有民籍，而土旷人稀，生计凋敝，士农工商，皆不如内地之发达。故雍正以前，实报行差人丁，仅四万五千余，嘉庆以后，名为封禁，而内地流佣，垦田砍木采金之冒禁者，惩之虽严，迄不能绝。咸丰间中原多故，奉禁隐弛，东沟通沟诸处私垦之豪据为己地，敛财编户，自成风气。光绪之元，靖盗辑民，析置郡邑，东直流民，咸以客籍而为主户，生殖渐繁，其确数亦靡得而详焉。至中叶以后，遭兵燹，介于两强，锋镝戎马，备极流离，民户萧条，较有逊色。建省以后，稍加培养，清查户口，其数始著。兹据《东三省政略》表之如下：

	户数	男女总数
奉天府	八六二三七户	六六九三五七名口
承德县	附郭首县口数详府	
抚顺县	兴仁县改设界限未划清	
辽阳州	一一五三八〇	七一八〇六七
本溪县	二五八三三	一九五二八九
海城县	九九九三七	六一八二七二
盖平县	六八六九一	四一六九六八
复州	一二九七六	一二九六九四
金州	暂不设官	
铁岭县	四六一三八	二八四九五〇
开原县	四一一六八	二五九一一五

（续表）

	户数	男女总数
法库厅	四一五六六	二〇四七九五
通江厅	一二六二	六五九六
营口厅	由海盖两县报	
锦州府	由锦县报	
锦县	三三〇六七	一六三五七四
锦西厅	二七六一六	一三〇二六九
广宁县	三四二一七	一八五九八九
盘山厅		一三〇七三八
义州	四三六四九	二四〇一一一
宁远州	二四一〇〇	一五六六三七
绥中县	二八一三一	一二二六〇二
新民府	五七七六〇	三一五五二六
彰武县	九四四七	七四九九三
镇安县	四二四五一	二五三七八二
洮南县	二八八五	一六九一一
开通县	一八三五	一六八四七
靖安县		一一八〇四
安广县	一三四四	一〇三九七
昌图府	五一八五七	四〇七五八三
辽源州	八八五三	五九一三九
奉化县	四三一三〇	三五一〇〇八
怀德县	二四七六六	一五三六四一
康平县	二一七九一	一七四一九四
海龙府	三四五八二	二一五七〇九
东平县	一七〇四七	一二八〇〇六
西安县	二六八三八	一四六五六四
西丰县	二七二一二	一七六五〇六

（续表）

	户数	男女总数
柳河县	一二六三五	六九一四六
凤凰厅	四〇八八二	二五八六五〇
岫岩州	二〇六〇〇	一六二八六一
庄河厅	三二四二二	二六二一七五
安东县	一二〇九九	五一八二四
宽甸县	二三九六二	一八八一九九
兴京厅	三四四一九	二八三七八九
通化县	一四八〇八	八九九五一
怀仁县	二一三二六	一四〇二四三
辑安县	一七四四四	一〇七七六七
临江县	一七八六	九五五一
统计	一三六五二六八	八七六九七四四

上表为光绪三十三年呈报之数。据《政略·户籍纪》男女大小九百二十七万二十九名口，表中只八百七十六万九千七百四十四名口，相差约五十万。未悉何故？《清史稿·地理志》宣统三年编户一百六十五万五百七十三，口一千六十九万六千零四。凡四年间，即增加一百余万。末叶增加之速率如此。较之清初，直当百倍，比之旗人，盖十倍之（八旗户口官兵男女总数九十六万三千一百十六名口）。若再就民田数目相除，则平均每人仅得地二亩（民田二千零六十八万余亩），抑何足以资生？而旗地略等民田（凡一千八百四十七万余亩），平均每人可得二十亩，居什一之丁，而占十倍之田，岂非不平之现象耶？然实际上旗人生计日窘，而民户日丰。则旗地皆民佃，而耕作有勤懒之故矣。此清廷之所以为旗民座虚者，虽无微而不至，而终不能制民人之不流出关外也。

五、吉林之垦务与移民

吉林本满洲故里，蒙古汉军，错屯而居，皆有佛、伊彻之分。佛，清语旧之谓；伊彻，新之谓也，一作衣扯，或曰义气（见《宁古塔纪略》）转而为伊齐、一

气,(见《黑龙江外纪》)。胥由归附编旗之先后而别焉。兹据《吉林外纪》(卷三)为简表以明之:

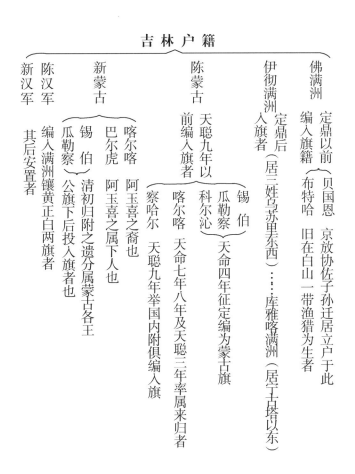

吉林户籍

佛满洲　定鼎以前编入旗籍　定鼎以前　贝国恩　京放协佐子孙迁居立户于此　布特哈　旧在白山一带渔猎为生者

伊彻满洲　定鼎后入旗者(居三姓乌苏里东西)……库雅喀满洲(居宁古塔以东)

陈蒙古　天聪九年以前编入旗者　科尔沁　天命四年征定编为蒙古旗　瓜勒察　天命七年八年及天聪三年率属来归者　喀尔喀　天聪九年举国内附俱编入旗　察哈尔

新蒙古　喀尔喀　阿玉喜之裔也　巴尔虎　阿玉喜之属下人也　锡伯　清初归附后分属蒙古各王公旗下后投入旗者之遗分属蒙古各王公旗下后投入旗者　瓜勒察

陈汉军　编入满洲镶黄正白两旗者

新汉军　其后安置者

满蒙汉军虽有新旧,本皆旗丁,官给地以养之,而荒寒落寞,土旷人稀,民户极少,其初至者,非迁客即墨隶,所谓流人是已。然吉林沃壤之开发,实以此流人为先导。《宁古塔纪略》云:

　　凡各村庄满洲居者多,汉人居者少……宁古塔山川土地,俱极肥饶,故物产之美,鲜食之外,虽山蔬野蔬,无不佳者,皆无所属,任人自取。……凡流人至者,或生理耕种,各就本人所长。

《东三省政略·黑龙江垦务篇》(卷七)云:

患招户之维艰，收效之难速也，则酌复遣犯旧例编入农籍，拨地责垦以为之倡。

边事有警，习战船之水手，积粮草之庄丁，皆令流人当役，虽绅袍亦不免，不足则徙各省流人以充之。《宁古塔纪略》云：

逻车国人（又名老羌）造反……将军上疏求救，即奉部檄，流人除旗下及年逾六旬者，一概当役。选二百名服水性者为水军，习水战。又立三十二官庄屯积粮草，令一到，将军即遣人请绅袍到署，面谕云："养汝辈几年，念汝辈俱有前程，差徭不以相累，今边警出意外，上命急公，现有水营、庄头、壮丁三件事，随汝意自任一件，三日后具覆，是即我法中之情。"时闻令诸公，皆相同流涕，将军亦为凄然。将军又云："惟认工可代。"于是各认工。……二三年后，予家无认工，逻车国亦讲和，复得部文，俱以绅袍例优免，往乌喇戍亦得回宁古。（按此指充当水手者而言）惟官庄之苦，至今仍旧。每一庄共十人，一人为庄头，九人为壮丁。非种田，即随打围烧炭，每人名下责粮十二石，草三百束，猪肉一百斤，炭一百斤，石灰三百斤，芦一百束，凡家中所有，悉为官物，衙门有公费，皆取办官庄。

又《扈从东征日录》云：

康熙十五年，徙直隶各省流人数千户居此，修造战船四十余艘，双帆楼橹，兴京口战船相似。又有江船数十，亦具帆樯，日习水战，以备老羌。（按即俄罗斯人。）水手罢役，旗人出档，及官庄年满，皆除入民籍。且流民至者渐多，有情愿入籍者，亦准其入籍。

《大清会典事例》（卷一百三十四）云：

雍正四年覆准：吉林等处有直省百姓情愿入籍者，准其入籍，但不得容匿逃入重犯，改换姓名，潜居其地。必行询各原籍，咨覆到日，于户口册内照奉天所属民人每名征丁银一钱五分。

据《盛京通志》雍正五年设永吉州，至九年编审续投人丁一千四百七十丁，十年至十一年续投五百七十二丁，十二年新增一百四十四丁，共计实在行差人丁二千一百八十六丁。长宁县原额并新增实在行差人丁共二百零一丁，凡民人报垦熟地，三年起科，荒地十年起科，自州县建设以后，所报垦之数目如下：

	永吉州	长宁县
雍正五年	熟一四、〇六一亩	
雍正六年	荒九一八三	
雍正七年	熟九九五一	
雍正八年	荒五五二〇	
雍正九年	熟三二〇一	雍正五十九年共垦荒地一九〇〇亩，熟地一四二亩
	荒三七二三	
雍正十年	熟一一七〇	
	官五七〇	
	荒二三一四	

以上永吉州共垦地四九五九三亩，惟志载雍正十二年原额，并新增共地二七二一三亩，系就五、七、九三年熟地合算已经起科之数，当时民人与垦地之数目，或尚不止此。《大清会典》载康熙五十年吉林民丁三万三千二十五，而雍正间实在行差者尚不及什之一，则隐匿可知矣。斯时民人所垦植者，似皆为负郭之田，吉林禁地独多，流寓私垦，屡申禁令。《吉林通志》（卷二十八）引《会典事例》云：

乾隆二十七年覆准：宁古塔交纳地丁钱粮之开档家奴，及官庄年满，除入民籍人等俱系世守居住，置立产业，不能迁移，伊等地亩，概行查出，即令纳粮。至宁古塔界内地方褊小，外来流民，不便准其入籍，应将流民驱回。如有愿于吉林伯都讷地方入籍者，即将该处丈出余地，分给伊等交纳地粮。伊等在宁古塔所垦之地，交宁古塔纳粮民人纳粮。其吉林伯都讷地方垦地流民如有愿纳粮者，将伊等地亩花名入所，交纳钱粮，愿回籍者，将地亩交与现纳粮民人，并附近民人纳粮，仍令嗣后严禁私垦。并令边门官员，实力查逐，倘复有流民潜入境地者，严参议处。

又《大清会典·户部·户籍》（卷十一）注云：

> 吉林、伯都讷地方除新集流民，业已开垦地亩安分守业者，准其纳丁入册，不准再有流民踵至私垦，阿勒楚喀、拉林二处种地闲散满洲，不准私招民人代种。

观上两文，可知吉林伯都讷一带，已有流民私垦地亩。清廷不得已，准其入籍纳粮，惟宁古塔仍驱遣，使并归吉林伯都讷，以后且禁潜入边门。阿勒楚喀、拉林地方，据将军傅良奏：查出流民三百四十二户，一年间尽行驱逐。民人不准代耕旗地，而旗人抑未必能自耕，稍遇灾战，则抛荒者比比。《大清会典事例·户部·开垦一》（卷一百六十七）云：

> 嘉庆五年覆准：从前宁古塔地十二佐领及驿站官庄地二万七千四百八十六亩五分，年年应征银九百余两，年来生齿日繁，又值连年霜雹，旗人无力耕种之地甚多，内未经抛荒地八千二百九十二亩五分，仍留该兵为业，已抛荒地一万九千一百九十四亩给民耕种，俾课项有着，旗人不致受无地之累。

旗人抛荒，清廷为租赋起见，不得不招民承种。然既二万余亩之旗地，已经抛荒者乃至十分之七。其典卖与民者，更可想而知。据嘉庆二十三年富俊奏核议，吉林站丁地亩章程一折，谓站丁私将地亩典卖与民，查出一万三千五百六十三垧五亩，各驿站地总数不过四五万亩，是有三分之一出典与民人耕种。而政府犹严禁私相典卖，及越界私垦，其势抑曷能免？于是旗民交产，皆避典卖之名，而私垦则有加征之律。《皇朝通考·田赋考》（卷五）云：

> 乾隆四十六年谕：流民私垦地亩，于该处满洲生计，大有妨碍，是以照内

地赋则酌增，以杜流民占种之弊。且撤出地亩，并可令满洲耕稼，不特于旗人生计有益，兼可习种地之劳，不忘旧俗，原非为加赋起见。至若吉林与奉天接壤，地粮自应划一。……寻户部议准：四十二年以前，陈氏耕种地亩，照奉天陈民例，分为上、中、下三等，银米各半征收，以后续行查出私开地亩，亦照奉天查出流民地亩，加增粮额之例，银米并征。

按惩匿报之令，吉林民人私垦续增查出者，每亩岁征银八分，仍在旗仓纳米二升六合五勺五抄，较之常额，约加一倍，此亦寓禁于征之意，但愈禁而来者愈多，兹先列乾嘉间吉林一府实在行差人丁表如下，即可知其大概。

乾隆十六年：编审原额新增实在行差人丁，四千三百二十七。（《盛京通志》卷三十五）

乾隆二十六年：六千零二十七。（同上）

乾隆三十六年：一万三千三百零二。（同上）

乾隆四十六年：二万七千四百四十。（同上）

嘉庆十七年：三万七千七百八十一。（《会典》十一）

乾隆间编审实在行差人丁，较雍正末已增十六倍有余，而民户尚不止此也。因差徭之关系，隐匿者必多，故编审之数不能作为民丁全额。兹再录吉林民户七口之数如下：

康熙五十年：吉林民丁，三三〇二五。（《会典》卷十一）

乾隆三十六年：新编民户八八五六，丁口四四六五六。（《盛京通志》三十六）

伯都讷厅：民户三四一六，丁口一〇二四八。（同上）

乾隆四十一年：人丁七四六三一。（《皇朝文献通考》卷十九）

乾隆四十五年：民户二二五一三，丁口一一四四二九。（《盛京通志》三十六）

伯都讷厅：民户四〇〇六，丁口一九一五〇。（同上）

人丁一三五八二七。（《皇朝文献通考》卷十九）

四十八年：人丁一四二二二〇。（同上）

中国编审户口尚不确实，东省亦难逃例外，故此表可信与否，殊难断定。然就此可推比者，乾隆末叶，已较康熙时加增四五倍，若田地数目之赋额，及他处人丁之概况，则《吉林外纪》所载如下：

吉林	陈民地	续增"陈流民"垦地	行差人丁
宁古塔	七一〇二四一亩	三三五八九八亩	二五一七〇
伯都讷	五三七三八	一三二一	一三五〇
三姓	一〇〇〇四九、八五	二四五六八三	一四三七五

按道光初富俊复陈伯都讷屯田折谓吉林现有纳丁纳民丁二万九千二百九十八户,伯都讷现有一万四千四百二十八户,阿勒楚喀纳丁民三千零七十三丁。《外纪》成于道光四年,所载差行人丁较之乾嘉其数反少,此必有误,但《通志》谓历年既久,别无可征,因附录之。至陈民流民□额及增垦之地,共一百四十三万七千一百十六亩余,(据道光元年伯麟等奏云:吉林伯都讷一带本有民地一百四十三万八千二百余亩,其数相仿。)较之雍正末增加乃至三十倍,殊可惊也。惟当时除少数驻京移旗之屯田,及蒙旗之地,改建郡县者外,大都仍在封禁中。《东华续录》道光二十七年谕云:

　　吉林一带地力,为根本重地,官荒地亩,不准开垦,例禁綦严。所有珠尔山间荒地五万六千余垧,余现在报垦地二千六百二十六垧,既经查明各佃花费工本,姑准垦种交租外,实□闲荒地五万三千三百七十四垧,自应查照凉水泉地亩封禁原案,画一办理:……各于扼要处所,赶立封堆,永远禁止。

又三十年谕云:

　　户部奏:吉林所辖伯都讷等处官荒地亩,申禁私垦等语,双城堡、珠尔山、凉水泉、夹信沟四处闲荒地亩,前于道光二十七年该部奏请封禁,奉旨:责成该将军副都统及各协镇等认真查禁,并于年终查明有无私垦奏报一次,乃自奏定章程以后惟二十八年曾经奏报,二十九年并未具奏,足见奉行不力,视为具文,着吉林将军固庆等钦遵前奉谕旨,实力查察。……毋令流民阑入私行开垦,再滋流弊。

道光间仍严禁流民阑入及私行开垦如此,但私垦之不能终禁,地方官盖早知之，特以清廷重龙兴根本及山场围地，故有此防渐之策。然京旗屯田与蒙边放垦，实为汉民移吉之惟一先导。初富俊奏请双城堡屯田，代垦之户三千皆旗丁。及道光元年，又奏请于伯都讷开屯田，以备移住京旗苏拉，其原奏略云：

> 伏查伯都讷空闲围场，既无林木，又无牲畜，实可垦地二十余万垧，挖记封堆。……请俟双城堡屯田征租后，再行开垦。初办屯田……奏明不准民人代种，恐其设法租佃，据为己有。……嗣因旗丁一人竭力耕耘，一年只能种地十垧，不能不□觅帮丁助耕，现在办有成规，均各安业。计双城堡三屯前后拨移吉林奉天无业旗丁三千户，男妇大小已万余人开外，率皆有地可耕，及家有当差食饷之人，生计既裕，谁肯轻去其乡？此项屯田，若仍令旗人开垦，恐各处勉强拨派，多致潜逃，转于旗务屯田无益。莫若招民开垦，成功较易。若虑民人典买旗产，亦在申明例禁，办理得宜，拟请查照双城堡章程，应募民丁，每人给领地三十大垧。……第六年起租，每垧纳租制钱三百文，小租三十文。……积租渐多，即可备移驻京旗之用。京旗苏拉到日，交出熟地二十大垧。

又覆奏云：

> 吉林省属界暨伯都讷、阿勒楚喀等处多系旗民同屯共处，盛京通省皆然，即近京旗人下屯种地，亦系与民人错处，从无不便之处。且京旗闲散，多不习耕，惟民人同屯共处，初到正可与原种地之民人讲求耕种，伙种分粮，久之耳濡耳染，习惯自然，必皆务农立业。该民人于撤地后，若有余地，即可与旗人佣工，实旗民两有裨益。

富俊奏请以民人代垦屯田，谓旗人已少，且不习耕种，原系当时实情。惟清廷为东省重发祥，为旗人保生计，不惜反复辨难，且曾谕："吉林乃我朝发祥根本之地，一旦招集无数民人，不知其意何居？且聚之易而散之难，其理易见。即如所言随时移驻京旗闲散，裕如也，但此项民人日久安居，又将何以措置？"富俊覆奏谓：系由现有纳丁纳粮民人认垦，并非招集流民。清廷令缓办。至道光四年始招垦，派员丈地分屯，名其地为新城屯，每屯各设三十户，以"治本于农，务滋稼穑"八个字为号，名为号荒。每一字各编为二十五号，共计二百屯，旋经委员勘丈闲荒，仅敷一百二十屯，至道光七年即招足。其认佃之户屯如下：

道光五年	一一二七户	四三屯
道光六年	九一七户	三一屯
道光七年	一五三六户	四六屯

此项移垦民户共三千六百，人丁当在一万以上，虽为移驻京旗而设，然至光绪初五十余年，京旗无一户移来。将军铭安据绅民之请，始奏将垦地减收荒价，拨给佃民，永为恒产，此吉林招民垦荒之滥觞，实由京旗屯田之借口为惠也。（道光二十四年将军经□布又奏北路驿站私垦八里荒地亩，及珠尔山、福梨场、凉水泉皆先后归局收租，亦备京旗之用，是荒地之渐开，皆借京旗生计为口实矣。）至蒙旗放垦，长春建厅，事详下节，兹不先赘。

咸丰以来，内地丁发捻之乱，流民轶出关外者益多，奉天东蒙一带之禁荒既开，势必延及吉黑。咸丰十年吉林将军景淳（次年改名景纶）奏请开荒济用，因将土门子、省西围场、蜚克图站、双城堡养存圈荒等一律招垦。《大清会典事例·户部·开垦》（卷一百六十七）云：

咸丰十年谕：景淳、瑞麟奏请开荒济用一折，据称：查得吉林地方凉水泉南界，舒兰迤北土门子一带禁荒，约可垦地十万垧，省西围场边，约可垦地八万余垧，阿勒楚喀迤东蜚克图站约可垦荒八万余垧，双城堡养存圈荒，及恒产夹界边荒可垦地四万余垧，均经委员履勘，地属平坦，别无违碍，现有佃民王永祥等认领，先交押租钱共二十余万吊，于将来查办边界，一切船粮车驮经费可资备办，请将前项各荒，一律招垦。……俟领粮五年后再将升科钱文，接济京饷等语。吉林荒地，既可援案招垦，别无违碍，于经费不无裨益，著即按照所请办理。

此为开禁放荒之始。同治三年又开放伊巴丹等五处废围。（东由伊勒们河起，西至伊通河止。）可垦地二万八千六百六十五垧，孤拉库等二处废围（东自庙岭起，至一座毛地方，复由该处南而折至迤西之钓鱼台止，西以伊勒们河为界，北以旧□卡堆为界。）可垦地八千二百三垧五亩。九年又续开围荒地二万垧。吉林围场之逐渐开禁，已可概见。铭安奏吉林地方辽阔，管辖难周，各处隙地，均经流民私垦，因请普行查丈升科。据《经世续编》铭安原奏略云：

> 查阿勒楚喀所属马延川地方，两面大山，横宽数十里，自北面山口，直达南山，亘长二三百里。其中土地沃饶，开垦几遍，从前以险峻难通，在官兵役从未查禁驱逐，致民人愈聚愈多。近年公举头目名宋士信，议立条款，众民受其约束，均以垦地捕牲为业。……又阿克敦城一带亦有私垦地亩，前经派员履查，据该旗民各户呈垦领业升科，并愿补交荒价等情，现在贼氛渐息，亦应将私垦地亩查丈升科，妥筹善后事宜。

同时阿属围场正身亦久被民人侵占，地方官以驱逐其难，遂呈请升科。《吉林通志·食货志》（卷二十九）云：

> 光绪六年将军铭安奏言：“大青背山系阿属围场正身，其山东北至甬子沟河南，西南至香炉砑子袤延一百余里，均属围场边界，层峦峻岭，人迹仅通，其中石洞河、夹板川等处，每遇平川数里俱有居民，一二十户三四十户不等。遍行周历共查出碍围佃民九百十余户，垦熟地亩一万余垧，现仅存大青背山附近斜长四五十里宽十数里之地，未经侵碍。伏查阿属围场，系讲武补鲜之所，例应封禁，乃因早年原放荒地，委员经理不善，均被揽头欺朦，以致多所侵占。近年围猎久停，官吏亦耳目不及，故民愈聚而愈众，地愈垦而愈多。现查明居民不下千家，垦地且逾万垧，围场界址，侵占无余，若概予驱逐，各佃民凿井相安，转使流离失所。况人烟稠密，禽兽早无处潜踪，事隔多年，势难规复。再四思维，与其重迁安土益少害多，何如就地养民，增租裕课？合无仰恳天恩□准将柳树河甬子沟佃民开垦碍围之地，一律清丈，给照升科，另择宽土山场，以备围猎之处，出自圣主逾格仁慈。”奉旨报可。

由此不仅见围场开放之□因，而人民侵占私垦之状况，亦可以知之。"人迹仅通"，"耳目不及"，"民愈聚而愈众，地愈垦而愈多"。盖亦势所必至有矣。

咸同以后边禁日弛，图们江北岸亦渐有流民越垦，生聚日众。光绪七年清廷设边务督办专办边防事宜，将军铭安复有奏请开放吉林南荒之举。乃于南冈珲春东五道沟（即珲春东沟）黑顶子等处分设垦局。二十年又设抚垦局以管理韩民。《东三省政略·边塞纪略》（页二百四十二）云：

> 图们江左沿岸一带，及海兰河布尔哈通河诸流域间，皆属平原沃壤，为吉南最佳之殖民地。自前清光绪七年废禁山围场之制，始于各处设局招垦。计是时南岗垦局奏报垦成熟地一万八千九百三十九垧九亩三分，设立志仁、尚义、崇礼、勇知、守信、明新六社。珲春垦局奏报垦成熟地五千六百一十垧零一亩六分，设立春和、春荣、春华、春明、春融、春阳六社。五道沟垦局奏报垦成熟地二千零七十三垧九亩六分，设立春仁、春义、春礼、春智、春信五社。自光绪初元图们江北渐有韩民越界，冒禁私垦，其始在茂山对岸，渐蔓延于江右沿岸一带，二十年吉林将军奏将越垦韩民立社编甲，照则升科，列为编氓，设抚垦局以统之。凡越垦之地，统建四大堡，堡各立社……收抚垦民四千三百零八户，男女丁口二万零八百九十九人，统编一百二十四甲，校定四百一十五牌，丈报熟地一万五千四百余垧，岁征大租银二千七百七十九两有奇。自是以后，韩民越垦范围渐蔓延于延珲全境，至光绪末年，遂酿成中日一大交涉，间岛问题，且为世界所注目焉。

自是禁山围场之制全废，吉林且以放荒清赋为第一要义，言筹饷实边者，动曰放荒招垦，其情形已与道咸以前大异，而郡县之增设，即可以代表垦务与移民之状况。《东三省政略·吉林垦务篇》（卷七）云：

> 吉林膏腴沃壤，为东三省冠，惟地处极边，幅员辽阔，榛芜未开，遗利尚多。从前旗民地亩，原系自占，名之曰占户山地旗向不升科，民地分上中下新四则按亩升科，银米并征。迨咸同以后，迄于光绪初年，续放各处荒地，则又按垧征纳大小租赋，银钱两收，赋制混淆，无从究结。嗣值庚子乱后，帑项奇

绌，于此而欲疏浚财源，自当以清赋放荒为第一要义，但使野无旷土，户无隐田，则经赋自足。光绪二十八年春前将军奏请清赋升科，放荒招垦，盖欲兴地利、储饷源，并以廓清全省赋制，法至善也。惟先在省城设立清赋荒务总局，以为提纲挈领之枢纽，次及伯都讷、五常、宾州、双城、延吉、伊通、敦化、阿勒楚喀、退抟、拉法尔站、拉林等处各设分局□所。分司其事以专责成。他如蜂密山招垦局，蒙江垦务局亦该陆续筹办，其三姓垦务即归副都统衙门兼理。第清赋升科，放荒招垦，头绪本极纷繁，开办未久，适值日俄构兵，盗贼四起，战线以内，及客军征进经过地方，民皆迁避一空，流离失所。……历任将军往返奏咨，道途梗阻，岁月迁延，故未能速竟全功。光绪三十三年改设行者，锐意实边，随将荒务总局，并归新设劝业道衙门管辖，以劝督开垦为宗旨。……惟沿边一带垦务，尚须通盘筹划，如别劝临江大通密山蒙江等处，既先后设有府州县各缺，应即改归地方衙门兼办。

据上文自光绪二十八年全省设有荒务总局及各分局，专事招垦放荒，虽因日俄之战中遭扼阻而建省以后，视为要图，生聚日繁，利源日辟，观下两表，可以见之矣。

《东三省政略》附吉林各属民地清赋分年奏报原浮地数表：

地名	年次	原地	浮移
吉林府属	光绪三十二年	九二〇四五坰七三八	二一〇四四坰三二三
	光绪三十三年	七三八四四四·三六五	一五八一三·三六四
宾州府属	光绪三十四年	一七六五五四·九三〇	五九九八三·二九〇
长寿县属	光绪三十四年	三四一四八·二二〇	一七〇二五·三九〇
五常厅属	光绪三十四年	一三二四一七·三〇九	二五一八二·九二六
双城厅属	光绪三十四年	七六四六四·一〇四八	八二二一·四八八
双城堡属	光绪三十四年	五九九四三·〇八六九	二〇〇七九·七三三一
延吉厅属	宣统元年	七七四四五·三七〇	三六四一〇·九六九
伊通州属	宣统元年	二〇六二一·四四〇	三三七四·二二〇

（续表）

地名	年次	原地	浮移
磐石县属	宣统元年	七六七六二·一四〇	二五五〇九，·七二〇
敦化县属	宣统元年	四〇三四九·二九五	一二一〇六·〇八五
绥芬厅属	宣统元年	一二六二五·四八〇	六一七九·〇五〇
统计		八七三二二一·四七七九	二五〇九二〇·五四〇一

又全省民籍户口略表：（据光绪三十三年各属册报）

地名	户数（户）	丁口数（口）
吉林府	八三九一七	五六七五六九丁
伊通州	二五五〇四	一九六八六〇
磐石县	二九九七五	二三九八〇〇
敦化县	一四一七六	八二四五八
长寿府	三五五三七	二八七七〇八
新城府	三〇五四六	二四六九五九
榆树县	六七四四七	四九四〇四七
依兰府	六四七三	三八六八九
临江州	八一七	六五三一
方正县	五八七〇	四〇一〇〇
宾州直隶厅	六三三四三	四五三九八七
长寿县	一二五四〇	七八四一九
五常厅	二二七一一	一六二九八七
延吉厅	七八二一	四五五五九
绥芬厅	一三二七二	六二八五九
双城厅	三八五六二	三四一七二四
滨江厅	二三三三	一一七八〇
统计	五一五一七八	三八二七八六二

就上两表，可知清末叶，较之乾隆间增加几二十倍，而垦地增加，较之道光初年不及八倍。若与旗丁相较，当时旗籍户口五万一千七百七十八户，男女老少共四十一万零一百零一丁口，约及民户十分之一。而旗地原报共七六六五〇二垧六亩四分，约合民地十分之七五。此与奉天，旗人少而地多，盖属同一情形，则旗地之招民佃种，其势亦必不能免矣。

六、黑龙江之垦务与移民

黑龙江僻居北鄙，地广而腴，自西徂东，数千里处处与俄境接壤，而荒芜弥望，榛莱未辟者，则以根本及参貂禁地，封闭綦严，且人力不足故也。《黑龙江外纪》（卷四）云：

> 黑龙江地利有余，人力不足，非尽惰农也，为兵者一身应役，势难及于耕耘，而闲处者又多无力购牛犁，以开荒于数十百里之外，故齐齐哈尔等城，不过负郭百里内有田土者世守其业。余皆樵牧自给，或佣于流人贾客，以图温饱。而膏腴万顷，荒而不治，曾无过而问者，盖亦势使之然也。

应役之旗丁，虽给地以养之，而其力不逮于耕耘，则移民辟殖之业，自仍以流人为先导，《东三省政略·黑龙江垦务篇》（卷七）云：

> 患招户之维艰，收效之难速也，则酌复遣犯旧例编入农籍，拨地责垦，以为之倡。

流人发遣，中叶以前，常数千人，亦有辟圃种菜，采木捕鱼者，数世而后，生齿日繁。《黑龙江外纪》（卷六）云：

> 黑龙江极边苦寒之地，自设将军镇守，凡旗民杂犯重罪，载在刑律者，或以免死，或以加等，发遣兹土，分管束、安插、常差、为奴诸条，各有等差，惟官吏奉谪远夷徙置，不在常例，其杂犯每岁踵接而至，无虞数百人，向皆分递诸城，惟呼兰、珲春、吉林、呼伦贝尔界俄罗斯，多不遣。尔来为奴者，齐

齐哈尔留大半，外城不过十之二。……约计齐齐哈尔今有三千余名，余城亦千名以外，盖久未停遣，东来者日众，游手聚居，是在拨遣钤束之有法耳。……黔奴诸城皆有，齐齐哈尔最众，大半闽粤楚产，懦者服役主家，黠者赎身自便，网鱼采木耳，趁觅衣食，稍有立业，至娶妇生子称小康者。

又（卷八）云：

> 流人辟圃种菜……人家隙地种烟草，达呼尔则一岁之生计山也。

索伦达呼尔本不谙农事，自康熙间遣员课耕，渐知树艺。惟俄伦春仍重鲜食，呼伦贝尔亦畜牧为生。若达呼尔之产烟，则例外矣。《盛京通志》云：

> 索伦达呼尔不谙农事，康熙间特遣部院课其耕种，尝以郎中博奇课耕有法，禾稼大收，奉旨褒美。

又《黑龙江外纪》（卷六）云：

> 俄伦春俗重鲜食，射生为业，然得一兽，即还家，使妇取之，不贪多，亦不以负藏自苦。索伦达呼尔旧亦然，近日渐知树艺，辟地日多，呼伦贝尔依然畜牧为生，富在羊马，力田者寥寥也。

雍乾以后，始于黑龙江、呼兰、墨尔根、齐齐哈尔等处设立官庄屯田，实为边境兴屯之嚆矢。其余仍封禁如故也。

咸丰四年七年，曾两议招民开垦，因恐俄人潜越，事遂中止。《黑龙江通志·经政治·垦务》（卷八）云：

> 咸丰四年将军奕山议办招垦，派员查勘，出示招佃，嗣因俄船下驶，事遂中止。

又云：

> 咸丰七年，御史吴焯以呼兰城迤北蒙古尔山（山在巴彦县东阿力乣段）有
> 余地方百□万论，并非参貂禁地，亦与夷船经由之路无涉，奏请弛禁开荒，所
> 得钱粮，以充俸饷。嗣据黑龙江将军奕山等覆：蒙古尔山一带地方，自绰罗河
> 起至通首河止，除林木沟河外，其可开垦毛荒共一百二十万三千一百六十余
> 坰。蒙古尔山乾隆五十四年试采一次，稍见参苗不堪入贡，久经停采。布雅密
> □罗等河，嘉庆二十二年试采一次，亦停捕，未得珠。奏入，使奕山会同吉林
> 将军景淳查勘妥议具奏。乃改以恐夷人慕擅潜越，不能豫操把握为词，事遂
> 中止。

然邻省居民闻风趋至，旗丁遂将哨道内外并城之远近公中闲荒，争先圈占，收
取私租，数年间，聚积日众，已不免偷垦伙种之弊。咸丰十一年，将军特普钦乃奏
仿吉林夹信沟章程，于呼兰所属出放民荒，其原奏略云：

> 查该处地面，因与官屯毗连，当未经议垦以前，已不免偷种之弊。自议垦
> 以后，居民闻风而至。尤不免与官屯有影射伙种之地，年复一年，积聚日众。
> 臣等于上年冬间，访闻其弊，严饬呼兰城守尉并该管界官确查详报，嗣于官屯
> 附近查出私垦地八千余坰，农民二千五百余名，时至严冬，若概行驱逐，势必
> 至叹流离，且无所安置，亦难立时究办，第既经清查，曷敢更为容隐？再该处
> 东南数百里，与三姓接壤，松花江一水可通，上年六月间，曾有俄夷乘船至呼
> 兰界之吞河地方窥探，经前任将军奕山在该处添设卡伦，派兵防守。惟地方辽
> 阔，稽查难周，且向无居民，易启觊觎，尤宜豫为之计。是前因招垦恐与防务
> 有碍，今因防务转不能不亟筹招垦者也。臣等反覆熟商，通盘筹计，地方既属
> 拮据，私垦之民，一时又难驱逐，与其拘泥照前封禁，致有用之地抛弃如遗，
> 而仍不免于偷种，莫若据实陈明招民试种，得一分租赋，即是可裕一分度支，
> 且旷地既有居民，预防俄夷窥伺，并可藉资抵御，亦免临时周章。

此为弛禁放荒之始，从前因防务而禁止招垦，今则因防务而亟筹招垦，即所谓

移民实边之议也。当时承领民人杨继明刘兆麟等交押预保，共放出毛荒二十余万
垧。同治七年，将军德英以新荒续放，未甚踊跃，奏请暂行停止。自后屡放屡停，
旋弛旋禁，迨光绪二十一年，特简大臣延茂来江创办屯垦，其禁令遂从此弛矣。但
宗旨所在，第为安插旗屯起见，而旗丁不谙耕作，招民代垦，缪辕遂多。据光绪二
十二年延茂奏放通肯、克音、汤旺河、观音山四处荒厂，通肯、克音两处共有毛荒
一百十一万九千余垧，册报领荒之户，共五千二百六十七名，续领之旗户，尚未造
齐，亦复不少，皆划设旗屯，自开放之日起，予限一年，如限满无人认领，再行招
放民户，以示轸念旗丁之至意。遂设立通肯招垦局，兹据《黑龙江通志》引程将军
奏稿将历年出放荒数表之如下：

光绪二十四年	二 二 四 〇〇〇 垧（七成折实）	一五六八〇〇垧	
光绪二十五年	二 三 一 五 八 四・八 二 一 五（折实）	一六二一〇九	三七五〇五
光绪二十八年	三 八 二 五 二 五八	（上通肯段）	五七四八一（克音树段），三三七一 五一五（柞树岗段）
光绪二十九年	一 二 七 五 〇 二 六（通肯段）		八九五三・五四（克音树段）
光绪三十年	二 〇 八 一 六 六・五 四 八（通肯段）	一 七 五 六 三 〇 二（克音段）	三五一（巴拜段）
统计	七五〇三九〇垧三亩八分四厘五毫		

　　旗丁领地自垦，人力或有未逮，令招民代垦，东佃两不相认，亦有包揽大段，
转卖于民者，地亩纠葛不清。光绪三十年将军达桂等奏请变通章程，令垦户代交押
租，作为己产。其有东户相认确无异议者，仍准听其自便。是旗领民佃之制，渐已
破除，而汉人之招徕，乃益多矣。

　　黑龙江之全部开放，当自光绪三十年始。时署副都统程德全奉命办理荒务，乃

会同将军达桂陈请变章，力主旗民兼放之策，设立垦务总局，于是荒务乃勃然兴起，不数年而成效大著。惟各户领地以后，率以开荒费巨仍付榛芜。三十年改设行省，东三省总督徐世昌与署江抚程德全以为非大兴屯垦，不足以固边围而戢戎心，乃招民垦荒，增设郡县。三十四年，拟增改江省道府厅州县办法（见《大清新法令外官制》四十一页）云：

> 咸丰以后，呼兰等处，屡议开荒，内地侨民负耒而至，加以外屯密布，邻析相闻，时势变迁，断难墨守。于是相继设官……以为绥边抚民之计。……黑龙江沿岸数千里，皆与俄邻，彼则屯守相望，我则草叶未辟，以无官故无民，无民则形势隔绝，土地荒芜。……非增设民官，不足以言拓殖。

兹据《黑龙江通志》及《东三省政略》表列江省历年所放荒地目如下：

地名	放荒之年	报竣之年	荒熟地数
通肯克音柞树岗（三段）	光绪三十年	光绪三十二年	一八二三九八坰九六八
通肯段零荒	同三十年	同三十三年	一二五二四·三五
巴拜段毛荒	同三十年	同三十二年	八一二九〇〇·五九二五
巴拜柞树岗（二段）零荒	同三十年	同三十三年	一六〇四五·二八九一
汤旺河一带荒地	同三十一年	同三十三年	六三九八〇三·九
又查出熟地	同三十一年	同三十三年	七〇四·九二
甘井子荒地	同三十一年	同三十二年	三一三七三六·五
又出放毛荒	同三十三年	同三十四年	一七七八五
又查出熟地	同三十三年	同三十四年	一四一九六
呼兰屯丁自种地	同三十一年	同三十三年	五二七一五·三二
又呼兰台丁地	同三十一年	同三十三年	六九四〇·一七
又屯丁出卖与民地	同三十一年	同三十三年	四二〇七九·五八
又站丁出卖与民地	同三十一年	同三十三年	一八三七·二四
讷谟尔河两段荒地	同三十一年	光绪三十二年	五三五九一八·七三二

（续表）

地名	放荒之年	报竣之年	荒熟地数
又南段夹荒	同三十一年	光绪三十三年	六八九三〇·七
又北段荒地	同三十一年	同三十三年	六一九三一·〇五
省城附郭荒地站台毛荒	光绪三十二年	宣统二年	一一二二七四·一八八二
白杨木河段荒地	同三十二年	光绪三十四年	九五一三二·一五
大折子山段荒地	同三十二年	同三十四年	六四〇一二·五
依克明安公段 （即通肯明两尔河旷地）	同三十二年	同三十四年	四五六七五四·八八
墨尔根荒地	同三十二年	宣统二年	七六二二五·〇六三
又查出熟地	同三十二年	同二年	一七九一〇·六四
绰勒河沟尔一带	光绪三十一年	光绪三十三年	四三〇〇〇
呼伦贝尔沿铁路一带	光绪三十四年	出放无多并 未呈报	
岭东岭西荒地	同三十四年	同年	二〇三〇三
瑷珲荒地	同三十四年	民国六年	四七六四一·九二三
海伦地亩毛荒	宣统元年	宣统三年	七四九七二三·八七五
又浮多熟地	同元年	同三年	一八七二一·六
又浮多荒地	同元年	同三年	一二四三二〇·四五五
又闲荒官地及不可垦地	同元年	同三年	一八三八九〇·七一一
萝北附近及鲁梧等字毛荒	宣统二年	民国三年	二八三五〇·八七九
兼放渴原鹤汤梧等筹字毛荒	同二年	同三年	四四五二八·五五
恒升堡毛荒	光绪三十二年	宣统元年	六〇九五六·八七
又六屯熟地	同三十二年	同元年	九一九六·六四
讷谟尔河欠价荒地			
南段撤佃毛荒	宣统元年	民国元年	二〇五八〇·九三二
北段撤佃毛荒	同元年	同元年	一〇五〇二·五

以上出放毛荒及清丈查出熟地共五百一十四万九千五百六十坰六亩余，而实际

垦殖者，未必有如此之多。综之咸丰以前完全为屯垦时代，仅官庄屯田而已。咸丰十一年以后，为部分的开放时代，所放荒地仅七十五万五千余垧。光绪三十年以后，为全部开放时代，所放已五百余万垧。是以此期中为独盛矣。

黑龙江向为八旗驻防之所，满蒙汉军而外，尚有伦索、达呼尔、巴尔虎、鄂伦春诸种族，内地人民居此者盖寡。自后开放东荒，燕赵齐鲁之民，负耒而至，各省商贾，亦幅辏来集，于是地日辟而民日聚，繁庶之象，渐异曩时。兹据《通志》所载户籍表之如后则可以比较而得移民迁来之概况。

乾隆三十六年	二〇五〇八户	三五二八四名口
嘉庆十三年	二六二一七户	一三六二二八口
光绪十三年	约五〇〇〇〇户	约二五〇〇〇〇口
光绪二十三年	一八 三五一户	一二七三三九一口
统宣三年	二六九四二三户	一八五八七九二口

按《东三省政略》黑龙江省民政记户籍光绪三十二年为户二一三〇九〇，口一四五五六七。《清史稿·地理志》宣统三年编户二四一〇一一，口一四五三三八二。比上表则前者较溢，而后者较缩，此可见史志调查之确实。惟光绪末年增加之率，比之初叶，约有五倍。宣统三年间，又加二分之一。是则黑龙江之逐渐开发，完全为晚清庚子以后之事矣。

七、原属东内蒙古之垦务与移民

东三省之垦务与移民，既如上述，此外尚有东内蒙古之哲里木盟十旗，实为东北移民事业之先驱，其后即分隶于三省者。若奉天之昌图、洮南二府，吉林之长春府，黑龙江之肇州、大赉、安达诸直隶厅皆是也。《东三省纪略》（卷二）云：

奉天之北，吉林之西北，黑龙江之南，有广大之平原，介居其间，即内蒙古哲里木盟是也。凡分四部十旗：曰科尔沁左右翼六旗，曰郭尔罗斯前后二旗，曰杜尔伯特旗，曰扎赉特旗。清初以来汉民移垦日众，稍稍借其地设理民官，后乃分隶三省：隶于奉天者，为科尔沁左右翼六旗，隶于吉林者，为郭尔罗斯前旗，隶于黑龙江者，为郭尔罗斯后旗、杜尔伯特旗、扎赉特旗。

　　哲里木盟四部之起源，皆元太祖弟哈布图哈萨尔之裔。姓博尔济吉特氏，其十四世孙奎蒙克塔斯哈喇，始居嫩江，自号嫩科尔沁。四传及奥巴，于天命年间，率先附金（清），列封为内扎萨克之首。扎赉特、杜尔伯特、郭尔罗斯皆附焉。是部以内属之始，列椒房之亲，效力戎行，勋望最隆。若前之满珠习礼、后之僧格林沁，皆其著者。故大赉之广，特异于诸部。《蒙古游牧记》（卷一）云：

　　　　内蒙古哲里木盟游牧所在，科尔沁，东至扎赉特界，西至扎鲁特界，南至盛京边墙界，北至索伦界。秦汉辽东郡北境，后汉为扶余鲜卑地。南北朝隋唐为契丹门胡地。辽为上京东境，及东京北境。金分属上京北京及咸平路。元为开原路北境。明初置福余外卫，以元后兀良哈为都指挥，掌卫事，洪熙间蒙古臣阿鲁台为瓦剌所破，其酋奎蒙克塔斯哈喇姓博尔济吉特，元太祖弟哈布图哈萨尔十四世孙也。依兀良哈因同族有阿鲁科尔沁，故号嫩科尔沁以自别。……扎赉特东至杜尔伯特界，西及南至郭尔罗斯界，北至索伦界。本契丹地，辽长春州，金泰州北境，元为辽王分地，明入科尔沁。哈布图哈萨尔十五传至博地达喇，有子九，其季曰阿敏，与兄齐齐克纳穆赛等邻牧，号所部曰扎赉特，天命九年阿敏子蒙衮随科尔沁来降。……杜尔伯特部东至黑龙江界西至扎赉特界，南至郭尔罗斯界，北至索伦界。本契丹地，辽长春州，金泰州北境，元为辽王分地，明入科尔沁。哈布图哈萨尔十六传至爱纳噶，号所部曰杜尔伯特，爱纳噶子阿都齐号达尔汉诺颜，天命九年偕科尔沁来降。……郭尔罗斯东至永吉州界，南至盛京边墙，西及北皆至科尔沁界。本契丹地，辽置泰州昌德军属上京，金大定间废，承安二年，移州于长春县，以故地为金安县隶之。元为辽王分地。明入科尔沁。元太祖遣弟布哈图哈萨尔征郭尔罗斯部，禽其酋纳琳于克里业库卜克尔。哈布图哈萨尔十六传至乌巴什，遂以为所部号。乌巴什子莽果，莽果子布木巴天命九年来降。

　　又《东三省政略·蒙务篇》云：

内蒙古二十四部科尔沁率先归附,列封为内扎萨克首。统盟于哲里木盟地,在内兴安岭南麓,霍勒河上源之哲里木河。科尔沁本部分两翼六旗,而扎赉特、杜尔伯特二旗、郭尔罗斯前后二旗附焉。其先同出一源,皆元太祖弟哈布图哈萨尔之裔,姓博尔济吉特氏,奎蒙克塔斯哈喇其十四世孙也。始徙居嫩江,自号嫩科尔沁,四传及奥巴,于天命十一年率族众来归,封土谢图汗,从龙佐命,勋望兴隆,实为内属之始。巴达礼袭父爵,去汉号,改封和硕亲王,领"右翼中旗"。奥巴弟布达齐封扎萨克图多罗郡王领"右翼前旗"。奥巴从弟喇嘛什希封辅国公,领"右翼后旗"。六传至敏珠尔多尔济始晋镇国公。奥巴叔父莽古斯以椒房之亲,与子宰桑俱封亲王,是为达尔汉和硕额驸满珠习礼之祖。当时父子兄弟,皆列爵土,然莫不效力戎行,懋著劳功。大赉之腤,善人是富,非特崇隆贵戚也。自满珠习礼达尔汉亲王,领"左翼中旗"。满珠习礼之从祖洪果尔封宝国郡王领"右翼前旗"。洪果尔从子栋果尔初封镇国公,后追叙前功,晋其子彰吉伦多罗郡王,领"右翼后旗"。迄咸同间僧格林沁以讨发进功,始晋封博多勒噶台亲王,仍世袭右翼后旗扎萨克。其随奥巴来归之扎赉特部蒙衮,追封固山贝子,其曾孙特古斯以功晋封多罗贝勒。杜尔伯特部阿都齐子巴棱初封辅国公,晋封固山贝子。郭尔罗斯部布木巴封镇国公,领"前领"。固穆封辅国公,领"后领"。则又锡类推恩怀柔附率,使之奔走效命,分隶于科尔沁左右翼者也。旧制以土谢图亲王掌右翼五旗,达尔汉亲王掌左翼五旗,而两旗之迭充正副盟长,莅坛坫而执牛耳者,盖隐示若辈子孙无忘奥巴之余烈以堕其前功,此固国家崇报之隆,然策励之方,亦于是乎在矣。

蒙古编旗之制,每旗置扎萨克一人,协理台吉二人或四人,管旗章京下至骁骑校,略如驻防八旗。蒙民年十八岁为壮丁,人人有服兵之义务,平时仍游牧之业以资生。故对于土地所有之观念极薄,莽莽沃原,仅为射猎之场而已。后以内地人民广集近边,开垦日众,蒙人乃习见垦植之利,始招汉民为佣,任劳力,供租佃,名曰"榜青"。《东三省政略·蒙旗篇》(卷二)云:

蒙民年十八为壮丁,人人有服兵之义务,平时仍游牧之业以资生。计三年比丁,辨其卒伍,并入尺籍,年及六十者退伍,废疾者除名,各旗以册申报盟长，盟长汇报理藩院，每满若干丁，则增编一佐领，当蒙古强盛，漠南漠北，引弓领羽之伦，边疆有警控马则行。……国家不费一钱而安然无北顾之虑，诚不啻资游牧为奇兵，列穹庐为坚壁也。……蒙民本无租赋之责任，然当兵则无粮，服役则无饩。……当边禁初弛，内地游民广集近边，开垦日众，蒙人生活于牧蓄之中，乃习见垦植之利，始招汉民为佣，任劳力，供租佃，名为榜青。汉民勤苦耕作，彼既高坐而致富饶，为之经营者，渐思出其智计，以反客为主。

然亦有随格格下嫁之壮丁，于清初栖止于秀水河边，垦种祭田，渐成村落者。如康平县涂量涛讯断宾图王旗七大屯控案禀有云：

> 其开垦七屯地亩来历，据称向闻历祖传言：顺治年间伊祖上（指蒙员高永龄）暨董杨周梁刘六姓，随和硕格格下嫁扎萨克图郡王，行至边内，闻北边地气甚寒，中途畏避，流寓于秀水等处。嗣见近边门外荒地饶沃，因而出边垦种。其时蒙藩十旗，不分畛域，虽逐渐开垦亦无人过问，日久子孙繁衍，开地日广，竟成村落。

是蒙疆之开垦，实以随差壮丁之流寓为向导。及后直隶山东人出关就食，流寓旗境，渐事垦种，蒙民亦习知耕植之利，始招佃榜青。北部流民出边典种者乃日益繁伙。于是清任编保甲以稽察善良，定印票以限制阑入，日久玩忽，渐成具文。《皇朝政典类纂》（卷三十六）云：

> 乾隆十三年议准，蒙古地方民人寄居者，日益繁多，贤愚难辨，应责成该处驻扎司员，及同知通判，各将所属氏人，逐一稽考数目，择其善良者立为乡长总甲牌头，专司稽察。……又蒙古民人借耕种为由，互相容留，恐滋事端。……又喀喇沁三旗自康熙年间，呈请内地民人前往种地，每年由户部给与印票八百张，逐年换给，现今民人前往者众，此项印票，竟成具文，应行停止，嗣后责令司员暨同知通判等查明种地民人，确实姓名，及种地若干。……

乾隆以来，印票久废，民人前往开垦者益多。清廷为保护蒙古生计，初制禁止典卖之律，继定驱逐垦民之例。《皇朝政典类纂》（卷十四）引事例云：

> 乾隆十四年覆准喀喇沁土默特等旗，除现存民人外，嗣后毋许再容留民人增垦地亩，及将地亩典给民人。……三十七年定口内居住旗民人等，不准出边在蒙古地方开垦地亩，违者照例治罪。

又《大清会典事例》（卷一百六十一）云：

> 乾隆四十一年议准：民人持贱价典出蒙古地亩……俟限满时退出，均匀分给蒙古贫苦人等。……嗣后将典卖地亩之处，永行禁止，如有私行典卖者，将卖户买户均从重治罪。

又（卷一百六十七）云：

> 嘉庆十五年谕蒙古地方辽阔，以骑射游牧为本务，向例不准口内居住旗民在蒙古地方开垦，其种地贸易民人，前经各该旗呈报驱逐，历经办理有案。此项地亩，若仍令招民垦种，行之日久，难保不多开私垦，有碍游牧，致妨蒙古生计。转非核官体恤之意，所请照旧垦复之处，著不准行。

当时虽禁例綦严，罪罚有差。而蒙古招民垦种，汉人逾界前往者，实繁有徒□法令等于具文。及乾隆五十六年，蒙公恭格拉布坦奏明开放荒地，招内地民人垦种，是为蒙疆移民之始。嘉庆以后，禁约渐弛，清廷特设官以经理之。《东三省政略》纪郭尔罗斯前旗债务及开放余荒始末云：

> 三东省所辖哲里木盟属于吉林省者，惟前郭尔罗斯一旗，本辽黄龙府、金济州、明兀良哈部旧地。太宗崇德间始为前郭尔罗斯分壤。其地当松花江伊通河流域，地势平坦，弥望膏腴。乾隆中直隶山东人出关就食，流寓旗境，渐事垦种。五十六年，蒙公恭格拉布坦奏明开放荒地，嘉庆四年，吉林将军秀林奏

准借地安民，嗣后设民官，置长春厅。

又《大清会典事例·户部·开垦二》（卷一百六十七）云：

> 嘉庆五年谕：郭尔罗斯蒙古游牧处所，不准内地人民逾界前往开垦，惟因蒙古等不安游牧，招民垦种，事关多年，相安已久，且蒙古得收租银，于生计亦有裨益，是以仍令其照旧耕种纳租。此系朕体恤蒙古起见，方今中外一家，普天莫非王土，但蒙古向来游牧之地，既许内地人民垦种，若复官为征收，竟似利其租入，岂朕爱养蒙古之意？今军机大臣等议令设官弹压，不令经征，并不准照吉林地丁收租，所议甚是。仍令查勘酌定租数，俾蒙古民人两有裨益，以副朕一视同仁至意。

郭尔罗斯前旗牧地，之置长春厅设理事通判，实为蒙境设官及官府承认蒙人招垦之始。光绪以后，遂升为府。《东三省政略》卷二《蒙务篇》云：

> 长春府郭尔罗斯前旗牧地，乾隆年间镇国公恭额拉布坦私招内地民人张立绪等垦地。嘉庆四年，派将军秀林会同盟长拉旺前往查办。五年秀林等以事关多年，已垦地二十六万五千六百四十八亩，居民三千三百三十户，未便驱逐，奏请置长春厅，治设理事通判巡检各一员于宽城子，十七年，以开垦地亩，流民增至七千余口，所垦之地广二百三十里，纵百八十里，拟定界限，设立封堆。……光绪十四年，将军希元以长春为吉奉孔道，省城西北门户，奏请升厅为府。……领农安、长岭二县。

继郭尔罗斯而开禁设官者，则为科尔沁右翼后旗昌图额尔克地方即后之奉天昌图府也。《东三省政略》卷二《蒙务》下云：

> 昌图府科尔沁左翼后旗牧地。嘉庆七年，奏准开垦。汉民之垦地者，稍稍来集。十一年设理事通判……同治二年，改为同知，光绪三年为府。

又《皇朝政典类纂》（卷三十年）引事例云：

嘉庆十一年议定：昌图额尔克地方东至吉林边栅西至辽河一百余里，南至威远堡边界，北至白塔水河二三十里、四五十里不等，设设理事通判一员办理农民一切事件。该处地租，听该王贝勒等遣人自行收取。如佃户越欠，揽头抗租不交者，交通判严行究办。现在农民三千九百余户，每年□生民数，只准本户续报注册，不得仍听流民借户增添。其原议里数内未开之荒地，准其开垦。

自此清廷虽以蒙民相安，停其驱逐，以免流民之流离失所，然划定界址，设立封堆，亦仅承认原移之民，及所开之地而已。此外并不准增居一户，多垦一亩。《大清会典事例》（卷一百六十七）云：

嘉庆五年议定……以后不准多开一亩之地，添住一户之民，如有私招民人偷开地亩者，从重治罪。

又《嘉庆朝圣训》云：

五年，谕内阁……此项蒙古地亩，招民垦种之初，均出有押租钱文，并非凭空占种。嗣后民人挟资携眷，陆续聚居，数十年来，生齿日繁，人烟稠密，蒙古民人，本属相安无事，迨垦种日多，有碍蒙古牧厂，因而呈请驱逐。第此等民人，本系无业出口种地，以资糊口，一旦驱逐，未免流离失所。……我朝中外一家，无论蒙古民人，皆系臣仆赤子，所有此项地亩，除现在垦种者，仍听该处民人各安本业，照旧交纳租息，无庸驱逐。惟蒙古人等以牧养牲畜为业，若听民人耕占牧厂，则日种日多，伊于胡底！于蒙古生计，殊有关系。着……就现在居民所裼地亩，定界立碑，清查户口，此外不准再行开垦一陇。亦不要添居一人。俾蒙古民人永远相安，两有裨益。

蒙疆招垦禁令綦严，而旋弛旋禁，迄难折衷。嘉庆五年初查郭尔罗斯长春堡地方民人二千三百三十户。十一年流民增至七千余名口。十三年续经查出三千一十户，乃叠有增加。清廷虽不准流民入境，责成各边门守卡官弁，严行查禁，而其效亦可睹矣。光绪以后，边禁大弛，蒙疆招垦，官局丈放，遂使榛莽之区，一变而为陇畔佳壤。

《东三省政略·筹蒙篇》纪开放荒地云：

> 往者边禁綦严，凡口内居民人等，有出边在蒙古地方开垦地亩者，照私开牧场例治罪。其王公台吉等私行招聚民开垦地亩者，分别已未得受押荒银钱，罚俸革职有差，所以重游牧也。自边禁渐弛，郭尔罗斯前旗首先招垦，科尔沁左翼诸旗继之。嗣后北部诸蒙，或因近接铁路预防侵占，或因公私债项抵注偿还，先后由三省将军遣员丈放。遂使榛莽之区，一变而为陇畔，各旗办法，互有异同，综其大纲，厥分二种：一曰蒙旗招垦，一曰官局丈放，蒙旗招垦者，科尔沁左翼三旗、郭尔罗斯前旗是也。嘉庆五年，理藩院奏准：郭尔罗斯长春堡地方民人开垦地亩，官设通判以理民事，其收取租息，令蒙古自行收取，无庸官为经理。十七年又定科尔沁左翼后旗昌图额尔地方，准其招民开垦，每年征收租息，赏给该郡王一半，余照郭尔罗斯种地之例，合计该旗台吉官员兵丁户口数目，均匀赏给，事载理藩院则例。其官局丈放者，则始于扎赍特旗，踵而行之者，科尔沁右翼一旗及杜尔伯特、后郭尔罗斯诸旗是也。奏定收入押租银两国家与蒙旗各分其半，将来垦熟升科，每垧例纳岁租中钱六百六十文，以二百四十文归国家，四百二十文归蒙旗，并于荒段适中之地，酌留镇基，以为聚集人民设立市镇之备。

观上文知蒙疆垦务有二种：一曰蒙旗招垦，二曰官局丈放，前者盖蒙古王公之所为，自行取租，而后者则地方官为之经理也。兹据《东三省政略》先为简表以明之：

（一）哲里木盟蒙旗招垦荒地一览表

旗名	区域	招垦时期	垦辟垧数
科尔沁	怀德县 奉化县	道光元年	六五一四〇六垧
左翼中旗	辽源州	咸丰初年	未详
科尔沁	法库厅	嘉庆年间	约七七〇〇〇垧
左翼前旗	康平县		
科尔沁	昌图府	嘉庆十七年	二七一二一二垧

（续表）

旗名	区域	招垦时期	垦辟坰数
左翼后旗	辽源州	未详	未详
郭尔罗斯前旗	长春府	嘉庆初年	约四〇〇〇〇〇坰
	农安县	道光八年	二四一一六二坰
	伏农泉	光绪十六年	一六八八六〇坰
	斯安岭	光绪十九年	五〇三五〇坰

（二）哲里木盟蒙旗官局丈放荒地一览表

旗名	区域	丈放时期	放地数目
科尔沁右翼中旗	东南境	光绪三十三年	生地八一五五八坰三四
科尔沁右翼前旗	洮尔河两岸	光绪二十九年	熟地四二八九九坰九九六六 生地三九四六〇四坰一七一六
	就河北展放	光绪三十二年	生地八九〇六三坰四六四
	爱其挠	光绪三十四年	
	北山	光绪三十四年	
科尔沁右翼后旗	洮尔河南	光绪三十年	生地二二二九一坰二 熟地一八四六七坰五
	洮尔河北	光绪三十四年	
科尔沁左翼中旗	就洮尔河北展放	宣统元年	
	采哈新甸	宣统元年	
扎赉特旗		光绪二十八年	熟地二九六九六坰六六 生地四七〇二五二坰二六六
杜尔伯特旗	沿江段	光绪三十三年	熟地一一三坰九二 生地四四〇一三坰六
	铁路迤西	光绪三十一年	熟地一〇九〇坰八 生地二〇八四一七坰九
郭尔罗斯前旗	长岭子	光绪三十一年	荒地二一〇二〇〇坰六二

（续表）

旗名	区域	丈放时期	放地数目
郭尔罗斯后旗	铁路迤西	光绪三十一年	生地二二三五六坰二
	铁路两旁	光绪三十三年	生地二九〇〇〇五·七二八八五
	沿江	光绪三十三年	生地一三〇一七九·〇一〇八
依克明安		光绪三十二年	生地二四九一五三坰四五九

综前两表，蒙旗招垦之地，所可知者计□百八十五万九千九百九十坰。尚有辽源所垦之地未详。官局丈放之地，合计二百六十九万五千零九十四坰六亩余，其中垦熟者，仅九万二千二百六十八坰八亩余，不过三十分之一。是官局仅顾勘丈收价，争攘蒙民之尺寸肥瘠，增益边隅之少数费用，领户之能垦与否，绝非所知，而领地者亦但求所有权之获得，亦不计能垦与否也。因此富商巨户，垄断把持，包领转卖，甚或组织公司意为上下，藉获厚利。东三省初垦荒时其弊害皆似此，不独哲里木盟为然也。故所放荒地，虽不下十万方里。而草莱遍地，盗贼资之。《东三省政略·筹蒙篇》纪开放荒地云：

　　通计蒙境已放之地，不下十万方里，近边一带暨沿铁道嫩江两旁大半垦辟，其余各地多属荒芜，虽因土质不齐，交通梗塞，亦以历年放荒办理求善之故，盖放荒计划端在借地养民，凡以为安插流氓之善政而已。嗣后宗旨愈歧，视为利路，荒务收款，列入岁计，各处荒局遂但顾收价之责成，丈放之迅速，于拓植事业毫不关怀，放毕撤局，领户之能垦与否，均非所知，由是百弊丛生，奸商承揽，垄断把持包领，转相售卖，意为上下，获利之厚，动余倍蓰。所余硗瘠，则弃之而不顾，国家无督垦之官严为监察，草莱遍地，盗贼资之。地既有主，或且展转易人，益无以善其后，此则始计之疏，积习相沿者也。蒙民愚惰，勤作无恒，饱暖之余，倦于再垦，故亦有一户所领垦，熟不及二三，已垦复荒，甘自弃地，而沙漠之地，天时地利，均有所限，间遇雨阳不时，一岁欠收，则逾年播种之资，且有难给。是以负耒有来者，往往辍耕而去。前者覆辙，后者益裹足不前。荒务因无起色，实边之策，事与愿违。

又《黑龙江通志·经政志·垦务》（卷八）记黑龙江巡抚周树模奏称：

江省频年招民垦荒，迤东如绥化、呼兰、海伦、巴彦、余庆一带，浡臻繁庶，然统计全省面积，开放之荒而不及十分之二，放而已垦者，亦不过十分之三。其富商巨户，揽荒渔利，久已习为固然，荒一入手，高价居奇，零星小户无力分领，积年累月，终成芜旷，大段不能转售，因而拖欠官款，以故放荒速而收价迟，领地多而开地少。

观此则知蒙疆招垦，乃为内地人口过胜，流民出关谋生自然发展之趋势。及官为经理，不顾实边之策，而惟以筹款为务，则土地一变为资本家之投机营利物，拓植之意义全失。故自有清中叶以后，直鲁流民之迁往东三省者，不下数百万口，土地之丈放承领者，不下数千万垧，而仍不免于土旷人稀也。洎乎晚清，世变日亟，我国国势衰弱，边陲空虚，不能自守。俄人乃弃其经营巴尔干之功，侈志东侵，窥伺满蒙。日本维新以后，夷我藩篱，进图南满，与俄角逐争胜，遂成均势之局。日据要港，俄酖上游，两国铁道横贯其间。要皆以哲里木盟为咽喉，各出其智技以相搏，或则示惠蒙民，或则阴嗾携贰，操术不同，觊觎则一。

《东三省政略·蒙务述要》（卷二）云：

自俄人侈志东侵，以西北利亚铁道纵横大陆，破我国防，外蒙诸部，渐次离析，今东清一线，由博罗托罗海入境，周哲里木盟，面贯三省咽喉项背，扼而附之，非独三省与内蒙之忧也，但轮轨所经，侵越愈亟。蒙人习锢蔽之俗，居贫弱之势，外渐方迫，眊目震耳。初则慑其气焰，继乃贪其钩饵，举族趋向，为之一变。日俄构衅，假途蒙地，以间道而出奇兵偏师对垒，据其要塞，敌骑出入，若履户庭，牛马粮粮，取诸外府。战事终局，蒙人之趋向又一变。事变相乘，痛下泉中谷之化离，而未能自拔，即我官吏士绅，尚不免委蛇求容，何独执苛论以绳愚朴之蒙人哉？夫蒙人以游牧为生，逐居水草，迁徙无常，崇信喇嘛，绝弃家室，以故游懒成性，种族式微。即牧畜一端，亦不知讲求孳生藩息之道，彫残衰敝，至于今日。生计之微，怒焉可忧。而犹汩汩然不识不知，自封故步。我地方官有所施设，又时于治标治本之策，或存畸轻畸重之心，虽不难綦之使行，尼之使守，而积威所恣，因以市恩，即有所摧残而不恤，无怪乎猜忌之交乘，而畛域之难化也。彼强邻之眈眈于我蒙古者，遂思有以利用之。俄人乃遣其布里雅克之蒙族，挟同教之观念以重利谄库伦喇嘛，遍布流言，神其煽惑之术，复连骑结驷，游于诸扎萨克，货财军械，资其馈遗，曲意交欢，曾无顾惜，意在牢笼其君长，以驱策其臣民。日人知其然也，乃别出他途以相试，广布地学会徒党，测绘要塞，诡言异服，匿处蒙屯，以医药小惠，酒食酬答，纳交其妇孺。又附会野史之传闻，造为不经之故实，将使蒙昧愚民，日濡染于民权新说，渐萌其揆离之志，以隐抉为藩维。窥二国之居心，操术虽有不同，要皆觊觎我之领土，各出全力以相搏。而我之哲里木盟东南接辽海，西北连大漠，固宜农宜商宜战之地也。用兵殖民，在所必争。今东清南满铁道，自宽城子划然而分，若长春，若昌图，若铁岭，若法库，若新民，若哈尔滨，若齐齐哈尔之昂昂溪，若呼伦贝尔之满洲里，凡开为通商口岸者，处处皆蒙疆门户。彼耳目之所注，心力之所营，其利害关系于我者，为何如？今者变相角之旨，为均势之谋，又隐然守洮儿河为鸿沟，视洮南府为制胜之地，则哲里木全盟移于他人潜力之范围，其视我为抵抗之计划者，又何如？蒙人泌泌□□，若贰若疑，以切肤之忧，作充耳之状，固已弃封守而生贰心，数典章而忘祖武矣。而我则长荒大漠，毫无设备，弧矢弃而不用，会盟久已不修，甚至请袭之典，激为仇杀，年贡之期，资其需索，理藩失职，弊乃愈滋，为渊驱鱼，已非一日。而犹欲拘牵于羁勿绝之说，以安常而省费，是诚不审边情，不知变剧者矣。

东蒙形势与日俄窥伺之术，观上文可以了然矣。清廷既鉴于藩部之秘情，怀领土之阽危，乃改建行省，以徐世昌总制三边，经纬治化，监理财权。凡所以绾内政而杜外交者重在严主臣之防，去秦越之私，俾治法治权，一如十八行省，此又非独哲里木一盟为常然也。自是筹边者，亦知放荒层弊，外患日滋，从前但图收价之非计，而竞讲移民实边之策。光绪三十三年锡光奏《请拣大员专办内蒙垦务折》云：

今之言筹边者，每日非练兵不足以弥兵，非备战不足以止战，非盛设海军不足以安内地，非建修铁路不足以神运用。然战舰铁路尚能兴举，诚伟大之事功，而不假外债，终非我力之所能及，且练莫大之军，敌莫强之国，欲收振衰起弱之功，又非叠债累息者所能猝办。奴才以为于今日而欲保奉天三省，当极力经营内外蒙古荒地，诚以俄人野心异志，睥睨四邻，宿以殖民侵略为惯技，况火车往返，垂涎其地者已久。倘以殖民通商蹈以前之覆辙，则先我着鞭，其患有不堪设想者。诚宜及时采东西殖民之策，用晁错实边之谋，简派大臣，编成段落，招民垦种。即以其所得之荒价，大兴矿务，广设学校，开通商埠，办理交涉，仿德意志男子皆兵之制。……此左文右武思患预防之善政也。

又徐世昌《覆奏三省内蒙垦务情形折》云：

查东三省垦务，历任将军，次第开辟，垂四十年，而较其面积，尚不及十分之四。初只内地之官庄苇塘山荒等处，继乃推及于蒙旗。如奉天所属科尔沁六旗，则有扎萨克图旗镇国公旗，近来达尔汉图什业图两旗，亦先后奏请开放，尚未竣事。吉林则有郭尔罗斯前旗，黑龙江则有郭尔罗斯后旗、杜尔伯特旗、扎赉特旗，凡历年所开，或已及全旗，或量为设治，但经理者第以筹款为主义，故一经清丈放价，便无余事。甚或欺虐蒙民，侵吞款项，绳丈则多寡不均，放荒则肥硗任意，缠讼互控，轇轕纷纭，莫可究诘，而于垦务之兴衰，蒙情之向背，地势之险夷，从未考究。诚如原奏所谓"筹备荒之策，茫乎无闻也"。今欲经营蒙地，使之成部落，谋生聚，为三省之声援，必以殖民为入手，而殖民尤以垦荒为始基。

而黑龙江巡抚周树模《试办扎赉特屯垦》一疏亦云：

窃维实边之方，必以辟地聚民为先务。自来策边事者，或主徙民，或主屯兵。顾徙民则患其费多，屯兵则患其食少。求其兵农合一，防守兼资，余屯垦无他道矣。

又试办《呼伦贝尔边垦疏》（二疏皆见《黑龙江通志》）云：

> 窃维黑龙江省毗连俄境，边线延长三四千里，若非讲求拓殖，慎固封守，
> 行主权利权，皆将隐被侵夺，驯至无可挽回。臣等往复筹维，以为辟地首在聚
> 民，边防必先置戍。

综上所陈，可知移民实边，开垦兴屯，已为清末疆吏挽救东三省之唯一主张。清廷因于光绪三十四年特设东三省蒙务局，任朱启钤为蒙务督办以专理之。而其效果如何，土地虽未尽辟，人口增殖已达三千万，哲里木盟之鸿沟，满蒙汉人之畛域，均已荡泯无存。俄于北满，且以革命而放弃其利权焉。又孰知今日拱手以送于岛夷乎。吾述先民之绩，真不知其涕泗之何从矣！

八、东北移民与直鲁人

东三省之人口据宣统三年统计为一千五百八十七万八千五百五十三口（系《清史稿·地理志》三省人口之总和），而土著之旗人尚不及十分之一。（《东三省政略·旗务篇》奉省各属驻防八旗户口表统计九十六万三千一百十六名口。吉林外城户口表统计三十一万八千四百十五名口，吉林省城及珲春户口尚未查明。黑龙江无旗户表，据《黑龙江通志·经政志·户籍》（卷十二）载光绪十三年编审旗户：齐齐哈尔一五四四九，墨尔根九三九四，黑龙江二九〇二九，呼伦贝尔三一三八五，呼兰二八二五〇，呼兰厅六四二五，布特哈二四四八八，绥化厅三七九三，兴安岭四五四〇，统计二十五万二千七百七十六名口。《满洲通志》则谓：黑龙江土著住民一八八七年（光绪十三年）为四十万八千人，至一八九五年（光绪二十一年）为六十万人。数未必确。无论如何三省旗人不能过二百万，而其中尚有一半之汉蒙人。若就纯满人论，则实甚寥寥也。其余什九皆由外省徙来。顾此种移民，究竟来自何处，亦殊有注意之价值，若就地理上之关系言之，直隶（今河北省）接境满蒙，应占优先之势，山东登莱，与奉天辽东，隔海相望，亦一苇可通，故初期当以直鲁人为最多。而晋人因懋迁之故，且毗连察绥，亦易流入。据日本人所编之《满洲通志》（第六章页一六五十六）云：

满洲之支那住民，率自支那北部山东、直隶、山西三省移来。该地方不但与满洲有密接之关系，其人口比较他省亦最多。

满洲者，自人种之方面论之，炽旺之汉族，携固有之文化而来，以压倒此地方。而满洲之南部，及中部之一部份，文化程度，与支那本土，相距不远。将来其余地方，亦必由汉族之膨胀，化荒野而为美丽之庭园，渐达于旺盛之域。

曩遭生存场中之淘汰，弃故乡而来满洲之支那人，当时虽蒙许多之困难，不得不出蛮力以格斗。及经岁月，则彼第以勤勉不拔之精神，吸集资财于一身，依其资财，微小之村落，亦设立学校，自精神上同化满洲人。大而言语宗教，小而寻常动作之末节，顺其自然而彼等已尽入于同化之域。

现时全满洲人之大小商业，无一不归于汉族掌握中，工业亦然。农业殆皆成于汉族之手。客店及建设等，亦惟汉族能操之。

就上文可见北部三省之人民，因生计维艰之故，不得不弃其故乡，以谋生于关外，久之则满洲各种事业，几无一不为此辈移民所操持。而人口亦滋盛，于是化异族为同德，变旷野为乐园。所谓满洲人者，已渐成历史上之一名辞，无异于入关旧侣之被同化于汉人也。又在此三省移民中，其移殖率最盛，同化力最大者，厥惟山东人。日本人所著之《满洲通志》中有《满蒙西伯利亚与山东人》一文曰：

山东人沐孔子之遗泽，受管仲之教化，朴讷寡文，重乡土，视迁徙出境者，不啻投入蛮夷，谓之违反人道。而父母在时若出游四方，则以为悖于孝道，为道德所不许。至清康熙年间，复禁止山东人入北满洲，载诸国法，垂为训典。然山东地本硗确，益以生齿日繁，故虽有禁令，仍不免侵入于满洲之沃野者，乃生活上自然之趋势也。其始入满洲者不过采取人参及行商而已，积久遂有拓地耕种者，采金伐木者，举满洲之利，已足以欣动贫瘠之山东人。加之清朝国法，有名无实，虽有禁令，可以视若弁髦。故移住满洲者，遂澎湃如潮，一发而不能遏矣。

又云：

近年来俄国在东部西伯利亚之经营，有待于此等山东苦力者殊多。故山东人趋之若蚁附膻。当时俄国有囊括满洲之志，欲占领辽东半岛，故究经营东清铁路，赫赫之业，将告成功。而东部西伯利亚之经济的势力，仍未少展，实权仍握于山东人之手，如筑炮台，采矿伐木之利，通航转运之业，莫不操于山东人之手。旅人之初经是地者，不啻有误入山东之感。盖山东人之社会团结力最强，守秩序，重条理，无或紊乱，尤工于实业之技能，生存竞争，适者生存。彼俄人者，乌足以制胜哉？

又云：

山东人励精克己，勤俭耐劳，富于团结力，劳动者互相扶助，商人互通缓急，恰如一大公司。其各商店则似支店，互相补给商品，以资流通，而金钱上尤能融通自在，故虽有起而与之争者，奈山东人制胜之机关备具，终不足以制之也。满洲人及俄国商人固无论矣，即德国人精于商者，亦退避三舍，不能与山东人抗衡。是以山东人在满洲西伯利亚一带经济上之势力，足以凌驾一切，握商业上之霸权。又能应该地之需要，供给劳动，故势力日益张大。最宜注意者，彼等皆富于独立生活之力，能胜强剧之商业竞争。曾有俄人某见中国人侵入西伯利亚荒原者日众，乃著论警告其国人。又昔年中俄缔结密约时，李文忠曾语人云："他日西伯利亚成中国人之殖民地时，则俄国必追悔今日占领满洲之失计。"亦可以想见山东人之势力矣。（以上三段皆自《清朝全史》译本引录）

观上文所引述，则知东三省移民与山东人实有密切的关系。稻叶君山谓："数十年间满洲之沃壤，殆全入于山东人之掌握。"（见《清朝全史》第六十八章）殊非扁语。盖山东人具有勤劳耐苦之精神，受经济之压迫，远适异乡，团结经营，不遗余力，其足迹所届，浸及北荒。故能凌驾晋直之民，成此伟业。今试就三省住民一考询其原籍，似有十分之八九为山东，间有十分之一二为河北等处，独以开发未久，谱牒稀征，且鲁人不忘故土，乘暇往返，常避占籍，故未能为精确之统计与比较耳。

最近三百年东北外患史（上）

（从顺治到咸丰）

蒋廷黻

一、俄国的远东发展①

我族在东北的历史虽变故多端，概括说，可分为两大时期。满清以前，在东北与我族相抗的，不是当地的部落，就是邻境的民族。其文化程度恒在我族之下。最近三百年的形势就大不同了。从清初到现在，这三百年中，东北最初受了远自欧洲来的俄罗斯之侵略，最近又遭了西洋化的日本之占据，而其他列强亦曾插足其中。现在东北已成所谓世界问题。纵不说最近三百年的侵略者之文化高于我族，我们不能不承认他们的国力远非我们所能比抗。

俄国的历史颇有与我相同的。在十三世纪，蒙古人一方面向南发展，并吞了华北的金及华南的宋；另一方面又向西发展，简直席卷了中央亚细亚及俄罗斯，直到波兰。我国受蒙古人的统治不满百年，即由明太祖在十四世纪的下半光复了祖业。俄国终亦得到解放。惟蒙古人在俄国的施政并不如在中国那样积极，而同时俄人民族的观念亦不及我族发展之早，故俄国的光复运动到十五世纪始由马斯哥王国率领进行，其完成尚在十六世纪宜番四世的时候。总计起来，俄国的光复比我国迟了二百年。

俄国反蒙古人的运动虽较迟，其发展之积极及持久反为我们所望尘莫及。我族自明成祖以后，保守尚感不足，遑论进取。俄国则不然。俄人初越乌拉山而角逐于西比利亚者为雅尔马克（Yermak）；所带队伍仅八百四十人；其时在公历一五七九年，即明万历七年。此后勇往直前，直到太平洋滨为止。一六三八年——崇祯十一年——俄国的先锋队已在鄂霍次克（Okhotsk）海滨建设了鄂霍次克城。六十年内，全西比利亚入了俄国的版图，其面积有四百万方英里，比欧洲俄罗斯还大一倍。

---

① 本文发表于《清华学报》第八卷第一期（民国二十一年十二月北平出版）。

俄国在西比利亚的拓展并未与我国接触，所以无叙述之必要。但其经过有两点足以帮助我们了解日后中俄初次在黑龙江的冲突，不能不略加讨论。第一，俄国在西比利亚发展之速得了天然交通的资助。西比利亚有三大河流系统：即俄比系统（Ob River System），也尼赛（Yenisei）系统，及来那（Lena）系统。俄比、也尼赛及来那三大河虽皆发源于南而流入北冰洋，但其支河甚多，且大概是东西流的。一河流系统之支河与其邻近河流系统之支河往往有相隔甚近者，且二者之间有较低的关道可以跋涉。俄人过乌拉山就入俄比系统；由俄比系统转入也尼赛系统；再转入来那系统，就到极东了。

俄人在西比利亚所养成的交通习惯与日后中俄两国在黑龙江的冲突有很大的关系。因为黑龙江及其支河可说是亚洲北部的第四大河流系统。其他三大河皆由南向北流，惟独黑龙江由西向东流而入海。所以在自然交通时代，黑龙江是亚洲北部达东海最便捷之路。并且俄人有好几处可以由来那系统转入黑龙江系统。黑龙江上流有一支河名石勒喀（Shilka）；石勒喀复有一支河名尼布楚（Nertcha）（尼布楚城因河得名）。尼布楚河发源之地离威提穆河（Vitim）发源之地甚近。威提穆河就是来那河上流之一支。这是由来那系统转入黑龙江系统道路之一。黑龙江上流另有一支河名额尔必齐（Gorbitsa），其发源地与鄂列克玛河（Olekema）之发源地相近，而鄂列克玛河也是来那河的一支。这是由来那转入黑龙江的第二条路。黑龙江的中流有一支河，我国旧籍称为精奇里河，西人称为结雅河（Zeya River）。精奇里发源于外兴安之山阳，其流入黑龙江之处，在其东现在有俄属海兰泡，亦名布拉郭威什臣斯克（Blagoveshchensk），对岸稍南即我国的瑷珲。自来那河来者可溯雅尔丹河（Aldan）或鄂列克玛河之东支而转入精奇里河上流的支河。这是由来那系统入黑龙江系统的第三条路。在清初的国防上，这条路尤其要紧，因为最毗近东北的腹地。

第二，俄国十七世纪在西比利亚拓展之速多因土人无抵抗的能力；俄人用游击散队就足以征服之。彼时西比利亚户口稀少，土人文化程度甚低，政治组织尚在部落时代，其抵抗力还不及北美的红印度人。比较有抵抗能力的要算俄比河上流的古楚汗国（Kuchum Khanate）。这国就是蒙古大帝国的残余。雅尔马克（Yermak）于一五八三年夺取了其京都西比尔（Sibir）。西比利亚从此得名；马斯哥王亦从这时起加上西比尔主人翁的荣衔。一五八七年（明万历十五年）俄人在西比尔附近建设拖博尔斯克大镇（Tobolsk）。雅尔马克原来不过是一个土匪头目；他的队伍大部分是他的绿林同志。立了大功之后，马斯哥王不但宽赦了他，且优加赏赐；为国事捐躯之后，俄国教堂竟奉送他神圣尊号。雅尔马克遂成了俄罗斯民族英雄之一。事实上，他无疑是俄国拓殖西比利亚的元勋。自他在俄比河战胜古楚汗国之后，直到鄂霍次克海，俄人再没有遇着有力的抵抗。

雅尔马克及其同志，论人品及做事方法，皆足代表十七世纪俄人在西比利亚经营者。历十七世纪，先锋队大都是凶悍而惯于游牧生活的喀萨克（Cossack）。他们数十或数百成群，自推领袖。在俄国政府方面看起来，喀萨克的行动，虽常不遵守政府的命令，确是利多而害少。他们自动的往前进：成功了，他们所占的土地就算是俄国的领土，他们从土人所收的贡品几分之几划归政府；失败了，不关政府的事；除非政府别有作用，可以置之不理。但是害处也有。这种游击散队只顾目前，不顾将来，只顾当地，不顾全局。喀萨克过于残暴，因此土人多不心服，且被杀戮者就是当地的生财者。在西比利亚作惯了，到了黑龙江流域，他们依然照旧横行，不知道这地的形势有与西比利亚不同者。

俄人发展到来那河流域的时候正是明崇祯年间。在明成祖的时代，中国在东北的政治势力几可说是空前绝后。黑龙江全流域以及库页岛皆曾入明之势力范围。到天启、崇祯年间，辽河流域尚难自顾，至松花江、乌苏里江及黑龙江更无从顾及。明之旧业快要亡了。但满清遂乘机收归己有。在清太祖及太宗的时候，满人连年东征北伐。其战争及交涉的经过，我们无须叙述，但其收复的部落及土地不能不表明。因为十七世纪中俄的冲突根本是两个向外发展运动的冲突；俄国方面有新兴的罗马洛夫（Romanov）朝代，我国方面有新兴的清朝：可说是棋逢对手。

兹将清太祖及太宗所收复的东北的部落及区域列表如下：[①]

一、窝集部（亦名窝稽达子，鱼皮达子）。居牡丹江（亦名呼尔哈河，瑚尔哈河）及松花江下流两岸，距宁古塔北约四百里；其中心在现今之三姓。

二、穆棱。居乌苏里江及其支河穆伦河的两岸。

三、奇雅。居伊玛河的上游。伊玛河（Niman，Iman，Imma，Ema）是乌苏里江东的一支河。

四、赫哲（亦名黑金，赫真，额登）。居松花江与黑龙江会流之处到乌苏里江

---

① 参看附录之二。

与黑龙江会流之处。

五、飞牙喀（亦名费雅喀）。居黑龙江下流。

六、奇勒尔。居黑龙江口沿海一带。

七、库叶（亦名库页）。居库页岛。

八、瓦尔喀。居吉林东南隅及俄属滨海省的南部及海山崴附近的熊岛。

以上皆东境的部落。

九、索伦。居布特哈（齐齐哈尔以北的嫩江流域）。

十、达呼尔。居嫩江以东到黑龙江一带。

十一、俄伦春。居黑龙江东之精奇里河两岸。

十二、巴尔呼（亦名巴尔古）。居呼伦贝尔南。

以上皆北境的部落。

满清武功所达极北之点就是日后中俄相持的雅克萨城，俄人称为 Albazin。崇德四年（一六三九年①），将军索海所征服的四木城之一，即雅克萨。

入关以前，满人的势力虽已北到黑龙江及精奇里河，东到库页岛，并未在边境设官驻兵。被征服的民族有少数编入八旗，大多数仍居原地，按期进贡而已。直到康熙二十年，清朝驻兵最近东北边境者莫过于宁古塔。虽然，俄人入黑龙江的时候，除当地土人的抵抗外，尚有大清帝国的后盾，其形势与西比利亚完全不同。

二、中俄初次在东北的冲突

俄人到了来那流域以后，不久就感觉粮食缺乏的大困难。他们从土人那儿听说精奇里河流域产粮甚多。这种传说形容未免过度，好像一到外兴安的山阳就是一片乐地。俄政府于一六三二年在来那河的中流设立雅库次克城（Yakutsk），派有总管，俄人所谓 Voevod。一六四三年（崇祯末年）总管官彼得·果罗文（Peter Golovin）派探险队到精奇里河流域去调查真像。队长是波雅哥夫（Vasili Poyarkof）；队员有喀萨克一百一十二名，猎夫十五名，书记二人，引导一人。军器带有大炮一尊，枪每人一杆。他们于是年七月中从雅库次克动身，逆流而上，由来那河入雅尔丹河。十一月，未抵河源而河已结冰，不通舟楫。波雅哥夫在河边筑了过

---

① 整理者注：原著为一六四○年，经整理者核实为一六三九年。

冬的土房，留了四十三个队员及辎重，自己遂率领其余队员跋山而南。行了两星期的旱路之后，他们找着精奇里的支河布连塔河（Brinda）。上游仍是一片荒土；到了中流，才发现少数俄伦春住户。波氏派了七十人到村里去搜粮食。村民起初尚以礼相待；俄人求入村，未蒙允许，就动武了。村民竭力抵抗，到了天黑，俄人空手而归。在饥寒交迫的时候，喀萨克不惜执杀土人或互相残杀以充饥。一六四四年春，留在山北的队员赶上了，于是合队而行，由精奇里入黑龙江。沿途的土人皆骂他们为食人的野蛮人，有些逃了，有些就地防堵。秋季波氏到了黑龙江口，就在此过冬，强迫奇勒尔供给粮食。

俄人入黑龙江的那一年正是满人入关的那一年。受其扰害的俄伦春、达呼尔、赫真、飞牙喀及奇勒尔是否曾向其宗主求援；如果求了，满人如何处置：这些问题，因为史料的缺乏，无从答复。在入关之初，就是东北边境有警报来，清廷亦无暇顾及。波雅哥夫此次的成绩并不好，除了没有发现新乐园以外，他留给土人永不能忘的坏印象。虽然，经过这次的失败，雅库次克的总管知道了传闻的虚实，而波雅哥夫仍不失为第一个西洋人入黑龙江者。他在江口过冬以后，由海道北返。几年之内，雅库次克的总管不再费事于南下的企图。

一六四九年（顺治六年）雅库次克的一个投机的富商哈巴罗甫（Yarka Pavlov Khabarof）呈请总管许他用自己的资本组织远征队到黑龙江去。是时俄人已从土人探知由鄂列克玛河的路比由雅尔丹河的路容易。总管佛兰士伯克甫（Franzbekof）对此事虽不甚热心，但哈巴罗甫的提议既无须政府出资，万一成功，政府反可借私人的力量收征黑龙江流域土人的皮贡，就允许了哈氏的呈请。其实政府的批准不过是一种形式；在呈请之先，哈氏已组织好了远征队，大有必行之势。四月初，他率领队员前进，溯鄂列克玛河直到河源，于是跋山而转入黑龙江的支河乌尔喀（Ur-ka）。此河近额尔必齐，惟稍东。哈巴罗甫到黑龙江的时候，两岸的村落已闻风远逃。哈氏对所遇的少数土人虽竭力巧言诱吸，土人总以"喀萨克是食人的"一语答之。除在土坑里发现匿埋的粮食外，其余一无所获。虽然，在其给总管的报告书中，哈氏仍夸大黑龙江流域的富庶及积粮之多。他深信有六千兵足以征服全区域；征服之后，雅库次克的粮食问题可得解决，而皮贡的收入可大加增。

哈氏初次的远征虽无直接的成绩可言，他确亲自到了黑龙江，知道了当地的实在情形。他决志组织第二远征队并改良行军的方法。一六五〇年的夏季他就出发，所走的路线大致与第一次相同。这次他行军极图迅速，以免土人的迁徙。在雅克萨附近，他袭击了一个村庄，土人与之相持一下午，终究弓箭不抵枪炮，雅克萨遂为所占。土人乘夜携带家眷、牲口逃避；哈氏即夜派一百三十五人去追截，次晨就赶上了。一战之后，喀萨克夺了一百一十七只牲口，高兴地返归雅克萨。哈氏在雅克萨建筑了防守的土垒，留下了少数的驻防队，自己遂率领其余队员及枪炮，乘用冰车，驶往下流。十天之后，于十一月二十四日，他遇着使马的俄伦春。此处也是弓箭不抵枪炮，一时土人惟有屈服，遵命贡送貂皮。哈氏的投机总算得了相当的收获。于是回雅克萨过冬。

次年六月二日，哈氏带着三百余名喀萨克，配齐枪炮，出发往下流去。此次更求迅速，以图攻人之不备。正队以前，他预备了八只小船以充先锋。连行四日不见人烟，沿岸的村落皆迁徙一空。第四日晚间，在黑龙江折南的角段发现尚未迁徙的吉瓜托村（Guigudar）。此处居民约有一千，并有五十名八旗马队适在该处收征贡物。我国的记载全不提及，故其虚实难明。哈氏乘夜进攻。据俄人的记载，交火之初，满人就逃了。次晨村落失守，土人欲逃不能，死于炮火之下者约六百六十人，女人被掳者二百四十三，小孩一百一十八，马二百三十七，其他牲口一百一十三。俄人死四名，伤四十名。哈氏的得意可想而知。可惜我方关于此事全无记录以资对证。

哈巴罗甫在吉瓜托村约留了六星期。他派出的调查队均说直到精奇里河口，土人早已迁徙，惟闻在河口尚有未迁徙的村落。哈氏乘坐小船赶到现在瑷珲城左右。土人事先全无所知：既不能逃，又不能战，大部分都成俘虏。哈氏命土人的长老召集会议。到会者三百多人，均说刚向中国皇帝进了贡，余存无几，一时只能奉送貂皮六十张，以后当陆续补送。哈氏令土人以貂皮赎俘虏。他的投资又得着红利了。土人竭力应酬他，好像他们已甘心投顺喀萨克。但九月三日全村忽迁徙一空，仅留下两个当质者及两个老女人。此举给哈氏一个很大的打击。他原拟在此过冬，不料周围忽然变为全无人烟之地。他把四个未逃的土人付之火中，遂开拔向下流去了。

九月二十九日，哈巴罗甫行抵乌苏里江与黑龙江合流之处。此地现有哈巴罗甫城，即纪念哈氏之功绩者，我方命名伯利。哈氏在此建筑土垒，准备过冬。赫真人表示和好，因之哈氏不为设防，时常派遣人员出外捕鱼。十月八日，赫真人忽乘虚进攻。相持之际，适外出的队员归来，加之军器相差太远，赫真人大受挫败。从此喀萨克做了当地的主人翁。

按俄国的记载，黑龙江的土人受了两年的扰害之后，均向中国求保护。我方的记载亦提及此事，但不详细。《平定罗刹方略》说："驻防宁古塔章京海色率所部击之，战于乌扎拉村，稍失利。"[①] 俄国方面的记录说海色带有二千零二十骑兵。至于战争的经过则各说不一。海色与哈巴罗甫的战争是中俄初次的交锋。我国史乘中从顺治九年起始有"罗刹"之乱之记载。按："罗刹"这名词是索伦、俄伦春、达呼尔诸部落给俄人的称呼。这一战，俄国方面的人数至多不过四百人；我方加入战争者必较多，但是否有两千余名，颇难断定。顺治十四年，宁古塔设昂邦章京一员，副都统一员；康熙元年，昂邦章京改为镇守宁古塔将军；十年，宁古塔副都统移驻吉林；十五年（一六七六年），宁古塔将军移驻吉林，而于宁古塔设副都统。从这年起，吉林将军领兵二千五百一十一名，宁古塔副都统领兵一千三百二十名。[②] 从此看出我国东北边境驻军，首重宁古塔，后移重心于吉林。唯顺治十四年以前，究有兵多少，不容确定。战争的经过，我方的记录仅说"稍失利"。俄方的记录则分两说，一说：

　　一六五二年三月二十四日（俄历），黎明，满洲兵到达俄国土垒之前，俄人正在酣睡之中。倘满人不即施放火枪——他们放枪大概是要示威——哈巴罗甫或将不能生还。幸而他被枪声惊醒了，即时设备。满人把炮安置以后，就向土垒开火。不久打穿一个洞口，冲锋者即向洞口猛进。俄人火速在洞口之后安置一炮，向冲锋者开放极有效力的弹子，冲锋者因此止住了。而一百五十名俄人从营垒冲出来，以短兵相接。他们从满人夺取了两尊太近的炮。满人的火枪大半被毁之后，俄人就成了战场的主人翁。除上文所说的两尊炮外，俄人尚得着十七杆火枪、八面旗帜、八百三十四马及几个俘虏。满兵死者听说有六百七十六人遗留在战场之上；俄人仅死十名，伤七十名。[③]

---

① 卷一页二。

② 《吉林外纪》卷三页四，卷四页十三、十四。参看《盛京通志》卷二十三页二十，卷五十二页一至二。

③ Ravenstein, p21. 书之全目见附录之一。

另一说则谓：

交锋之初，中国人得了胜利。一时好像他们能把俄国营垒攻下来。后不知因何原故——或者因为中国的主将过于自信，或者因为他遵守训令——在俄人受迫最紧急的时候，他忽然下令，要他的兵士不杀也不伤喀萨克，只活拿过来。这一战的最妥关键即在此。俄人了解这种形势之后，决志不被活拿。于是一面宣誓，一面冲锋，步步地把中国人赶退了。一个军队不能一面受敌人之火，一面又被禁还火，而保持其地位。中国兵从此丧失战斗精神，向后退避，留下十七杆枪、二尊炮、八面旗帜、八百三十四马及许多粮食。俄人死十名，伤七十八名。哈巴罗甫从土人——不可靠的来源——听说中国兵死了六百七十六名。①

这一战，中国确是败了，但先胜而后败。致败之由，除策略或有关系外，尚因军器不及敌人。至于战败的程度，很难说了。此战以后，俄国方面的报告多说喀萨克一听见某处有中国兵，就戒严不敢前进，而且从这时起土人又敢抵抗了。②

顺治九年，乌扎拉之战以后，哈巴罗甫率领全队逆流而上，途中遇着雅库次克总管派来的补充队，共计一百一十七名喀萨克及军需。八月，在精奇里河口附近，队员内讧，致分为二队，一队二百一十二人仍服从哈氏，另一队一百三十六人则自树一旗，从此黑龙江上下有二队喀萨克游行抢掠。以往哈巴罗甫及雅库次克总管给马斯哥的报告已引起俄国政府相当的注意和热心。当时拟派兵三千前来黑龙江，以图永久占领。同时，俄国政府对喀萨克的暴行亦有所闻，遂决定先派小援队并调查实况。十年，援队抵黑龙江以后，哈氏返俄复命，但一去未回。他从此就离开历史舞台了。俄国政府亦未实行大队远征的计划。

哈巴罗甫的继任者是斯德班乐甫（Onufria Stepanov）。斯氏于顺治十一年（一六五四年）的春天进松花江。五月二十四日遇着中国军队。喀萨克自己的记录说他们火药用尽，故就退了。虽然，退的时候，喀萨克心志慌乱，大有草木皆兵之势。

---

① Golder, p48.
② Golder, p49.

从松花江一直退到呼玛尔河口，就此筑垒防御。我国军队也追到这地。顺治十二年春，遂围呼玛尔营垒，经三星期之久，无功而返。《平定罗刹方略》说："十二年，尚书都统明安达礼自京率师往讨，进抵呼玛尔诸处，攻其城，颇有斩获，旋以饷匮班师。"①"饷匮"是很自然的，因为经过罗刹数年扰乱之后，地方居民已经迁徙他处；且清廷又令土人行清野之法，使罗刹不能就地筹饷；而呼玛尔偏北，路途甚远。这是当时在东北行军最大的困难。

顺治十三年及十四年，斯德班乐甫多半的时候在黑龙江的下流，松花江口以东。"十四年，镇守宁古塔昂邦章京沙尔呼达败之于尚坚乌黑；十五年，复败之于松花、库尔翰两江之间。"②十四年的战争，俄国方面没有记载，尚坚乌黑不知在何处。十五年（一六五八年）的战争，俄国的记录也甚简略，但其结果则言之甚详。战后，斯德班乐甫及二百七十名队员不知下落。余二百二十名逃散了。③我方所得的俘虏和上次在呼玛尔所得的俘虏均安置于北京的东北隅，斯氏是否在内，不得而知。此后黑龙江上无整队的罗刹，散队则时见。"十七年（一六六〇年），巴海大败之古法坛村，然皆中道而返，未获剪除，以故罗刹仍出没不时。"虽然，雅库次克总管从此以后不接济，也不闻问黑龙江的罗刹了。

在康熙年间，罗刹来自也尼赛，隶属于也尼赛总管。从顺治九年起，也尼赛的俄人常有小队到拜喀尔湖以东石勒喀河上。顺治十二年（一六五五年），也尼赛总管巴石哥夫（Pashkof），根据这些私人的报告，呈请俄国政府许他在石勒喀河上设立镇所，以便征服附近的部落。政府批准了他的提议，且即派他为远征队的队长。他于次年七月十八日从也尼赛城动身，带有五百六十六人。他由也尼赛河转其支河昂格勒（Angara），在河的上源，跋山而入石勒喀河。顺治十四年的春天，他在尼布楚河与石勒喀河会流之处设立尼布楚城。这是俄人经营黑龙江上流的根据地。不久就缺乏粮食和军火，而所派出寻觅斯德班乐甫的探员全无结果。顺治十八年留了少数驻防队遂回也尼赛。巴石哥夫所受的艰难未得着相当的收获。

也尼赛总管在黑龙江上流的失望，正如十二年以前雅库次克总管在中流及下流的失望。当时雅库次克因失望遂不愿继续进行，于是有私人哈巴罗甫出而投机。也

① 卷一页二至三。
② 《平定罗刹方略》卷一页三。
③ Golder，p53–p54.

尼赛亦复如此。此地的私人投机者是柴尼郭夫斯奇（Nikifor Chernigovsky）。柴氏是个盗匪头子，因为杀了一个总管官，他遂率领他的绿林同志跋山投雅克萨去逃罪。他在此地重筑土垒，强迫土人交纳贡品，且自行种植粮食，大有久居之意。同时其他喀萨克有在额尔古纳河筑垒收贡者，有在精奇里河上下骚扰者。我国边民亦有逃往尼布楚而投顺于俄国者。其中最著者莫过于根忒木尔（Gantimur）。我国屡次索求引渡，俄人始终拒之。因此在康熙年间，中俄的关系更趋紧张。

康熙帝原来不想以武力解决罗刹问题。他屡次派人到雅克萨、尼布楚去送信，令俄人退去。同时俄国政府从顺治十二年到康熙十六年亦屡次派使到北京来交涉。因路途相隔之远，文书翻译的困难，罗刹之不听政府命令，及中国在邦交上之坚持上国的地位。凡此种种均使外交的解决不得成功（战前及战后的外交留待下节叙述，本节限于军事的冲突）。等到三藩之乱一平定了，康熙帝就决定大举北伐。

康熙二十一年（一六八二年）七月，帝派"副都统郎坦与彭春率官兵往达呼尔、索伦，声言捕鹿，因以觇视罗刹情形"。十二月又"命户部尚书伊桑阿赴宁古塔督修战船"。郎坦等的报告以为"攻取罗刹甚易，发兵三千足矣"。康熙帝乃下谕曰：

> ……朕意亦以为然。第兵非善事，宜暂停攻取。调乌拉（吉林）宁古塔兵一千五百名，并置造船舰，发红衣炮、鸟枪及教之演习者。于瑗珲、呼玛尔二处建立木城，与之对垒，相机举行。所需军粮取诸科尔沁十旗、锡伯、乌拉之官屯，约得一万二千石，可支三年。且我兵一至，即行耕种，不致匮乏……①

康熙帝在筹划此次征役的时候，最费苦心的莫过于粮食的接济。他以为往年的失败都因饷匮，以致罗刹不能肃清。

二十一年算为觇探敌情之年。康熙二十二年起大事预备：筑瑗珲城为后路大本营，修运船、战船；通驿站；运粮食；调军队；联络喀尔喀的车臣汗。共费了三年。康熙二十四年（一六八五年）五月二十二日（我国旧历），彭春始带兵抵雅克萨城下。其部队自吉林、宁古塔调去者三千人，自北京调去的上三旗兵一百七十

---

① 《平定罗刹方略》卷一页五。

人，自山东等省调去的官一百零五人、兵三百九十五人，自福建调去的藤牌兵三百余人，索伦兵约五百人，总计不过五千人。此外尚有夫役、水手。俄人说此次中国军队有一万八千之多，与实数相差一倍以上。

俄人虽早已知道中国的军事行动，且竭力预防，但等到兵临城下，雅克萨的防守队，连商人、猎夫、农民及喀萨克部包括在内，不过四百五十人，不到中国兵数的十分之一！我国军队与外国军队战斗力的比较，从康熙年间到现在，究竟有进步呢，还是有退步呢？彭春第一着发表康熙帝的招抚书：

> 前屡经遣人移文，命尔等撤回人众，以逋逃归我。数年不报，反深入内地，纵掠民间子女，构乱不休。乃发兵截尔等路，招抚恒滚诸地罗刹，赦而不诛。因尔等仍不去雅克萨，特遣劲旅狙征。以此兵威，何难灭尔；但率土之民，朕无不恻然垂悯，欲其得所，故不忍遽加歼除，反复告诫。尔等欲相安无事，可速回雅库，于彼为界，捕貂收赋，毋复入内地构乱，归我逋逃，我亦归尔逃来之罗刹。果尔，则界上得以贸易，彼此安居，兵戈不兴。倘执迷不悟，仍然拒命，大兵必攻破雅克萨城，歼除尔众矣。①

城内的罗刹置之不答。彭春遂开始攻击。我方关于战争的记录甚简略：

> 五月二十三日，分水陆兵为两路，列营夹攻，复移置火器。二十五日黎明急攻之。城中大惊。罗刹头目额里克舍等势迫，诣军前稽颡乞降。于是彭春等复宣谕皇上好生之德，释回罗刹人众。其副头目巴什里等四十人不愿归去，因留之。我属蒙古索伦逃人及被掳者咸加收集。雅克萨城以复。②

俄国的记载大致相同，唯有数点可资补充。第一日的战争结果，俄方死百人。经数日后，教士率领居民向总头目官额里克舍拖尔布残（Alexei Tolbusin）要求停战。额里克舍见势已去，遂允所请。他派代表到中国军营议投降条件：所要求者即

---

① 《平定罗刹方略》卷二页十。
② 《平定罗刹方略》卷二页十。

许俄人携带军器辎重回国。我方接收，事实上有二十五人甘愿留居中国。数目与我方的记录不同，未知孰是。雅克萨投降的俄人后亦安置于北京城内之东北隅。

罗刹退去以后，中国军队把雅克萨的城垒及房屋全毁了，但四乡的禾苗并未割去，就全军回瑷珲。雅克萨城不但不留防，且未设卡伦，甚至从瑷珲起，全黑龙江上流恢复战前无主的状态。清廷以为罗刹问题完全解决了——足证我国受了四十年的扰害还未认清敌人的性质。

额里克舍的后退全由于势力的单弱。其实在雅克萨战争的时候，也尼赛总管已派有援军在途，共六百人，由普鲁斯人拜丁（Afanei Beiton）率领。额里克舍退出雅克萨后，未满一日，即于途中遇着援军的先锋队百人，带有十足的军器。额里克舍到了尼布楚仅五天，拜丁的大援队也到了。于是也尼赛总管派拜丁及额里克舍复整军前往雅克萨。此次他们带了六百七十一人、五尊铜炮、三尊铁炮，均配足火药，后面陆续尚有接济。他们到了雅克萨，一面收割四乡的粮食，一面从新建设防具。我国在康熙二十五年二月始得罗刹复来的报告。清廷即命萨布素及郎坦带兵去攻。此次战争较久、较烈。六月，我军抵雅克萨，十月底，俄人防军仅剩一百一十五人，仍不退不降。适俄国政府是时派代表到北京，声明公使在途，要求停战交涉，康熙帝遂下令撤雅克萨之围。中俄问题从军事移到外交去解决了。

三、尼布楚交涉

从顺治元年到康熙二十五年，四十余年中俄在黑龙江的冲突，在俄国方面，完全是地方人民及地方官吏主动，马斯哥至多不过批准；有时不但未批准，且欲禁止而不能。地方的动机，最高在图开辟疆土以邀功，普通不过为发财而已。此外实际急迫的目的在图粮食的接济。彼时俄国中央政府亦想与中国发生关系，但其目的及方法完全与地方的不同。我们试研究俄国屡次派使来华的经过就能明瞭其动机所在。《东华录》载：

> 顺治十七年五月丁巳：先是鄂罗斯察罕汗①于顺治十二年遣使请安，贡方物，不具表文。因其始行贡礼，赉而遣之，并赐敕，命每岁入贡。后于十三年

---

① 参看附录之三。

又有使至，虽具表文，但行其国礼，立而授表，不跪拜。于是部议来使不谙朝
礼，不宜令朝见，却其贡物，遣之还。后阅岁，察罕汗复遣使赍表进贡，途经
三载，至是始至。……

据此记录，则顺治年间俄国曾三次派使来华：第一次在顺治十二年（一六五五
年），第二次在十三年，第三次在十七年。此中有一误会。第一次的使者是亚尔班
（Seitkul Albin）。他不过是公使背喀甫（Theodore Isakovitch Baikoff）的随员，先到
北京来报信，所以"不具表文"。第二次的公使就是背喀甫。所以第一次及第二次
实系一个使团。① 我们从俄国政府给背喀甫的训令就能看出俄国对中国的意图所
在。俄王要背喀甫：（一）向中国皇帝转达俄王的友谊及和好之善意；（二）表示
俄国欢迎中国公使及商人到俄国去；（三）打探清廷对俄国的实在意志，是否愿通
使通商；（四）调查中国接待外国的仪节；（五）调查中国的国情，如户口、钱粮、
军备、城市与邻邦的关系、出产以及中俄的交通。② 总而言之，主要目的在通商及
交邻。当时俄国以为中国产金银甚多。在重金主义（bullionism）盛行的俄国，以
为与中国通商便可用西比利亚所产的皮货及俄国的呢绒来吸收大宗金银及丝绸。背
喀甫的出使，除得知中国一般国情外，完全失败。其主要原因即《东华录》所谓
"不谙朝礼"。换句话说，背喀甫不愿以"贡使"自居——不肯跪拜，不肯递国书
于理藩院。次要原因即罗刹在黑龙江的骚扰。因此，清廷颇疑背喀甫之来另有野
心，不然，怎可一面通好，一面侵犯边境？一六五八年，俄国又派亚尔班及浦尔费
里叶甫（Ivan Perfilief）二人出使中国；一六六〇年（顺治十七年）始抵北京，即
上文所谓第三次的出使。他们所带的国书首述俄王祖先声名的伟大及邻邦如何皆畏
服俄国；后半表示愿与中国通使通商。《东华录》继续说："表文矜夸不逊，不令
陛见。"所以这次也无结果。

康熙年间，中俄的冲突转移到黑龙江上流，这是上节已经说过的。除喀萨克的
侵扰外，中俄之间又加上根忒木尔问题。此问题的原委颇不易明。③ 根忒木尔乃达
呼尔头目之一，原住尼布楚附近，曾向中国进贡，中国亦曾授以佐领职衔。俄人占

---

① 背喀甫有出使《中国纪》，见 Baddeley, Vol, Ⅱ. pp. 130-166.
② Baddeley, Vol. Ⅱ. p. 134.
③ Baddeley, Vol. Ⅱ. pp. 425-429.

据尼布楚以后，根忒木尔遂率其部落迁居于海拉尔河及甘河左右。顺治十二年，呼玛尔之役，他曾率部助清，但临阵不前。战后，他回尼布楚降俄。康熙五年及九年，宁古塔的疆吏曾派委员至尼布楚索根忒木尔。俄人始终拒绝引渡，说他既原居尼布楚，就该算是俄王的臣民。[①] 双方所以这样重视根忒木尔的缘故，因为他的向背足以影响当地一般人的向背。尼布楚的总管亚尔沈斯奇（Daniel Arshinsky）于康熙九年也派了一位使者到北京来报聘。背喀甫出使的失败足证当时中国如何不明世界大势；这一次又表明俄国人不懂中国国情。使者是米乐番乐甫（Ignashka Milovanoff），一个不识字的喀萨克！亚氏给他的训令更加可笑。[②] 大意谓各国之汗及王多求大俄罗斯、小俄罗斯及白俄罗斯的大君主亚里克舍·米海罗韦赤（Alexei Mikhailovich）的保护。大君王除慨予保护外，且优加赏赐。中国的皇帝也应求大君王的保护，并应时常进贡及许两国人民自由通商。米乐番乐甫到北京以后，在理藩院被质问一番。他曾否执行训令，理藩院得何印象，作何感想，我们无从知道。康熙许他陛见，但所行的是跪拜礼。最后清廷颁一封敕谕，要尼布楚的总管严行约束部属，禁止他们侵扰中国边境。这段往来好像两个互不相识的人对说互不相懂的话。这样的外交是得不着结果的。

康熙十一年，清廷又派人到尼布楚去送信，要求俄国送回根忒木尔。这信是用满文写的，尼布楚及马斯哥均无人能翻译，但俄国政府根据尼布楚的报告，以为中国要求俄国派使来华交涉。康熙十四年（一六七五年）二月，俄王遂派尼果赖·罕伯理尔鄂维策·斯巴费理（Nicolai Gavrilovich Spafarii）。斯氏有出使日记及报告与函件。[③] 这些材料不但是中俄关系史的好史料，且间接对当时中国的内政，如三藩战役及天主教传教士的地位，有不少新知识的贡献。本文限于中俄在东北的冲突，故可从略。斯氏于康熙十五年六月抵北京，交涉共历三月，绝无成绩而返。中国对斯氏要求二事：送回根忒木尔及令喀萨克退出雅克萨。斯氏对中国的希望包括通商和通使。这是双方的实在目的。但斯氏在北京的交涉可说未入正题就被种种仪节问题阻止了。最初斯氏坚持亲递国书于皇帝，后虽退步而呈递于理藩院，但陛见的时候不肯跪拜，正式交涉简直未进行。在归途中，斯氏曾致书于雅克萨的喀萨克，嘱

---

①　日俄战争的时候，根忒木尔的后裔有在俄国军队充官佐而立功者。

②　Baddeley, Vol. Ⅱ. p196.

③　Baddeley, Vol. Ⅱ. pp. 204-424.

他们不再骚扰，但未见发生效力。

等到中国大举进攻雅克萨的消息传到马斯哥的时候，俄国政府始知道黑龙江流域非西比利亚可比。土人之后，尚有一个大帝国须对付，而这帝国决不让俄国占领黑龙江流域。究竟黑龙江一带的地理如何，俄国政府并不知道。与其出师于万里之外来与一大邻国争一块可有可无的土地，不若和好了事，以图通商之发展。在中国方面，康熙帝素性不为己甚。三藩战役之后，中国亟须休养。且外蒙古尚有厄鲁特问题；其他部落亦未倾心向我。倘我与俄为己甚，则俄蒙可相联以抗我。俄人军器的厉害及战斗精神的坚强这是康熙帝所深知的。所以在未出师之前，康熙帝对于军备是慎之又慎，以策万全的。外交虽已试过而未见效，康熙仍不绝望。所以他一面派彭春率师往攻雅克萨，一面又致书于俄国政府，一封由传教士转递，一封由荷兰商人带去。俄国政府既已有言归于好之心，康熙帝的信正为外交的进行辟了大路。二十五年九月，俄国要求停战的使者米起佛儿·魏牛高（Micefor Veniukov）及宜番·法俄罗互（Ivan Favorov）到北京，声明俄国愿与中国和好，且已派有全权大使在途。康熙帝即时下谕："其令萨布素等撤回雅克萨之兵，收集一所，近战舰立营，并晓谕城内罗刹，听其出入，毋得妄行攘夺，俟鄂罗斯使至后定议。"① 换言之：这是无条件的停战。

俄国所派的全权大臣是费要多罗·亚列克舍维赤·果罗文（Theodore Alex-ievitch Golovin）。俄国政府于一六八六年初颁给果罗文第一次的训令。根据此训令：边疆应以黑龙江为界；如不得已，可以拜斯特尔②（Bystra）及精奇里二河为界；再不得已，则以雅克萨为界，但俄人须能在黑龙江及其支河通商，并且通商，除纳关税外，不应有限制。如果罗文能使中国派公使及商人到马斯哥更好。俄国政府派了一千五百兵同行，以备万一，且教果罗文设法联络外蒙古以助声势。果罗文于一六八六年正月二十六日（俄历）从马斯哥起程；一六八七年（康熙二十六年）十月二十二日始抵拜喀尔湖南外蒙古边境之色楞格。他在途中接到政府第二次的训令：如通商能得便易，则全黑龙江流域包括雅克萨，可认为中国领土；除非万不得已，绝不可引起战争；倘交涉失败，他可向中国提议双方再派公使重新协议。

---

① 《东华录》二十五年九月己酉条。
② 即牛耳河。

喀尔喀土谢图汗把俄人抵境的消息报告给北京以后，康熙帝遂令在雅克萨的军队退瑷珲。次年年初，他派内大臣索额图、都统公国舅佟国纲、尚书阿尔尼、左都御史马齐、汉员二人，张鹏翮及钱良择，及护军统领马喇带八旗前锋兵二百、护军四百、火器营兵二百，往色楞格去交涉，代表团带有传教士两人，张诚（Jean Francois Gerbillon）及徐日升（Thomas Pereyra），以助翻译。索额图等遵旨预拟交涉大纲如下：

> 察俄罗斯所据尼布楚本系我茂明安部游牧之所；雅克萨系我达呼尔总管倍勒儿故墟：原非罗刹所有，亦非两界隙地也。况黑龙江最为扼要，未可轻忽视之。由黑龙江而下，可至松花江；由松花江而下，可至嫩江；南行可通库尔瀚江及乌拉、宁古塔、锡伯、科尔沁、索伦、达呼尔诸处。若向黑龙江口可达于海。又恒滚、牛满等江及精奇里江口俱合流于黑龙江。环江左右均系我属鄂伦春、奇勒尔、毕喇尔等民人及赫真、费雅喀所居之地。不尽取之，边民终不获安。臣以为尼布楚、雅克萨、黑龙江上下及通此江之一河一溪皆属我地，不可弃之于鄂罗斯。又我之逃人根忒木尔等三佐领及续逃一二人悉应索还。如一一遵行，即归彼逃人及大兵俘获招抚者，与之划疆分界，贸易往来；否则臣当即还，不与彼议和矣。①

康熙帝当时批准了这个交涉大纲。我代表团所负的使命全见于此。我们若以俄国给果罗文第一次的训令与此大纲相比，则中俄的目的抵触甚多，因为双方都要黑龙江的上流，从尼布楚到雅克萨；若以俄国政府第二次的训令与此大纲相比，则双方所争者仅尼布楚城。

我使团于康熙二十七年五月初一日从北京起程，取道张家口、库伦。适此时喀尔喀与厄鲁特战，路途被阻。索额图等一面率领团员回京，一面派人往色楞格去通知俄国代表阻道的原委，并要求改期改地会议。② 果罗文指定尼布楚为交涉地点。次年（一六八九年）四月二十六日，我使团复由北京出发。此次代表中没有阿尔尼

---

① 《平定罗刹方略》卷四页二。
② Da Halde, Vol. IV. pp. 103–196. 张鹏翮《奉使俄罗斯行程录》。

及马齐，但添了黑龙江将军萨布素、都统郎坦、都统班达尔善及理藩院侍郎温达。此次所带的兵有北京八旗二千人，黑龙江兵一千五百人；倘总计军中夫役及官员的仆从，全代表的人数约在八千左右。中国外交史上出使之盛，没有过于此次者！康熙帝增加使团的兵数是否因为果罗文也带有兵来，我们无从知道。不过当时的人，如我们一样，觉在外交应有武力的后盾，但他们的后盾未免过于放在前面了！康熙帝虽对于军备主积极，而对于交涉目的则主退让。使团出发以前，曾拟议交涉大纲应仍旧，康熙帝却大不以为然：

> 今以尼布楚为界，必不与俄罗斯，则彼遣使贸易无栖托之所，势难相通。尔等初议时仍当以尼布楚为界。彼使者若恳求尼布楚，可即以额尔古纳河为界。①

康熙帝的实在理由或者是因为厄鲁特与喀尔喀的战争已起，中国应速与俄国结案，以便用全力来对付蒙古问题。交涉大纲经此修改以后，实与俄国政府第二次的训令无所抵触。倘尼布楚的交涉失败，则其故并不在两国政府目的的悬殊。

六月中，我代表团抵尼布楚。俄人见我方军容之盛，不知我方实意在议和，抑在交战。果罗文迟到二十天。因为双方军备均甚严，一时空气颇紧张。应酬费了几天工夫，遂决定开议形式：双方可各带七百六十兵赴会，但其中五百须留会场外，二百六十可入会场，站在代表后面。会场形式岂不有点《三国志演义》的风味？

七月初八日初次会议。果罗文提议中俄两国应以黑龙江为界，江左（北）属俄，江右（南）属华。索额图则谓俄国应退至色楞格以西；以东的地方，包括色楞格、尼布楚、雅克萨皆应属中国。双方皆要价甚高，故相差甚远。次日，中国代表首先减价：色楞格及尼布楚愿让归俄国。这是遵守朝廷的训令，也是我方预定的最低限度。果罗文付之一笑，以为该二处无须中国之慷慨。七月初十日，交涉仍无进展。我代表遂提议双方签订正式会议记录，以俾各返国覆命。这等于宣布会议决裂。次晨，果罗文派人来声明接受此项提议，但要求再开会议一次，我方不允。张诚及徐日升得了代表的许可，以私人的资格往访果罗文。张诚等的疏通，据其日

① 《平定罗刹方略》卷四页四。

记，有如下状：

> 马斯哥人实际渴望和平不在我们（中国代表团）之下。对于我两人的访问，他们表示愉快。我们起头就对他们说：如果他们不愿意放弃雅克萨及附近的土地，那末，他们用不着再费事了，因为我们确实知道我们的大使曾得着明文的训令，非得此地不立约；至于尼布楚和雅克萨之间的地方及黑龙江以北的地方，我们不知道大使们可退让到什么地步。马斯哥的代表可以斟酌他们所希望在尼布楚及雅克萨之间的界线，我们的大使，因为渴望和平，必竭其力之所能以促成之。

> 马斯哥的全权代表回答说：既然这样，他就请我们的大使把最后的决定通知他。①

七月十二日，俄国代表一早就派人来问我方最后的决定。我代表团在地图上指出额尔比齐河及外兴安岭山脉，谓河以东及山以南应归中国，河以西及山以北应归俄国；此外则以额尔古纳河为界。俄人辞退后，我代表团遂派张诚及徐日升去探问俄方最后的决定，并声明外蒙古及俄国的界线应同时划清。果罗文以职权的限制，并以我国势力未到外蒙古，拒绝交涉蒙俄界线。我方未坚持此点，但声明到厄鲁特及喀尔喀的战争平定以后，蒙俄间的界限必须划清。这个支节过去以后，俄方又提出一个要求：在额尔古纳河以东的俄人可搬回国。这点我方于七月十三日就答应了。这样，和议似乎已成。不料这时果罗文反要求雅克萨及其以西的土地应归俄国。张诚及徐日升面斥果罗文之无信义。在他们努力疏通之初，他们就说破，倘俄国不愿放弃雅克萨则不必费事，何以此时又旧话重提？张诚等向萨布素报告俄国尽反前议以后，我代表团即时召集全体文武会议，决定当夜全军渡河，以便包围尼布楚城；同时一面派人去鼓动四周的蒙古人，一面调少数军队回雅克萨去铲除禾苗。俄代表见势不佳，即派人来，微示可让雅克萨之意。我代表团复开会议。不进呢，恐俄人行缓兵之计；进呢，又怕因军事行动断绝和平的希望。代表团请张诚及徐日升发表意见。他们答以身为教士，不便也不能参与军事。代表团终决定按原定计划

_____

① Da Halde, Vol. Ⅳ, p282.

进行，惟对俄方则说移动人马专为求水草之方便！

　　七月十四日，我军全抵尼布楚城下的时候，俄代表正式承认我方所提出之界线。萨布素等遂派张诚去做最后的交涉。次日，果罗文提出三种新要求。第一，中国以后致俄王的信应书俄王的全衔，并且信中不可有不平等的词句。第二，两国应互相尊重公使，并许其亲递国书于元首。第三，两国人民如持有政府护照，应许其自由往来贸易。关于第一条，我代表等答以国书中的称呼及词句是皇帝所定，为臣子者不敢擅允；关于第二条，我方答以中国向不派驻外公使，倘俄国派使来华，接待的礼仪必从优。至于自由通商一节，我方以为无问题，惟买卖小事，似不必载诸条约。果罗文得了自由通商的权利，实已完成其主要使命。此节他不能不编入约款。最后关于界线的东段，双方发生稍许争执。外兴安脉之东段分南北二支：北支绕乌特河（Oud River）之北而直抵海滨；南支在乌特河之南而不到海滨。若以南支为界，则近海一带须另划界，若以北支为界，则乌特河流域将全属中国。其地面积甚大，且产最上等的貂皮，而其海岸又多产鱼。果罗文向我代表索求解释的时候，我方答以约稿系指北支。这是七月十八日的事。十九日，俄方竟无回音，我代表以为是功亏一篑，颇为之觉急：因为乌特河流域非朝廷训令所必争，倘因此偾事，朝廷未必不责备。张诚从旁劝我代表不必坚持。于是萨布素等遂决派张诚去提折中办法，把乌特河流域由两国均分。适俄方亦派人来，带有果罗文致我代表的信，恳求我方完成和议。信中也提出折中办法，即暂不划分乌特区域。我代表当时接收。和议算告成了。所余者仅条文的斟酌及约本的缮写。

　　《尼布楚条约》是康熙二十八年七月二十四日，公历一六八九年九月七日，俄历八月二十七日签订的。中国代表在一份满文、一份拉丁文的约本上签了字，盖了图章，俄国代表在一份俄文、一份拉丁文的约本上签了字，盖了图章。所以仅拉丁文的约本是由双方签了字盖了章的。① 签订后，两国代表起立，手持约本，各以其国主之名宣誓忠实遵守，并祈"无所不能的上帝、万物之主，做他们意志忠实的监视者"。同时双方军队鸣炮以资庆祝。张诚说，康熙帝曾有明令，要代表们以基督教的上帝之名宣誓，以为惟独这样可以使俄人永远遵守。所以这约的签订是经过鸣炮誓天的。

----

　　① 参看附录之四。

《尼布楚条约》，在我国方面，所注重的是划界；在俄国方面，所注重的是通商。双方均达到了目的，故此约得实行一百六十余年。照这约，不但黑龙江、吉林及辽宁三省完全是中国的领土，即现今俄属阿穆尔省及滨海省也是我国的领土。根据此约，我们的东北可称为大东北，因其总面积几到八十万方英里，比现今的东北大一倍有余；也可称为全东北，因其东其南均有海岸线，有海口，其北有外兴安的自然界线——国防上及交通上它是完全的。吾国当时所以能得此成绩，一则因为俄国彼时在远东国力之不足，关于远东地理知识之缺乏及积极开拓疆土之不感需要；一则因为康熙帝处置此事之得法，军事上有充分之准备，而外交上又替俄国留了余地。其结果不但保存了偌大的疆土，且康熙朝我国在外蒙古的军事未曾一次受俄国的牵制。"以往所有的争执，无论其性质如何，今以后永远忘记不计。"这是条文的第三款。这一层完全做到了：中俄两民族曾未因十七世纪的冲突而怀旧怨。关于将来，此约虽未永久有效，基督徒虽亦不计"无所不能的上帝"的监誓而不守信，但确立了一百五十多年的和好及友谊的基础。在国际条约中，《尼布楚条约》算得一个有悠久光荣历史的。

四、东北一百五十年的安宁

康熙二十八年十二月，索额图等关于尼布楚立约的奏报到了北京以后，康熙帝遂命议政王、贝勒、大臣集议东北边疆善后的办法。他们提议应于额尔必齐河诸地立碑以垂永久，"勒满、汉字及鄂罗斯、拉丁、蒙古字于上"，并于墨尔根及瑷珲设官兵驻防。这两件事都实行了。可惜界碑是中国单独立的，不是会同俄国立的。碑文不是条约全文，是条约的撮要。据俄国传教士 Hyacinth 的实地调查，在额尔必齐河畔的碑上，匠人竟把"兴安岭以北属俄国"误刊为"以南属俄国"。[①] 俄人以为是个好预兆。并且有几个界碑实非立在边界上。一八四四年，俄国国立科学会（Academy of Sciences）派了一位科学家米丁多甫（A. Th. von Middendorf）到远东来调查。他发现中国所立的界碑，最北的不是在外兴安的山峰，是在急流河（Gilu）与精奇里河合流之处；最东北的不是在外兴安岭与乌特河之间，是在乌特河及土格尔

---

① Sabir, p34.

（Tugur）之间，中国自动的放弃了二万三千方英里的土地！[1]

至于驻防的军队，中俄战争的时候，中国以瑗珲为大本营，设将军镇守；康熙二十九年（一六九〇年）将军移驻墨尔根；三十八年复移驻齐齐哈尔：步步的离黑龙江远了。吉林省亦复如是：原来中心在宁古塔，已离边境甚远，后来中心复向内移至吉林省城。虽然，以兵数而论，我们不能说清廷疏于防备。历十八世纪，前后兵数虽略有增减，东三省驻防军队约在四万左右，内奉天将军所辖者一万九千余人，吉林将军所辖者九千六百余人，黑龙江将军所辖者一万一千四百人。黑龙江西境设有十二卡伦，每卡伦驻兵三十名，三月一更；北境设有十五卡伦，每卡伦驻兵二十名，一月一更。[2] 这些卡伦的目的在防止俄人越界，可惜大半离边境甚远，且恐是有名无实的。此外黑龙江将军每年四五月间派委官佐，率兵二百四十名，分三路巡边，"遇有越境之俄罗斯，即行捕送将军，请旨办理"，唯巡边实亦不到极边。

我国政府所派人员实际到黑龙江极边去的次数及地点颇难稽考。惟《东华录》乾隆三十年（一七六五年）七月癸亥条载有将军富僧阿的奏折，内有关于巡查极边的事情。这时因为"俄罗斯近年诸事推诿，不能即速完结，且增加税额，以致物价昂贵"，所以停止恰克图贸易。因为停止贸易，乾隆帝恐俄国侵扰边境，所以教黑龙江将军调查并整理边防。富僧阿的奏报如下：

> 据往探额尔必齐河源之副都统瑚尔起禀称：自黑龙江至额尔必齐河口，计水程一千六百九十七里，自河口行陆路二百四十七里至兴堪山（即外兴安）：其间并无人烟踪迹。又往探精奇里江源之协领纳林布称：自黑龙江入精奇里江至都克达（Dukda）河口，计水程一千五百八十七里，自河口行陆路二百四十里至兴堪山：其地苦寒，无水草禽兽。又往探西里木第（Silimji）河源之协领伟保称：自黑龙江经精奇里江入西里木第河口，复过英肯（Inkan）河，计水程一千三百五里，自英肯河行陆路一百八十里至兴堪山：地亦苦寒，无水草禽兽。又往探牛满（Niman）河源之协领阿迪木保称：自黑龙江入牛满河，复经西里木第河入乌玛里（Umalin）河口，计水程一千六百十五里，自河口行陆路

---

[1]　Ravenstein, p66.

[2]　《盛京通志》卷五十一及五十二。

四百五十六里至兴堪山：各处俱无俄罗斯偷越等语。

　　查呼伦贝尔与俄罗斯接壤之额尔古纳河，西岸系俄罗斯地界，东岸俱我国地界，处处设有卡座，直至珠尔特地方。现复自珠尔特至莫哩勒克河口添设二卡，于索博尔罕添立鄂博，逐日巡查。俄罗斯萧玛尔断难偷越。其黑龙江城（？）与俄罗斯接壤处有兴堪山，绵亘至海。亦断难乘马偷越。第自康熙二十九年与俄罗斯定界查勘各河源后，从未往查。嗣后请饬打牲总管每年派章京、骁骑校、兵丁，六月由水路与捕貂人同至都克达、英肯两河口，及鄂勒布、西里木第两河间遍查，回报总管，转报将军。三年派副总管、佐领、骁骑校，于冰解后，由水路至河源兴堪山巡查一次，回时呈报。其黑龙江官兵每年巡查格尔必齐河照此，三年亦至河源兴堪山巡查一次，年终报部。

　　这是乾隆年间东北边境的概况及加添的边防办法，即每年小巡，三年大巡。但实行到何等程度，无从知道。

　　除立碑及边防二事外，清廷直到光绪末年毫无拓植东省的计划和设施。顺治年间，多数满人入关。在关内住惯了的，除因公事外，很少愿意回去。乾隆年间，因北京旗人过多，朝廷曾资遣少数到关外去开垦。彼时尚得着相当成效。后来满人汉化程度高了，无论在关内生计如何困难，朝廷虽资遣之，总不愿去，或去后不久复回。汉人在康雍二朝去的多半是山西商人及因犯罪而遣戍者。到乾隆年间，因关内人多地少，原大可移民，清廷反于此时禁止汉人出关。这种禁令自然难于实行，而官吏亦未必认真实行，故虽无大规模的移民，零星去者亦复不少。惟吉林东部、乌苏里江一带及黑龙江下流，既未设官立治，地方人民，不分土居外来，是少而又少的。国家并未从东北边疆得着任何实利，皇室及其附庸收了些貂皮及人参而已。

　　《尼布楚条约》以后，东北之所以享了一百五十余年的安宁，其原因不仅在我国防边之严，此外还因为俄国彼时对远东的消极。尼布楚订约的时候正是大彼得（Peter the Great）起始独揽政权的时候。从彼得起，历十八世纪，俄国政府集中力量，北与瑞典争波罗的海的东南境，南与土耳其争黑海北岸，西与普鲁士及奥斯抵亚争波兰。十八世纪末年及十九世纪初年，欧西有拿破仑的战争，俄国也卷入那个漩涡，所以无暇来与中国争黑龙江流域。同时在这百五十来年内，俄国起初得与我国在北京及尼布楚附近通商，后来改在恰克图。为维持及发展中俄的贸易，俄国政府很不愿与中国引起冲突。

虽然，在这一百五十年内，俄国政府及人民对于远东亦未完全置之度外。十八世纪初年，俄人占据堪察克；之后继续前进，过比令海峡（Bering Strait）而占领阿拿斯喀（Alaska），就是在黑龙江流域，历乾隆、嘉庆、道光三朝，俄国猎夫、罪犯、军官及科学家违约越境者不知凡几。乾隆二年（一七三七年）测量家邵比尔晋（Shobelzin）及舍梯罗甫（Shetilof）曾到精奇里河。他们在急流河流入精奇里河之处发现一个俄国猎户的住宅；在精奇里河口以上约百里遇着几个从尼布楚来的猎夫。次年，他们从黑龙江上流而下，路过雅克萨的时候，看见一名喀萨克及一家俄罗斯与通古斯合种的人在那里居住。雅克萨以东六十里，他们又看见一家俄罗斯及通古斯的合种。十九世纪初年，嘉庆年间，少佐斯塔夫斯奇（Stavitsky）曾到雅克萨。同时植物学家杜尔藏宁罗甫（Turczaninov）调查了黑龙江上流沿岸的植物，到雅克萨为止。道光十二年（一八三二年）大佐垃底神斯奇（Ladyshinsky）为调查界碑，也顺流到雅克萨。罪犯越境而有记录可考者在乾隆六十年有鄂西罗甫（Rusinov）及色尔可甫；在嘉庆二十一年有瓦西利叶甫（Vasilief）。瓦氏在黑龙江往来了六年，从河源直到江口，且留有游记。道光二十一年，米丁多甫调查了黑龙江的下流及其北岸，他在江口也遇着一个逃罪的游客。这皆是见诸记录的。[①]

《尼布楚条约》以后，俄国科学家及官吏提倡再占据黑龙江者亦不乏人。在十七世纪的前半叶，俄人初到来那流域的时候，因为感觉粮食的困难，就派人进黑龙江。在十八世纪亦复如是。得了堪察克以后，接济发生困难。从雅库次克到堪察克的路途太难，几至不可通行，粮食的接济多由雅库次克运到鄂霍次克，再由海道运到堪察克。雅库次克既乏粮食，而从雅库次克到鄂霍次克的旱路又十分困难，所以俄人又想起黑龙江：若能从尼布楚经黑龙江运粮到海，再由海道运到堪察克，则接济问题就解决了。一七四一年（乾隆六年）西比利亚历史家米来尔（Müller）曾发表著作提议此事。一七四六年，大探险家比令（Bering）的同事齐利哥甫（Chirikof）提议俄国应占据黑龙江口而立市镇。一七五三年（乾隆十八年），西比利亚巡抚米也梯雷甫（Myetlef）向政府提出由黑龙江运输的具体计划书。俄国贵族院接收了他的计划，并嘱外交部与中国交涉。俄国政府在未交涉前，令色楞格总兵

---

① Ravenstein, pp. 65-71.

雅哥备（Jacobi）调查中国在黑龙江的军备。雅氏的报告说中国在沿江各处留有四千的驻防队，倘俄国要利用黑龙江，须秘密预备军队，中国若不许，即可出其不意以武力占之。此举费用过大，俄国政府不愿实行。[1] 与中国的交涉亦完全失败："乾隆二十二年八月庚申朔，俄罗斯请由黑龙江挽运本国口粮，上以其违约不许。"[2] 十八世纪的下半，一个法国探险家拿佩罗斯（Lapérouse）及一个英国探险家布蒲闹哈顿（Broughton）均由海外到黑龙江口及库页岛；他们调查的报告均谓库页非岛，乃半岛；黑龙江口只能绕库页的东边，由北面入，且江口堆有沙滩，航行不便。因此俄国对于黑龙江的航行权也就冷淡了一些。一八〇三年（嘉庆八年），俄国政府始又组织远东调查队，由库鲁孙斯德（Krusenstern）领导。库氏建议俄国应占据库页岛南部之安义瓦湾（Aniwa Bay），以便再进而占据吉林省之海岸线。同时俄国政府派果罗甫金（Golovkin）充公使来华交涉。政府的训令要他向中国要求黑龙江的航行权及中俄沿界的自由通商权。如中国不允，则要求每年至少由黑龙江航行一次，以便运送接济给堪察克及俄属北美。如中国再不允，则根据《尼布楚条约》要求进内地通商及北京驻使。清廷得到果罗甫金出使的消息以后，就饬地方官吏预备沿途的招待。后库伦办事大臣蕴端多尔济奏报俄使不知礼节，清廷就教果氏自库伦径回本国，不许进京。[3] 所谓"不知礼节"究是何事，我们不知道。果氏出使的失败可算到了十分。他经过这次的失败，深信俄国所希望的权利非外交家所能得到，必须一军的军长方能济事。他以为俄国无须占领全黑龙江，只要得着下流及精奇里河与乌特河之间的土地就够了。[4] 伊尔库次克的巡抚哥尔尼罗甫（Kornilof）因果氏所得的待遇，亦愤愤不平，主张即派舰队进黑龙江以资恫吓。俄国政府不允。一八四四年（道光二十四年），探险家米丁多甫走遍了精奇里河及乌特河区域，当地的形势及中国在该处政治及军事势力的薄弱，他都调查清楚了。他的报告大引起俄国朝野的注意。

　　到了十九世纪的中叶，东北的外患又趋紧急。形势的严重远在十七世纪末年之上。因为这时候正演着英、美、俄、法四大强权争北太平洋优势之第一幕。是时英

---

①　Sabir，p. 39.

②　《东华录》。

③　《清代外交史料》嘉庆朝卷二页一。

④　Sabir，p. 44.

国是无疑的海上霸主，且有方兴未艾之势。俄、美、法各国处处嫉英防英。鸦片战争的时候，英国在中国得着许多通商权利；美法即步后尘，惟恐英国独占。中国的腐弱亦因此战而暴露于天下。同时在北太平洋的东岸，各国的竞争更加剧烈。直到十九世纪初年，北美的西部尚未分界，北有俄国的属地，南有斯班牙的属地。两国虽未分界，但两国均不容他国置喙其间。但美国一方面由东向西发展，其西疆垦民如海潮一样的前进；一方面波士顿、纽约及菲列得尔菲尔为发展中美的通商，派商船到北美西岸去搜罗海獭皮及到檀香山去收买檀香，以便到中国广州来交易。一八二一年，俄国政府宣布北美西部从比令海峡到五十一度都是俄属的领土的时候，美国政府即提出抗议，并宣布门罗主义。结果俄国承认五十九度为其南界。俄国所放弃的土地——当时统称为阿里根（Oregon）。英美两国又起争执，最初定为两国共有；等到分界的时候，美国坚执五十四度四十分为英、美的界线。一八四四年总统选举的时候，美国急进分子至以承认"五十四度四十分或交战"为对英的口号。一八四六年，英美终定四十九度为界线。英美的问题虽以外交解决了，美国与墨西哥则打了两年，结果在一八四八年全加利福尼亚的海岸划归美国。北太平洋的东岸就由英、美、俄三国瓜分了。这时候，因为汽船的实用，太平洋上的交通大加进步。列强均感觉世界的历史已到了所谓太平洋时期。因为竞争之烈，各国都怕落后，都感觉我不取则彼将先取之。十九世纪中叶，东北的外患实际就是列强的世界角逐之一隅。不幸这时正值中原多故，内有太平天国之乱，外有英、美、法三国的通商条约修改的要求。中国国运的艰难，除最近这一年外，要算咸丰年间。论物质文明，自十七世纪，中俄两国比武以后，俄国随着西洋前进，不但军器已完全改造，交通亦惯用汽船。咸丰时代的中国所用之军器、军队及交通完全与康熙时代的中国相同，而在国计民生上反有退步，这关之难过可想而知。

五、俄国假道出师与胁诱割地

在好大喜功的尼古拉一世（Nicolas I）当政的时候（一八二五年至一八五五年），俄国同时向三方向发展：近东、中央亚细亚及远东。一八四七年（道光二十七年）他派了少壮军人木里斐岳幅（Count Muraviev）为西比利亚东部的总督。以前百数十年学者及官吏对于黑龙江的计划和企图，到了木里斐岳幅的手里就见诸实行了。木氏第一步派军官万甘罗甫（Vaganof）带喀萨克秘密越境来调查黑龙江沿岸的情形。万氏曾随米登多甫到过恒滚河及精奇里河。他此次越境以后，绝无音信。木氏反以罪犯越境误被杀戮向中国交涉。黑龙江将军竟代为追究，将行凶的五人治罪。同时木氏又派海军舰长聂维尔斯哥叶（Nevilskoi）从堪察克往南去调查黑龙江口及库页岛。聂氏发现库页实系一岛，与大陆隔一海峡可通航——证明前人的调查不确。他于一八五一年（咸丰元年）入黑龙江，并在其下流立二镇所，尼可赖富斯克（Nicolaievsk）及马隆斯克（Mariinsk），即我国旧籍的阔吞屯。

木氏于是年春回到俄京，要求政府索性占据黑龙江全北岸。在俄国外交史上，木氏是仇英派最力者之一。他以为英国企图称霸北太平洋东西两岸；如俄国落后，黑龙江必为英国所占，中国是不能自保其疆土的。咸丰元年四月初七日，俄国致理藩院的公文就代表木氏的思想：

> 敝国闻得有外国船只屡次到黑龙江岸。想此船来意必有别情，且此帮船内尚有兵船。我们既系和好，有此紧要事件，即当行知贵国。设若有人将黑龙江口岸一带地方抢劫，本国亦非所愿，黑龙江亦与俄罗斯一水可通……①

此时俄国外长聂索洛得（Nesselrode）以为近东问题紧急，不宜在远东与中国起衅，力阻木氏的计划。尼古拉一世采取了折中的办法，黑龙江全北岸固不必占，但已立的两个镇所亦不撤弃。俄国实已违约而侵占黑龙江口，但北京不但未提抗议，且全不知有其事。

直到咸丰三年，俄国尚无侵占黑龙江全北岸的计划和行动。是年俄国致理藩院的公文只求中国派员与木氏协立界碑及划分无界之近海一带。此文明认"自额尔必齐河之东山后边系俄罗斯地方，山之南边系大清国地方"。② 我国经理藩院及黑龙江将军计议后，允许派员协同立碑划界，并未疑此中别有野心。

不幸这时近东问题竟引起战争。一八五三年，俄国对土耳其宣战。次年，英法联军以助土耳其。这个所谓克里蒙战争（Crimean War）不但未牵制俄国在远东的行动，反供给木里斐岳幅所求之不得的口实。我们不是说，倘西方无克里蒙战争，

---

① 《咸丰朝筹办夷务始末》卷四页三十二。
② 同上卷六页三十二。

俄国就不会侵占东北的边境。细读过本文前段的人知道俄国在远东之图往南发展是积势使然。我们不过要指出克里蒙战争促进了木氏的计划。是时俄国在堪察克的彼得洛彼甫·罗甫斯克（Petropavlovsk）已设军港，并驻有小舰队。英法为防止俄船出太平洋扰害海上商业计，势必派遣舰队来攻：近东战争居然波及远东！俄国为应付起见，以为惟假道黑龙江方足济事。这举固然不合公法，但"急须不认法律"。木氏在伊尔库茨克及尼布楚积极地预备了军需、船只及队伍。咸丰四年春，他遂率领全队闯入黑龙江。

木氏在未起程之先，曾致书库伦办事大臣，声明他要派专差送紧要公文致理藩院。德勒克多尔济以与向例不符，不允所请。其实木氏知道北京必不许其假道，与其费时交涉，不若先造成事实。但假道的请求，在形式上他也算作到了。咸丰四年四月二十五日，他从石勒喀河起程，带汽船一只、木船五十只、木筏数十、兵一千。五月十三日抵瑷珲。他在此地所见的中国军备有船三十五只、兵约一千，大半背上负着弓箭，少数带着鸟枪，少数手持木矛，全队还有旧炮数尊。"二百年来，中国绝无进步"：这是当时俄人的感想。我们地方官吏如何应付呢？吉林将军景淳的奏报说：

> ……查东省兵丁军器一概不足，未便遽起争端，止向好言道达，小船扯篷。胡逊布欲待始终阻拦，恐伤和睦，当派妥员尾随侦探……①

盛京将军英隆及黑龙江将军奕格会衔的奏折完全相同。概括言之，疆吏应付外侮的方法不外"好言道达""尾随侦探"八字。中央的政策亦复相同。谕旨说：

> ……该将军惟当密为防范，岂可先事张皇。…即着严为布置，不可稍动声色，致启该国之疑……如果该国船只经过地方，实无扰害要求情事，亦不值与之为难也。②

---

① 同上卷八页五。
② 同上页六。

在东边海防紧急的时候，木氏正怕中国与之为难。所以他教北京俄国教堂的主教巴拉第（Palladius）上书与理藩院，代为解释。从这书中可以看见木氏要给中国什么麻醉品：

> ……本大臣之往东海口岸也……一切兵事应用之项，俱系自备，并无丝毫扰害中国。……本大臣此次用兵，不惟靖本国之界，亦实于中国有裨。……如将来中国有甚为难之事，虽令本俄罗斯国帮助，亦无不可……①

原来俄国此举是友谊的，而且是慈善的！德勒克多尔济在库伦也得着一点麻醉品，他转告北京说：

> 该夷……复又言及英夷惟利是图，所有英国情形尽已访闻。初意原不止构怨于俄国，并欲与中国人寻衅。且在广东等处帮助逆匪，协济火药，甚至欲间我两国之好。②

英国是中国的大敌，俄国是中国的至友。从咸丰到现在，这是俄人对中国始终一贯的宣传。"昏淫"的满清并不之信，惟对于事实的侵略无可如何而已。理藩院给俄国的公文妙不可言：

> 此次贵国带领重兵乘船欲赴东海，防堵英夷，系贵国有应办之事，自应由外海行走，似不可由我国黑龙江、吉林往来。③

俄国的侵略当然不能以"似不可"三字抵阻之。咸丰五年俄国假道的人马三倍于四年的。此外尚有垦民五百，带有农具牲口。永久占据的企图已微露了。我国疆吏仍旧"尾随侦探"及"密为防范"。当时外交的软弱和不抵抗主义的彻底虽可痛惜，吾人亦不可苛责。咸丰帝原来是主张强硬外交的。在即位之初，他就责贬穆彰

---

① 同上页二十五。
② 同上卷十页三十至三十一。
③ 同上页三十三。

阿及耆英，把他们当作秦桧，而重用林则徐，好像他是岳武穆。咸丰帝对外之图抵抗实在是心有余而力不足。当时太平天国声势浩大。东三省的军队多数已调进关内。五年冬，吉林将军景淳的奏折把当时的形势说得清楚极了：

> 查三姓、珲春、宁古塔皆有水路与俄夷可通，距东海则各以数千里计。其间惟松花江两岸有赫哲、费雅哈人等久居，余则旷逸无涯，并有人迹不到者。控制诚难。……寻思该夷自康熙年间平定以来，历守藩服。今忽有此举动，阳请分界，阴图侵疆；以防堵英夷为名，俾可恣意往来。其不即肆逞者，乃因立根未定耳。今当多故之秋，又乏御侮之力，此中操纵，允宜权量。各处旱道，原多重山叠嶂，彼诚无所施其技。水路则节节可通。又就人力论之：黑龙江存兵固多，病在无粮；吉林既无粮而兵又少。再就官弁情志论之：此时皆知自守，谁敢启衅？……查吉林额兵一万一百零五名，四次征调七千名，已回者不及八百名。三姓、珲春、宁古塔刻下为至要之区，三处仅止共存兵八百余名。虽令各该处挑选闲散，团练乡勇，究之为数无几。到城驻守，行资坐费，无款可筹……①

抵抗虽不可能，我国当时的外交还有一条路可试，就是根据咸丰三年俄国的来文与俄国趁早立碑分界。时人亦以此路为利多害少。三年冬，景淳本已派定协领富呢扬阿为交涉员。四年五月，木里斐岳幅超过三姓之后，富呢扬阿就去追他。行到阔吞屯附近，俄人告以木氏已到东海去打英国人。富呢扬阿见该处军备甚盛，而其赫哲引导亦不敢前往，遂折回了。于是吉林、黑龙江及库伦的疆吏决定各派一人，等到五年春会齐前往与木氏交涉。因时期及地点未预先约好，三处所派的交涉员东奔西跑，于八月内始在阔吞屯找着木氏。初十、十一、十二，木氏称病不见。十三日，木氏要求将黑龙江左岸划归俄国。我方代表以其要求与旧约不符，且"黑龙江、松花江左边有奇林、俄伦春、赫哲、库页、费雅哈人等系为我朝贡进貂皮之人，业已居住年久"，就当面拒绝。木氏给了他们一封公文，以便复命，交涉就完了。原来咸丰五年东北的情形已非三年可比。在咸丰三年，俄国尚无重兵在黑龙江

---

① 同上卷十二页二十二。

一带；俄国尚不明东北的虚实，俄国政府尚不愿听木氏一意进行。到了五年，这些情形都不存在了。所以三年，俄国尚要求根据条约来立碑分界；五年，则要求根本废《尼布楚条约》。不过在五年，木氏尚未布置妥帖，实不愿急与我方交涉。

克里蒙战役于一八五六年结束。俄国在一八五四及一八五五年不但击退了英法舰队来犯东边海岸者，且在黑龙江下流立了两个重镇。等到战争一停，俄国在黑龙江的行动就变更性质。以先注重运军，现在则注重移殖农民；以先注重下流，现在则注重中流。呼玛尔河口、精奇里河口及松花江口均被占领，均设有镇市。一八五七年，俄国想派海军大将普提雅廷（Poutiatine）由天津进北京，中国不允，因为以往俄人只准由库伦、张家口进京。是年冬，木里斐岳幅回俄国，要求政府给他全权及充分接济去强迫中国割地。俄政府慨允所请。一八五八年春（咸丰八年），木氏回到黑龙江，带有大部队，准备与中国作最后决算。

是时黑龙江将军是宗室奕山。在鸦片战争的时候，他曾充"靖逆将军"，带大兵到广州去"讨伐英逆"。英国兵打到广州城下的时候，他出了六百万元"赎城"的钱，并允将军队退去广州城北六十里。但在他的奏折里，他反说是英人求和。木里斐岳幅把奕山当作劲敌，未免过于重视他了。

奕山于咸丰八年四月初五日由齐齐哈尔抵瑷珲城。[①] 木氏的船已停在江中。初六日，奕山派副都统吉拉明阿去催开议。木氏故意刁难，说他如何匆忙，无暇交涉。"再四挽留"，始允开议。初十日，木氏带通事施沙木勒幅（I. Shishamref）及随员上岸进城。木氏要求：（一）中俄疆界应改为黑龙江及乌苏里江；（二）两江的航行权属于中俄两国，他国船只不准行走；（三）江左旧有居民率迁江右，迁移的费用由俄国出；（四）在通商口岸，俄国应与各国享同等权利，黑龙江亦应照海口例办理。奕山答以界线应照旧，即额尔必齐河及外兴安山脉，至于通商，黑龙江地方贫寒，通商无利，且通商易引起争执。这天的交涉"至暮未定而散"。

次日，十一日，木氏复进城交涉。他带来满文及俄文的约稿，其内容与初十日所要求者相同，惟江左旧居人民，北自精奇里河，南至霍勒木尔锦屯（Hormold-zin），可不迁移。经过若干辩论之后，木氏留下约稿遂回去了。奕山派佐领爱绅泰把约稿送还，以表示不接收的意思。木氏又送来。奕山又教爱绅泰带约稿去，声明

---

① 本文论瑷珲交涉之□□根据奕山奏折，见同上卷二十五页十一至十五。

须删去"以黑龙江、松花江为界"一句。木氏把约稿留下，"声言以河为界字样断不能删改，其余别事，明日进城再议"。

等了两天，木氏全无动静。十四日，他又带原稿进城，要求奕山签字。奕山拒绝了，且加上一层理由，谓乌苏里河系属吉林将军所辖，他不能做主。"木酋勃然大怒，举止猖狂，向通事大声喧嚷，不知做何言语，将夷文收起，不辞而起。"咸丰八年五月十四日是瑷珲交涉的大关键，奕山的奏折说：

> ……先是，木酋未来之前，有夷船五只，夷人数百名，军械俱全，顺流而下，行数十里停泊。木酋来时，随有大船二只，夷人二三百名，枪炮军械俱全，泊于江之东岸，尚属安静。自木酋忿怒回船后，夜间瞭望夷船，火光明亮，枪炮声音不断。……

饱受惊慌之后，十五日奕山就签订《瑷珲条约》了。此约仅二款，第一款论分界，第二款论黑龙江通商。① 疆界西面仍依额尔古纳河；自额尔古纳河入黑龙江之点起，直到黑龙江入海为止，左岸全属俄国，右岸（南岸）则分两段，自额尔古纳河到乌苏里江属中国，乌苏里以东算中俄共管。黑龙江及乌苏里江只许中俄两国船只行走。江左自精奇里江至霍勒木尔锦屯的旧居人民"仍令照常居住，归大清国官员管辖"。通商一款甚简略："两国所属之人永相和好。乌苏里、黑龙江、松花江居住两国之人，准其彼此贸易。两岸商人责成官员互相照看。"

《瑷珲条约》的严重在我国外交史上简直无可与比拟者。外兴安以南、黑龙江以北，完全割归俄国；乌苏里以东的土地，包括吉林省全部海岸线及海参崴海口，划归中俄共管，这是直接的损失。间接则俄国自《瑷珲条约》以后，在太平洋沿岸的势力又进一步，列强的世界帝国角逐因之更加紧急，而现在的东北问题种根于此。且有了咸丰八年的《瑷珲条约》，就不能不有咸丰十年的《北京条约》。

奕山所以签订这约的缘故是极明显的。第一，木氏的"勃然大怒"及"枪炮声音不断"把他吓坏了。第二，木氏为他留了塞责的余地。江左屯户仍归中国管理。乌苏里以东算中俄共有。作到了这种田地，奕山自己觉得他上可以搪塞朝廷的

---

① 同上页十六。

责备，下可以安慰自己的良心。第三，奕山全不明了所失土地的潜伏价值。江左屯户既保存了，"此外本系空旷地面，现无居人"。前文已经说过，东北边境除供给皇室貂皮及人参以外，与国计民生绝未发生关系。奕山的昏愚很可代表他的国家。这一年中国对俄外交所铸的错尚不止《瑷珲条约》，清廷及在天津交涉的桂良、花沙纳均错上加错。

奕山订约的报告及《瑷珲条约》的约文于五月初四送到北京。朝廷并不加以斥责。谕旨说："奕山因恐起衅，并因与屯户生计尚无妨碍，业已率行允许。自系从权办理，限于时势不得已也。"不但奕山可以原谅，且他的办理尚可实用于乌苏里以东的地方。谕旨继续说："即着景淳（吉林将军）迅速查明，如亦系空旷地方，自可与黑龙江一律办理。"[①] 咸丰帝之所以承认《瑷珲条约》，并不是因为他素抱不抵抗主义，也不是单独因为奕山之"限于时势不得已"，是因为是时中国的内政、外交全盘"限于时势不得已"。太平天国的平定到此时尚全无把握，此外又有英法的联军及英、美、法、俄四国通商条约的交涉。联军于四月初攻进大沽海口，直进天津。清廷急于北仓、杨村、通州设防。京城亦戒严。《瑷珲条约》送到北京的时候，天津的交涉正有决裂之虞。当时我们与英法所争的是什么呢？北京驻使、内地游行、长江通商：这是双方争执的中心。这些权利的割让是否比东北土地的割让更重要；大沽及天津的抵抗是否应移到黑龙江上去：我们一拟想这两个问题就可以知道这时当政者的"昏庸"。咸丰四年，西洋通商国家曾派代表到天津和平交涉商约的修改。彼时中国稍为通融，对方就可满意。清廷拒绝一切，偏信主张外交强硬论的叶名琛。叶氏反于全国糜烂的时候，因二件小事给英法兴师问罪的口实。咸丰时代与民国近年的外交有多大区别呢？

桂良及花沙纳在天津的外交策略不外离间敌人。他们知道英国最激烈，法国次之，美国及俄国又次之。法、美、俄三国亦知道只要有最惠国待遇一条，其他都可让英国去作恶人。桂良等如何应付美、法二国与本文无关，无须叙述；至于他们与俄国代表普提雅廷的交涉，与东北问题关系甚大，不能不详加讨论。

普提雅廷与英、美、法三国公使同到大沽，同进天津。他最初给桂良等的照会要求二事：（一）割黑龙江以及乌苏里以东与俄国；（二）许俄人在通商口岸有与

---

① 同上页十五。

别国同等的通商权利。他的策略则在输灌麻醉品，以期收渔人之利。照会的一段说：

> 以上两条如不斥驳，大皇帝钦定，所有两国争竞之事皆可消弭。俄国所求，俟得有消息，竭力剿灭英佛（法）两国，以期中国有益。……再阅贵国兵法器械，均非外洋敌手，自应更张。俄国情愿助给器械，并派善于兵法之员前往，代为操练，庶可抵御外国无故之扰。[①]

桂良等及清廷对于俄国这种意外之助是疑信参半的。但京内京外均以为最低限度应使俄国不与英法合作，或在旁边怂恿，所谓"助桀为虐"。关于划界，桂良等答以奕山已奉派负责交涉；关于通商，他们以为已开口岸多一俄国亦无妨碍。所以他们与普提雅廷就订了《中俄天津通商和好条约》。其第九款与边界有关：

> 中国与俄国将从前未经定明边界，由两国派出信任大臣秉公查勘，务将边界清理补入此次和约之内。边界既定之后，登入档册，绘为地图，立定凭据，俾两国永无此疆彼界之争。[②]

有了这款，俄国便可要求划分乌苏里以东的地方，我国全无法拖延。这是桂良等联络普提雅廷代价之一。北京承认《瑷珲条约》的谕旨，他们也抄送了一份。普氏即要求决定乌苏里以东的土地归俄国。桂良等也答应了，以为这就是谕旨所说"与黑龙江一律办理"。所以奕山在瑷珲争得的共管之地，桂良等在天津实已赠送俄国，惟条约尚待订而已。

桂良等在天津与英、美、法所订的条约许了外人两种权利与以后东北问题有关系的，一种是牛庄开通商口岸，一种是外人得入中国传教。这两种权利，尤其是牛庄通商，促进了东北问题的世界化。

总之，中国在咸丰八年的外交全在救目前之急，其他则顾不到了。在瑷珲如

---

①　同上卷二十一页六。
②　同上卷二十七页十。

此，在天津亦复如此。

六、俄国友谊之代价

等到英法联军一退出天津，目前的危急一过去，清廷就觉得《瑷珲条约》及天津诸条约损失太大，非图补救不可。《天津通商条约》的补救不在本文范围之内，但有一点不能不指出。因为中国要取消北京驻公使，长江开通商口岸，及外人在内地的游行，所以引起了咸丰九年及咸丰十年的中外战争。有了十年的英法联军，然后有中俄的《北京条约》。换言之，因为到了十九世纪的中叶，中国还不图在国际团体生活之中找出路，反坚持站在国际团体之外，俄国始得着机会作进一步的侵略。

《瑷珲条约》及桂良给普提雅廷的诺言之挽回当然困难极了。在东北边境未丧失以前，我国觉得为势所迫，不得不割让；既割让之后，要俄国放弃其已得权利岂不更加困难？中俄势力的比较及世界的大局并未因英法联军的撤退就忽变为有利于我；而我方之图取消北京驻使，长江通商及内地游行更能使西欧与美国和东欧团结。这些国家虽是同床异梦，然我方的政策迫着她们继续同床。咸丰九年及咸丰十年之最后努力不能不失败，这是很自然的。这种努力的发展、方法及终止的原因是我国外交史的一幕大滑稽剧，同时也是一幕大悲剧。

《瑷珲条约》定后，朝廷原以吉林东边空旷地方亦可照黑龙江左岸的办法，但教吉林疆吏去调查地方实际情形。我方尚未调查，木里斐岳幅已带领人员入乌苏里江。疆吏关于此事的报告于八年七月初一到北京，朝廷当日下的谕旨说：

> ……除黑龙江左岸业经奕山允许，难以更改，其吉林地方，景淳尚待查勘，本不在奕山允许之例。……倘该夷有心狡赖，即行严行拒绝。……该夷此次驶赴天津，业已许其海口通商，并经奕山将黑龙江左岸准其居住往来，即吉林各处未能尽其所欲，在我已属有词，在彼谅未必因此起衅也。①

从这道谕旨，我们可以看出清廷在八年七月初已决定黑龙江左岸不能挽回，亦

---

① 同上卷三十页三。

不图挽回，但乌苏里以东之地则断不割让。七月初的态度已与五月初的不同。其理由幼稚极了。俄国既得了黑龙江左岸，更加要乌苏里以东的地方。朝廷的态度虽变了，疆吏尚不知道，所以七月初八日，黑龙江副都统吉拉明阿给了木里斐岳幅一个咨文，说："乌苏里河及海一带地方应俟查明再拟安设界碑。"① 这明是承认中俄可以划分乌苏里以东的地方。实际的划分虽推延到查明以后，但推延不是否认，且与外人交涉，推延是大有时间限制的。

疆吏的调查报告于十二月二十日送到北京。他们说乌苏里一带的地方南北相距一千四百余里，"俱系采捕参珠之地"，两岸住有赫哲、费雅哈，"历代捕打貂皮，皆在该处一带山场，均属大有关碍"；"且该处距兴安岭甚远，地面辽阔，统无与俄夷接壤处所"。② 最奇怪的，他们的报告不提海山威，足证彼时海山威与东北关系之不重要。朝廷得此报告后，于二十一日下旨，说：

> ……该夷要求黑龙江左岸居住，奕山遽尔允准，已属权宜，此次无厌之求，着该将军等妥为开导，谕以各处准添海口，皆系大皇帝格外天恩；因两国和好多年，是以所请各事，但有可以从权者，无不曲为允准；此后自应益加和好，方为正办。若肆意侵占，扰我参珠貂鼠地方，是有意违背和议，中国断难再让。③

后三天，复有一道谕旨责备吉拉明阿：

> 绥芬、乌苏里两处，既与俄夷地界毫不毗连，且系采捕参珠之地，当时即应据理拒绝。何以副都统吉拉明阿辄许木里斐岳幅于冰泮时驰往查明，再立界牌？④

清廷的态度虽较前强硬，反于此时从吉林调兵一千驻守山海关，从黑龙江调兵

---

① 同上卷三十三页二十三。
② 同上页二十二。
③ 同上页二十四。
④ 同上页二十六。

一千驻守昌黎、乐亭以防英法之再来。① 可见彼时政府仍以防英法的通商要求比防俄国的侵占疆土为更重要，更急迫。

俄国为促进乌苏里边界之"登入档册，绘为地图，立定凭据"，一面派人进京互换中俄《天津条约》的批准证书，并做进一步之交涉，一面由木里斐岳幅派人去测量乌苏里区域。疆吏既不敢违旨会同查勘，又不敢挡住俄人的进行，结果木氏的委员伯多郭斯奇（Lt. -Col. C. Budogoski）于九年的春夏单独测量和绘图。俄国的公使丕业罗幅斯奇（Pierre Perofski）于八年冬抵北京。我国派户部尚书管理理藩院事务肃顺及刑部尚书瑞常与之交涉。九年三月中，批准证书互换以后，丕氏提出八项要求，其中第一项即系关于划界的事。可惜《夷务始末》不录来文，只录军机处的答词，但从这答词中，我们可看出朝廷态度之又一变：

中国与俄国地界，自康熙年间鸣炮誓天，以兴安岭为界，至今相安已百数十年。乃近年贵国有人在黑龙江附近海岸阔吞屯等处居住，该将军念两国和好之谊，不加驱逐，暂准居住空旷之地，已属格外通情。今闻欲往吉林地界。该处距兴安岭甚远，并不与贵国毗连，又非通商之处，断不可前往，致伤和好。黑龙江交界之事，应由我国黑龙江将军斟酌办理，京中不能知其情形，碍难悬定。②

换句话说，军机处仍认《尼布楚条约》为中俄疆界的根据。虽未明文否认《瑷珲条约》，等于否认了，因为就是黑龙江左岸，奕山尚止"暂准"俄人居住，吉林东部更谈不到了。俄国于五月里因他故改派伊格那提业幅（Ignatief）来京交涉。伊氏在俄国外交界算一能手。他曾出使中央亚细亚的小邦，以能了解亚洲人的心理得名。我方仍由肃顺、瑞常二人负折冲樽俎之责。肃顺是咸丰末年的权臣，手段亦不凡。伊氏遇着他可说是棋逢对手。伊氏能强词夺理，虚言恫吓；肃顺也能。在未叙述此剧之先，我们应说明疆吏的应付及中外大局的变迁。

咸丰九年五月，吉林疆吏的警报纷纷到京，说俄人如何已进到乌苏里江的上

① 同上页四十六。
② 同上卷三十七页十六。

流，并在该处盖房屋，筑炮台。与之理论，他们总"恃为约内有乌苏里河至海为中国、俄国共管之地一语"。五月初十的谕旨要署吉林将军特普钦"与之决绝言明，将前约中此语改去，方为直截了当"。① 此时北京方明了祸根所在，所以五月十二日又有一道谕旨：

> 绥芬、乌苏里河地属吉林，并不与俄国接壤，亦并非黑龙江将军所辖地方。上年该将军奕山，轻信副都统吉拉明阿之言，并不与俄国使臣剖辩明白，实属办理不善，咎无可辞。黑龙江将军奕山着即革职留任，仍责令将从前办理含混之处办明定议。革职留任副都统吉拉明阿着即革任，并着特普钦派员拿赴乌苏里地方枷号示众，以示惩儆。②

"咎无可辞"当然是对的，但一年以前朝廷已有明旨认《瑷珲条约》是出于"势不得已"。并且何以吉拉明阿之罪反重于主政的奕山？朝廷也知道此中赏罚的不公，不过此举是对外而非对内的。同日还有一道密旨给特普钦：

> ……特普钦接到明发谕旨即可宣示夷酋，告以乌苏里等处本非俄国接壤，又与海路不通。奕山、吉拉明阿已为此事身获重罪。若再肆意要求，我等万难应允。前此奕山等将黑龙江左岸借给俄国人等居住，大皇帝既已加恩，自不至有更改。其未经议定之地，任意闯越，即是背约。岂有吉林地界转以黑龙江官员言语为凭之理？……该酋见吉拉明阿获罪已有明征，自必气馁，而特普钦等据理措辞当亦较易。③

这种对外方法确带了亚洲人的特性在内。同时吉拉明阿以副都统的官职而枷号示众于乌苏里地方，未免于天朝的面子不好看。宜乎木里斐岳幅对这套把戏不过付之一笑。

凑巧咸丰九年的五月，中国对英法得了意外的胜利。自英法联军离开天津以

① 同上卷三十八页七。
② 同上页十一。
③ 同上页十二。

后，朝廷即命僧格林沁担任畿辅的海防。大沽的炮台加料重修，海河也堵塞了，沿海均驻军队，惟留了北塘以便各国公使带领少数随员进京交换《天津条约》的批准证书。英、法、美三国公使于九月五日抵大沽口外，英法公使带有不少的海陆军。他们决意要由大沽口进，不由北塘进。五月二十五日晨，英法起始毁我方堵河防具。僧格林沁遂下令反攻。不但海军大受损失，陆军登岸者亦死伤过半。于是北京及东北疆吏对俄稍为胆壮，我们对英法的胜利影响了对俄的交涉。

伊格那提业幅于五月初十由恰克图起程。他到北京的时候正在大沽捷音传到之后。六月初，他提出草约六条，要求中国承认。其中第一条有关东北：

> 补续一千八百五十八年玛乙月（五月）十六日在黑龙江城所立和约之第一条，应合照是年伊云月（六月）初一日在天津和约之第九条：自后两国东疆定由乌苏里江、黑龙江两河会处，沿乌苏里江上流，至松阿察河会处；由彼处交界，依松阿察河上流至兴凯湖及珲春河，沿此河流至图们江，依图们江至海口之地为东界。①

伊氏要求的根据是《瑷珲条约》和《天津条约》。《瑷珲条约》明载乌苏里以东之地为两国共管。倘根据此约来分界，应由中俄均分，不应由俄国独占，更不应由俄国占据乌苏里流域以外的土地，如伊氏草约所拟。《天津条约》第九条只说两国应分界绘图立碑，并没有规定划分的方法。伊氏也觉得他的根据不充足，所以在其说明书内又引咸丰八年五月初四日桂良及花沙纳给普提雅廷的咨文，且加上一段宣传麻醉品：

> ……本国从东至西一万余里，与中国相交一百余年，虽有大事，并未一次交锋。若英吉利等，十余年之间，常至争斗，已经交锋三次。然逾数万里地尚且如此，况离此相近乎，若英佛（法）两国，往满洲地方东岸，兵船火船，来时甚易。中国海界绵长，战法各国皆不能敌，惟本国能办此事。若中国与本国商定，于外国船只未到彼处之先，先与本国咨文，将此东方属于本国，我国能

---

① 同上卷三十九页二十八。

保不论何国，永不准侵占此地。如此中国东界，亦可平安。且须知我国欲占之地，系海岸空旷之处，于中国实无用处。且贵国使臣须知，因本国官员到彼，并未见有中国管理此处官员之迹，我们业经占立数处。①

在咸丰年间，英法虽曾攻下广州、天津、北京，但均于和议定下退去。至于东北海岸，英法不但未曾占领，且未曾有此拟议。伊氏也深知此中情形，不过故意做此谣语，以欺不明世界大局的中国人。这个当，军机处是不会上的。答复虽在法律上很难讲过去，但用了彼之矛以刺彼之盾：

> ……中国与俄国定界，自康熙年间鸣炮誓天，以兴安岭为界，凡山南一带流入黑龙江之溪河，尽属中国，山北溪河，尽属俄国，所定甚为明晰。至黑龙江交界应由黑龙江将军与贵使臣木里斐岳幅商办。其吉林所属之处，并不与俄国毗连，亦不必议及立界通商。贵大臣所云恐有他国侵占，为我国防守起见，固属贵国美意，断非借此侵占我国地方。然若有别国占据，我国自有办法。今已知贵国真心和好，无劳过虑。②

军机处与伊氏有了这次文书的往来，遂由肃顺、瑞常负责交涉。六月二十三日初次会晤的时候，伊氏面请肃顺等阅读桂良及花沙纳所发之咨文，内附有批准《瑷珲条约》的谕旨。肃顺等不承认有此谕旨，但三日后又去一咨文，声明虽有此谕旨，但与吉林东界事无关，所以伊氏带来之稿本，"谅必因抄写之误"。六月二十八日，伊氏回答："此等大事，不可有抄写错误之处。本大臣恳乞贵大臣将桂良所奉谕旨原文送交与我，以便查对错误之处。"肃顺等答以谕旨原文存大内，不便检阅。③ 适是时伯多郭斯奇带乌苏里区域的地图来北京。伊氏遂要求按俄国新绘地图，即在北京定约分界，"不然，焉能得免侵占"。肃顺等七月初一日的答文，措辞同样地强硬。在乾隆时代，因俄国不讲理，中国曾三次停止互市。乾隆年间做过的事，此时也能再作。如俄国此次不讲理，中国不但要停止互市，"即已经许借与贵国之黑龙江

---

① 同上页三十至三十一。
② 同上页三十三。
③ 同上卷四十页二十八至三十二。

左岸空旷地方，阔吞屯、奇吉等处”亦将不借与。“是贵国求多反少也。总之，绥芬、乌苏里江等处，是断不能借之地。贵国不可纵人前往，亦不必言及立界。”①

双方话已说到尽头，条件相差甚远。伊氏行文军机处，要求中国改派别人担任交涉。军机处告诉他说，肃顺、瑞常“皆系我大皇帝亲信大臣”，不能改派。伊氏仍不肯放弃，历夏秋二季，屡次向军机行文，均是旧话重提，空费笔墨。军机处亦以旧话搪塞，但在十一月十六日的照会内，加上一层新理由，即吉林人民之不愿。② 好像中国此时要援人民自决的原则。可惜这次人民的意志实在如何，我们无从知道。俄人在乌苏里区域测量者均说当地的人欢迎俄人去解除他们从满人所受的压迫。至于军机处所说的吉林人的反对割让，全是北京闭门捏造的。十年正月十六日的谕旨显露此中的实情：

> 现在俄夷以吉林分界一节，屡次行文，哓渎不已。当经复以绥芬、乌苏里等地界，奕山等妄行允许后，该处民人，以中国地方不应被夷人占据，公同具呈控告，是以将奕山革职，吉拉明阿枷号；并未奉旨允准。倘该国前往占据，该处民人出来争论，反伤和好等语：借以措辞，以冀消其觊觎之心。如该酋伊格那提业幅将此复文知照木里斐岳幅，恐其向该将军询问，吉林人民，有无同递公呈，不愿该夷在绥芬、乌苏里住居之事，着景淳、特普钦遵照前说，加以开导，以坚其信，勿致语涉两歧，是为至要。③

伊氏于十年四月初一致最后通牒，限三日答复。军机处丝毫不退让。照复说：

> ……至乌苏里、绥芬地界，因该处军民人等，断不相让，屡次递呈，现已开垦，各谋生业，万不能让与他人。经该将军等将此情节据实奏明。因恐贵国之人去到，该处人等不容，必致反伤和好。中国向来办事，皆以俯顺民情为要，是以碍难允准。④

---

① 同上卷四十一页四十二。
② 同上卷四十六页二十三。
③ 同上卷四十七页九。
④ 同上卷五十一页一至二。

伊格那提业幅接到此文以后，宣布交涉决裂，于四月初八离开北京。

这时，木里斐岳幅在乌苏里一带照其自定计划，进行测量、开垦、设防。疆吏虽未抵抗，亦未与划界定约，且似在火燃眉毛的时候，稍图振作。吉林、黑龙江皆办团练。吉林则略为解放山禁，多招参商刨夫入山，"以资兵力"。在咸丰十年的春天，两省的奏折都有调兵设防的报告，好像他们准备抵抗。

不幸十年的夏天，我国另起了风波，把对俄的强硬都消灭了。英法两国为报大沽之仇，加添要求，并厚集兵力于远东以图贯澈。伊格那提业幅适于是时交涉失败后，愤愤不平的离开北京，直到上海、香港去挑衅。他见了英法的代表就大骂北京当局的顽固与不守信义。① 西洋各国应一致对付中国，并且非用武力不可。但他的行动亦被我方探知。五月中，暂署两江总督江苏巡抚薛焕的奏折说：

> ……查俄国使臣忽然骤至，未审意欲何为，连日亦未来请见。当饬华商杨坊等密探，旋据报称……今因俄酋到此，极力怂恿英佛打仗，并云在京日久，述及都门并津沽防堵各情形，言之凿凿。谆告普鲁斯（Bruce）及布尔布隆（Bourboulon），不必误听人言，二三其见，竟赴天津打仗，必须毁去大沽炮台，和议方能成就。而普酋、布酋为其所惑，主战之意愈坚。……②

我方知道了这种消息以后，当然设法预防。

六月初，英法联军齐集于大沽口外。伊格那提业幅已先到，并带有兵船四只。美国公使华若翰（John E. Ward）亦带有两只兵船在场。初四日，我方接到伊氏照会，询问中俄《天津条约》何以尚未在各海口宣布，并言"英、佛与中国有隙，愿善为说合"。他的"说合"，军机处明知不可靠，但当危急的时候，又不敢多得罪一国。所以含糊回答他说："今贵国欲为说合，足见贵使臣美意。在天朝并无失信于二国，又何劳贵国替中国从中调处。"伊氏颇为失望，遂转告法国公使葛罗（Baron Gros）由北塘进兵的便利。③ 七月中，英法联军已进天津，桂良与英法的交涉将要完成的时候，伊氏又来文，要求中国许他进京。军机处还是怕他生事，所以

---

① Conlier, L' Expédition de Chine de 1860, pp. 207-209.
② 《夷务始末》卷五十二页四十三。
③ Cordier, op-cit, p. 247。

回答他："暂可不必，应俟英佛二国换约事毕，再行进京办理可也"。① 等到英法已经到了圆明园，预备攻安定门的时候，伊氏嘱俄国教士向恭亲王奕䜣要求许他进京，我方依旧拒绝："如果有意为中国不平，亦必在外代为调停；俟两国之兵退后，即可照常来京。"② 此是八月二十二的事。可见我方防备伊氏到什么程度。

英法军队于八月二十九日进北京；伊氏也跟进了。中国的外交到了这种山穷水尽的时候，伊氏的机会也就到了。九月初二日，咸丰帝自热河行宫宣布谕旨："着恭亲王等迅即饬令恒祺往见该夷（英法代表），仍遵前约，不另生枝节，即可画押换约，以敦和好。"③ 换言之，朝廷已决定接受英法的条件。④ 伊氏于九月初五致信于法国公使葛罗，说他如何在北京力劝留守大臣迅速接受英法的条件。英法进攻的原意在强迫中国承认《天津条约》及雪大沽之耻，并不在占据北京。英法联军在北京的时候，咸丰帝已逃避至热河，北京官吏能逃者也逃散。倘和议不成，势必须进兵热河。那末，时季已到秋末，须等来年。倘英法压迫太甚，清廷或将瓦解。列强在远东的角逐很能引起世界战争，是时英法因为意大利的问题全盘关系已趋紧张。因为这些原故，英国公使额尔金（Lord Elgin）及法国公使葛罗均以为宜速定和议，速撤军队，否则夜长梦多，枝节横生。所以他们将赔款现银的部分由二百万两减到一百万两。此中背景，恭亲王及文祥——我方的全权代表——当然无从知其详，而伊格那提业幅则完全知道，因此他又向我方冒功。

九月十一日及十二日英法《北京条约》签订之后，伊格那提业幅遂向恭亲王要求报酬。我方代表的感想如何见于他们九月十三日所具的奏折：

> ……本日复接伊酋照会，以英佛两国业已换约，仍以所祈之事，请派大员前往商酌等语。臣等复思英佛敢于如此猖獗者，未必非俄酋为之怂恿。现虽和约已换，而夷兵未退，设或暗中挑衅，必致别生枝节，且该酋前次照覆，有兵端不难屡兴之语。该夷地接蒙古，距北路较近。万一衅启边隅，尤属不易措手。查前次该酋向崇厚等面称，允给英佛等银两，尚可从缓，且可酌减，并不

---

① 《夷务始末》卷五十九页十四。
② 同上卷六十五页二十二。
③ 同上页四。
④ Cordier, Historie des Relations de la Chine, Vol. I pp. 94—95.

久驻京师，夷兵亦令退至大沽等处。现英佛议现银一百万两，难保非该酋预探此语，有意冒撞。而此次照会内，颇有居功之意，心殊叵测。①

是以恭亲王、桂良、文祥并非觉得俄国有恩于我故必有以报之；他们不过觉得伊氏挑拨之力太大，非使其满意不可。后英国军队因故退出北京稍迟数日，恭亲王等更急了。他们九月二十日的奏折说："且英佛两夷之来，皆属该夷怂恿。倘或从中作祟，则俄夷之事一日不了，即恐英夷之兵一日不退：深为可虑。"②

伊氏所索的报酬除东北疆土外，尚包括西北边界及通商与邦交的权利。恭亲王既以速决为要，所以九月二十三日中俄《北京条约》就议好了，十月初二日（西历十一月十四日）签字。这约的第一条就是规定东北疆界的，也是全约最要紧的一条。条文如下：

> 议定详明一千八百五十八年玛乙月十六日，即咸丰八年四月二十一日，在瑷珲城所立和约之第一条，遵照是年伊云月初一日，即五月初三日，在天津地方所立和约之第九条：此后两国东界定为由什勒喀、额尔古纳两河会处，即顺黑龙江下流至该江乌苏里河会处，其北边地属俄罗斯国，其南边地至乌苏里河口所有地方属中国；自乌苏里河口而南，上至兴凯湖，两国以乌苏里及松阿察二河作为交界，其二河东之地属俄罗斯国，二河西属中国；自松阿察河之源两国交界逾兴凯湖直到白棱河，自白棱河口，顺山岭，至瑚布图河口，再由瑚布图河口，顺珲春河及海中间之岭，至图们江口，其东皆属俄罗斯国，其西皆属中国；两国交界与图们江之会处及江口相距不过二十里。③

这两个条约——《中俄瑷珲条约》及《中俄北京条约》——在世界历史上开了一个新纪念，即土地割让的纪录。我国在咸丰八年及十年所丧失的土地，其总面积有四十万零九百十三方英里。现今的东三省，加上江苏，比我们这两年所丧失的土地只多一千四百方英里。法德两国的面积，比我们这两年所丧失的土地，还少六

---

① 《夷务始末》卷六十七页八。
② 同上五十五。
③ 同上卷六十八页十八至十九。

千五百三十一方英里。俄国从我国得着这大的领土不但未费一个子弹，且从始至终口口声声的说俄国是中国惟一的朋友。俄国友谊的代价不能不算高了！

咸丰以后的东北可称为半东北、残东北，因其面积缩小了一半有余，且因为它东边无门户，北边无自然防具——她是残缺的。所以到这种田地的原由有三。第一是太平天国的内乱；第二是咸丰年间全盘外交政策的荒谬，争所不必争，而必争者反不争。比这两个原由还重要，还基本的是在世界诸民族的竞进中，我族落伍了。有了这个原由，无论有无前两个原由，我们的大东北、全东北是不能保的。

附录之一　资料评叙

中文著作中尚无一种与本文范围相同的。西文中有三部著作其范围与本文大致相同；其中两部均因十九世纪中年俄国在远东发展之速有所感触而著的，两部均是一八六一年出版的。（1）E. R. Ravenstein：*The Russians on the Amur*，*Its Discovery*，*Conquest*，*and Colonization*（London，1861）。著者用了不少俄国方面的材料，可惜甄别似欠功夫，且不详细注明出处。书后附有简略史料目录。（2）C. de Sabir：*Le Fleuve Amour-Histoire*，*Geographie*，*Ethnographie*（Pairs，1861）。此书与前书的范围完全相同，资料大致相同。两书著者均系地理学家，两书前半皆叙历史，后半讲地理。（3）F. A. Golder：*Russian Expansion on the Pacific* 1641-1850。著者精通俄文，且专治史；他审查史料的严密远在前两个著者之上。书后附有详细书目，至为可贵。此外尚有北平燕京大学徐淑希教授之（4）*China and her Political Entity*（New York，1924）。此书实即一部东北外交史。西文著作论东北问题而参用中西的材料，据我所知，以此书为最早。

本文论《俄国的远东发展》的一节不过作背景的叙述，故极简略。欲作进一步的研究者应参看（5）G. F. Müller：*Sammlung Russischer Geschichte*，9vols.（St. Petersburg，1732-1764）。此书出版几将两百年。批评者、抄袭者、继起者不少，但至今此书有读的必要，因为著者所见及所用的原料实不少。（6）J. E. Fischer：*Sibirische Geschichte*，2vols.（St. Petersburg，1768）。此书即抄袭前书者之一，不过著者深知西比利亚的历史，在重编前人著作的时候亦有所发明和纠正。关于满人向黑龙江的发展，至今尚无专著。《皇清开国方略》《太祖高皇帝实录》《东华录》及

《盛京通志》等官书皆记有某年某月伐某部族或某部落来贡一类的事实，但对满人的武功不免夸耀过实，且所举地名及部落名称间有不可考者。何秋涛的《朔方备乘》收了他自己所著的（7）《东海诸部内属述略》及（8）《索伦诸部内属述略》。前书述清太祖、太宗征收牡丹江、乌苏里江、珲春河、黑龙江下流及库页岛各部落的事迹；后书述同时征收黑龙江上流各部落的事迹。两书皆根据咸丰以前的官书，不正确，甚简略，但有系统。

"中俄初次在东北的冲突"的主要资料即《朔方备乘》内的（9）《平定罗刹方略》。此亦官书之一，过于夸耀朝政，但其中保有几件重要谕旨及奏折。在事的人，如郎坦、萨布素诸人的传见于《清史列传》，《碑传集》，《清史稿》的列传类，皆无声无色，惟（10）《八旗通志初集》卷一百五十三之郎坦（亦作谈）传诚为至宝之史料。（11）吴振臣《宁古塔纪略》（见《小方壶斋舆地丛钞》）有一段纪"逻车国人造反"事，形容俄人炮火的利害，大可补官书之偏。著者随其父在宁古塔戍所多年；其父亦被调往征"逻车"者之一，故所记皆亲历的事。

"尼布楚的交涉"的主要史料当然是张诚的日记。张诚即康熙帝所信任的传教士之一，原名 Jean Francois Gerbillon。其日记见于（12）J. B. du Halde：*Description Geographique，Historique，Chronologique，Politique*，et physi que de I' Empire de la Chine et de la Tartarie Chinoise，4vols.（La Haye，1736）。康熙二十七年的日记（见卷四页一零三至一九五）仅记路程，与外交无大关系；次年的日记（见卷四页一九六至三零一）记尼布楚的交涉甚详。张诚是耶稣会的会员，不敢也不愿开罪中国，同时耶稣会正求俄国许其会员假道西比利亚来华，故亦不敢开罪俄国。他及徐日升无疑的作了忠实的疏通者。不过日记言其调停之功过甚，因为双方政府最后的训令并没有冲突。《八旗通志》的郎坦传及《平定罗刹方略》大可补充张诚的日记（13）Gaston Cahen：*Histoire des Relations de la Russie Avec la Chine Sous Pierre le Grand* 1689-1730（Paris，1912）。著者是法国的一个俄国史专家，且专攻中俄的关系。俄国已出版的及未版的史料关于中俄这时期的往来的，他曾研究过，于书后备有详细目录。本书第一章论尼布楚交涉，其他各章论中俄在北京的通商。关于尼布楚以前的交涉，我国旧籍过于简略，且多不实；最好的史料是（14）J. F Baddeley：*Russia，Mongolia，China，being some record of the relations between them from the beginning of the* 17th *century to the death of the Tsar Alexei Mikhailovich*，A. D. 1602-1676，2vols.

（London，1919）。上卷大半是著者的叙论，说明俄国十七世纪以前的历史，俄人入西伯利亚的经过，及西比利亚的地理；下卷则几全为史料，中有曾未出版者，内包括俄人出使中国的纪录及报告（页一三零至一六九，一九五至二零三，二四二至四二五），书后有极好的目录。（15）张鹏翮奉使俄罗斯行程录（见《小方壶斋舆地丛钞》）记康熙二十七年代表团的行程亦可资参考。

　　尼布楚以后，咸丰以前，东北的状况，除《盛京通志》及《吉林通志》外，尚有（16）萨英额的《吉林外记》（光绪庚子年广雅书局刊）及（17）西清的《黑龙江外记》（出版同上）两书的叙述。《吉林外记》述事到道光初年止；《黑龙江外纪》到嘉庆末年止。因其不为体裁所拘，这二书的史料价值反在官书之上。至于十九世纪的前半，列强如何竞争太平洋的海权，我们从（18）Foster Rhea Dulles：*America in the Pacific*，*a Century of Expansion*（New York，1932）可窥见一斑。书后附有很详的目录。

　　咸丰一朝，中俄关于东北的冲突及交涉当以（19）北平故宫博物院出版的《咸丰朝筹办夷务始末》为主要史料。书共八十卷四十册，民国十九年出版。因此书的出版，在此书以前的著作均须根本修改。咸丰朝，我方主持中俄交涉者——奕山、景淳、特普钦、桂良、恭亲王奕䜣、文祥诸人的文稿均于《夷务始末》初次发表。关于伊格那提业幅的挑拨（20）Henri Cordier：*L'Expedition de Chine de* 1860-*Notes* et. documents（Paris，1906）及（21）Henri Cordier：*Histoire des Relations de la Chine avec les Puissances Occidentales* 1860—1900，3vols.（Paris，1901）之第一册第六章皆有不少的材料，可惜法国人不知伊氏的狡猾。

　　俄文的资料必甚多，可惜著者因为文字的困难不能利用。在未直接利用俄方资料之前，我们谈不到东北外患史的最后定论。

附录之二　清太祖太宗征服的边境民族考

　　草此文时，亟思参考人类学家的著作以决定所谓索伦及窝集诸部的种类，于是向清华同事史禄国教授（Professor S. M. Shirokogoroff）请教参用了他的 *Social Organization of the Northern Tungus*（Commercial Press，1929）。我们参考了几张详细地图并审查了许多名字。我的结论大概如下。巴尔呼即西人所谓 Bargut，是蒙古种类的。索伦即 Solon；俄伦春即 Orochun，均是北通古斯种类的。达呼尔即 Dahur，其语言是蒙古语言的一种，其种类是蒙古种类或通古斯种类尚待考。窝集部的"窝集"实即满文的森林；此部支派甚多，按其风俗及区域大概是 Goldi。奇勒尔即 Gilak；库叶即居库页岛的 Gilak。赫真及飞牙喀大概也是 Goldii。穆伦、奇雅、瓦尔喀大概是 Udehe。

附录之三　释"俄罗斯察罕汗"

"察罕"或"察汉"并非任何俄皇的名字，亦非 Tsar 的译音。二字实即蒙古文之白色的"白"字。"察罕汗"就是"白汗"。这是当时蒙古人给俄皇的称呼而我国抄袭之，正如蒙古人称清朝皇帝为 Bogdikhan 而俄人借用之。光绪年间总理衙门曾因 Bogdikhan 一字向俄国提出抗议。凡此足证中俄两国最初的相识是以蒙古文及蒙古人为媒介的。

附录之四　尼布楚条约之条文考

现今最有权威的中国条约集是海关总税务司所出版的 *Treaties，Conventions，etc.，between China and Foreign States*，2 vols.（Shanghai）。书中所载之尼布楚条约有中文、法文及英文三种。其法文稿录自张诚的日记；中文稿录自《通商约章类纂》。按类纂所录者即《平定罗利方略》所记的界碑碑文。此碑文原用汉、满、蒙、俄及拉丁五种文字，但所刊的并非条约全文，不过其撮要而已。且界碑并非中俄两国共同设立，乃中国单独设立，其无权威可知。旧外务部所刊的各朝条约有碑文，亦有条约全文，碑文录自《罗刹方略》，约文系录自《黑龙江外记》。著者西清明说（卷一页十一）他得着条约的满文稿，再由满译汉。所以中文的《尼布楚条约》仅有这《外记》所录的。以《外记》的条文来比张诚日记的条文，不符之处颇多。原来《尼布楚条约》以拉丁文本为正本，是两国代表所同签字的。这拉丁文本是张诚撰稿的；日记的法文本是张诚自己所译的。所以最有权威的是拉丁文本；其次要算日记里的法文本。兹特从这法文本译汉如下：（原文见 Du Halde，Vol. IV，pp. 242－244）

大皇帝钦派：

领侍卫，议政大臣，内大臣索额图，

内大臣，一等公，都统，国舅佟国纲，

都统郎坦，

都统班达尔善，

镇守黑龙江等处将军萨布素，

护军统领玛喇，

理藩院侍郎温达，

于康熙二十八年七月，在尼布楚城，附近会同

俄国全权大臣果罗文

为要禁绝那般越界捕猎及抢掠杀人滋事的不法之徒，并要确实划清中华及马斯哥两帝国的边界；更要建立永久的和平及谅解，双方一意的议定下列诸款：

第一款。自北流入黑龙江的绰尔纳河（Chorna，Shorna），即满文的乌鲁木河，最毗近的额尔必齐河即作为两国的边界。处于额尔必齐河河源之上的，而且绵延到东海滨的山脉亦作为两国的边界：从这山脉之南流到黑龙江的一切大小溪河及山脉峰脊之南的一切土地皆归中华帝国所有，山脉之北的一切土地溪河皆归马斯哥帝国所有。但这山脉及乌特河之间的土地暂不划分；等到两国大使返国，得了决定此事的必须知识，然后或由大使，或由函札，再行决定。

此外流入黑龙江的额尔古纳河也作为两帝国的边界：这额尔古纳河以南的一切土地均属中华帝国，以北的一切土地均属马斯哥帝国。在眉勒尔甘河（Meritken）流入额尔古纳河之处，在南岸已有的房舍均应迁至北岸。

第二款。马斯哥人在雅克萨所建的城垣应尽毁灭。马斯哥帝国的臣民在雅克萨居住的，连同他们的财物，应撤回到马斯哥王的领土。

两国猎户，无论因何事故，均不得超越上面的疆界。如有一二小人越界游行，或为捕猎，或为窃盗，应即行擒拿，送交两国边境的巡抚或武官。该巡抚审知罪情后，应给以相当的惩处。

如十人或十五人以上聚群携械，越界去捕猎，或抢掠，或杀对方的人民，应奏报两国的皇帝。所有犯这类的罪的人，审明属实，应处以死刑。但不得因私人的暴行引起战争，更不得因此而致大流血。

第三条。以往所有的争执，无论其性质如何，今以后忘记不计。

第四条。自两国宣誓成立本永久和约之日起，两国绝不收纳对方的逋逃。如有人从一国逃到对方国去，应即擒拿送回。

第五条。马斯哥臣民现在中国者，及中国臣民现在马斯哥国内者概仍留如旧。

第六条。两国之间既已成立本和好友谊条约，一切人民均可完全自由的从一国到对方国，惟必须携带执照，证明他们是得允许而来的，他们并可完全自由交易。两国边境的争执既已如此结束，而两国之间已成立忠诚的和平及永久的友谊，如双方切实遵守本约明文所定的各款，以后不应发生任何争执。

两国大使，将本约盖印后，互换两本。并且两国应将此约，用满文、汉文、俄文、拉丁文，刻上石碑，在边界上树立，以作永久纪念，俾不忘两国间现有的谅解。

汉魏晋北朝东北诸郡沿革表

余　逊

引　言

洪北江先生，生际当清乾嘉朴学极盛之世，以明于地理沿革著称，其所为《三国东晋十六国诸疆域志》，雅负重名，治魏晋史者，类皆资为典据；然亦有稍稍议其疏漏者。逮吴增仅《三国郡县表》出，于洪志违失，多所匡正，然后学人之治三国地理者，晓然于洪氏之书之不可尽据，多舍洪而从吴。独于十六国之地理，未有奋然起而更考之者。晚近杨惺吾先生，为地理大师，尝谓洪氏舆地之学，不能望顾景范项背。(《三国郡县表补正》自序) 乃按其所为《十六国疆域图》，仍以洪志为本。良以永嘉乱后，中原云扰，争夺相寻；疆场之间，忽彼忽此；诸割据之区，常增损郡县，分合无恒：端绪纷挐，仓卒难理。重以载籍大半亡佚，却欲细心详考，亦苦文献不足；未易得其条贯，审其变革也。

余曩岁以孟真师之命，为《东北史纲》作《郡县沿革表》，上起两汉，下迄隋世；于前秦诸燕之时，皆本洪志杨图。表成以后，孟真师以洪志于辽东诸郡，北燕犹隶版籍，深致怀疑，故于《史纲》中尝言洪志之未可尽信。余亦疑洪氏之书，邻于意度。由是颇有意于取诸国疆域，详求而博考之。去岁暑假休息，长夏无事，日课《晋书通鉴》，每取两书所纪诸国史事，与洪志比勘，往往不能符合。因钩稽史籍，旁引后世地志，名贤论著，改作此表，以正前失。其洪氏或有阙误，则不辞梼昧，为之补苴订正，而详著其说焉。

尝试论之。洪氏此书，自属草至写定，前后不过一年。(据其《十六国疆域志》自序) 成书过速，未能遍检群籍，故疏忽脱漏，往往而有。如乐浪带方，永嘉之世，已陷于高句丽，慕容氏乃侨置于昌黎之地。(详下《乐浪带方郡表》考证) 洪氏于乐浪郡知其郡县皆非汉世故地，而不辨其移治何所；于带方郡侨置，则无一语涉及，且悉录两郡在魏晋时所领属县于燕秦诸志。杨惺吾又踵其失，尽图诸县于汉晋旧壤；一若郡与县迄北燕犹隶版籍者。又辽东郡之陷于高句丽，在后燕慕容熙之世。北燕之辽东郡，则侨置于辽水之西。（详《辽东郡表》考证）洪氏于此，默无一言，而其《北燕疆域志》，辽东郡领县皆如前代之旧。是其书虽亦缀录史文，实未能通贯前后以相征验。其失一也。割据之世，郡邑置省，史籍载之不详。北江于十六国疆域，据《晋地理志宋州郡志》《魏地形志》诸书，弥缝牵合，与其《三国疆域志》之据《续志》《晋志》揣度者，操术相同。《续志》所录虽为顺帝时郡国；然顺帝以后，更易亦鲜，偶有变革，则《范书》《袁纪》具在，亦可就史文考索。由魏黄初迄晋太康（《晋书》所录，为太康州郡），不过六十年，为时尚短。虽魏世郡邑，多所改易，陈寿已有不可胜纪之言；然三国鼎峙，固殊于群雄割据；禅让之局，亦异于争夺并吞，其于疆理区宇，大体因袭前代。苟能取《续志》《华阳国志》《晋志》细心钩稽，照以《陈志》《通鉴》，及后世志地之书，尚能窥其崖略。故吴增仅改志为表，即由此道。其视《洪志》，盖征引较多，组织较善，加之以密察，系之以考证而已。若夫十六国则不然。上自刘渊创乱，下至元魏混一，南北对峙，中原为战国者百三十六年。即以此表所列之昌黎郡而论，据有斯土者，自前燕以至北燕，凡更四代三姓，战争叠起，民人流移，郡邑变易，远甚于三国鼎立之时。而《晋志》所纪州郡升降，仅及太康，东晋以后，语焉不详，于胡羯纷更，更鲜纪述。后魏虽囊括北土，然《地形志》所录，为东魏孝静帝时州郡（泰雍以西，不在东魏疆域之内，乃据永熙〔孝武帝年号〕绾籍以足之）。其所注魏世郡邑创改，上及皇始（道武帝年号），下逮武定（孝静帝年号）。武定之末，上距刘渊始事之岁，凡二百四十年；距北方底定之时，亦已百有十载。由《晋志》太康郡邑，与《魏志》武定绾籍，以推诸国疆域，其视持《续志》《晋志》以求三国郡县，情势固不相侔矣。窃以为凡《晋志》郡县见于《魏志》，而未尝省改者，因谓诸国时殆无移易，可也。不见《魏志》，或虽有而隶属不同；而史文阙略，不足以证诸国之省改与否；因姑录《晋志》之文，假定其因袭旧制，可也。若后魏有所变革，而谓燕秦诸邦当与魏同，又无史文以为征验，此则情势乖违，难于契合矣。洪氏时或蹈此违失，故于东魏武定复置之冀阳郡，悬揣其领县袭自前燕，疏忽之讥，盖无可辞，其失二也。东汉辽东属国领地，盖得西汉辽东郡之西部，与辽西郡之东北部。魏晋昌黎郡又承辽东属国都尉之旧。故西汉辽东、辽西属县，在东汉已省，准其地望，有应在昌黎郡地者。及后世复置，洪氏乃依《班志》系于西京旧郡（参看《辽西郡表》注三四及《昌黎郡表》注八），是其于颜籀所引诸家释地之说，及后世舆地之书——若《元和郡县志》《寰宇记》之属，未尝细心寻索，故于县邑地望，度属失宜，其失三也。其尤甚者，书中所录史文，著明引自《载记》，往往不见于《晋书》，反与《通鉴》符合。（参看《昌黎郡表》注三十及《乐浪郡表》前考证注）其两书并见者，文字亦每同《通鉴》而异于《晋书》。（如《晋书·慕容皝载记》："皝伐宇文归，斩涉奕干。"《通鉴》康帝建元二年作"斩涉夜干"。《考异》云："《慕容皝载记》作涉奕干，今从《燕书》。"洪氏《前燕疆域志》威德城下引作涉夜干，而其上作《晋书》载记云云，是不惟未检《载记》，并胡注附载之《通鉴考异》，亦未尝省览矣。）洪氏盖以《载记》《通鉴》，同本崔鸿《十六国春秋》，误谓《通鉴》所纪，《晋书》必鲜遗漏；虽见其事于《通鉴》，不愿引时代较后之书，以违考证家之通例，而又惮于寻检，故举而归之《晋书》。此则所谓"英雄欺人"，不能为贤者讳矣。其失四也。

余末学肤受，根柢浅薄，虽稍究心历史地理之学，盖未能窥其藩篱，于北江先生，无能为役，岂敢以其管蠡窥测，妄议先贤。惟兹表之改作，所以正前此之违失，故与《洪志》时有参商。虑或以此招致讥议，因备论之于此；非敢诋诃曩哲，以自表襮也。表中燕秦诸国郡县，仍本《晋志》，旁稽史传，为之推断。盖以慕容氏当庶皝之世，相继侨置郡邑，招辑流亡。后燕北燕，疆土日蹙，亦常有所有增置；则其于旧时县邑，固不宜多事省并。且书缺有间，文献无征；今固不能断言晋时诸县，历数世而犹在，然亦无术证其已废。过而存之，亦矜慎之意也。至于县邑之名，见于史籍，以及诸国县邑之增省度属，皆引史文以明根据。其地名今释所引后世释地诸书，苟史文可以资参证者，则必本之而加推论，以明其是非。昔贤成说，苟于史文无明据者，亦必准其地望，察其同异，始敢有所称述。其说之远于事实者，虽出自名贤，亦从阙疑，不敢妄事揣测也。

表既改作，持以就正于孟真师。师以《东北史纲》再板有待，遂以此表布诸集刊。余近时方裒录十六国史文，参互排比，欲师盱眙吴氏之于三国郡县，表明诸国疆域沿革，冀于洪氏之书，有所献替。则兹表之作，实其滥觞。自维学识浅短，牵附舛漏之愆，知所难免。并世明哲，幸教督之。

二十四年五月

辽西郡

秦郡，前汉领县十四，属幽州刺史部《汉书·地理志》。后汉省六县，又分三县隶辽东属国，故仅领五县《续汉书·郡国志》。三国属魏，领县无所增损从吴增仅《三国郡县表》所考定。晋复省二县，均属幽州。东晋成帝时，石虎定辽西，郡遂为后赵有，属营州。《晋书·石虎载记》："李农为使持节监辽西北平军事营州牧，镇令支。"领县不可悉详。洪亮吉《后赵疆域志》以后赵辽西领四县，盖本《晋书·地理志》所载晋辽西郡领地而加令支一县者，今从之而益武兴一县。慕容氏强，地入前燕，属平州。洪亮吉《前燕疆域志》曰："按地形志，'平州，晋置，治肥如城'，则郡盖自前燕时移属。《通鉴》：'慕容评败石虎将石城等于辽西。'"前秦，后燕，北燕递有其地。后燕属营州。洪亮吉曰："《晋书·地理志》：'慕容熙以营州刺史镇宿军。'《载记》：'熙营州刺史仇尼倪。'按《地理志》，熙以幽州刺史镇令支，冀州刺史镇肥如，是熙时幽、冀、营三州皆在辽西一郡。今幽、冀二州仍从垂时治中山及蓟，而以辽西郡归营州。"《前燕疆域志》北燕属幽州。《晋书·冯跋载记》："冯万泥为幽、平二州牧，镇肥如。"领县不可详考。洪亮吉《十六国疆域志》于前燕前秦领县仍前赵之旧，后燕则多出建安、宿军二县（均始见于后燕载记者）。今从之。惟于北燕又益临渝一县，其说实误，（说详注三四）今不之从。故表中北燕仍领六县。后魏移属营州，领三县。《魏书·地形志》北齐省辽西郡，并所领海阳入肥如，移属北平郡《隋书·地理志》。

（附）北平郡

本西汉右北平郡，至三国魏去"右"字。后魏侨立朝鲜县于肥如，立新昌县于肥如之南，置北平郡以领之，治朝鲜，属营州据《魏书·地形志》，于是北平郡遂移于汉辽西郡地。北齐并朝鲜于新昌，又省辽西郡，以所领肥如隶北平郡，共领二县，属平州据《隋书·地理志》。后周盖仍齐旧。《隋书·地理志》于北齐后即接述隋世省并，不言后周有所增损，当是仍齐之旧。徐文范《东晋南北朝舆地表》卷十叙周及隋初郡县，于北平郡领县亦如齐旧，今从之。至隋并为一县，改名卢龙。炀帝大业初，置北平郡以领之据《隋书·地理志》。

前汉	后汉	魏	晋	后赵	前燕	前秦	后燕	北燕	后魏	北齐	周	隋	今地
且虑郡治莽曰钜虑	省												故城在今热河朝阳县西(一)
海阳	海阳	海阳	海阳	海阳	海阳	海阳	海阳	海阳	海阳	省入肥如			故城在今河北迁安县南滦县之西南(二)
新安平	省												故城在今河北迁安县西南,滦县之西(三)
柳城西部都尉治	省												故城在今热河朝阳县之南,辽宁锦县之西北(四)
令支莽曰令氏亭	令支	令支	省	令支(五)	令支(六)	令支	令支(七)	令支	省入阳乐(八)				故城在今河北卢龙县之西北(九)
肥如莽曰肥而	肥如	肥如	肥如	肥如(十)	肥如	肥如	肥如(十一)	肥如(十二)	肥如	肥如(十三)	肥如	省(十四)	故城在今河北卢龙西北三十里(十五)
									新昌属北平郡(十六)	新昌属北平郡	新昌属北平郡	卢尤属北平郡(十七)	故城即今河北卢龙县。(十八)

（续表）

前汉	后汉	魏	晋	后赵	前燕	前秦	后燕	北燕	后魏	北齐	周	隋	今地
									朝鲜属北平郡(十九)	省(二十)			故城当在今河北卢龙县西北迁安县东(二一)
宾徒莽曰勉武(二二)	改属辽东属国												故城当在今热河喀喇沁旗东南(二三)
交黎东部都尉治莽曰禽虏	改属辽东属国(二四)												故城当在今辽宁锦县东南近海之处(二五)
阳乐	阳乐郡治	阳乐因	阳乐因	阳乐	阳乐移治肥如东界(二六)	阳乐	阳乐	阳乐	阳乐(二七)	省(二八)			由汉至晋，故城当在今辽宁锦县西北小凌河之西。前燕以后县移今河北抚宁县西南(二九)
狐苏	省												故城在今热河朝阳县西南(三十)
徒河	改属辽东属国												故城在今辽宁锦县西北近海之处(三一)
文成莽曰言虏													故城在今热河赤峰县境内(三二)

（续表）

前汉	后汉	魏	晋	后赵	前燕	前秦	后燕	北燕	后魏	北齐	周	隋	今地
临渝	临渝	临渝	省(三三)					(三四)					故城当在今大凌河东辽宁锦县东北(三五)
絫莽曰选武	省												故城在今河北昌黎县南(三六)
							建安(三七)	建安	省				故城当在今热河喀喇沁中旗之地(三八)
							宿军(三九)(四〇)	宿军(四一)	省				故城当在河北迁安县卢龙县附近(四二)
						武兴(四三)							故城在今河北迁安县之东南(四四)

（注一）《辽史·地理志》："兴中府同山县，本汉且虑县地。"按兴中府故治今热河朝阳县，在吐默特旗内。同山县当在吐默特旗境。杨守敬《前汉地理图》位且虑县于今朝阳县西，与《辽志》同。

（注二）《汉书·地理志》海阳县注云："龙鲜水东入封大水。封大水，缓虚水皆南入海。"《水经·濡水注》："封大水……出新安县西南，流经新安平故县故城西，又东南流，龙鲜水注之。……乱流南会新河，南流入于海。《地理志》曰：'封大水于海阳县南入海。'……缓虚水出新安平县东北，东南流径令支城西，西南流与新河合，南流入于海。《地理志》曰：'缓虚水与封大水皆南入海。'"据此，则海阳在新安平之东南，令支之南，即《水经注》引《魏·土地记》谓"令支城南六十里有海阳城"者也。以今地释之，当在今河北迁安县（令支故城在迁安南）南，滦县之西南。

（注三）据《水经·濡水注》："封大水自县东南流入海阳，缓虚水出县东北，东南流经令支城西，西南流与新河合，南入海。"（引见海阳下）则新安平故城当在令支西南，海阳西北。地当在今河北迁安县西南，滦县之西。

（注四）《太平寰宇记》卷七一引《十六国春秋·慕容皝传》："柳城之北，龙山之西，所谓福德之地也，可营别规模，筑龙城，构新宫，改柳城为龙城。（《水经·大辽水注》引同）九年，遂迁都龙城县，入新宫。"据此，则龙城在柳城之北，盖以故柳城县领地改属龙城，省柳城县，然柳城固自别为一城也。又按《魏书·地形志》昌黎郡龙城县注："真君八年并柳城、昌黎、棘城属焉。"《隋书·地理志》："后魏置营州，领建德、冀阳、昌黎等郡，龙城、大兴……平刚、柳城等县。"皆足以证明龙城与柳城并立。龙城即今热河朝阳县地（说详《辽东属国表》注十五）柳城在汉为西部都尉治，必不能偏东，宜在阳乐以西。以今地考之，当在热河朝阳县之南，辽宁锦县之西北。

（注五）《晋书·石季龙载记》："季龙伐段辽……辽惧，弃令支。""（季龙）以其抚军李农为……营州牧，镇令支。"

（注六）《晋书·慕容皝载记》："皝率诸军攻段辽令支以北诸城……掠五千余户而归。"

（注七）《晋书·慕容垂载记》："徐岩入蓟……据令支……慕容农攻克令支。"

（注八）《魏书·地形志》："真君七年，省入阳乐。"

（注九）《水经·濡水注》："缓虚水自新安平东北来，东南径令支城西，下入海阳，濡水自渔阳白檀来，东南流径令支县故城东。"是令支在海阳之北，缓虚水之东，濡水之西。濡水即今滦河，令支故城当位于其西。《汉书·地理志》令支下注云："有孤竹城。"《清一统志》卷十八："永平府，孤竹山在卢龙县西，孤竹城在其阴。"是令支故城在今卢龙县西北。《清一统志》卷十九谓令支故城在迁安县西，是也。

（注十）《晋书·石季龙载记》："太史令赵揽固谏，季龙怒鞭之，黜为肥如长。"

（注十一）《晋书·慕容熙载记》："熙大城肥如。"

（注十二）《北史·冯跋传》："宏黜世子崇，令镇肥如。"

（注十三）《隋书·地理志》："后齐省辽西郡，并所领海阳县入肥如。"

（注十四）《隋书·地理志》："开皇六年，省肥如入新昌。"

（注十五）《汉书·地理志》肥如下注云："玄水东入濡水，南入海阳，又有卢水，南入玄水。"《水经·濡水注》："玄水出肥如东北，玄溪西南，西南流径肥如县故城，俗又谓之肥如水，西南右会卢水温水入令支，故《地理志》曰：'玄水东入濡。'盖自东而注也。"据此，则玄水卢水交会于肥如西南，下入令支。玄水再南入濡水，下入海阳，则肥如实在令支之东北。按汉令支故城在今河北迁安县西南甚迩，今迁安县东汤图河入青龙河，青龙河西南流至卢龙北入滦河。据《清一统志》卷十八，滦河即濡水，青龙河流较长，当即玄水，汤图河则卢水也。则肥如故城，当在今迁安之东，青龙河汤图河交会处之东北，而卢龙实处其南。《清一统志》卷十九谓在今卢龙西北三十里，近之。

（注十六）本汉辽东郡属县，后魏别置，属北平郡。

（注十七）《隋书·地理志》："开皇十八年，改名卢龙。大业初，置北平郡。"

（注十八）《魏书·地形志》："新昌，有卢龙山。"《清一统志》卷十九谓新昌即卢龙县，是也。隋更名卢龙，则地名亦与今同矣。

（注十九）本汉至晋乐浪郡治。前燕时侨置乐浪郡及朝鲜县于昌黎郡。北魏太武帝延和元年，伐北燕，乐浪郡降。（见《魏书》及《北史·冯跋传》）徙朝鲜民于肥如，复置县，属北平郡。（据《魏书·地形志》）

（注二十）《隋书·地理志》："北平郡，后齐省朝鲜入新昌。"

（注二一）《魏书·地形志》北平郡朝鲜注云："延和元年，徙朝鲜郡于肥如，复置属焉。"则县在肥如境内，今河北卢龙县之西北，迁安之东。

（注二二）《续汉书·郡国志》辽东属国有宾徒，注云："故属辽西。"《晋书·地理志》昌黎郡亦有宾徒，但《汉书·地理志》辽西郡有宾从，无宾徒。王先谦曰："《前汉志》作'从'，误。《通鉴》赵王伦贬吴王晏为宾徒县公，秦苻坚封慕容垂宾徒侯，并取此名。《晋书》载记作宾都侯，'都''徒'音近而误。《辽史》作宾从，沿《汉志》传写之误。"（《后汉书集解》）逊案：王说是也，今据以改正。

（注二三）杨守敬《前汉·地理》《续汉·郡国》《三国·疆城》《西晋·地

理》……诸图以为无考。《读史方舆纪要》卷十八谓："辽大定府长安，劝农二县，并在今大宁卫南，皆汉宾徒县地。"按《纪要》说近是。大宁卫在今热河平泉县东北百八十里，今为喀喇沁旗地，宾徒当在喀喇沁旗东南，与柳城相近。盖县在东汉属辽东属国，三国以后属昌黎郡，柳城复置，亦属昌黎郡，两县在前汉又同为辽西郡属县，相去固不甚远也。

（注二四）《续汉书·郡国志》辽东属国有昌辽，注云："故天辽，属辽西。"从顾炎武、惠栋、洪亮吉、钱大昕诸家说，昌辽即昌黎，天辽即交黎，知后汉时县移辽东属国更名为昌黎，说详《辽东属国》注十。

（注二五）《汉书·地理志》交黎下注云："渝水首受塞外，南入海。"临渝下注云："渝水首受白狼水，东入塞外。"（王先谦《汉书补注》曰："案塞外止当言出，不当言入。《说文》：'渝水在辽西临渝，东出塞。'明《班志》'入'为'出'之讹。"）案王说是也。《水经·大辽水注》："白狼水北径黄龙城东，又东北出，东流分为二水，右水疑即渝水也。黄龙城东北于汉为辽西塞外，渝水自塞外首受白狼水，故曰东出塞外也。按细绎志文，盖谓渝水首受白狼，流至交黎南入海也。《晋书·慕容皝载记》："咸康二年，皝将乘海讨仁……乃率三军，从昌黎践凌而进。"是昌黎处渝水下游，南当海口。《水经·大辽水注》："渝水自临渝来，东南径一故城东，俗曰女罗城。又南径营丘城西，又东南入海。"（此前燕以后侨置之营丘。郦注云："营丘在齐，而名之于辽燕之间者，盖燕齐辽迥，侨分所在。"）营丘昌黎同在渝水下流入海之域，营丘在渝东，昌黎疑在水西。渝水即今大凌河，则前汉交黎、后汉昌黎故城实在今大凌河下流之西，其南临海而西北近今辽宁锦县，与《水经·大辽水注》"白狼水自白狼东北径昌黎故城西"之昌黎，名同而实非一地，顾炎武《日知录》论之剧详。（详见《辽东属国》注三）杨守敬图于交黎故城方位不误。王先谦《汉书补注》从《读史方舆纪要》以营州（按即热河朝阳县）东南百七十里前燕棘城县为前汉交黎故城。《后汉书集解》引马与龙说谓："大辽水注'白狼水径昌黎城西'，故城当在今锦州府义州西北境。"以郦注龙城西南之昌黎，与汉交黎混而为一，失之远矣。

（注二六）《通鉴》晋愍帝建兴元年："慕容廆遣慕容翰攻段氏，取徒河新城，至阳乐。"《水经·濡水注》引《魏·土地记》云："海阳城西南有阳乐城。"马与龙曰："案阳乐县郦注但引《风俗记》《土地记》之说，而不云故城，是郦氏未尝明言《土地记》之阳乐城为汉县也。考《后书·鲜卑传》，'蹋顿据辽西之土'，《赵苞传》：'苞为辽西太守，迎母到郡，道经柳城。'是辽西郡治在柳城之东，辽水之西。"（《后汉书集解》引）逊案：马说是也。《通鉴》"慕容翰取徒河新城，至阳乐"，阳乐与徒河密迩，徒河在今辽宁锦县西，则此时阳乐仍为汉县故地。若《魏·土地记》海阳西南之阳乐，盖前燕以后所移治也。

（注二七）《魏书·地形志》："真君七年，并令支属焉。"

（注二八）《隋书·地理志》："齐省辽西郡，并所领海阳县入肥如。"阳乐当以此时省。

（注二九）《清一统志》卷十九："汉阳乐故县应在今（永平）府东北口外。"按汉阳乐在柳城之东，与徒河密迩。徒河在今锦县西北，则阳乐在今锦县西北，小凌河之西。（详注三一）前燕以后，移治海阳西南，海阳在今河北迁安县西南，滦县之西。（详注二）县又在其西南，则地当今河北抚宁县之西南，昌黎县之西矣。（《清一统志》说略同）

（注三十）《汉书·地理志》狐苏下注云："唐就水至徒河入海。"陈澧云："今蒙古土默特右翼小凌河，东南流至锦县入海，疑即唐就水。"（《汉书地理志水道图说》）逊按：据《汉志》唐就水发源于狐苏境内，则县当在今小凌河发源处附近，热河朝阳县西南。

（注三一）《汉书·地理志》："唐就水至徒河入海。"据陈澧说，唐就水为小凌河，则徒河故城当距小凌河入海处不远。《辽史·地理志》谓天定府神水县为汉徒河县地。《清一统志》卷六十五谓在今锦县西北。

（注三二）杨守敬《前汉地理图》以为无考。《辽史·地理志》："中京松山县，汉文成县故地。"《清一统志》卷四十二："松山故城在赤峰县境。今县境地名小乌朱穆沁，有废城址。"则汉文成县亦在今热河赤峰境内。

（注三三）《舆地广记》："省入阳乐。"

（注三四）冯跋时有临渝县，当属昌黎郡，不重列于此，详《辽东属国表》注九。

（注三五）《汉书·地理志》临渝下注云："渝水首受白狼，东入塞外，（从王先谦说，'东入'当为'东出'之讹。）又有候水南入渝。"据此，则渝水自县境北出塞，候水在县境南入渝也。《水经·大辽水注》："白狼水自交黎来，东分为二水，右水疑即渝水……西南循山，径故城西，世以为河连城，疑即临渝之故城。渝水又南流东屈，与一水会，世名之曰檻伦水，疑即《地理志》所谓'候水北入渝'。"据此，则临渝在渝水东，其北近塞。陈澧曰："辽河以西之水，东流屈南入海者，唯大凌河，故知为渝水。"(《汉书地理志水道图说》)临渝故城，当在大凌河东，今锦县东北。杨守敬图位之于义州（今辽宁义县）境，当不误。

（注三六）《汉书·地理志》絫下注云："下官水南入海，又有揭石水宾水，皆南入（下）官。"(从王先谦说，"官"上增"下"字)。《清一统志》据旧志，谓下官水即潮河，在今昌黎县东二十里，揭石水即急流河，宾水即饮马河，皆在今昌黎县，因谓絫县故城在今昌黎县南。（见《一统志》十八及十九卷）按《水经·濡水注》："濡水自肥如来，东南至絫县碣石山。"濡水即今滦河，（从《一统志》顾祖禹陈澧诸家所考定）絫县故城在昌黎县南，适当汉肥如县东南，滦河流经其东境，与《水经注》合。

（注三七）《晋书·慕容盛载记》："盛遣辅国将军李旱率骑讨之。（指辽西太守李朗）师次建安。"

（注三八）按：前燕以后，辽西郡治阳乐移海阳西南。（详注二六）旱自龙城趋阳乐，道经建安，则建安必在龙城西南，肥如阳乐之北，今热河喀喇沁中旗之地。

（注三九）《晋书·慕容熙载记》："熙大城肥如及宿军，以仇尼倪为营州刺史，镇宿军。"

（注四十）洪亮吉曰："宿军建安，疑后燕所立。"(《后燕疆域志》)

（注四一）《魏书》卷九十七《冯跋传》："宿军地然，一旬乃灭。"

（注四二）按：《晋书·慕容熙载记》："熙大城肥如及宿军，以仇尼倪为营州刺史，镇宿军；上庸公懿为幽州刺史，镇令支；刘木为冀州刺史，镇肥如。"三县相去当不甚远。令支故城在迁安县西，肥如故城在卢龙西北，（见注九及注十五）则宿军故城当在今河北迁安卢龙两县附近。

（注四三）《晋书·慕容皝载记》："段辽遣其将李咏夜袭武典，遇雨引还。"

（注四四）《通鉴》咸康二年胡三省注云："武兴在令支东。"《读史方舆纪要》卷十八："武兴城在营州南，其西与令支近。"案：令支在今河北迁安县西南（详注九），武兴故城当在迁安东南。

辽东郡

秦郡，汉领县十八《汉书·地理志》，属幽州刺史部。东汉光武时尝移郡属青州，不久复故《晋书·地理志》。后汉省县二，又分二县属辽东属国，分三县属玄菟，领县十一《续汉书·郡国志》辽东、玄菟两郡并有候城，从钱大昕说属玄菟，应领十县。今又据《后汉书·东夷传》补辽队一县（说详注一三），故仍领十一县。汉末公孙度自立为平州牧，传康、恭、渊，皆屯于辽东之襄平。献帝初平元年（公元一九〇年），公孙度分辽东置辽西中辽郡见《三国》《魏志》本传，于县邑亦有所增置。魏明帝景初二年（公元二三八年），渊灭，郡复合于辽东，分一县属玄菟，省一县，领汉旧县十，汉末新置县一吴增仅《三国郡县表》领十县，无辽队。按《魏志·毌丘俭传》："俭率诸军屯辽队。"是魏有此县也，今增入为十一县。是年置平州，郡属焉，寻复合于幽州《晋书·地理志》。晋武帝咸宁二年（公元二七六年），置平州，《晋书》本纪在泰始十年，此从《地理志》。辽东属焉，省三县，领旧县五，复汉废县一，新置县二，共领八县据《晋书·地理志》。永嘉乱后，辽东为慕容氏所据，领旧县八，复废县二，新置县二，共领县十二。案：慕容皝之世，为流亡所归，方新置郡县以事招集，于晋世县邑，必不致有所省并，故表中于前燕诸郡，悉录《晋书·地理志》所列县邑。其慕容氏所新置复置者，则录史籍原文于附注中，以明根据。前燕覆灭，地入苻秦，仍属平州。《晋书·地理志》："苻坚灭燕之后，分幽州置平州。"县邑建置省并，不可详考。洪亮吉《前秦疆域志》所列前秦辽东郡领县与前燕同，今从之。惟险渎县洪列于辽东郡，今改入昌黎。慕容垂称燕王之明年（晋孝帝太元十年，公元三八五年），高句丽入侵，陷辽东，旋为慕容农所复见《晋书·慕容垂载记》，系年从《北史·高丽传》。郡属后燕平州《通鉴》太元十年垂平州刺史带，方王佐镇平郭。县邑增省，亦不可考。洪亮吉《后燕疆域志》列后燕辽东领县悉同前燕前秦，今姑从之，惟险渎以列在昌黎郡不与焉。其后高句丽常与后燕交争，至慕容熙世，郡遂复险《北史·高句丽传》："慕容垂子宝以句丽王安为平州牧，封辽东带方二国王，后略有辽东。"盖宝时高句丽已有辽东郡之一部，故宝爵之以辽东王，其后又略有全郡也。又《晋书·慕容盛载记》："盛即位后，率众三万伐高句丽，袭其新城南苏，皆克之，徙其五千余户于辽西。"新城南苏皆在辽东襄平之东，则此时辽东郡一部殆复属燕矣。其后慕容熙时高句丽复入侵（《通鉴》系于晋安帝元兴三年），熙伐高句丽，为冲车地道以攻辽东城，不克而还。（据《通鉴》事在义熙元年正月）辽东城即辽东郡治之襄平城，则此时辽东郡又陷落矣。冯跋建号，侨置郡于辽水之西。《晋书·冯跋载记》："辽东太守务银提，自以功在孙护张兴之右，而出为边郡，抗表有恨言。"按：自后燕慕容熙时攻辽东未克，迄高云冯跋之世，史未尝有克辽东之文。且其时国力疲敝，似未足以言恢复。《魏书》载魏太武帝以宋文帝元嘉九年（公元四三二年）围和龙，冯弘婴城固守，而营丘、成周、辽东、乐浪、玄菟、带方六郡降魏，从其户三万于幽州。次年，弘拥其城内士女入于高丽，至辽东，高丽处之于平郭，寻徙北丰。（参用《魏书》《北史》冯跋传文）细审史文，与乐浪、玄菟、带方、营丘、成周五郡同降后魏之辽东郡，则冯跋世侨置于辽水之西者，与五郡同在汉辽东属国晋昌黎郡境内，地处和龙之东南。魏太武帝自右北平出辽西郡，从南道攻和龙，（《通鉴》元嘉九年："魏主至濡水，遣将发幽州民及密云丁零万余人运攻具出南道，会和龙，魏主至辽西。"）六郡密迩都邑，故为魏师所胁服。若冯弘入高丽所至之辽东，则指汉晋郡治之襄平而言。此两辽东：一为移置之郡名，一则指故辽东郡治之城，非一事也。观辽东平郭北丰之属高丽，知辽水以东为高丽所据，而北燕辽东郡之侨置于辽水西审矣。冯跋时务银提谓辽东郡者，盖以移置之郡，地处辽水西滨，与高丽所据之辽东故郡，隔岸相对云耳。又《魏书·高道悦传》载："曾祖策，冯跋散骑常侍新昌侯。"亦指侨郡之属县，非汉晋辽东郡新昌之故壤也。（详昌黎郡注三六）洪亮吉《北燕疆域志》载冯跋辽东郡领县十三，尽有汉辽东郡之地，杨守敬《北燕疆域图》从洪说，位辽东于汉郡故地，皆失之。**北魏灭燕，废郡。至孝明帝正光中（公元五二〇——五二四），复置于辽西，属营州。**《魏书·地形志》："辽东郡，正光中复，治固都城，领县二。"（襄平新昌）《清一统志》五十七《盛京统部》叙建置治革云："按《北史·高句丽传》，后魏时（逊案：《北史》无此三字）其国东至新罗，西度辽二千里。……《地形志》有辽东郡，治固都城，乃侨置营州界者，非汉故郡也。"逊案：《一统志》之说是也。《魏书·高句丽传》载："魏世祖（太武帝）遣李敖至其所居平壤城，访其方事云……其地东西二千里，南北一千余里。"《周书·高丽传》："……琏始通使于后魏，其地东至新罗，西度辽水二千里。"与《魏书》所叙同而加详。《北史》盖增损《魏书》《周书》旧文，补叙周齐至隋世高丽与中土交涉于魏后，而记《魏书》《周书》所载后魏时高丽幅员于其下，文义遂稍涉含混，读之几若所叙为隋世高丽疆域者；此则李延寿疏忽之过，细检《魏书》《周书》，自知"后魏时"三字，《一统志》增之甚当，非臆断也。（《通典》百八十六《边防典二》叙隋时高丽疆土，东西六千里，不止二千里矣。）郡既置于辽西，当在后汉辽东属国、魏晋昌黎郡境内，所在地今不可考。杨守敬《北魏地形图》位辽东郡及所领襄平新昌二县于汉故地，皆失之。**北齐省发。隋炀帝东征高丽，仅于辽水西拔其武厉逻，置辽东郡而还。盖自慕容熙时辽东陷落，历北燕、后魏、齐、周、隋，皆莫能复。至唐代定高丽，辽东始复隶中国焉。**

前汉	后汉	魏	晋	前燕	前秦	后燕	今地
襄平 （郡治）	襄平因	襄平因	襄平因	襄平因（一）	襄平因	襄平因	故城在今辽宁辽阳西北（二）
新昌	新昌	新昌	新昌	新昌（三）	新昌	新昌	故城在今辽宁海城县东（四）
无卢西部都尉治	无卢（五）	无卢	省				故城在今辽宁北镇县治（六）
望平莽曰长说	望平	移属玄菟（七）					故城在今辽宁北镇县东北（八）
房	移属辽东属国						故城在今辽宁营口牛庄之间，北镇县之东南（九）
候城中部都尉治	移属玄菟（十）						故城在今辽宁沈阳县北（一一）
辽队莽曰顺睦	辽队东汉初省安帝时复置（一二）	辽队	省				故城在今辽宁海城县西，当即今牛庄（一三）
辽阳莽曰辽阴	移属玄菟						故城在今辽宁辽阳县西北（一四）
险渎	移属辽东属国						故城在今辽宁北镇县东北滨海地（一五）
居就	省		居就	居就（一六）	居就	居就	故城在今辽宁辽阳县西南，海城县东北（一七）
高显	移属玄菟						故城疑在今辽宁开原县境（一八）
安市	安市	安市	安市（一九）	安市	安市	安市	故城在今辽宁盖平县东北（二十）
武次莽曰桓次东部都尉治	省	省	省	武次（二一）	武次	武次	故城在今辽宁辽阳东北沈阳东南（二二）
				和阳	和阳	和阳	今地无考
				西乐	西乐	西乐	今地无考

（续表）

前汉	后汉	魏	晋	前燕	前秦	后燕	今地
平郭	平郭	平郭	省(二三)	平郭(二四)	平郭	平郭	故城在今辽宁盖平县南(二五)
西安平莽曰北安平	西安平	西安平	西安平	西安平(二六)	西安平	西安平	当在今鸭绿江近海处(二七)
文莽曰文亭	汶	汶(二八)	汶	汶(二九)	汶	汶	故城在今辽宁盖平县西滨海之处(三○)
番汗	番汗	省					故城当在今朝鲜博川城附近(三一)
沓氏	沓氏	沓（东沓）(三二)	省				故城在今辽宁金县东南近海之处(三三)
		北丰(三四)	省(三五)				故城在今辽宁沈阳县西北，辽阳县东北(三六)
			力城	力城	力城	力城	今地无考
			乐就	乐就	乐就	乐就	今地无考

（注一）《晋书·慕容皝载记》："皝自征辽东，克襄平。"

（注二）《水经·大辽水注》："大辽水自望平来，屈而西南流，径襄平县故城，下入辽队。"又《小辽水注》："小辽水自辽阳来，西南径襄平县为淡渊，下入辽队。"《汉书·地理志》玄菟郡高句骊县下云："辽水至辽队，入大辽水。"遜按：据《清一统志》卷五九，大辽水即今辽河，小辽水即今浑河，雨水交会处之辽队既在襄平下，则襄平故城当在今辽河之东，浑河之北，辽宁辽阳西北地。

（注三）《晋书·慕容皝载记》："新昌人张衡执县宰以降。"

（注四）据《清一统志》卷六十。

（注五）《续汉书·郡国志》辽东属国下重出无虑，注云："有医无虑山。"今从惠栋、钱大昕、杨守敬诸家说，断为扶黎之讹，其"有医无虑山五字"应见于辽东无虑县下。说见《辽东属国表》附注六。

（注六）据《清一统志》卷五六。

（注七）吴增仅《三国郡县表》卷五云："《晋志》属玄菟，疑破（公孙）渊后移。"

（注八）《水经·大辽水注》："大辽水自塞外东流至望平县，西下入襄平。"《汉书·地理志》望平下云："大辽水出塞外，南至安市入海。"是望平在襄平北，大辽水东。《清一统志》卷六五谓故城在今广宁县（即今北镇县）东北，杨守敬《前汉地理图》位望平于巨流河东（巨流河即辽河）铁岭县治，得之。

（注九）《水经·大辽水注》："大辽水自辽队来，东南过房县西，右会白狼水，下入安平。"《清一统志》卷六五："故城在今广宁县（即北镇县）东南。"案就郦注考之，当在辽队之东南，安市之北，大辽水东岸，约当今辽宁牛庄营口之间。

（注十）《续汉书·郡国志》辽东郡玄菟郡并有候城。顾炎武《救文格论》云："候城改属玄菟，而辽东复出一候城，必有一焉宜删者。"钱大昕曰："玄菟郡有候城，云'故属汉东'，则此城为衍文矣。"（《二十二史考异·续汉书二》）马与龙曰："《后汉书·陈禅传》：'禅为玄菟候城校尉。'是玄菟有候城县。"（《后汉书集解》引）按：据此，候城之隶玄菟甚审，今从顾钱说于后汉候城改属玄菟，而于后汉时辽东郡删此县焉。

（注十一）候城今地，杨守敬《前汉地理图》《续汉郡国图》均位于今海城县治之南。按：辽东郡属县后汉改隶玄菟者，有高显、候城、辽阳三县，其地当相毗连。若候城故治在今海城南，其东为辽东之新昌，西南为辽东之安市，西为改隶辽东属国之房县，则候城与辽阳中间居就辽队二废县地。如居就省并新昌，辽队并入房县，则辽阳与候城不相联络。若居就越室伪水并入辽阳，辽队省并候城，或西南并入房县，辽阳与候城虽能连接，然辽东郡治之襄平，与其属县安市、平郭、西安平诸县隔绝，须越玄菟郡或辽东属国之地始得通矣。此皆情势所必无者也。窃意候城当在高显与辽阳之间。以中部都尉治之言考之，其隧不宜甚东。李兆洛谓故城在今奉天府承德县（按即今沈阳县）北（《历代地理志韵篇今释》），殆近之。

（注十二）《续汉书·郡国志》无辽队，是光武时县已省并。谢钟英《三国疆域志补注》云："《魏志·毌丘俭传》：'俭率诸军屯辽队。'《公孙度传》：'公孙渊遣将军卑衍杨祚等屯辽队。'盖汉末复置。"逊案：《后汉书·东夷传》："建光元年夏，高句丽复与辽东鲜卑八千余人攻辽队。"是安帝时县已复置矣。

（注十三）据《汉书·地理志》及《水经注》，大辽水至县会小辽水，西下入房，（引见注四）则故城当近浑河辽河交会处，而位于辽河之东。《清一统志》卷六十谓在今海城之西，钱坫《新斠注地理志》云："即今牛庄。"以地望考之，当不误。

（注十四）《汉书·地理志》："大梁水西南至辽阳入辽。"《水经·小辽水注》："大梁水出北塞外，西南流至辽阳入小辽水。"又"小辽水自玄菟高句丽来，径速辽阳县，合大梁水，下入襄平"。据《清一统志》卷五九，大梁水即今太子河，又名东梁河，小辽水即今浑河。王先谦曰："以《汉志》及《水经注》考之，故城当在今辽阳州（即今辽阳县），西北界承德（即今潘阳县）之间，梁河浑河交会之处。"（《汉书补注》《后汉书集解》）

（注十五）《汉书·地理志》颜注引徐广曰："朝鲜王卫满都也。"臣瓒曰："王险城在乐浪郡浿水之东，此自是险渎也。"师古曰："瓒说是也。"《清一统志》卷六十五："此辽东之西境，以《后汉书》考之，当在今锦州府广宁县（今辽宁北镇县）东南滨海之地。"

（注十六）《晋书·慕容皝载记》："（慕容）仁所署居就令刘程以城降。"

（注十七）《汉书·地理志》居就县下云："室伪山，室伪水所出，北至襄平入梁。"《清一统志》卷五十九："汤河在辽阳州东南五十二里，源出分水岭，流入太子河（即大梁水）。分水岭疑即室伪山，汤河疑即室伪水也。"陈澧《汉书地理志水道图说》云："今辽阳州沙河出千山，北流至州西北境入太子河。"杨守敬《前汉地理图》，以沙河为室伪水，与陈说同。按汤河在沙河东，其入太子河处距襄平过远，当以陈说为是。居就故城，《读史方舆纪要》卷三十七以为在海州卫（即辽宁海城县）东北，《清一统志》卷六十以为在今辽阳州（今辽阳县）西南，均不误。惟当位于沙河之南，距汤河稍远耳。

（注十八）徐养原云："疑在今开原县境。"（《后汉书集解》引）杨守敬《前汉地理图》《续汉郡国图》《三国疆域图》《西晋地理图》所定位置与徐说同。

（注十九）殿本《晋书·地理志》有安平无安市。洪亮吉《前燕疆域志》云："今本作安平，误。"逊案：洪氏说是也。近时涵芬楼景宋小字本《晋书》正作安市。

（注二十）《水经·大辽水篇》："大辽水过房县，又东过安市县，西南入于海。"注引《十三州志》曰："大辽水自塞外，西南至安市入于海。"据此，则安市故城当在房县东南，辽水东岸。《清一统志》卷六十谓在今盖平县东北，是也。

（注二一）《晋书·慕容皝载记》："皝就自征辽东……分徙辽东大姓于棘城，置和阳、武次、西乐三县而归。"

（注二二）《读史方舆纪要》卷三十七："辽东都司（今辽阳县治）东北有武次城。"杨守敬《前汉地理图》位于辽阳东北，承德（今沈阳）东南。按县在前汉为东部都尉治，自当在辽东东境。顾说及杨图所定位置盖得之。

（注二三）《读史方舆纪要》卷三十七曰："晋省县而城存。"

（注二四）洪亮吉曰："未知何时所复。《晋书》：'廆遣少子仁自平郭趣伯林为左翼，攻（宇文）乞得龟，克之。'又'慕容仁杀皝使，东归于平郭'。"（《前燕疆域志》）

（注二五）《读史方舆纪要》卷三十七曰："平郭城在盖州卫（今盖平县治）南。"（《清一统志》卷六十及杨守敬《前汉地理图》同）又曰："汉平郭县地，高丽置建安城于此。唐贞观十八年伐高丽，张廷进渡辽水趣建安城。又李世勣言，建安在南，安市在北，二城盖相近也。"逊按：《晋书·慕容皝载记》："皝于咸康二年袭仁于平郭，自昌黎东践凌而进，至历林口，轻兵趣平郭，遂克之。"则平郭地必近海。以安市在北建安在南之言考之，平郭宜在今盖平县南近海之地。顾氏及《一统志》之说盖不误也。

（注二六）《通鉴》成康七年："赵横海将军王华帅舟师自海道袭燕安平，破之。"

（注二七）《汉书·地理志》玄菟郡西盖马下注云："马訾水西北入盐难水，西南至西安平入海。"据《读史方舆纪要》卷三十七，及《清一统志》卷六十七，马訾水即今鸭绿江。《新唐书·地理志》："安东府至鸭绿江北泊汋城七百里，故安平县也。"马与龙曰："据《唐志》当在鸭绿江北近海处。"（《后汉书集解》引）逊案：《汉志》亦谓："马訾水至西安平入海。"马说是也。《读史方舆纪要》卷三十七谓在盖州卫东南，《清一统志》卷六十谓在辽阳城东，相距过远，皆失之。

（注二八）《三国·魏志·齐王芳纪》："正始元年，辽东汶北丰民徙渡海。"

（注二九）《通鉴》咸和八年："慕容皝遣高诩等攻其弟仁于平郭，败于汶城之北。"

（注三十）《通鉴》咸和八年胡注："汶在平郭县西。"《读史方舆纪要》卷三十七："汶城在（盖州）卫（今盖平县）西。"按以汶县民徙渡海之事观之，则县必在海滨。杨守敬位汶于今盖平县西近海处，(《三国疆域图》《晋地理图》《前燕前秦后燕疆域图》)，与胡顾说同，皆得之。

（注三一）《汉书·地理志》番汗下注云："沛水出塞外，西南入海。"陈澧《汉志水道图说》云："今朝鲜国博川城大定江，西南流入海，盖沛水也。"杨守敬《前汉地理图》《续汉郡国图》列番汗于今辽宁昌图县治，以东辽河为沛水。按东辽河上流为赫尔苏河，于汉固为辽东塞外；然东辽河西南流至辽源县东注于辽河，与沛水之西南入海者不合，似以陈说为是。番汗故城当在朝鲜博川城附近，大定江左右；虽距郡治稍远，然汉初修辽东故塞以浿水为界，卫满兴起，浿水北岸亦没于朝鲜，然大定江下流距王险城尚远，为卫满势力所不及，故仍属辽东郡也。

（注三二）吴增仅《三国郡县表》卷五东沓考证云："《魏志·齐王芳纪》：'景初三年，辽东东沓县吏民渡海居齐郡界。'《郡国志》有沓氏县。《魏志·公孙度传》注引《魏略》载渊表云：'贼七八千人到沓津下。'又云：'别遣将韩起等驰行至沓。'《通鉴》青龙元年载陆瑁疏云：'沓渚出渊，道里尚远。'胡注：'辽东郡有沓氏县，西南临海渚下。'又云：'景初三年，东沓县民渡海，即沓渚之民。'东沓沓氏，似是一地。然《魏略》作沓，不曰东沓，亦不曰沓氏，疑汉末出氏为沓，魏以齐郡立沓，故于辽东郡之沓，加'东'以别之耳。"（王先谦说略同，不备引）。

（注三三）《读史方舆纪要》卷三十七云："沓氏城在金州卫（今辽宁金县）东南，县西南临海渚，谓之沓渚。三国吴嘉禾二年谋讨公孙渊，陆瑁曰：'沓渚至渊，道里尚远。'盖泛海至辽，沓渚其登涉之处也。"杨守敬《前汉理地图》《续汉郡国图》位于金州东南，《舆纪要》说同。

（注三四）《读史方舆纪要》卷三十七云："后汉末公孙度据辽东置城于此，谓之丰城。司马懿伐辽东，丰人南徙青齐，其留者曰北丰。"吴增仅《三国郡县表》卷五北丰考证："《魏志·齐王芳纪》：'辽东汶、北丰县民流徙渡海。'据此，则辽东确有北丰县。"又云："疑汉末所立。"逊案：吴氏所引见齐王芳正始元年，正司马懿破公孙渊之次年，则北丰县最晚当立于后汉末公孙氏据辽东时。顾吴二说皆是也。

（注三五）《魏书》卷九十七《冯跋传》："交通（冯弘字）乃拥其城内士女入于高丽……高丽乃处之于平郭，寻徙北丰。"（逊案：事在宋文帝元嘉十五年），是辽东没入高丽后，北丰县已复置，特不知何时所复耳。

（注三六）《读史方舆纪要》卷三十七云："北丰城在沈阳中卫（今辽宁沈阳县）西北。"《清一统志》卷六十杨守敬《三国疆域图》所定位置与《纪要》同。

辽东属国　昌黎郡

后汉安帝时分辽东二县辽西三县新置一县，《续汉书·郡国志》辽东郡及辽东属国并有无虑县，从惠栋、钱大昕、杨守敬诸家说定为夫黎之误。《汉书·地理志》无夫黎，当为后汉时置，详见本表注七。为辽东属国，属幽州。公孙氏据有其地，废辽东属国。魏灭公孙氏后，正始元年（公元二四四年）复置，旋改为昌黎郡，吴增仅曰："《魏志·齐王芳纪》，正始五年，'鲜卑内附，置辽东属国都尉，立昌黎县以居之'，据此，则辽东属国已省废。《魏志》：'公孙瓒为辽东属国都尉长史。'时在光和前。建安十八年省州并郡，《献帝起居注》所载幽州属郡犹有辽东属国，盖废于公孙氏，至是复置也。其改为昌黎郡，疑在是年立县后矣。"（《三国郡县表》卷五）领县二，从吴增仅《三国郡县表》卷五所考定。属幽州。《晋书·地理志》："魏分辽东、昌黎、玄菟、带方、乐浪五郡为平州。"吴增仅曰："《方舆纪要》引《典略》云：'景初二年，始以辽东昌黎等五郡为平州。'独不言有辽西。今考昌黎置郡当在正始中，景初二年安得有昌黎郡乎？昌黎盖辽西之讹。"（《三国郡县表》卷五）逊案：魏复置辽东属国在正始五年，昌黎置郡又在其后，吴谓景初二年不得有昌黎郡，其说是也。然平州之名始于公孙氏，疑魏平公孙氏，即以其旧名名之，《典略》及《晋书·地理志》，盖以其包有昌黎之地，遂以后来地名追记之耳，未必遂为辽西之讹。且史又无辽西属平州明文。吴氏之言，未可尽从。今于辽西、昌黎两郡皆不著其尝属魏平州，而说明之于此。晋领县仍魏旧。武帝咸宁二年（公元二七六年），置平州，郡属焉。永嘉乱后，地入前燕，领旧县二，复汉废县一，新置县二。历前秦、后燕、北燕，县邑增损不可考。洪亮吉《十六国疆域志》于前秦、后燕、北燕领县悉仍前燕之旧，今从之。后魏领旧县一，新置县二，属营州据《魏书·地形志》。北齐省郡，以所领旧县二移属建德郡，仍隶营州据《隋书·地理志》。后周灭齐，齐营州刺史高保宁据州不下。隋文帝开皇元年（公元五八一年），唯存一县属建德。时仍为高保宁所据，至开皇三年高保宁始平。开皇三年废郡，以县直隶营州。炀帝大业初，废州为郡，置辽西郡以领之据《隋书·地理志》。

（附）营丘郡

《晋书·慕容廆载记》："慕容廆置营丘郡以统营州流人。"领县可考者二。慕容皝罢郡见《晋书·慕容皝载记》，历前秦、后燕，郡存废不可考。北燕时尚有营丘郡。《晋书·冯跋载记》："库莫奚虞出库真率三千余落请交市，献马千匹，许之，处之于营丘。"《魏书·冯跋传》："世祖亲讨之，弘婴城固守，其营丘、辽东、成周、乐浪、带方、玄菟六郡皆降。"未知何时所复？后魏灭燕，郡又废。正光末复置营丘郡，领二县，属营州。《魏书·地形志》。案：据此营丘郡在后魏初年尝废，至是复置。盖六郡降魏后，太武徙其民于幽州。（见《魏书》《北史》冯跋传）其地既空，遂不复置郡，至正光末始复也。齐篡东魏，郡县并省。

（附）冀阳郡

《晋书·慕容廆载记》："慕容廆置冀阳郡以统冀州流人。"领县不可考。慕容皝时罢郡见《晋书·慕容皝载记》。历前秦、后燕，存废不可考。北燕有冀阳郡《魏书·冯跋传》："世祖亲讨之，翼阳……六郡皆降。"未知何时所复。后魏初并郡于昌黎，至武定五年（公元五四七年），复置，领二县《魏书·地形志》，属营州。北齐省后魏侨置之乐良郡，移所领二县隶冀阳，旧县悉省，仍属营州。《隋书·地理志》："后齐唯留建德、冀阳二郡，永乐、带方、龙城、大兴等县。"按永乐、带方为后魏乐良郡领县，龙城、大兴为魏昌黎郡领县（大兴即广兴，避炀帝讳改），北齐并省之时，龙城、大兴既隶建德（隋尚有建德郡，领龙城县，则龙城在齐时当属建德）。则永乐、带方两县宜移隶冀阳矣。杨守敬《北齐地理图》亦以二县隶冀阳，今从之。后周灭齐，地为高保宁所据。至隋文帝开皇元年（公元五八一年），则郡县并废矣。

（附）成周郡

《晋书·慕容廆载记》："廆置成周郡以统豫州流人。"领县不可考。其后皝罢郡见《晋书·慕容皝载记》。历前秦、后燕，存废不可考。北燕时有成周郡，不知何时所复。《晋书·冯跋载记》："成周刁温以贤良擢叙。"《魏书·冯跋传》："世祖亲讨之……其营丘、辽东、成周……六郡皆降。"魏太武降其郡，徙其民于幽州，郡盖以此时废，未尝复置《魏·地形志》无成周郡。前燕北燕时领县皆不能知。郡当与营丘、乐浪诸郡同在辽水以西魏晋昌黎郡内，惟未能确指其所在也。

（附）唐国郡

《晋书·慕容廆载记》："廆立唐国郡以统并州流人。"领县不详。廆罢营丘、冀阳、成周等郡，唐国当亦同罢。其地当在昌黎郡境内，故附见于此。

（附）乐浪郡

乐浪郡故壤，愍帝时陷于高句丽，慕容廆侨置于辽水之西晋昌黎郡地。《通鉴》晋愍帝建兴元年，"辽东张统据乐浪、带方二郡，与高句丽王乙弗利相攻，连年不解。乐浪王遵说统率其民千余家归廆，廆为之置乐浪郡。"是此时郡已陷于高句丽。又成帝咸康四年，"石虎遣使四出招诱民夷，乐浪太守鞠彭以境内皆叛，选乡里壮士二百余共还棘城"。胡三省注曰："乐浪非古郡地也，慕容廆所置。以《五代志》考之，当在隋辽西郡柳城县界。"逊案：胡说是也。时石虎率戎卒数十万伐燕，诸郡惧赵，故多叛降。郡盖密迩棘城，故赵得乐浪，即进逼棘城也。若汉乐浪郡故地，远在辽东之南，固虎兵力所不及。此时如属燕，亦且不必望风归顺；况地尚为高句丽所据乎（详乐浪郡下考证）其地于魏晋为辽东属国昌黎郡地，胡注谓在隋辽西郡柳城县界，得之。领县可考者一。前燕覆灭，地入前秦。其后后燕、北燕两代，皆有乐浪郡，其领县可考者一。《北史·游明根传》："祖鳛，慕容熙乐浪太守。"《魏书·冯跋传》："世祖亲讨之，弘婴城固守，其……辽东……乐浪……六郡皆降。"是后燕、北燕皆有乐浪郡，盖皆因前燕之旧。则前秦亦当有此郡，特史无明文可考耳。后魏初罢郡，正光末始复置，属营州，领县二据《魏书·地形志》。北齐省郡，以其所领二县移属冀阳郡。

（附）带方郡

带方郡故壤，自前燕以后为高句丽所据，前燕、后燕、北燕复有带方郡，盖侨置于晋昌黎郡地详带方郡下考证。领县不可考。后魏灭燕，郡废。《地形志》营州、乐良郡领县有带方《地形志》云正光末复。疑即侨郡故壤。北齐县移属建德郡。

（附）辽东郡

辽东郡故壤，后燕慕容熙时陷于高句丽。冯跋建号，盖侨置于辽水以西晋昌黎郡地见辽东郡考证。领县可考者一。郡入后魏后中废。至孝明正光中复置，领县二，属营州《魏书·地形志》。北齐时，郡县并省。

（附）玄菟郡

玄菟郡故壤，后燕时尚有其地。北燕时侨置于晋昌黎郡地，郡盖与辽东郡同在慕容熙世没入高句丽矣详玄菟郡下考证。郡侨置后，领县不可考。后魏灭燕，郡省。

后汉	魏	晋	前燕	前秦	后燕	北燕	后魏	北齐	后周	隋	今地
昌黎都尉治(一)	昌黎郡治	昌黎因	昌黎因	昌黎因	昌黎因	昌黎因	省(二)				汉晋昌黎应在今辽宁锦县西南大凌河西，前燕以后当在今热河朝阳东南大凌河东北岸土默特右翼旗之西部(三)
宾徒	宾徒	宾徒	宾徒	宾徒	宾徒	宾徒	省				故城在今热河喀喇沁旗东南，说详辽西郡表注二三
徒河	省		徒河(四)	徒河	徒河	徒河	省(五)				故城在今辽宁锦县西北，说详辽西郡表注三一
扶黎(六)	省										故城在今热河朝阳县东南(七)
险渎	省		险渎(八)	险渎	险渎	险渎	省				故城在今辽宁北镇县东，说详辽东郡表注一六
房	省										故城在今辽河下流之东，辽宁牛庄营口之间，说详辽东郡表注九

（续表）

后汉	魏	晋	前燕	前秦	后燕	北燕	后魏	北齐	后周	隋	今地
						临渝^(九)	省				故城在今辽宁锦县东北，说详辽西郡表注三五
			龙城^(十)	龙城^(十一)	龙城^(十二)	龙城^(十三)	龙城	龙城改属建德郡	龙城	柳城^(十六)	后魏柳城在今热河朝阳之南，辽宁锦县西北，说详辽西郡表注四 龙城及隋柳城故城即今热河朝阳县治^(十七)
							柳城属翼阳郡^(十四)	(十五)			
			棘城^(十八)	棘城	棘城	棘城	省^(十九)				故城当在今辽宁义县附近^(二十)
							广兴	广兴属建德郡	广兴	省^(二一)	故城疑在今辽宁锦县西北，义县西南^(二二)
							定荒	省			今地无考

（续表）

后汉	魏	晋	前燕	前秦	后燕	北燕	后魏	北齐	后周	隋	今地
			朝鲜乐浪郡治(二三)	朝鲜	朝鲜	朝鲜乐浪郡治(二四)	省				当在晋昌黎郡境内，不能确指其地
							连城乐良郡治(二五)	省			当在今辽宁锦县义县附近(二六)
							永洛属乐良郡(二七)	永乐改属翼阳郡(二八)	永乐同	省	疑在今辽宁大凌河西锦县之北(二九)
							带方属乐良郡(三十)	带方改属翼阳郡(三一)	带方同	省	今地无考
			武宁营丘郡治(三二)	？	？	富宁(三三)	富平营丘郡治(三四)	省			故城当在今大凌河下流之东，辽宁义县之东南，锦县之东，其南近海(三五)
			武原属营丘郡治(三六)								当与武宁相近，今地无考

（续表）

后汉	魏	晋	前燕	前秦	后燕	北燕	后魏	北齐	后周	隋	今地
							永安属营丘郡	省			当在富平附近，今地无考
						新昌属辽东郡（三七）	新昌属辽东郡（三八）	省（三九）			今地无考
							固都城辽东郡治	省			今地无考
							襄平属辽东郡	省			今地无考
		附	威德城（四十）								故城在今热河朝阳县东北吐默特左翼旗之地（四一）
			广安城（四二）								故城在今辽宁义县北（四三）
			安晋城								故城在今辽宁义县北热河朝阳县东土默特左翼旗之地（四四）
			榆阴城								故城在今辽宁义县北热河朝阳县东吐默特左翼旗之地（四五）
			兴集（四六）								今地无考
			宁集								今地无考
			兴平								今地无考
			育黎								今地无考
			吴县								今地无考

（注一）《汉书·地理志》辽西郡作交黎，《续汉书·郡国志》作昌辽，注云：

"故天辽，属辽西。"顾炎武曰："考之前代史书，并无昌辽之名，而前汉亦无天辽，疑当作'昌黎故交黎'。"(《京东考古录》)惠栋曰："案阚骃《十三州志》云：'辽东属国都尉，治昌黎道。'又《前志》辽西郡交黎县，应劭曰：'今昌黎。'然则昌辽当作昌黎，天辽当作交黎。又《通鉴》注云：'昌黎，汉交黎县，属辽西，后汉属辽东属国都尉。'知胡氏所见本尚不误也。"(《后汉书补注》)钱大昕曰："洪亮吉云：'《水经注》白狼水又东北径昌黎县故城西，《地理志》云，交黎也，应劭云，今昌黎，然则昌辽故天辽，当作昌黎故交黎也。'予谓'黎''辽'声相近，故昌黎亦作昌辽，犹乌氏为乌枝，库奚为傉奚也。"(《二十二史考异·续汉书二》)逊案：《晋书·地理志》昌黎汉属辽东属国都尉，亦昌辽当作昌黎之证。

(注二)《魏书·地形志》营州昌黎郡龙城下注云："真君八年，并昌黎属焉。"

(注三)顾炎武《日知录》卷三一云："按昌黎有五。《汉书》：'辽西郡……交黎，渝水首受塞外，南入海。'……应劭曰：'今昌黎。'《通鉴》注：'昌黎，汉交黎县，属辽西郡，后汉属辽东属国都尉。'《晋书》：'成帝咸康二年，慕容皝自昌黎东践冰而进，凡三百余里，至历林口。'是则渝水下流而当海口，此一昌黎也。《晋书》载记：'慕容皝昌黎郡。'又云：'破宇文归之众，纵其部人五万余落于昌黎。'及慕容盛之并，有昌黎尹张顺、刘忠，高云以冯素弗为昌黎尹，冯跋之世有昌黎尹孙伯仁，以史考之，当去龙城不远，此又一昌黎也。魏并柳城、昌黎、棘城于龙城，而立昌黎为郡。志云，有尧祠，榆顿城，狼水，而列传如韩麒麟韩秀之伦，皆昌黎人，即燕都之龙城，此又一昌黎也。齐以后昌黎之名废。"(下更述唐以后二昌黎今略去)按顾说分述昌黎变迁，至为明晰。汉晋昌黎当渝水下流海口，故城应在今辽宁锦县西南大凌河西。(说详辽西郡注二五)慕容皝徙昌黎郡，于是龙城附近别有昌黎县。至真君八年以后之昌黎，则指郡名而言，县则并入龙城矣。《水经·大辽水注》："白狼水北径白狼故城东，又东北径昌黎故城西……又东北径黄龙城东。"是所谓昌黎故城者，在黄龙城西南白狼水之东；即前燕以后昌黎之故城，魏真君八年省入龙城者也。以今地考之，当在热河朝阳东南大凌河东北岸，(白狼水上流为大凌河)土默特右翼旗之西部。杨图于前燕以后仍位昌黎于汉晋故地，失之。

(注四)洪亮吉曰："《晋书》'段辽寇徒河，皝将张萌击败之'，是此时又复置。"(《前燕疆域志》)

（注五）《魏书·地形志》营州昌黎郡广兴下注云："真君八年，并徙河属焉。"

（注六）惠栋《后汉书补注》曰："顾炎武云：'案辽东有无虑县，此不应重出。'（案顾说见《救文格论》）案此扶黎也。《鲜卑传》云：'鲜卑复攻扶黎营。'注云：'扶黎县属辽东属国，故城在今营州东南。'今两汉《志》无扶黎县，而辽东不应有两无虑，必扶黎之误。又《鲜卑传》云：'鲜卑寇辽东属国，乌桓校尉耿晔移屯辽东无虑以拒之。'明属国扶黎不作无虑也。"钱大昕《续汉书辨疑》曰："安帝纪，元初二年，'鲜卑围无虑县，又攻夫犁营。'注云：'夫黎，县名，属辽东属国。'《鲜卑传》亦同。然则章怀所见本辽东属国有夫犁无无虑也。无虑既属辽东，不应重出。窃意此无虑当是夫犁之讹，因声相近而误耳。此'有医无虑山'一句当移于辽东无虑之下。"（又见钱大昕《廿二史考异》，杨守敬说略同，不重引）。逊案：惠钱之说是也，今从之。

（注七）扶黎故城，据《后汉书·鲜卑传》章怀注云："在营州东南。"《太平寰宇记》卷七十一营州柳城下云："扶犁故城在今县东南，其地带龙山，即慕容祭天之所。"按唐营州都督府及宋营州柳城，即前燕所置龙城，今热河朝阳县也。汉扶黎故城，即在今朝阳县东南。

（注八）洪亮吉曰："未知何时复置。《晋书》慕容皝遣使按弟仁，遇仁于险渎。"（《前燕疆域志》）逊案：洪《志》列险渎于前燕、前秦、后燕之辽东郡，今案县于后汉移属辽东属国，则晋以后复置当属昌黎郡，不宜复隶辽东，今辄改正。

（注九）《晋书·冯跋载记》："河间人褚匡说跋出辽西临渝迎长乐宗族。"洪亮吉《北燕疆域志》以临渝隶辽西。今案：县于后汉移辽东属国，则复置后应隶昌黎。《晋书》谓"出辽西临渝"者，盖指县在大辽水之西而言，非谓县属辽西郡也。洪志不可从，今辄为改正。

（注十）《太平寰宇记》卷七一引《十六国春秋·慕容皝传》："柳城之北，龙山之西，可营别规模，构宗庙，改柳城为龙城。九年，遂迁都龙城。"（《晋书·皝载记》，皝以咸康四年筑龙城，改柳城为龙城县，七年迁都龙城。）

（注十一）《晋书·符坚载记》："石越为平州刺史镇龙城。"洪亮吉《前秦疆域志》昌黎郡不列龙城，失之。

（注十二）《晋书·慕容宝载记》："（慕容）麟谋袭（慕容）会军，东据龙城。"

（注十三）《魏书·冯跋传》："泰常三年，和龙城有赤气蔽日。""太延二年高丽遣将葛卢等率众迎之，（指冯弘）入和龙城。"

（注十四）《魏书·地形志》："营州冀阳郡，真君八年并昌黎，武定五年复，领二县，平刚柳城"。洪亮吉《十六国疆域志》，于前燕、北燕冀阳郡皆著其领平刚、柳城二县，复于前燕冀阳后为之说曰："按二县地形志有，疑与郡同立。"揆洪氏之意，盖以魏武定中复置之冀阳郡为沿袭北燕，而北燕则承前燕之旧也。今案前燕、北燕、冀阳郡领此二县与否，史无明文可考。自太武真君八年省郡，至东魏孝静帝武定五年复置，相距凡百二十年。后魏置郡，与前代壤地治所领县殊异者多矣。史籍又无纪述可以参稽，恶能谓东魏复置之冀阳郡，领县必同于百二十年前北燕之侨郡乎？又案冀阳郡之始置，在慕容廆之世。考《晋书》慕容皝以咸康四年筑龙城，改柳城为龙城县，七年，迁都龙城，至永和三年始罢冀阳郡，则在冀阳郡未罢以前，柳城已改为龙城县，前燕冀阳郡之不领柳城可知。如谓北燕因袭前燕，则亦不宜领柳城县。今于后魏时始以柳城隶冀阳郡，北燕以上则从阙疑，而附识其说如此。又洪氏《前燕疆域志》，于前燕昌黎郡有龙城，冀阳郡复有柳城。今案《晋书》载记明言皝改柳城为龙城县，是龙城既立，柳城遂废。洪氏并列两县，失之。

（注十五）《隋书·地理志》辽西郡柳城下注云："后魏置营州于和龙城，领建德、冀阳、昌黎、辽东、营丘等郡，龙城、大兴、永乐、带方、定荒、石城、广都、阳武、襄平、亲昌（逊案：《地形志》营州无亲昌，亲昌是新昌之误。）、平刚、柳城、富平等县。后齐唯留建德、冀阳二郡，永乐、带方、龙城、大兴等县……其余并废。"按柳城与龙城相距最近，后齐废县后，盖并入龙城矣。

（注十六）《隋书·地理志》："开皇元年（省冀阳郡）惟留建德一郡，龙城一县。……寻又废郡，改县为龙山。十八年，改为柳城。大业初，置辽西郡。"

（注十七）按自汉至隋，柳城有二。汉辽西郡领县，其三为柳城，前燕于其北置龙城，至北燕北魏有柳城，并有龙城，当即汉旧县，此一柳城也。隋开皇间，改龙城为龙山，十八年，改为柳城，此即前燕至北齐之龙城，此又一柳城也。龙城及隋柳城故城即热河朝阳县治。《水经·大辽水注》："白狼水自昌黎来，东北径龙山，又北径黄龙城东。"按白狼水未会渝水前，即今大凌河，是故城处大凌河之西北。据《太平寰宇记》，龙城至辽河南至大海三百四十里，与今朝阳县方位悉合。

（注十八）洪亮吉曰："《晋书》载记，慕容拓跋于魏时始建国于棘城北，至元康四年，廆复移居棘城。《太平御览》引《十六国春秋》前燕录：'元康四年，定都大棘城。'又引《燕书》：'秋，七月，丁卯，营新殿。昌黎大棘城县河岸崩。'是棘城前燕尝为县也。"

（注十九）《魏书·地形志》："营州昌黎郡龙城，真君八年，并棘城属焉。"

（注二十）《读史方舆纪要》卷十七："今营州东南百七十里，晋为棘城县。"按：当今辽宁义县左右。

（注二一）据《隋书·地理志》："后魏置营州……领建德……昌黎……等郡，龙城、大兴……等县。后齐唯留建德、冀阳二郡，永乐、带方、龙城、大兴等县。开皇元年，唯留建德一郡，龙城一县，其余并废。"按《魏书·地形志》有广兴无大兴，大兴当即广兴，以避炀帝讳改。（《隋书·地理志》于此条下有广都县，盖以县在北齐已废，隋世已无其名，不须追改。若广兴则隋开皇元年始废，史官于记事时追改"广"为"大"，《隋书》因沿用之耳。）

（注二二）杨守敬《魏地形志图》，北齐及后周疆域图并不详广兴所在。按《地形志》，"魏并徙河永乐属广兴"，永乐即永洛（说详注二七），属乐良郡。后魏乐良郡治连城，在今辽宁义县左右（说详注二四），永洛当距郡治不远。徙河则自汉至燕秦均在今锦县西北（说详辽西郡注三一）。二县既并属广兴，则广兴与之相去必近，疑亦在今锦县西北，义县之西南。

（注二三）《通鉴》咸康四年："石虎伐燕，朝鲜令昌黎孙泳率众拒赵……乐浪太守鞠彭……还棘城。"胡注："乐浪非汉古郡地也，慕容廆所置，见愍帝建兴元年。"逊案：汉晋乐浪郡治朝鲜，此朝鲜县当为前燕侨置乐浪郡为之治所。

（注二四）《魏书·地形志》平州北平郡朝鲜注云："二汉晋属乐浪，后罢。延和元年，徙朝鲜民于肥如，复置。"按《魏书·世祖纪》："延和元年六月，车驾伐和龙。……文通石城太守李崇建德太守王融十余郡来降……九月，车驾西还，徙营丘、成周、辽东、乐浪、带方、玄菟六郡民三万家于幽州。"《地形志》所谓"徙朝鲜民于肥如"者，盖即其事，则北燕固有乐浪郡及朝鲜县，惟前秦后燕有此郡县与否，以史无明文，不可详考耳。

（注二五）《魏书·地形志》："乐良郡，正光末复，治连城。"

（注二六）《魏书·地形志》营州昌黎郡广兴下云："真君八年，并徙河永乐属焉。"按永乐当即正光复置乐良郡所领之永洛，（说详下注二五）永乐与徙河同并入广兴，徒河在今大凌河西辽宁锦县之北，（说详辽西郡注三一）永乐必在其左右。乐良郡才领二县，则郡治去属县当不甚远。杨守敬《地形图》位于渝水（今大凌河）东岸汉临渝县故址（今辽宁义县地）。按《水经·大辽水注》："渝水首受白狼水，西南循山，径一故城西，世以为河连城，当是临渝县之故城。"按道元以孝昌三年为萧宝寅所杀，正光末复置乐良郡在前，固为道元所及见。使乐良郡治之连城即汉临渝县，则郦注当言渝水西南循山，径乐良郡西，不得谓之为故城矣。然郡所领之永洛县在大凌河西，辽宁锦县北，（见注二七）连城与之相去当不甚远，殆亦在今大凌河左右，辽宁锦县义县之间乎？杨图所定位置虽与郦注不合，然连城故城当亦在其附近，所失固不甚远也。

（注二七）《魏书·地形志》营州乐良郡永洛注云："正光末置。"按《隋书·地理志》辽西郡柳城下注云："后魏置营州，领建德、冀阳、昌黎、辽东、乐良、营丘等郡。"以下历举诸郡所领县名，有永乐而无永洛，则永乐当即永洛。又《地形志》营州昌黎郡广兴下注云："真君八年并徒河、永乐、燕昌属焉。"则真君八年以前原有永乐县，八年时曾并入广兴，至正光末复分立也。

（注二八）据《隋书·地理志》辽西郡柳城下注文，引见注一三。

（注二九）据《魏书·地形志》，县尝与徒河并入广兴，则与徒河（今大凌河西辽宁锦县北，说详辽西郡注三一）相去必不远。永乐、带方北齐时同属冀阳郡，则故城所在不至过东，疑亦在今大凌河西锦县之北徒河故城东北之地。

（注三十）《魏书·地形志》，营州乐良郡带方下注云："正光末复。"按北燕带方郡，在魏太武亲伐北燕围和龙时，与营丘成周诸郡同降魏，则郡与燕昌黎郡相近，当处东汉辽东属国魏晋昌黎郡境内。据《地形志》，后魏营州治和龙，是魏乐良郡亦在魏晋昌黎境。则后魏之带方县，当即因北燕带方郡故地而复置之者也。

（注三一）据《隋书·地理志》，见注一三。

（注三二）洪亮吉曰："《晋书》甃武宁令广平孙兴，（逊案：检《晋书》甃及石季龙载记，并无甃武宁令广平孙兴之文，此实见于《通鉴》之咸康四年而洪氏失检。）《通鉴》注：'武宁县亦慕容氏所置。'按《通鉴》云：'营丘内史鲜于屈降，赵兴晓谕吏民收屈杀之。'则武宁当属营丘郡，并为郡治也。"（《前燕疆域志》）

（注三三）洪亮吉《北燕疆域志》："营丘郡，领县，可考者一，富宁。"而不著其所本。遍检《晋书》《通鉴》《太平寰宇记》诸书，亦不得营丘领富宁县之证，姑附列于此，俟再考。

（注三四）《魏书·地形志》："营州营丘郡，正光末置，领县二，富平，永安。"富平当为郡治。《通鉴》愍帝建兴二年胡注："《前汉志》，辽西临渝县有渝水，南流径营丘城西，魔所置郡也。"又《水经·大辽水注》："渝水南径营丘城西，东南入海。"按郦注所谓营丘城者，盖指后魏营丘郡治而言。考郡于孝明正光末复置，而萧宝寅之杀道元，在孝昌三年，则道元实及见营丘之复置也。如胡三省之说，燕魏营丘城同在渝水下流东岸，当为一地。盖前燕置郡以武宁为郡治，郡中废，至正光末复置，郡治仍慕容氏故城，而更易其县名耳。

（注三五）前燕、后魏、营丘郡城同在渝水之东，即在今大凌河之东，辽宁义县之东南，其南则近海也。

（注三六）《通鉴》咸康四年，"石虎遣使四出招诱民夷，燕……武原令常霸……等皆应之"，注："武原盖慕容氏所置县也。"洪亮吉《前燕疆域志》以武原隶营丘郡，未知所据。以其为慕容氏所置，地当在魏晋昌黎郡境内，姑从洪氏附列于此。

（注三七）《魏书·高道悦传》："曾祖策，冯跋封新昌侯。"按跋建号时，辽东已没入高句丽，此其侨置之县也。

（注三八）《魏书·地形志》："营州辽东郡，正光中复，治固都城，领县二，襄平、新昌。"

（注三九）《隋书·地理志》："后魏置营州，领建德、冀阳、昌黎、辽东等郡，龙城、大兴、永乐、带方……襄平、新昌等县，后齐唯留建德、冀阳、二郡，永乐、带方、龙城、大兴等县，其余并废。"

（注四十）《晋书·慕容皝载记》："皝伐宇文归……斩涉奕干……改涉奕干城为威德城。"

（注四一）《读史方舆纪要》卷十八谓威德城在营州东北。逊案：顾说是也。《通鉴》建元二年载："宇文逸豆归使南罗大涉夜干将精兵逆战，（胡注：'南罗，城名……慕容既克宇文，改南罗城为威德城。'……遂斩涉夜干。……燕军乘胜逐之，遂克其都城……逸豆归走死漠北。"《晋书·慕容皝载记》谓："东胡世居北夷，邑于紫蒙之野。"《通鉴》胡注谓："宇文国都辽西紫蒙川。"其后唐开元二十二年，幽州节度使张守珪大阅于紫蒙川以镇抚契丹。胡注谓"《唐书·地理志》平州有紫蒙白狼昌黎等戍，盖平州之北境，契丹之南界。"今案契丹为宇文部之裔，则胡注谓宇文部国都辽西紫蒙川之说，盖可依据。其地当在今热河境内。观逸豆归战败即逃漠北在则其据地自在龙城之北，明代营州今热河朝阳县之东北，审矣。其地盖在今热河吐默特右翼之地。杨守敬《前燕疆域图》位威德城于龙城东南，今辽宁锦县义县附近，失之。

（注四二）《通鉴》咸和八年，慕容皝引兵讨宇文逸豆归军于广安，逸豆归惧而请和，遂筑榆阴安晋二城而还。（亦见《晋书·慕容皝载记》，惟无"军于广安"之文。）

（注四三）《通鉴》咸和八年胡注："广安在棘城之北。"按胡说是也。慕容氏时都棘城，宇文氏据地在慕容氏之北。皝伐逸豆归，是自南攻北，广安为驻军之所，固宜在棘城之北也。棘城在今辽宁义县附近（说详注十八），则广安当在义县之北。

（注四四）《通鉴》咸和八年胡三省注云："安晋城在威德城东南。"按皝先于是年出师，军于广安，克逸豆归，筑安晋城而还，则安晋城在广安之北。及康帝建元二年，逐逸豆归，始有威德城。其拓境由南而渐北，则胡注谓安晋在威德东南者是也。以今地考之，宜在辽宁义县之北，热河朝阳县之东北，吐默特左翼旗之地。杨守敬《前燕疆域图》位之于今辽宁锦县附近，失之。

（注四五）《通鉴》咸和八年胡注："榆阴城盖在大榆河之阴。"杨守敬《前燕疆域图》以今河北临榆之石河为榆水，而位榆阴城于附近。按：城与安晋城同为皝伐逸豆归时所筑，安晋在慕容氏据地之北境，榆阴不应独南近今榆关，远处魏晋辽西郡地。杨氏所定位置盖非。其地宜与安晋同在广安之北，威德城之东南，今辽宁义县之北、热河土默特左翼旗之地。

（注四六）《晋书·慕容皝载记》："皝罢成周、冀阳、营丘等郡，以渤海人为兴集县，河间人为宁集县，广平魏郡人为兴平县，东莱北海人为育黎县，吴人为吴县，悉隶燕国。"按以上数县在何所，今悉不能详，亦不知废于何时。以上文罢营丘郡语气观之，疑为数侨郡改置，当在魏晋昌黎郡境内，故附见于此。

玄菟郡

汉武帝灭朝鲜，元封三年（公元前一〇九年）置郡。《史记·朝鲜传》、《汉书·武帝纪》《朝鲜传》，均作元封三年置，唯《地理志》作四年。按：郡当与乐浪郡同置，《地理志》乐浪郡亦作元封三年置，知此处"四"为"三"之误。初治沃沮，后以夷貊交侵，徙治高句丽《魏志·东夷传》。昭帝始元五年（公元前八二年），罢临屯郡，分属乐浪、玄菟《魏志·东夷传》。前汉领县三，属幽州刺史部。后汉安帝时分辽东三县来属，共领六县。汉末公孙氏据有辽左之地，玄菟郡遂为其所有。公孙氏灭，地入曹魏。明帝景初二年（公元二三八年），置平州，郡属焉，寻复还合幽州《晋书·地理志》，领旧县二，移辽东一县来属，凡领三县从吴增仅《三国郡县表》所考定。晋武帝咸宁二年（公元二七六年），置平州，郡属焉。《晋书》本纪在泰始十年，此从《地理志》。领县如魏旧。永嘉乱后，前燕《通鉴》咸康四年，"戕玄菟太守河间刘佩……将敢死数百骑出冲赵兵……斩获而还"，前秦代有其地。及慕容垂叛秦称燕王之明年，（晋孝武帝太元十年公元三八五年）高句骊入侵，郡与辽东同陷，《晋书·慕容垂载记》："高句骊寇辽东，垂平北慕容佐遣司马郝景率众救之，为高句骊所败，辽东玄菟遂没"。案：据此，玄菟在垂叛坚时，始为高句骊所陷，则前秦之有玄菟郡可知。旋为慕容农所复见《晋书·慕容垂载记》。郡复属后燕。自前燕前秦迄后燕，领县增损不可考。洪亮吉《十六国疆域志》于前燕、前秦、后燕，辽郡领县悉仍魏书之旧，今始从之。慕容熙时，郡与辽东同没入高句骊。高句骊于慕容熙时陷辽东，说详辽东郡表。玄菟在辽东东北，辽东既陷，玄菟自不能免。盖慕容熙以后，高句骊据地，尽辽水以东矣。冯跋建号，侨置郡于辽水之西。《魏书·冯跋传》："世祖亲讨之，文通、婴城固守，营丘、辽东、成周、乐良、带方、玄菟六郡皆降。"《通鉴》元嘉九年注："自慕容以来，分置郡县于辽西，其后或省或并，为郡为县，皆不可考，如玄菟郡亦当置于辽西也。"逊案：胡说是也。盖辽水以东地，慕容熙以后已不能有。玄菟郡之侨置，盖在北燕之世矣。后魏灭燕，侨郡亦废。北燕侨置之郡，当在汉辽东属国魏晋昌黎地，附见辽东属国后。

前汉	后汉	魏	晋	前燕	前秦	后燕	今地
高句骊郡治^(一)	高句骊因汉末内徙近辽东^(二)	高句骊因	高句骊因	高句骊	高句骊	高句骊	前后汉高句骊故城在今辽宁新宾县之北^(三) 汉末公孙康内徙县治后，在今辽宁开原县南，铁岭县东南^(四)
上殷台 莽曰下殷台	上殷台	省					今地无考
西盖马 莽曰玄菟亭	西盖马^(五)	省					故城在朝鲜山阳公城东南^(六)
	高显	高显	高显	高显	高显	高显	故城疑在今辽宁开原县境，说详辽东郡注一九
	候城	省					故城在今辽宁沈阳县北，说详辽东郡注一二
	辽阳	省					故城在今辽宁辽阳县西北，说详辽东郡注一五
		望平^(七)	望平	望平	望平	望平	故城在今辽宁北镇县东北，说详辽东郡注九
				(附) 南苏城^(八)			故城在今辽宁新宾县西^(九)

（注一）《魏志·东夷传》："汉武以沃沮城为玄菟郡，后为夷貊所侵，徙郡句丽西北，今所谓玄菟故府是也。"逖按：高句骊在汉末内徙，（详注二）所谓玄菟故府者，未徙之高句骊县也。

（注二）吴增仅《三国郡县表》卷五玄菟郡考证云："《魏志·东夷传》：'汉武开玄菟郡，治沃沮城，后为夷貊所侵，徙郡句骊西北。''高句骊在辽东之东千里。''灵帝建宁二年，句骊王伯固降辽东，熹平中，伯固乞属玄菟。'《通鉴》青龙元年'公孙渊置吴使秦旦等六十人于玄菟，玄菟在辽东二百里'。胡注云：'此非玄菟旧治也。'据此，则汉末玄菟已徙近辽东。考《东夷传》，公孙康破句骊，焚烧邑落，句骊王伊夷模更作新国，王弟拔奇诣康降，还住沸流水。疑是时玄菟屡被寇，故徙近辽东，又因拔奇之降，故侨置句骊以为郡治也。"逖案：由《东夷传》"徙郡句丽西北，今所谓玄菟故府"之言观之，知魏晋时高句丽县已非汉县之旧，亦足为汉末玄菟郡治高句丽县内徙之证。

（注三）《汉书·地理志》玄菟郡高句骊下云："辽山，辽水所出，西南至辽队入大辽水。又有南苏水，西北经塞外。"按《汉志》辽水即《水经》小辽水，亦即今浑河，《一统志》陈澧诸家之说并同，惟南苏水则解说各异。《清一统志》卷五十八云："苏子河在（兴京）城北半里，源出边外……《汉志》高句丽县有南苏水疑即此也。"又云："高句丽故城在（兴京）城北……按《汉志》县为小辽水所发源，今兴京北近浑河之源，盖即汉高丽县地。"杨守敬《前汉地理图》位高句骊城于今吉林桦甸县辉发河会松花江处之东南，松花江屈折西北流处，而以松花江为南苏水。逊案：《续汉书·郡国志》刘昭注，辽东郡在洛阳东北三千六百里，玄菟郡在洛阳东北四千里，是两郡相距四百里。《魏志·东夷传》言"玄菟故府在句丽西北"，今按高句丽都城丸都，在今辽宁辑安县，正处旧兴京县（今新宾县）之东南。《一统志》谓高句丽县在兴京城北，与《魏志》及《郡国志》注之言皆合，盖得之。

（注四）高句丽县内徙后，据《通鉴》魏青龙二年之文，知其在辽东北二百里。按《水经·小辽水篇》："高句骊县有辽山，辽水所出。"《水经》作者，《四库提要》定为三国时人，其时高句骊县已内徙，然犹系辽山及小辽水源于县下。及后魏郦道元注《水经》时距移治之时已久，亦以辽山之辽水源在高句骊。是县内徙后之故城，距辽山小辽水发源处不远。杨守敬《三国疆域》晋地理诸图位于浑河发源处之东，今辽宁开原县之南，铁岭县之东南，沈阳县之东北，殆近之。

（注五）《续汉书·郡国志》作西盖鸟。武英殿本考证齐召南曰："案本书东沃沮在高句骊盖马大山之东，知此作'鸟'误。"

（注六）《汉书·地理志》玄菟郡西盖马下注云："马訾水西北入盐难水，西南至西安平入海。"据《清一统志》卷六十七，马訾水即鸭绿江，盐难水即佟家江。鸭绿江出长白山，西南流至朝鲜国山阳公城入佟家江，则西盖马当在山阳公城东南。杨守敬《前汉地理》《续汉郡国图》位置与此合。《清一统志》谓汉之盖马即今盖平县，远在辽东东部滨海之处，玄菟郡岂能越境遥领，且又前后自相抵牾，殆失之。

（注七）吴增仅《三国郡县表》卷五云："《晋志》属玄菟，疑魏破渊后移来。"

（注八）《通鉴》永和元年："燕王皝使慕容恪攻高句丽，拔其南苏，置戍而还。"

（注九）《通鉴》永和元年胡三省注云："南苏城在南陕之东，唐平高丽置南苏州。"《读史方舆纪要》卷三十七："金州卫，高丽为南苏城。"《清统一志》卷五十八云："按南苏城在兴京西，《辽史》以苏州安复县为高丽南苏州，苏州即今金州也。今考《汉志》高句丽县有南苏水，高丽置城，盖因此水为名。《晋》载记慕容皝自南陕以伐高句丽，《通鉴》注谓南陕在辽东之东，南苏木底诸城，又在南陕之东。唐薛仁贵自新城进拔南苏木底，贾耽谓新城在辽东东北，则南苏木底当在新城东，今兴京（今辽宁新宾县）界，不在金州可知矣。"逊案：《一统志》之说是也，今从之。

乐浪郡

汉武帝灭朝鲜，元封三年（公元前一〇九年）开郡。昭帝始元五年，（公元前八二年）省临屯真番属焉，《汉书·昭帝纪》及《魏志·东夷传》领县二十五，《汉书·地理志》属幽州刺史部。后汉光武建武六年（公元三〇年），罢都尉官，省单单大岭以东东部都尉所领县。《后书》及《魏志·东夷传》，凡领县十九，《续汉书·郡国志》乐浪郡领十八县，从王先谦说增一县，说详注二十一。献帝建安中，公孙康分屯有县以南七县置带方郡《魏志·东夷传》，魏灭公孙氏，遂承其旧，省五县，新置一县，盖领八县。《晋书·地理志》有六县，从杨守敬《三国郡县表补正》增二县。明帝景初二年，（公元二三八年）置平州，郡属焉，寻复还合幽州《晋书·地理志》。晋领六县，咸宁二年（公元二七六年），置平州，郡属焉。《晋书》本纪在泰始十年，此从《地理志》。怀愍之世，中原纷扰，郡陷于高句骊。时慕容廆保据辽水之西，乃于昌黎郡境内侨置乐浪郡以统流人。《通鉴》愍帝建兴元年，"辽东张统据乐浪、带方二郡，与高句丽王乙弗利相攻，连年不解。乐浪王遵说统帅其民千余家归廆，廆为之置乐浪郡，以统为太守"。洪亮吉《前燕疆域志》乐浪郡，叙廆侨置乐浪郡事（洪引作《晋书》，检书并无此文）。自注曰："按此，则郡及县皆非汉乐浪郡旧地也。"然洪既未著其郡治何所，又其乐浪郡所列县凡六，盖直录晋《地理志》，一若廆置侨郡时，并侨置此六县者。杨守敬《前燕疆域图》，于《辽东郡图·上》注曰"移置乐浪郡于辽东"，而于乐浪郡故壤，悉录洪志所列县名；仅于浿水南平壤城左右，书"故朝鲜郡"四字，读之似若郡治移辽东后，仍领有汉郡故壤者。今按《通鉴》所叙，张统据乐带方，以与高句丽相攻，故帅其民千余家归廆，则此时乐浪带方已没入高句丽，燕不得有其地。又慕容廆侨置乐浪郡时，崔毖方以平州刺史镇辽东（《通鉴》系置乐浪郡于愍帝建兴二年，而叙崔毖与廆相攻于元帝太兴二年），则乐浪郡不得置于辽东，当在廆所据地昌黎郡界内。《通鉴》咸康四年载石虎伐燕，"遣使四出招诱民夷……"朝鲜令昌黎孙泳帅众拒赵，乐浪太守鞠彭选乡里壮士二百余人共还棘城，赵兵追逼棘城"。盖慕容皝时据棘城，石虎攻之，故遣使分徇棘城附近慕容氏所侨置之郡邑。辽东地既较远，又阻辽水，棘城未下，辽水以东，非用兵所急。史亦无辽东郡降赵之文，虎使固未尝越辽而东。辽东郡治襄平，地滨辽左，辽东未下，则凡襄平以东，皆未尝降赵。此叙乐浪郡境内多叛燕降赵，其非侨置于辽东甚明。故胡注谓"乐浪郡朝鲜县，以五代志考之，当在隋辽西郡柳城县界"，其说是也。郡侨置后，领县见于史者仅有朝鲜一县。且庾置郡时，仅有张统所率之流民千余家，亦无分置六县之理。洪志尽录《晋志》。所列六县，杨图谓郡治徙辽东，皆失之。**汉郡故壤，则陷于高句骊。其后慕容皝虽破高句丽，毁其都城，然乐浪故坏未尝恢复。**《晋书·慕容皝载记》："咸康七年，皝率劲卒入自南陕以伐高句丽，败之，乘胜遂入丸都，（高句丽王）钊单马而遁，皝毁丸都而归。明年，钊遣使称臣。"按：据载记所叙，皝出兵盖直指丸都，未尝分兵击乐浪郡，故史无复乐浪郡之文。又《魏书·高句丽传》，"钊后为百济所杀"，按百济在今朝鲜半岛南端，盖钊自丸都南奔汉乐浪故地，其后虽称臣于燕，然以丸都残破，殆未尝北还。高丽之定都平壤，疑在此时。其国南与百济相接，故钊后为百济所杀。若乐浪故壤为燕所有，则钊不能南奔，百济亦不能越燕地而戕钊。此慕容皝时燕未尝恢复乐浪郡之明证也。**历前秦、后燕、北燕、后魏，郡皆侨置于魏晋昌黎郡地，汉郡故壤，终莫能复。**《晋书·慕容垂载记》载垂建号之先，高句丽入寇，辽东玄菟遂没，其后为慕容农所复（史不言陷乐浪郡者，盖乐浪故郡陷落已久也），则前秦时乐浪故郡之不隶版籍可知。慕容盛熙之世，后燕与高句丽常相战于辽东，则乐浪故壤仍属高句丽。是前秦后燕之乐浪郡皆因仍前燕侨郡之旧，至慕容熙以后则尽辽水以东悉没入高句丽矣（说详辽东郡表）。**北齐以后，则侨郡亦废矣。**

前汉	后汉	魏	晋	今地
朝鲜 郡治	朝鲜 因	朝鲜 因	朝鲜 因	故城处今朝鲜大同江南岸，其东北与平壤城隔江相望(一)
訒邯	訒邯	省		今地不可考
浿水 莽曰乐鲜亭	浿水	浿水(二)	省	故城在今朝鲜平壤城东北大同江发源处(三)
含资	含资(四)	移带方郡		故城当在今朝鲜大同江南，熊津江源左右(五)
黏蝉	占蝉	省		故城当在今朝鲜丰德县(六)
遂城	遂城	遂城	遂城	故城在今朝鲜平安北道境内(七)
增地 莽曰增土	增地	省		故城当在今朝鲜三和城附近(八)
带方	带方	移带方郡		故城当在今朝鲜汉城西南，熊津江入海处左右(九)

（续表）

前汉	后汉	魏	晋	今地
驷望	驷望	驷望	驷望	今地不可考
海冥	海冥	移带方郡		今地不可考^(十)
列口	列口	移带方郡		故城应在今朝鲜平壤西南^(十一)
长岑	长岑	移带方郡		在屯有之南，今地不可考
屯有	屯有	屯有	屯有	今地不可考^(十二)
昭明 南部都尉治	昭明	省		今地不可考^(十三)
镂方	镂方	镂方	镂方	故城在今朝鲜平壤之东^(十四)
提奚	提奚	移带方郡		今地不可考
浑弥	浑弥	浑弥	浑弥	今地不可考
吞列	乐都^(十五)	移带方		故城当在今朝鲜江原道境内，临津江发源处附近^(十六)
东暆	省			以下七县皆在乐浪郡东部单单大岭之东^(十七) 东暆今地不可考
不而 东部都尉治	省			故城在今朝鲜咸兴府北^(十八)
蚕台	省			今地不可考^(十九)
华丽^(二十)	华丽^(二一)	省		今地不可考^(二二)
邪头昧	省			故城当在今朝鲜江陵府忠州之间^(二三)
前莫	省			今地不可考^(二四)
夫租 即沃沮^(二五)	省			今地不可考^(二六)
		临浿^(二七)	省	今地不可考

（注一）杨守敬《晦明轩稿》王险城考云："《史》《汉》言朝鲜王满都王险，臣瓒曰：'王险在乐浪浿水之东。'……案臣瓒说在浿水之东者，必其城当浿水东南流曲处，故不言南而言东；言东则不在浿水北可知矣。而《水经注》言：'王满都王险城今高丽之国都，城在浿水之阳。'是以平壤城当王险城矣。故《括地志》云：'平壤城即王险城，古朝鲜也。'《后汉书》注：'王险城即平壤。'以后则无不以为典据者。余读《史》《汉》"朝鲜传，而知王险城在浿水之南，平壤城非王险

城也。其证有四。浿水，今大同江之北，而《史》《汉》并言满渡浿水都王险，证一也。楼船将军从齐浮海至列口，左将军荀彘出辽东，是汉以楼船由水道攻其南，左将军由陆路攻其北。楼船先至王险，军败遁山中，进退皆不言渡浿水。左将军击朝鲜浿水西军，是荀彘与朝鲜战尚在浿水之西，未能至王险城，证二也。右渠愿降，遣太子入谢，方渡浿水，太子疑左将军诈杀之，遂不渡浿水，复引归，证三也。武帝灭朝鲜，定为四郡，而乐浪郡治仍名朝鲜，其因王险故城可知。自朝鲜灭后，高丽始兴，都丸都城。至三国时为毌丘俭所破，王奔南沃沮，魏兵退始移都平壤。其时乐浪带方皆为魏属郡，不容高丽以丧败之余，夺其郡治也。"（逊案：杨氏谓魏兵退后，高丽移都平壤，不知何所本。检《三国志·毌丘俭传》，《晋书》《魏书》高句丽传，俱未言魏兵退后高丽徙都平壤之事。《晋书·慕容皝载记》及《魏书》《北史》"高丽传"载皝破钊军，追至丸都，钊单马荻窜，皝掘钊父墓，掠其母妻，毁丸都城而还，则东晋时高句丽尚都丸都，其移都平壤，盖在钊兵败丸都残破之后，非曹魏时所移。且诚如杨氏言，乐浪带方为魏属郡，不容高丽夺其郡治；然屯有以南七县，尚在平壤之南，则环平壤皆为魏地，高丽安能弃其故壤而建都于魏地耶？杨氏此说失之。）"是平壤城非王险城审矣"。逊案：杨氏谓王险城非平壤城，其说是也。近时日人原田淑人乐浪发掘报告，谓大正二年以来，在大同江南岸平壤府西南一里半土城，有"乐浪太守章""朝鲜右尉""訷邯长印"封泥，"乐浪礼官""乐浪富贵""大晋元康"等名识之瓦当出土，近来更有"黏蝉长印""增地长印""长岑长印""浑弥长印""乐都长印"五属县之封泥发现，因定土城为乐浪郡治朝鲜之遗址。更足证明杨说王险城朝鲜县在浿水南之精审矣。

（注二）杨守敬《三国郡县表补正》卷五云："《水经·浿水注》引阚骃《十三州志》：'浿水县在乐浪东北。'疑魏晋尚有浿水县。"逊案：晋志无浿水县，则晋时县常已省废。今于魏时增此县，晋世则省之，从《晋志》也。

（注三）《前汉书·地理志》浿水下云："浿水西至增地入海。"《水经·浿水篇》："浿水出镂方，东南过临浿县东，入于海。"郦注云："许慎云：'浿水出镂方。'一云：'出浿水县。'《十三州志》：'浿水县在乐浪东北，镂方县在郡东。'盖出其县南径镂方也。昔燕人卫满，自浿水西至朝鲜，杨仆荀彘破右渠于浿水，遂灭之。若水东流，无渡浿之理。其水西径朝鲜而西北流，故《地理志》曰'浿水西至增地入海'也。（按增地应在朝鲜之西南，郦注'西北流'应为'西南流'之误。）又汉兴以朝鲜为远，循辽东故塞至浿水为界。考之今古，于事差谬，盖经误证也。”按郦注说是也。据《十三州志》，故城当在今朝鲜平壤城东北，大同江（汉浿水）发源处。地当今朝鲜永兴之西，阳德之南。

（注四）《续汉书·郡国志》作贪资。按县自汉末公孙氏移属带方，魏晋因之。《晋书·地理志》带方郡有含资无贪资，知此“贪”字为“含”字之误。

（注五）《前汉书·地理志》含资下注云：“带水西至带方入海。”陈澧云：“大同江之南，有驹芩山水；又南有临津江水，源流五百里。凡志行千里之水，约得今六百里。列水行八百二十里，正合今五百里，疑即临津江。带水不言里数，其水必短，疑即驹芩山水也。”（《汉地理志水道图说》）按陈说亦近是。惟驹芩山水屈折西南流，与志云西流入海之说不合。《清一统志》卷五百五十谓带水即熊津江，杨守敬从之，（见《前汉地理图》、《续汉郡国图》及《晦明轩稿》、汪士铎《汉志释地驳议》）位含资于熊津江源左右大同江之南，较为得之。

（注六）《汉书·地理志》吞列下云：“列水至黏蝉入海。”按列水即今朝鲜临津江（说详注五），今临津江至朝鲜丰德县入海，黏蝉故城当在其附近。

（注七）杨守敬《前汉地理》《续汉郡国》诸图不详遂成所在地。《晋书·地理志》：“遂成，秦筑长城之所起。”《汉书·朝鲜传》：“秦灭燕，属辽东外徼，汉兴为远难守，复修辽东故塞，至浿水为界。”则浿水（今大同江）西北，皆秦辽东属地。遂成为秦长城所起，自必在浿水以北秦辽东郡界。其后卫满以兵威财物侵降其旁小邑，遂成当以此时入朝鲜。武帝灭朝鲜，或以其地与乐浪接近，遂改属乐浪。今虽不能确指其地，要当在浿水（即大同江）之西北，玄菟郡之西南，今朝鲜平安北道之地。《一统志》卷五百五十谓在今平壤南，盖失之。

（注八）《汉书·地理志》浿水县下云：“浿水西至增地入海。”按浿水即今大同江。大同江至朝鲜三和城入海，当即汉增地县地。

（注九）《汉书·地理志》含资下云：“带水西至带方入海。”按带水即今熊津江，（说详注五）则带方故城当在熊津江入海处左右，今朝鲜汉城西南。

（注十）杨守敬《前汉地理图》注云：“魏以屯有以南置带方郡，以《晋志》照之，是带方、列口、吞列、长岑、提奚、含资、海冥七县，皆在乐浪之南。”

（注十一）从陈澧说，列水为临津江，（说见注五）列口为临津江入海之口，故城应在今朝鲜平壤西南。

（注十二）《魏志·公孙度传》："公孙度分屯有以南置带方郡。"而屯有仍属乐浪，则屯有当在乐浪南境。

（注十三）杨守敬《前汉地理图》云："昭明为南部都尉治，在乐浪之南无疑。"

（注十四）《水经·浿水注》引《十三州志》："镂方县在乐浪郡东。"按：乐浪治朝鲜，在今平壤之南，镂方当在平壤之东南。

（注十五）《续汉书·郡国志》有乐都，《前汉书·地理志》无。谢钟英曰："前志吞列，即后汉乐都也。"（《三国疆域志补注》）杨守敬《前汉图》自注数带方属县亦及吞列，是与谢说同。按乐都位置，于魏应为带方属地。今姑从谢、杨之说，定为吞列之改名。

（注十六）《汉书·地理志》吞列下云："分黎山，列水所出。"按：从陈澧说，列水即临津江，则吞列县分黎山为临津江发源处，故城当在今朝鲜平壤东南江原道境。

（注十七）杨守敬《晦明轩稿·汉志释地驳议》云："按《后汉书·东夷传》言昭帝始元五年罢临屯、真番以并乐浪、玄菟。玄菟复徙居高句骊。自单单大岭以东，沃沮、濊貊，悉属乐浪。后以境土广远，复分岭东七县，置乐浪东部都尉。建武六年，省都尉官，遂弃岭东地。今以《续志》较《前志》，乐浪郡无东暆、不而、蚕台、华丽、邪头昧、前莫、夫租七县，故知此七县属东部都尉。"又《前汉图》自注曰："七县皆当在乐浪郡之东，而华丽、沃沮旧为玄菟所属，此二县当稍北，不而、邪头昧为濊貊之地当稍南；东暆、蚕台、前莫当在其中。"《汉志释地驳议》又云："玄菟治高句丽，高句骊在朝鲜（乐浪郡治）之北。……武帝纪，臣瓒引《茂陵书》：'临屯郡治东暆县，去长安六千一百三十八里，十五县。真番郡治霅县，去长安七千六百四十里，十五县。'是真番远于玄菟千里也。《汉志》东暆属乐浪，《续志》无之，盖在单单大岭以东，属东部都尉，为光武所弃者，是临屯在乐浪之东可知也。……综而言之，是玄菟最北，乐浪在玄菟之南，临屯在乐浪之东。"按东暆为故临屯郡治，当在玄菟属县华丽、沃沮之南，乐浪郡之东。

（注十八）杨守敬曰："《隋书·外国传》，新罗兼有沃沮、不而、韩濊之地。考《汉志》言'不而，东部都尉治'，是不而在乐浪之东无疑也。《三国志·东夷传》：'濊南与辰韩，北与高句骊沃沮接，东穷大海。'又云：'自单单大岭以西（疑即盖马大山）属乐浪，自岭以东七县都尉主之，皆以濊为名，今不耐濊皆其种也。'又云：'正始六年，乐浪太守弓遵以岭东濊属句骊，兴师伐之，不耐侯等举邑降。八年，更拜不耐濊王。'是不耐即濊之一邑无疑也。《一统志》谓在今朝鲜国咸兴府北，是也。"(《晦明轩稿·汉志释地驳议》)

（注十九）从杨守敬说，属乐浪东部都尉，当在故玄菟属沃沮、华丽之南，不而、邪头昧之北。盖不而、邪头昧，杨说为濊貊之地（说见注十八及注二三），据服虔注濊貊在辰韩之北，濊貊南与辰韩接壤，县不能在其南，故知其地必位于不而、邪头昧之北也。

（注二十）杨守敬曰："《后汉书·句骊传》：'元和五年，复与濊貊寇玄菟，攻华丽城。'是华丽初本玄菟属县也。"(《晦明轩稿·汉志释地驳议》)

（注二一）王先谦曰："《魏志·东夷传》：'元和五年，句骊王宫寇玄菟，攻华丽城。'则县固在也。"(《后汉书集解》)

（注二二）按：华丽从杨守敬说属乐浪东部都尉，又尝为玄菟郡属县，则当在乐浪郡东，东暆诸县之北矣。今地无考。

（注二三）杨守敬曰："孟康曰：'昧音秣，《说文》有葳邪头国。'晋灼曰：'葳古濊字，葳、昧音近，是邪头昧即《说文》之葳邪头国，亦即濊貂国也。'服虔曰：'濊貊在辰韩之北，高句骊沃沮之南。'是其地当今朝鲜江陵府忠州之间。"(《晦明轩稿·汉志释地驳议》)

（注二四）前莫从杨守敬说，属乐浪东部都尉，在乐浪郡东部地，当华丽、沃沮之南，不而、邪头濊之北，今地无考。

（注二五）杨守敬曰："《后汉书·东沃沮传》：'武帝灭朝鲜，以沃沮地为玄菟郡，后为夷貊所侵，徙居于高句骊西北，更以沃沮为县，属乐浪东部都尉。'《魏志》同，是玄菟初治沃沮也。"自注："今本《汉志》乐浪无沃沮县，而有夫租县，此为沃沮之误无疑。"(《晦明轩稿·汉志释地驳议》)

（注二六）按沃沮初属玄菟，后属乐浪东部都尉，当在乐浪东部，故临屯郡治东暆之北，而与华丽县相近。

（注二七）杨守敬《三国郡县表补正》卷五云："《水经》：'浿水出乐浪镂方县东南，过临浿县东，入于海。'《两汉》《晋志》并无临浿县，《水经》作于三国时人，当是曹魏时所置而旋废也。"

带方郡

带方郡地在两汉属乐浪，汉末公孙氏据有辽左之地，乐浪郡亦属焉。建安中，公孙康分屯有县以南荒地置带方郡《魏志·东夷传》。魏灭公孙氏，带方郡仍旧未废，领县七。《晋书·地理志》带方郡下领县凡七。吴增仅《三国郡县表》于曹魏带方郡领县悉依《晋志》，今从之。景初二年（公元二三八年），置平州，郡属焉，寻复还合幽州。晋因之，领县七。咸宁二年（公元二七六年），置平州，《晋书》本纪在泰始十年，此从《地理志》。郡复属。永嘉乱后，郡陷于高句丽。《通鉴》愍帝建兴元年，"辽东张统据乐带方二郡，与高句丽相攻……统率其民千余家归（慕容）廆，廆为之置乐浪郡"。据此，则此时郡与乐浪同陷于高句丽矣。其后高句丽屡与前燕后燕相攻，然乐浪郡终未尝为燕所复（说详乐浪郡表），带方在乐浪之南，其未隶燕之版籍可知矣。前燕、后燕、北燕侨置郡于晋昌黎郡地。《通鉴》咸和八年，"慕容皝以带方太守王诞为左长"，是前燕有带方郡也。《通鉴》太元十年，"燕带方王佐与宁朔将军平规共攻蓟"，是后燕有带方郡也。《魏书·冯跋传》："世祖亲征之，文通婴城固守，其乐浪、玄菟、带方……六郡皆降。"是北燕有带方郡也。前秦有带方郡否，虽无可考，然三燕皆有此郡，当秦之世，疑未尝闲废。北燕覆灭，侨郡亦废。

魏	晋	今地
带方郡治	带方因	故城在今朝鲜西南熊津江入海处附近，说详乐浪郡表注九
列口	列口	故城在今朝鲜平壤西南，临津江至县入海，说详乐浪郡表注十一
乐都	南新(一)	故城在今朝鲜江原道临津江源左右，说详乐浪郡表注十六
长岑	长岑	今地无考
提溪	提溪	今地无考
含资	含资	故城在今平壤东南，熊津江源左右，说详乐浪郡表注五
冥海	海冥	今地无考

（注一）《晋书·地理志》带方郡有南新无乐都。汪士铎《汉志释地》云："晋改乐都为南新。"今从之。

（《国立中央研究院历史语言研究所集刊》第六本第四分）

书报提要：《东北史纲》第一卷（1933）

傅斯年编著

民国二一年十月中央研究院历史语言研究所发行

全书一三七页定价六角

曩在广州，值济南惨案爆发，傅先生痛愤异常，即语余，以后当攻治于国事有关之史地学，稍尽书生报国之心情。今果于强邻霸占东北之际，出此东北固吾旧业之契据，以昭告世人，而杜日人"满洲非支那领土"之詟说。想国人于创巨痛深之际读之，当无不曰"应有是作"也。

本册首有引语，述编此书之动机。读者于此，自表无限之同情。次论用"东北"一名词不用"满洲"一名词之意义。其分期分编之计划，则并见于预告之编名。正文所涉范围，自最初期迄隋前为止。第一章渤海岸及其联属内地上文化之黎明，分东北与中国北部在远古为同种，肃慎、挹娄、女真，朱蒙天女玄鸟诸神话，殷商与东北四节述之。第二章燕秦汉与东北。第三章两汉魏晋之东北郡县，附以余逊君所编汉至隋东北诸郡县沿革表。第四章西汉魏晋之东北属部，先录正史史料，而后以地望、族类、文化等分解之。第五章汉晋间东北之大事，即著其经营东土，成绩昭彰者。

国史浩如烟海，边地载记，尤为凌乱繁复。一经著者爬梳，颇呈一犁然之面目。所下断语，扼要不支。间附图表，亦尚明备，经营之勤，显然可见。

本书出版以来，有邵循正、缪凤林二先生之评文。（邵文见《大公报》五月一日文学副刊，缪文见《大公报》六月文学副刊。）凡是书之优点及牵引傅会与疏漏处，均见于二文，读者可取参阅。兹惟就管见所及，再粗述一二，为备所未备焉。

（一）国史自昔即有辽东隶青州之记载（汉光武曾以辽东属青州，犹存古意），而日本鸟居龙藏则以旅顺石斧与登莱所见者颇类似，是皆我文化拓殖于东土甚早之明证。（二）本书引《史记·匈奴传》燕有辽东朝鲜（页二九），缪文则举燕将秦开之破东胡，为其国势扩张之关键，并云开在燕昭王、周赧王时。按《燕策》，苏秦说燕文侯（在周显王时）已云"燕有辽东朝鲜"，《山海经》且云"倭属燕"，虽曰《山海经》未足为据，要此传说已早有之。（三）公孙氏据有辽东（页一二九），实与南方孙吴海上交通频繁，所谓"葛越布于朔土，貂马延于吴会"（晋孙楚语），固有关于南北文化之交流，亦不容忽视。（四）本书纪北燕冯氏以刘宋元嘉七年后若干年灭于北魏，并注云"史未记其亡年"（页一三六）。按此在《晋书》则然耳；《魏书》固载其于太延二年（公元四三六，宋元嘉十三年）国破，后亡入高丽（并云居高丽二年为所杀）矣。《晋书》载冯氏垦田植桑，则亦与东北开化有关系。按：是时边疆似颇注重蚕桑：慕容廆通晋，求种江南，而平川有桑息。凉张天锡归晋，称北方之美者桑椹。又凉燕皆有"桑为有生之本"一语，此亦讲求华化之一端也。）

全书共分五卷，见于本书之附告，所列其他四卷，亦均国内著名学者执笔，今录其书名与著者于次：第二卷，隋至元末之东北。（方壮猷）第三卷，明清之东北。（徐中舒）第四卷，清代东北之官制及移民。（萧一山）第五卷，东北之外交。（蒋廷黻）本书自太古至隋，则傅君之作，原定第二卷等同时出版，但至今未见。所望陆续公世，更为精备，以慰读者之望，为民族争主权之有力论据，且期有助民族精神之发扬也。

溯自清季以降，疆事日坏，国人乃渐注意于边史，而研究西北地理者尤迈盛。顷以感痛愈深，始渐及于东北。顾日人探险东北史地，已远在二十余年之前，国人实瞠乎其后；然嗣是若能急起直追，要亦可使邻邦勿笑"秦无人"也。至西北及西南，窥伺思逞者，尤不一而足，形势危急不待言喻。国内史家，亦应急事整理史纲，俾国人毋"数典忘祖"，知保守先业，使异族不得效日人故智，发为诬妄之论调。（如英人研究西藏之书甚多，已有咄咄逼人之辞）是固学者所责无旁贷者也。（定域）

书评：《东北史纲初稿》（1933）

陈绍箕

傅斯年编著　　国立中央研究院历史语言研究所发行

定价银六角　　中华民国二十一年十月初版

从"九一八"事变以至今日正在热河扮演的历史剧，它的严重性和其影响的扩大性，尽人而知将愈陷于不可收拾的状况；将来扩大到如何程度，它的结局如何，要待事实证明，此时谁也不敢来妄事逆料。但是一种事机的造成，自有其发生的背景和其所以必然的条件，绝非凭空而起。东北何以演成今日的局面，这也有它的原因。"九一八"事变的爆发，盖有数千年的历史演进有以促成——至少也是近数十年来的国际错综复杂的外交和我全民族的不自振作有以酿成。唯是事变主角，我民族也是其中之一，虽然人为刀俎，我为鱼肉，我既不能离亚东而生活，终究脱不掉这无情的舞台；因之吾们对本问题就不能不下一种深刻的研究。本书的目的，就是要从历史的演进告诉我们东北事变的所以演成，想亦吾全国同胞所亟欲熟读的吧！

全书计分五卷，由中央研究院五位研究员编成：（一）古代之东北，乃傅斯年君所撰，其立场完全以针对日本人近以"满蒙在历史上非支那领土"的一种妄说而发，唯仍以科学眼光来反驳，丝毫没有什么揣测的论断。（二）隋至元末之东北，撰者为方壮猷君。（三）明清之东北，撰者为徐中舒君。（四）清代东北之官制及移民，撰者为萧一山君。（五）东北之外交，撰者为蒋廷黻君。据著者告白，谓文稿及图稿均已写定付排，预计去年底即可出齐，但直至现在，我们只得读傅君所编的古代之东北。

本卷亦分五章，（一）渤海岸及其联属内地上文化之黎明，傅先生由人种的历史的地理的反驳日人立说的错误，并说明东北在远古即是中国之一体。他在章末云："……此系近代科学所寻求供给吾等之知识，有物质之证明，非揣测之论断。"（原书二五页）他盖从人类学考古学及古代东北各部落神话中证明东北部族之习俗生活，与中国殷商民族之神话传说实两无二致，此殆为全书中之最精彩处，也就是最得力处。（二）燕秦汉之东北，傅先生先从《史记·始皇本纪》自序，《朝鲜列传》、《魏略》（引《三国志》）及《汉书·地理志》《晋书·地理志》等录出重要史料，求得燕秦汉与东北之关系，如下列之步骤：

"一、周汉时之朝鲜，初为箕子后人之国，继为卫满自王之地，较之南粤与中国之关系更近。

二、燕时辽东及朝鲜之一部皆属燕，其建置之可考者有辽东郡。——《史记·匈奴传》

三、秦代之东北境有辽东郡，辽西郡，渔阳郡，右北平郡，皆燕时所置——《匈奴传》——更以朝鲜外徼。燕秦时，今朝鲜西境皆臣服于中国，最南所及，已至今朝鲜京城之南。

四、汉兴，稍向内撤守御，'复兴辽东故塞，至浿水——今大同江——为界，属燕'。然辽东仍为重镇，有高庙（汉高帝之庙）。

五、汉武帝以朝鲜王右渠不恭顺为借口而东伐，定其全部，置真番、临屯、乐浪、玄菟四郡，其北境之部族皆率服，其南境之三韩——马、辰、弁——皆入贡。于是朝鲜半岛与今所谓南满及东海滨州者皆统一于中国之治焉。……"（原书二九—三〇页）

傅先生次从扬雄《方言》书中亦证辽东辽西及朝鲜诸郡久为燕秦汉代之中国人所居，共成一个中国语之方言区。他在章末并引日人滨田耕作之言，以证己言之不诬，藉此亦足见日本学者亦认东北确为我土。（三）两汉魏晋之东北郡县，傅先生对汉至隋代东北诸郡县之沿革变迁，考释颇详，且精制成表，尤易识别。章首对素来难决之真番郡亦加厘订，可谓一种新发现。（四）两汉魏晋之东北部属，分上下两大段：上段为各属部史料之搜集，所据大半出诸正史。下段为分解，对各部属之地望、族类、文化、语言、习俗，以及诸属部之变迁，诸属部民族之演变，均有详尽的讨论。其在讨论朝鲜语云："……今朝鲜语与四邻各语之关系皆不明了。朝鲜语中汉字极多，然皆是借字；亦有与日本语偶合之点。……然此只是渺小的偶同，绝不能曲成日韩语同源之一说。……（若）持此内含不明之名词以括源流尚未晓知之语言，实难有科学的弋获；徒为国别的成见及政治的喧嚷而已。……"（原书一二四——一二五页）确有学者见地，非妄自揣断之日人可比。（五）汉晋间东北之大事，傅先生择要述曹操征乌桓，公孙氏据辽东，毌丘俭平高句骊，慕容廆创业辽西诸点，而曹氏之平乌桓阻遏五胡乱华之势者五十年，傅先生认为有功于吾民族文化者颇大，诚以乌桓一平而沦落，五胡之乱，乌桓氏无力与之也。

全书约有八万言，其主要之点及特殊之见解，大略如上，卷首且附有引语一篇，说明著者等编辑本书的动机；论本书用"东北"一名词不用"满州"一名之义一篇，说明日本人及西洋人之图籍中称东三省为"满州"之错误及"满州"一词之原委，藉此亦可以矫正我国一般人之错误观念。老实说，近年我国学者著书立说之以"满州"名东省者，的确也是不少。

全卷大体上实值一读，且可为日人主"东北在历史上非支那领土"者之一当头棒。但其中信王国维《殷周制度考》而以殷人兴于东方，故其亡也箕子亦避回故居，大有商榷之余地。因为原始华族大抵沿黄河自西而东，如夏人、周人、秦人都是，而商人何独由东向西，实属可疑，且以近来人类学者考古学者之考定，亦皆以中亚为世界人类的摇篮（The Cradle Place of Men），所有人类，都是由中亚散往四方，何商民族得以例外？关系此点拟撰文商权，如能脱稿，当就教于傅先生。

末了我们希望该院印刷处能于短期内将余卷赶印出版，公诸国人，因为东北问题虽日趋严重，至今国人对东北问题未能明了者尚大有其人哩！

二二，二，二七夜九时于沪西瓦房中。

（《大夏周报》1933 第十七期）

评傅斯年君《东北史纲》卷首（1933）

缪凤林

　　《东北史纲》一书，中央研究院历史语言研究所发行，共分五卷，现已出版者仅第一卷一册，撰述者傅君斯年，标目古代之东北，即自最初期至隋前之东北史也。自篇首引语外，书凡五章。（一）渤海岸及其联属内地上文化之黎明；（二）燕秦汉与东北；（三）两汉魏晋之东北郡县；（四）两汉魏晋之东北属部；（五）汉晋间东北之大事，全书一三七页，直录史文者约四十余页，又三章中"汉至隋东北诸郡县沿革表"四十五页，为余逊君撰，而书之首末列编辑撰述者若干人，独无余君名。本文所评，以傅君著述部分为主，盖余君之表，虽间有疏漏，（如汉光武以辽东等属青州见《晋志》、北周郡县见《隋志》，表皆缺，余亦间有误处，以非傅君著不详论。）远不及傅君部分之多。傅君所著虽仅寥寥数十页，其缺漏纰谬，殆突破任何出版史籍之纪录也。

　　傅君谓"商之兴也自东北来"，"汤之先祖已据东北为大国，此说见吾所著民族与中国古代史"①，今"民族与中国古代史"尚未出版，吾人不欲于此大胆的假定，多所论列。惟本书谓"中国内部移出之记载，最早者有箕子之建东封"。② 故于第一章中论朝鲜与箕子之故事，历引《尚书大传》《史记·宋世家》《汉书·地理志》之说。而于《吕氏春秋》《史记》所载，孤竹君二子伯夷、叔齐由东北至中国及小司马《索隐》所引旧传殷汤封孤竹君事，绝口不道。

　　《吕氏春秋·诚廉篇》："昔周之将兴也，有士二人处于孤竹，曰伯夷、叔

---

① 二四页。
② 一一〇页。

齐。二人相谓曰：'吾闻西方有偏伯焉，似将有道者，今吾奚为乎此哉。'二子西行如周，至于岐阳则文王已殁矣。"

《史记·伯夷列传》："其传曰，伯夷、叔齐，孤竹君之二子也。父欲立叔齐，及父卒，叔齐让伯夷，伯夷曰'父命也'，遂逃去。叔齐亦不肯立而逃之，国人立其中子，于是伯夷叔齐闻西伯昌善养老，盍往归焉。及至，西伯卒，武王已平殷乱，天下宗周，而伯夷、叔齐耻之，义不食周粟，遂饿死于首阳山。"《索隐》："其传盖《韩诗外传》及《吕氏春秋》也①，其传云，孤竹君是殷汤三月丙寅日所封。相传至夷齐之父名初字子朝，伯夷名允字公信，叔齐名智字公达，《地理志》：孤竹城在辽西令支县。应劭云：盖伯夷之国君，姓墨胎氏。"

《尔雅》释地："觚竹北户西王母日下，谓之四荒。"觚竹即孤竹，《汉书·地理志》：辽西郡令支县下。班固注曰："有孤竹城。"颜注引应劭曰："古伯夷国，今孤竹城。"其地约在今迁安县西。虽在今长城之内，在古则属辽西范围。《索隐》又引应劭云："伯夷之国君姓墨胎氏。"胎或作台②，古音如怡。③《史记·殷本纪》"殷之同姓，其后分封，以国为姓，有目夷氏"，则墨台或即殷同姓目夷氏，故其后嗣耻食周粟欤。傅君谓殷商与东北有关系，又认周初箕子之往东北为实事，则殷汤之封国辽西，与殷末东北中国间有通道。夷齐自辽西而至中国，皆为可有之事。藉谓其事出于吕览及汉人之传说，则箕子之往朝鲜傅君所引以证成其说者亦不出汉人之《尚书大传》与《史》《汉》其为汉人之传说均也。况《史记》列伯夷于传首，而箕子与朝鲜之关系则仅《宋世家》中附著一语，《朝鲜列传》且不著一字，由史公观之箕子之往朝鲜，或尚不及夷齐由孤竹东来之确实乎。

箕子之名始见于《易》④：

---

① 按今本《韩诗外传》无此文，盖小司马所见本与今异，下文"其传"云云，疑亦本《韩诗外传》。
② 据《路史》。
③ 《书·汤誓》"非台小子"可证。
④ 汉师有以非人名解者，兹不取。

《易》："明夷利艰贞。象曰：利艰贞，晦其明也，内难而能正其志，箕子以之。六五，箕子之明夷。利贞，象曰：箕子之贞，明不可息也。"

而箕子之化朝鲜，其事至《汉书》始详，盖自汉武夷朝鲜为郡县，朝鲜古史传说遂入中国也。（今平壤西北之箕子陵，则为宋徽宗时高丽肃宗所作，见郑麟趾《高丽史》六十三。）此传说或实有其事，或为后世汉族王朝鲜者所假托。（魏晋时汉族至日本者，亦多自称秦皇汉帝之后裔。）今虽不可考，然箕氏朝鲜以箕子为初祖，箕子为《易传》中人物，而秦时朝鲜王名否，否为《易经》卦名，否子名准。《易·系传》亦有"易与天地准，故能弥纶天地之道"之言。卫氏朝鲜都王险，为汉世乐浪郡之治所，而名义亦取诸《易·象传》"王公设险以守其国"。[1] 乃至汉代分置郡县，其名义亦多本于《易》，如"临屯"为《易》二卦名。

"含资"本《上象传》"至哉坤元，万物资生，乃顺承天坤，厚载物德，合无疆，含弘光大，品物咸亨"。

"遂成"本《易·系辞传》"参伍以变，错综其数，通其变，遂成天地之文"。

"屯有"，《易》有屯卦及大有卦。

"昭明"本《易·下象传》"明出地上晋，君子以自昭明德"。

观"真番"、"临屯"[2]、"高勾骊"、"朝鲜"、"浿水"[3] 诸名，其成立皆在箕氏朝鲜时，而汉取以名。郡县地理志所载汉代新定郡县之名，亦未闻取义于《易传》，则"含资""遂成""屯有""昭明"诸称或亦箕氏朝鲜时所本有。先秦时代中国文化在朝鲜之影响确实可据如是，非若箕子封朝鲜之仅为汉人传说也，然傅君则概未论列焉。傅君又谓"中国对四裔部落每多贱词，独于东夷称之曰仁"，而引《说文》"儿，仁人也，古文奇字人也"。之文又附加按语曰："按：儿当为夷之奇字。"[4] 考《说文》，人（𠘳）为籀文，象臂胫之形，或象人之立。儿（𡰯）为古文奇字，象股脚诘诎，或象人之行。至人之义见于人部者，曰天地之性最贵者也。见于大部者，曰大象人形，天大地大，人亦大焉。段注以"人""大"二字解释人

---

① 后世高丽时代备女真侵寇，于东北界设镇曰公险，亦本此文。
② 汉郡名。
③ 汉县名。
④ 一一页。

义已足，故于儿下"仁人也"三字，斥为俗本妄添其说甚是，今即谓俗本可从。然儿字与夷字何关？虽金文中夷字多作尸字[1]，尸（ ７ ）亦为横陈之人，此盖"尸""夷"古音相通，则然若儿则惟象人之下部，（《说文》引孔子曰儿在下故诘诎）音亦与夷绝不类。傅君凭空谓儿为夷之奇字，真令人有仰天而谈之感，抑"中国对四裔部落每多贱词，独于东夷称之曰仁"，曰人明其与中国不殊，《说文》中实有明证。

《说文》羊部："羌，西戎，羊种也，从羊儿。南方蛮闽从虫，北方狄从犬，东方貉从豸，西方羌从羊，此六种也。西南僰人焦侥从人，盖在坤地，颇有顺理之性。唯东夷从大，大人也夷俗。仁，仁者寿，有君子不死之国。孔子曰：道不行，欲之九夷，乘桴浮于海，有以也。"

又大部："夷，东方之人也，从大，从弓。"段注："大象人形，而夷篆从大，则与夏不殊。'夏者，中国之人也。'从弓者，肃慎氏贡楛矢石砮之类也。"

然傅君则不知引以证成其说，惟引毫不相干之儿字，又据俗本且妄谓儿为夷之奇字焉。战国时，辽东与朝鲜之一部属燕，本书第二章备述之。然燕国何以能扩张势力至辽东？更由辽东而及于朝鲜半岛，其中关键何在？则秦开之破东胡是也。

《史记·匈奴列传》："赵武灵王北破林胡、楼烦，筑长城，置云中、雁门、代郡，其后燕有贤将秦开，为质于胡，胡甚信之，归而袭破走东胡，东胡却千余里。与荆轲刺秦王秦舞阳者，开之孙也。燕亦筑长城，自造阳至襄平，置上谷、渔阳、右北平、辽西、辽东郡以拒胡。"

东胡种族所在，《史》虽不言其何地，据《匈奴列传》"东胡王西侵，与匈奴间中有弃地莫居千余里，各居其边为瓯脱""冒顿东袭击东胡"之文，知东胡在匈奴之东，自为冒顿所灭，其余类犹保乌桓山、鲜卑山，为后日之乌桓、鲜卑部落。（地当后世之东部内外蒙古）当其强大，其势力必由今热河而至辽宁，秦开之袭破走东胡，以秦舞阳为开孙推之，大约在燕昭王世。[2]

时当燕之全盛，东胡既却走千余里，燕遂占有造阳（今独石口）至襄平（今

---

① 如会鼗簋克狄淮夷、子伯盘至于南淮夷，夷皆作尸。

② 据吕祖谦《大事记》、黄式三《周季编略》，皆系此事于赧王十五年，与赵武灵王破林胡、楼烦同年，时为燕昭王十二年。然观《匈奴列传》"其后燕有贤将秦开"云云，必在此年后也。昭王立三十三年卒，下距荆轲刺秦王凡五十二年，开孙与荆轲刺秦王，开必在昭王世也。

辽阳）之地，起长城以为界，置上谷、渔阳、右北平、辽西、辽东五郡。开复率其劲旅，长驱东进，越鸭绿江而服属朝鲜半岛之一部，《魏略》所称"箕子之后朝鲜侯自称为王，后子孙稍骄虐，燕乃遣将秦开攻其西方，取地二千余里，至满番汗为界，朝鲜遂弱"，与《史记·朝鲜列传》所载"自始全燕时，尝略属真番朝鲜，为置吏，筑鄣塞"即其事也。其后秦之长城及东北诸郡，大抵因燕之旧，然使秦开不先袭破东胡，决不能占地至辽东，起长城，置郡于其间，更不能攻朝鲜之西方，取地二千余里也。本书第二章历引《史记》《汉书》《魏略》等关于燕秦与东北关系之史料，乃独不引《匈奴列传》，其结论虽两引《匈奴传》，谓："综合以上之史料，可说明燕时辽东及朝鲜之一部皆属燕。其建置之可考者，有辽东郡。① 秦代之东北境，有辽东郡、辽西郡、渔阳郡、右北平郡，皆燕时所置。"② 微论其上文所引之史料，并无《匈奴传》。"综合以上"云云，自语相违，而秦开之破走东胡及其与燕国拓境东北之关系，仍置而不论。盖傅君以东胡为夫余、句骊之统治族，以秦开之破东胡，为东胡向东迁移，东至夫余、句骊而臣服其部落之关键，而非燕国扩张势力至东北之关键，故于第二章不引《匈奴传》此文，不提秦开一字，反于第四章论东北部落种族时，引此文而详释之：

> 《东北史纲》："汉魏晋时东北诸部之族别三，曰夫余、句骊统治族，此族与中国古代民族有密切之关系，然则将自中国而往乎。细玩《魏志》文义，当知其信然。《魏志·夫余传》云'国之耆老自说古之亡人'曰亡人，而不曰自何处亡，则应是自中国亡者，方可省此以成此文句。下文果云：'今夫余库有玉璧珪瓒，数代之物，传世以为宝，耆老言：先代之所赐也。其印文言濊王之印。国有故城，名濊城。盖本濊貊之地，而夫余王其中，自谓亡人，抑有似也。'所谓玉璧珪瓒，正是中国之文物，所谓耆老言'先代之所赐'，汉之先代，正是周秦。此明明言自中国之边境出亡而往夫余，其结语云：'自谓亡人，抑有似'者，中国史家固承认其传说矣。此明明记载于《后汉书》《魏志》之义，后人忽而不察者，盖因《后书》等记其神话，皆云北夷索离国王子东明逃

---

① 见《史记·匈奴传》。
② 见《匈奴传》。

亡，南渡掩淲水，至夫余而王之，故后人皆以夫余王室自北而来，然此神话同样见于高句丽及百济部族中，历世传袭，不因迁地而变，诚不可以地理求之。然则夫余统治者果于何时自中国边境亡而往夫余乎？循周秦之史迹，此一事件，不在燕赵拓土之年，即当冒顿东并之日。《史记·匈奴传》云：赵武灵王亦变俗，胡服，习骑射，北破林胡、楼烦，筑长城，自代并阴山下，至高阙为塞。而置云中、雁门、代郡，其后燕有贤将秦开，破走东胡，东胡却千余里。燕亦筑长城，自造阳至襄平，置上谷、渔阳、右北平、辽西、辽东郡以拒胡。以时代及地望求之，此其东胡向东北亡之时矣。传又云东胡初轻冒顿不为备，及冒顿以兵至击，大破，灭东胡王而虏其民人及畜产，此又东胡灭国之时也。东胡在周末为强族，内容甚复杂，所谓林胡、楼烦、山戎者，亦不知其是匈奴别部，或是东胡。但知其与中国关系不少耳，东胡裔有乌桓、鲜卑，然皆非近于中国者，其近于中国之东胡部，不容于灭后尽失其踪迹。秦时中国统一于南，匈奴统一于北，东胡、山戎等之迁移，必东其方向。东方土著之貊，是城郭之族，农业之民，兵力当不及东胡、山戎等，则东胡或山戎、林胡、楼烦之伦，以亡人而臣服其部落，正其当然之事，然则夫余、句骊之统治阶级，东部胡类之遗，而阴山之故族也。"

寻《魏志》《魏略》《后书》《魏书》记载：夫余，高句骊之文，颇有同异，《魏志》首言夫余地望政俗及出产，次述礼俗历史，及其与中国之关系，中夹"国之耆老自说古之亡人"一语。"国"即夫余，"国之耆老自说古之亡人"即夫余之耆老自说夫余族非夫余之土著，乃系他处逃亡而来之人。末乃证明其地本濊貊之地，曰："其印文言濊王之印，国有故城，名濊城，盖本濊貊之地，而夫余王其中，自谓亡人，抑有似①也。"盖夫余族所王之地，本为濊貊之地，其证有二。国有故城，名濊城，一也。其印文言濊王之印，二也。故曰："盖本濊貊之地，而夫余王其中。"其曰："自谓亡人，抑有似也。"夫余所王之地，既本濊貊之地，则夫余耆老自说古之亡人，自可信也。至"今夫余库有玉璧珪瓒，数代之物，传世以为宝，

---

① 何焯云似当作以。

耆老言，先代之所赐也"云云，接上文"汉时，夫余王葬用玉匣，常①豫以付玄菟郡。王死，则迎取以葬，公孙渊伏诛，玄菟库犹有玉匣一具"之后，亦言夫余与中国之关系。"今"与"汉"对举，或指魏时，或指寿修史时，"先代"与"今"对举，则指汉时，以史载夫余与中国之关系自汉始也。然《魏志》虽言夫余所王，本为濊貊之地，而此夫余亡人自何处逃亡而来，则置而不论。鱼豢《魏略》则取旧志之说，谓橐离王者侍婢所生之东明，渡水都王夫余之地，与《论衡·吉验篇》略同。裴松之注《魏志》引之，次于《夫余传》末"自谓亡人抑有似也"之下。范蔚宗亦信此旧文之说为真，故《后书·夫余国传略》述地望后，即曰"本濊地也"。下文直接东明王夫余之事，凡《魏志》所叙"自谓亡人"与证明本为濊地之说，概从删削，盖承祚仅信夫余所王，本为濊地。史文侧重证明此点，而旧志东明王夫余之说，承祚意不信之，故仅明其"自谓亡人"而止。蔚宗则两信之，故《后书》史文与《魏志》大异也。至高句骊族，《魏志》仅曰"东夷旧语以为夫余别种，言语诸事，多与夫余同，其性气衣服有异"，《后书》则曰"东夷相传以为夫余别种，故言语法则多同"，皆无自夫余王子逃亡而来之说。至魏收《魏书》始，言高句骊先祖自夫余王子逃亡而来。今传东史，自好大王碑以下皆然。旧志所传夫余始祖之神话，遂变为高句骊始祖之神话，寻《魏书》"高句骊者，出自夫余，自言先祖朱蒙"云云，则高句骊始祖之假托夫余始祖事，在魏晋以后，意者东夷盛传旧志夫余之神话，高句骊旧传为夫余别种，遂窃取此神话，神其始祖之所自出，以增民族之光荣欤。至百济，则相传立国始于夫余王东明之后仇台，与夫余同出一源，故诸史百济传所述夫余王东明之神话，即《论衡》《魏略》《后书》之神话，与高句骊之"自言先祖朱蒙"云云，又不同也。诸史之异同可考者如是。惜傅君读之全不得其解，又好为曲说，其所言遂无一语不误。如曰"夫余句骊统治族"云云，曰旧史四夷传或举种族，或称国号，或举地名，苟无专属之名，则三者往往通用，汉时王夫余（惟本为濊地）者，夫余族也。王高句骊者，高句骊族也，不得别称之为夫余句骊之统治族也。如曰"《魏志》曰亡人，而不曰自何处亡，则应是自中国亡者，方可省此以成此文句"云云。旧志虽有夫余自橐离逃亡而来之说，为《魏志》所不取，承祚亦不知其自何处亡来。故仅曰亡人，而不曰自何处亡。诚知

_____

① 《后汉书》"常"上有"汉朝"二字。

其自中国亡者，则当如《魏略》《后书》言其自某处亡来，不当曰亡人也。如曰
"耆老言先代之所赐，汉之先代，正是周秦，此明明言自中国之边境出亡而往夫余，
其结语云：自谓亡人抑有似者，中国史家固承认其传说矣"云云。曰先代者，对上
文"今"字而言，乃魏晋之先代，非汉之先代，亦非是周秦，以史载夫余与中国之
关系自汉始也。玉璧珪瓒之赐，与玉匣之赐同，此明明言夫余有汉赐之玉璧珪瓒。
不谓其民族自中国之边境出亡而往也，中国史家固承认其传说，然仅承认夫余耆老
自谓亡人之传说，不承认其自中国出亡而往，夫余耆老亦无自中国出亡而往之传说
也。如曰"此明明记载于《后汉书》《魏志》之义，后人忽而不察者"云云。曰
《魏志》止记其为亡人，《后汉书》则记其自索离亡来，皆无自"中国边境出亡而
往"之义，史文甚明，后人自傅君外，亦无忽而不察也。如曰"《后书》等记其神
话，然此神话同样见于高句骊及百济部族中"云云。曰《论衡》《魏略》及《后
书》所载之神话，仅夫余有之，高句骊无有也，高句骊有此神话，事在魏晋以后，
时句骊为东夷第一强国，以东夷盛传夫余始祖之神话，而句骊旧传为夫余别种，遂
窃取夫余之神话，以神其始祖所自出也，至百济有此神话，因百济之先出于夫余之
东明，（犹商之先出于契，故有契之神话）其事与高句骊异，不可相提并论也。至
夫余亡人究为何种故族，究自何处亡来，则当日夫余耆老，已不自知，以承祚之博
闻，亦存而不论。旧传虽有自橐离逃亡而来之说，为鱼豢范晔所信，亦不过一种传
说，吾人今日所能言者，亦仅陈寿、鱼豢、范晔三家之异同，过此以往，惟有阙疑
慎言，至秦开之破东胡，则为燕国扩张疆域至东北朝鲜之关键，东胡为冒顿灭亡之
后，史仅载其余类为乌桓，为鲜卑，王沉《魏书》[1]，《魏志》，及《后书》并同，
诸史所载夫余为农业民族，亦与东胡及其后之乌桓、鲜卑之为游牧民族者异，故谓
东胡东迁夫余句骊云云，不特史无佐证，且绝无踪迹可寻，要皆无征不信之谈，如
傅君之说，则《魏书》《魏志》及《后书》等东夷传，必当曰："夫余者，东胡也。
汉初，匈奴冒顿灭其国，余类东亡夫余，因以为号焉。""高句骊者，亦东胡之余
也，别亡高句骊，因以为号焉。"诚起夫余耆老于地下，必将惊叹感激，而王沉、
陈寿、范晔有知，亦当远愧不如也。

　　自隋以前，中国之统治东北，以汉世为盛。然辽西、辽东之置郡，犹在汉前，

---

　　[1] 《魏志·东夷传》注引。

乐浪、玄菟之置郡，亦始武帝时，而东北在两汉统治下之实在状况，西汉时鲜有可考，元帝时，薛宣曾为乐浪都尉丞，史称宣所在而治，为世吏师。① 而宣在乐浪之治迹不著，惟《后书》载。王莽时逢萌客于辽东，足征其地在汉末较中朝为安定耳。

　　　　《后汉书·逸民传》："逢萌，北海都昌人，之长安，学通《春秋》经。时王莽杀其子宇，萌即解冠挂东都城门，归将家属浮海，客于辽东。及光武即位，乃之琅邪劳山。"

东汉之可考见者，亦以战争为多。光武明帝之世，祭肜为辽东太守几三十年，威信畅于北方，西自武威，东尽玄菟及乐浪，胡夷皆来内附，野无风尘，后卒京师，辽东吏人为立祠，四时奉祭。② 然史亦第美其清约，而他治绩不可见，宋京以大夏侯尚书教授，至辽东大守，史且不详其行事。③ 崔骃博学有伟才，和帝初，窦宪察骃高第，出为长岑长④，骃自以远去不得意，亦不之官而归⑤。他如种暠，牧民之良干。⑥ 桓帝初，辽东乌桓反叛，暠转辽东太守，而史仅称曰："乌桓望风率服，拜迎于界上。"⑦ 公沙穆列，名方术，桓帝时迁辽东属国都尉，史亦仅曰"善得吏人欢心"⑧，惟安帝"永初二年冬十月庚寅，禀济阴山阳玄菟贫民"⑨，足征当时东北边郡饥荒，与内地同受赈恤。又时北匈奴入辽东，拜陈禅辽东太守，胡惮其威强，退还数百里，禅使吏卒往晓慰之，单于随使还郡，禅于学行礼，为说道义，以感化之。单于怀服，遗以胡中珍货而去。⑩ 可知当时辽东亦有学校⑪，证明班固

---

　　① 《汉书》本传。
　　② 《后书》本传。
　　③ 《后书》无宋京传，仅于《宋意传》首附著一语：意为京子，少传父业，明帝时举孝廉。则京为辽东太守，盖在光武或明帝世。
　　④ 乐浪郡属县长。
　　⑤ 《后书》本传。
　　⑥ 《后书·左雄传论》。
　　⑦ 《后书》本传。
　　⑧ 《后书》本传。
　　⑨ 《后书·安帝纪》。
　　⑩ 《后书》本传。
　　⑪ 按：郡国之学校官始前汉武帝时。

"四海之内，学校如林，庠序盈门"之说为不诬耳。① 自日本灭朝鲜，八道古迹，肆志搜访，汉世遗物，时有发见，如大同江南平壤府西南土城出土之"乐浪太守"章，"朝鲜右尉""詀那长印"等封泥，"乐浪礼官"瓦当。② 及玉陶金漆等器，不仅证明汉代乐浪郡县之所在，且窥见当时之文物，而其与历史最有关系者，则有二事。一曰汉孝文庙铜钟，民国九年十月中旬平壤大同江对岸船桥里车站附近，掘出铭文如下：

孝文庙铜钟容十升

重卅七斤

永光三年六月造

永光三年为元帝即位之八年，③《史记·孝文纪》称"景帝元年，诏郡国诸侯各为孝文皇帝立太宗之庙"。乐浪郡虽置自武帝，亦为孝文立庙，此铜钟即郡立孝文庙之物也。《汉书·元帝纪》称"永光四年冬十月乙丑，罢祖宗庙在郡国者"。此钟之建，适在元帝罢郡国宗庙之前一年，铭文之可据如是。④ 二曰秥蝉县神祠碑⑤，民国二年朝鲜平安南道龙冈郡海云西龙井里所发现，碑缺上部，兹据刘翰怡《海东金石苑补遗》⑥ 录碑文及考释如下：

口口口年四月戊午秥蝉长口

口建丞属国会陵为口口口

口神祠刻石辞曰

口平山君德配代，嵩承出天口

口佑秥蝉，兴甘风雨，惠闰土田

---

① 《后书》本传。

② 见《朝鲜总督府古迹调查特别报告》第四册"乐浪郡时代之遗迹"第四叶及第二一五叶。本书余逊君所为表已据原田淑人乐浪发掘报告略言之。"乐浪郡时代之遗迹"上册末附"乐浪郡治遗迹图""乐浪时代遗迹图"，除后图有一二处在今大同江北外，余悉在大同江南。

③ 公元前四一年。

④ 铜钟拓文余未见，所见日本影片凡三：一在"朝鲜历史讲座"第四号，民国十二年十二月出版。一在"乐浪郡时代之遗迹"第一七六叶及一七七叶，十四年三月出版。一在《东洋历史参考图谱》第四辑第二叶，十四年十月出版。所见日人考释凡二：一在历史讲座中，稻叶岩吉氏著。一在图谱解说中，石田干之助等编纂。

⑤ 《海东金石苑补遗》作"汉平山君祠碑"。此从日人通称。

⑥ 一卷。

□□寿考，五谷丰成，盗贼不起

□□蛰臧，出入吉利，咸受神光

此碑八年前①日本文学士今西龙氏发见②，内藤湖南博士③为之考释，得五十四字。并考第一行年字上所泐，当是光和元三字，今详审拓本，未敢遽定，上虞罗叔言参事复补释八字，共得六十二字，入唐风楼碑录，文中之秥蝉，《前汉书志》作黏蝉，《续汉志》作占蝉。此作秥，乃黏之省也。此刻年号虽泐，然以书体考之，出于汉代无疑。海东石刻，莫古于是矣。

碑文之秥蝉，为两汉乐浪郡之属县，了无疑义，惟建立年岁，日人自内藤虎次郎以下，不一其说。因第一行所泐之第二字，大致为"和"字或"初"字。第三字大致为"元"字或"二"字。故有后汉章帝元和二年，安帝永初二年，灵帝光和元年三说。（按：元和二年，光和元年，四月朔皆庚戌，永初二年四月丙申朔，均可通，日人关野贞等又有主光和二年及魏明帝景初二年说者。按：光和二年四月甲戌朔，景初二年四月辛酉朔，均与碑文四月戊午不合，兹不取。）而以元和二年说为最可信，《后书·章帝纪》"元和二年二月甲寅（初四）诏曰：今山川鬼神应典礼者，尚未咸秩，其议增修群祀，以祈丰年"。《续汉书·祭祀志》则曰"章帝元和二年正月诏曰：山川百神应祀者未尽，其议增修群祀宜享祀者"。章帝于二月或正月下诏增修群祀汉都洛阳，去秥蝉五千里。戊午为四月初九日，盖诏文逾月始到。故秥蝉县奉诏增修平山君祠，刻石为辞，乃在四月九日也。碑文称"平山君德配代嵩"自在帝诏"宜享祀者"之列，而"□佑秥蝉，兴甘风雨，惠闰土田"，及"五谷丰成"云云，亦与帝诏"以祈丰年"者合也。④由此碑及钟，然后知两汉统治东北郡县，虽远在朝鲜中部之乐浪、秥蝉，其奉行诏令竟与河南郡县无异，言汉代东北史者所宜奉为瑰宝者也。乃傅君仅知有十八年出版之貔子窝，稍前数年之出版品，了无所知。然《海东金石苑补遗》出版已十载，商务印书馆十八年出版某君

① 按：此书刻于民国十一年壬戌实九年前。
② 或云今西氏前一月白鸟博士先发见。
③ 虎次郎。
④ 此碑拓文未见，余所见日本影片凡三，一在"朝鲜历史讲座"第一号，十二年九月出版。一在"乐浪郡时代之遗迹"第一八六叶一八七叶，一在《东洋历史参考图谱》第四辑第二叶。后者采自《朝鲜古积图谱》第一卷，原书尚未见。所见日人考释亦二，一为葛城末治《朝鲜金石文》，在朝鲜历史讲座中；一为参考图谱解说。

之《朝鲜钟碑》亦皆著录，今傅君独不之及，亦可谓疏漏矣。抑傅君不仅不知两《汉书》外与东北有关之金石已也，两《汉书》与《魏志》内有关东北史之记载，傅君亦未能尽读也。傅君之言曰：

"汉武定朝鲜，置真番、临屯、乐浪、玄菟四郡，真番、临屯二郡，至昭帝始元五年罢，以并乐浪、玄菟，故其县名不尽见《汉志》。至于玄菟、乐浪二郡，《汉志》俱在，然武帝初置时，真番、临屯皆在乐浪、玄菟之外，真番自身有十五县，临屯自身亦有十五县，并后乐浪有二十五县，玄菟有三县。非昭帝以来疆土有所失，盖因初为统治部人，多置郡县，守尉之费不赀。故昭帝后历渐归并，其统治不便者，又付之土侯，故不列郡国之籍焉。东汉光武帝时尤好以土侯代汉官，岁时朝贺依然，边境兵革鲜用，此经济的政策也。"①

"自汉武统一区夏之后，玄菟、乐浪永为汉郡，其南北各异族部落皆臣服。至于汉末三百年中，虽王莽时稍经紊乱，究未失此版图。光武中兴，祭肜守北边，内外率服，辽东重见昭宣之盛。此数百年中，史书不纪辽事，以太平故无事可记也。此时汉化在此旧疆新郡上植其最深之根业。"②

上第一段指临屯、真番、玄菟、乐浪四郡言，第二段统指辽西、辽东、玄菟、乐浪四郡言，其大旨则谓自汉武后数百年，东北太平无事，故史书不纪辽事，而临屯、真番及他属县之罢废，为经济的政策，非昭帝以来疆土有所失也。然吾人稽之史策与傅君所言盖全异。

昭帝之罢临屯、真番，事在始元五年③，《汉书·昭帝纪》又载"元凤六年④春正月募郡国徙筑辽东玄菟城"，此截然为二事，而史俱不言其故。《后书·东夷传》则谓"昭帝始元五年，罢临屯、真番，以并乐浪玄菟，玄菟复徙居句骊"。又谓"武帝灭朝鲜，以高句骊为县，使属玄菟"，"武帝灭朝鲜，以沃沮地为玄菟郡，后为夷貊所侵，徙郡于高句骊西北"。《魏志》《东夷传》亦言："汉武伐朝鲜，分

① 第二章第三章。
② 第五章。
③ 前八二年。
④ 前七五年。

其地为四郡，以沃沮城为玄菟郡，后为夷貊所侵，徙郡句丽西北，今所谓玄菟故府是也。"盖"孝昭承孝武奢侈余敝，师旅之后，海内虚耗户口减半"[1]。值东北夷貊蠢动，孝武所辟之新疆，受其侵迫，势不能完全维持，遂罢临屯、真番二郡，以其余剩之县并入乐浪、玄菟，观《茂陵书》言临屯郡、真番郡各十五县，今《汉志》乐浪郡虽有二十五县，玄菟郡则仅三县，疆土之失亦已多矣。不仅此也，武帝灭朝鲜，以沃沮地为玄菟郡，高句丽则为玄菟郡之属县。始元五年临屯、真番二郡虽罢，玄菟郡犹未受影响也。乃二郡既亡，夷貊侵迫不已，玄菟郡故治亦不能维持，遂由朝鲜东部之沃沮，退至今辽宁兴京地方之属县，多句骊西北（至后汉又退入辽东，故《魏志》又以句骊为玄菟故府）。此即后汉所谓"后汉夷貊所侵""玄菟，复徙居句骊"。《前书·昭帝纪》"元凤六年，募郡国徙筑玄菟城"，疑亦正指此事。时距始元五年临屯、真番之罢方七年，上距武帝元封三年[2]之置四郡，亦才三十二年，而东北形势之变化如此，是岂尚得谓"史书不纪辽事，以太平故，无事可记"，"非昭帝以来疆土有所失乎"。《昭帝纪》又载"元凤三年冬，辽东乌桓反，以中郎将范明友为度辽将军，将北边七郡郡二千骑击之。四年四月诏曰，度辽将军明友今破乌桓，斩虏获生有功。其封明友为平陵侯，五年六月，发三辅及郡国恶少年吏有告劾亡者，屯辽东"。六年，遂募郡国徙筑辽东玄菟城。是昭帝霍光对东北事，亦非专抱不抵抗主义或惜守尉之费。二郡之罢与玄菟郡之徙治，实以夷貊势强，汉吏无法维持使然。观乐浪郡治，在大同江之南，深入朝鲜中部，不闻有所罢徙。而临屯玄菟在朝鲜之东北部，乃一再罢徙，是知《后书》《魏志》夷貊侵迫之文，确为当时事实，而郡县之罢废，亦未可概目为经济的政策也。

　　汉世东北之祸乱，略可析为三期，昭帝时为第一期，王莽末光武初为第二期，东汉中叶后为第三期。而二三期较第一期为尤烈，盖第一期多为东北夷貊之侵迫，二三期则兼多乌桓鲜卑之寇抄，其事亦往往与北边诸郡有关。单言东北四郡未易骤明也，《后书·东夷传》称"王莽初，发句骊兵以伐匈奴，其人不欲行，强迫遣之，皆亡出塞为寇盗。辽西大尹田谭追击战死。莽令严尤诱句骊侯驱入塞斩之。更名高句骊王为下句骊侯，于是貊人寇边愈甚"。《乌桓传》称："光武初，乌桓与匈

---

① 《汉书》本纪。

② 前一〇八。

奴连兵为寇，代郡以东尤被其害，居止近塞，朝发穹庐，暮至城郭五郡（上谷、渔阳、右北平、辽西、辽东），民庶家受其辜，至于郡县损坏百姓流亡。"《鲜卑传》称："光武初，匈奴强盛，率鲜卑与乌桓寇抄北边，杀略吏人，无有宁岁。"① 此皆第二期之祸乱也。② 其性质之严重则可于《魏志》《晋书》中得其消息。

《魏志·田畴传》："畴曰，旧北平郡治在平冈，道出庐龙，达于柳城。自建武以来陷坏断绝垂二百载。"

《晋书·地理志》③："汉光武以辽东等属青州，后还幽州。"

西汉辽西郡十四县，自今喜峰口以南至辽西方面之全部，与当大凌河上流之朝阳附近土地俱属之。右北平郡十六县，则举今大凌河上流之土地与平泉建昌一带，并北平东方以达于海岸之部分，俱包举在内。而中国与辽东之交通，亦以自喜峰口经平泉建昌、过朝阳、经义县，锦州由海城而达辽阳，为通途。自建武之初乌丸、鲜卑强盛，右北平郡治平冈④，至辽西郡之柳城⑤，悉为所陷。中国与辽东之通途遂陷坏断绝。其沿今北宁线附近一带之陆路交通，亦以乌桓、鲜卑等之猖獗，反不如由山东浮海至辽东之安全。于是本属幽州之辽东等郡遂不得改属青州，以为海上联络之计焉。其后犹能还属幽州，保持北平与辽东之陆上交通者，除"辽东太守祭肜威胁北方声行海表"之关系外，最要者为怀柔乌桓，与创建辽东属国。《乌桓传》称"建武二十五年，辽西乌桓大人郝旦等九百二十二人率众向化，诣阙朝贡，天子乃命大会劳飨，赐以珍宝。乌桓或愿留宿卫。于是封其渠帅为侯王君长者八十一人，皆居塞内，布于缘边诸郡，令招来种人，给其衣食，遂为汉侦候，助击匈奴鲜卑"。盖乌桓与匈奴鲜卑处敌对形势，亦欲仗汉威灵。光武加以羁縻，遂为汉用，至土地之已沦没者，不特不能收复，且另以辽西郡与辽东郡未尽沦没之属县之一部，为辽东属国，介居二郡之间，（《续汉志》载辽东属国六县，今辽河以西之地

---

① 据《祭肜传》："光武初，匈奴鲜卑及赤山乌桓连和，强盛，数入塞，杀略吏人，朝廷益增缘边兵，又遣诸将分屯障塞，帝以肜为能，建武十七年，拜辽东太守"云云。知鲜卑传之北边亦有辽西、辽东在内。

② 光武帝纪建武六年下称"初乐浪人王调据郡不服，秋，遣乐浪太守王遵击之，郡吏杀调降，九月，赦乐浪谋反大逆殊死以下"。则为内乱。

③ 卷十四平州辽东国下。

④ 今热河平泉附近。

⑤ 今热河朝阳西南。

域大抵俱入属国范围，辽西郡则几脱离今辽宁省之区域，仅保有今喜峰口以南长城内之地。）以保护国之性质，维持中国与辽东之陆上交通。观《魏书》，称建武二十五年，乌桓侯王布列辽东属国及辽西右北平等郡界，招来种人[1]，知东汉之辽东属国，以内附之乌桓种人为主，其性质与魏"正始五年九月，鲜卑内附，置辽东属国，立昌黎县以居之"[2]者同（略近今之保护国，《续汉志》亦不载其户口）。至乐浪、玄菟二郡之变迁，西汉时，玄菟徙居句骊，自单单大岭已东，沃沮、濊貊悉属乐浪。后以境土广远，复分岭东之东暆、不而、蚕台、华丽、邪头昧、前莫、夫沮等七县，置乐浪东部都尉，至光武建武六年，此七县地亦悉弃之，《东夷传》虽称"悉封其渠帅为县候，皆岁时朝贺"，然观建武六年并合县邑之诏及应劭之言。

《后书·光武帝纪》："建武六年六月诏曰：夫张官置吏，所以为人也。今百姓遭难，户口耗少。而县官吏职所置尚繁，其令司隶州牧各实所部省减吏员，县国不足置长吏者，可并合者上大司徒、大司空二府。于是条奏并省四百余县。"

应劭《汉官仪》[3]：世祖中兴，海内人民可得而数，裁十二三，边陲萧条，靡有孑遗，郭塞破坏，亭队绝灭。

则七县之弃，亦"边陲萧条，靡有孑遗"使然。若玄菟郡，则反增加辽东郡之三县，盖以貊人寇边玄菟，郡当边防之重任，因本郡徙治后过于褊小，遂将辽东郡内浑河下流之属县改属玄菟，以厚其势力也。两《汉书》志详载东北四郡属县及户口多寡之数，兹表之如次：

		前汉	后汉	附注
辽西	县数	一四	五	前汉县废者五、入辽东属国者三、并合者一
	户数	七二六五四	一四一五〇	
	口数	三五二三二五	八一七一四	

---

[1] 《魏志》卷二十注引：辽东属国之名，始见于此年。
[2] 《魏志》卷四。
[3] 《续汉书·郡国志》注引。

（续表）

		前汉	后汉	附注
辽东	县数	一八	一一	前汉县废者三、入辽东属国者二、入玄菟郡者三，《志》：县当去候城
	户数	五五九七二	六四一五八	
	口数	二七二五三九	八一七一四	
玄菟	县数	三	六	前汉辽东郡属县改属本郡者三
	户数	四五〇〇六	一五九四	
	口数	二二一八四五	四三一六三	
乐浪	县数	二五	一八	前汉县废者七
	户数	六二八一二	六一四九二	
	口数	四〇六七四八	二五七〇五〇	

《续汉志》所载之户口，系顺帝时之数目，较之光武末年，犹多一倍以上。①而与前汉平帝元始时口数相较，辽西郡不足四分之一，辽东郡不足三分之一，玄菟郡则不足五分之一，即变乱较少之乐浪郡，亦减少三分之一以上。（右北平郡前汉十六县，后汉废十二县，仅存四县，前汉户七万二千六百五十四，口三十五万二千三百二十五，后汉户九千一百七十，口五万三千四百七十五，则不足六分之一。）王莽末光武初年东北之变乱，为何如乎明章之世，边塞无事，和帝而后，诸夷猖獗，寇抄频年，《后书》纪传备载之：

《后书·和帝纪》："永元九年，八月，鲜卑寇肥如②，辽东太守祭参下狱死。"《鲜卑传》："永元九年，辽东鲜卑攻肥如县，太守祭参坐沮败，下狱死。"

又"元兴元年，正月，高句丽寇郡界，九月辽东太守耿夔击貊人破之"。《耿夔传》："迁辽东太守。元兴元年，貊人寇郡界，夔追击，斩其渠帅。"《东夷传》：

---

① 志载孝顺时民户九百六十六万八千六百三十、口四千九百一十五万二千二百二十。注引伏无忌所记光武崩年户口，户四百二十七万九千六百三十四、口二千一百万七千八百二十。光武初年数当更少。

② 属辽西郡。

"句丽王宫数犯边境，元兴元年春，复入辽东寇略六县，太守耿夔击破之，斩其渠帅。"

《安帝纪》："永初五年，三月，夫余夷犯塞杀伤吏人。"《东夷传》："永初五年，夫余王始将步骑七八千人寇抄乐浪，杀伤吏民。后复归附。"

又"元初二年，八月，辽东鲜卑围无虑县。① 九月，又攻夫犁营，② 杀县令"。《鲜卑传》："元初二年秋，辽东鲜卑围无虑县，州郡合兵，固保清野，鲜卑无所得。复攻夫犁营，杀长吏。"

又"四年，四月，鲜卑寇辽西，辽西郡兵与乌桓击破之"。《鲜卑传》："四年，辽西鲜卑连休等烧塞门，寇百姓，乌桓大人于秩居等与连休有宿怨，共郡兵攻击，大破之，斩首千三百级，悉获其生口牛马财物。"

又"五年六月，高句丽与秽貊寇玄菟，建光元年正月，幽州刺史冯焕率二郡太守讨高句丽秽貊，不克。四月，秽貊复与鲜卑寇辽东，辽东太守蔡讽追击，战殁。十一月，鲜卑寇玄菟，十二月，高句丽马韩秽貊围玄菟城，夫余王遣子与州郡并力讨破之"。《东夷传》："元初五年，句丽王宫复与貊寇玄菟，攻华丽城。③ 建光元年春，幽州刺史冯焕、玄菟太守姚光、辽东太守蔡讽等，将兵出塞击之，捕斩秽貊渠帅，获兵马财物，宫乃遣嗣子遂成将二千余人逆光等，遣使诈降，光等信之，遂成因据险阨以遮大军，而潜遣三千人攻玄菟、辽东，焚城郭，杀伤二千余人。于是发广阳、渔阳、右北平、涿郡属国三千余骑同救之，而貊人已去，夏，复与辽东鲜卑三千余人攻辽队④，杀掠吏人，蔡讽等追击于新昌，战殁。功曹耿耗，兵曹掾龙端，兵马掾公孙酺，以身扞讽，俱殁于阵，死者百余人。秋，宫遂率马韩秽貊数千骑围玄菟，夫余王遣子尉仇台将二万余人与州郡并力讨破之，斩首五百余级。"

又"延光三年六月，鲜卑寇玄菟"。

按：安帝时尚有北匈奴入辽东事，已见上文引《陈禅传》。

《顺帝纪》："永建二年，二月，鲜卑寇辽东玄菟，护乌桓校尉耿晔率南单于击鲜卑破之，阳嘉元年九月，鲜卑寇辽东。"《耿晔传》："顺帝初，为乌桓校尉，时

① 属辽东郡。
② 属辽东属国。
③ 属乐浪郡。
④ 属辽东郡。

鲜卑寇缘边，杀代郡太守，晔率乌桓及诸郡卒出塞讨击，大破之。鲜卑震怖，数万人诣辽东降，自后频辄克获，威振北方。"《鲜卑传》："永建二年，春，辽东鲜卑六千余骑寇辽东玄菟，乌桓校尉耿晔发缘边诸郡兵及乌桓率众王出塞击之，斩首数百级，大获其生口牛羊财物，鲜卑乃率众三万人诣辽东乞降。阳嘉元年，鲜卑寇辽东属国，晔乃移屯辽东无虑城拒之。"

又"嘉阳元年十二月，复置玄菟郡屯田六部"。《东夷传》同。

《冯绲传》："顺帝末，鲜卑寇边，以绲为辽东太守，晓喻降集，虏皆弭散。"

《桓帝纪》："延熹二年六月，鲜卑寇辽东。六年五月，鲜卑寇辽东属国。九年六月，南匈奴及乌桓、鲜卑寇缘边九郡。"《乌桓传》："延熹九年夏，乌桓复与鲜卑及南匈奴寇缘边九郡，俱反，张奂讨之，皆出塞去。"①

《鲜卑传》："延熹六年夏，千余骑寇辽东属国。九年夏，遂分骑数万人入缘边九郡，并杀掠吏人，张奂击之，鲜卑乃出塞去。"

又"永康元年，正月，夫余王寇玄菟，太守公孙域与战，破之"。《东夷传》："永康元年，夫余王夫台将二万余人寇辽东玄菟，太守公孙域击破之，斩首千余级。"

《段颎传》："（桓帝时）辽东属国都尉，时鲜卑犯塞，颎即率所领驰赴之，于道伪退，潜于路还设伏，虏追颎，颎因大纵兵，悉斩获之。"

《度尚传》："延熹八年，尚为辽东太守，数月，鲜卑率兵攻尚，与战破之。"

《东夷传》："质桓之间，（句丽王伯固）复犯辽东西安平，杀带方令，掠得乐浪太守妻子。建宁二年，玄菟太守耿临讨之，斩首数百级。伯固降服，乞属玄菟云。"《魏志·东夷传》："高句丽王宫死，子伯固立，顺桓之间，复犯辽东，寇新安居乡。又攻西安平，于道上杀带方令，略得乐浪太守妻子。灵帝建宁二年，玄菟太守耿临讨之，斩首虏数百级，伯固降属辽东，熹平中伯固乞属玄菟。"

鲜卑檀石槐于桓帝末尽据匈奴故地，自分其地为东、中、西三部。其东部从右北平东至辽东，接夫余、濊貊二十余邑。灵帝立，缘边诸郡无岁不被鲜卑寇抄，杀略不可胜数。② 乌桓蹋顿亦公据辽西之土，陵跨中国。③ 《魏志·东夷传》又称：

---

① 按：桓帝初尚有辽东乌桓反事，见上文引《种暠传》。
② 《鲜卑传》。
③ 《乌桓传》。

"桓灵之末，韩濊强盛，郡县不能制，民多流入韩国。"东北至是复入东汉初年之厄运，武帝以后东北三期之祸乱，史文之可考者如是，然傅君则方谓自汉武后数百年中，（至灵帝前）史书不记辽事，以太平故无事可记焉。

综观傅君之书，大抵仅据正史中与东北有关之《东夷传》，（其《地理志》部分，则付诸余逊君。）故他纪传中有关东北史事之重重材料，大都缺如，而又好生曲解，好发议论，遂至无往而不表现其缺谬。吾上所评者，虽篇幅略与傅君自著者相当，而全书之缺谬，犹未尽其什一也。夫东汉中叶后东北之边患，鲜卑犹愈于乌桓，即上所论述，已可概见，傅君则谓"东汉之世，乌桓散居塞内，鲜卑游牧大漠"①，故书中于乌桓犹别立一节，直录史文至千余言，于汉时鲜卑则仅于论"慕容廆创业辽西"节中，略述三行，虽以檀石槐时代之自右北平东至辽东，接夫余、濊貊二十余邑，皆其所统治，亦不见录焉。又如公孙氏一家三世，据辽东五十年②，威行海外，时中国大乱，中原人士自避地南徙外，多避难辽东，《魏志》有传者，如国渊、管宁、邴原、王烈等，皆一时之俊彦，或讲诗书，或明礼让，或隐市朝，辽东人文，遂极一时之盛。

《魏志·国渊传》："渊字子尼，乐安盖人也。师事郑玄。③ 后与邴原、管宁等避乱辽东。"注引《魏书》曰："渊笃学好古，在辽东，常讲于山岩，士人多推慕之。由此知名。"

又《邴原传》："原字根矩，北海朱虚人也，少与管宁俱以操尚称，州府辟命，皆不就。黄巾起，原将家属入海，遂至辽东，与同郡刘政俱有勇略雄气。辽东太守公孙度畏恶，欲杀之。政窘急，往投原。原匿之月余，时东莱太史慈④当归，原因以政付之。原又资送政家，皆得归故郡，原在辽东，一年中往归原居者数百家，游学之士教授之声不绝，后得归，太祖（曹操）辟为司空。"注引《原别传》曰："辽东多虎，原之邑落独无虎患。原尝行而得遗钱，拾以系树枝，此钱既不见取，而系钱者愈多。问其故，答者谓之神树。原恶其由己而成淫祀，乃辩之，于是里中遂敛其钱，以为社供。"

---

① 一二九页。
② 自灵帝中平六年（公元189年）至魏明帝景初二年（公元238年）。
③ 注引《玄别传》曰：渊始未知名，玄重之，曰：国子尼美才也，吾观其人，必为国器。
④ 慈因避祸至辽东，见《吴志》本传。

又《管宁传》："宁字幼安，北海朱虚人也。与平原华歆、同县邴原相友，俱游学于异国，并敬善陈仲弓。天下大乱，闻公孙度令行于海外，遂与原及平原王烈等至于辽东。度虚馆以候之，既往见度，乃庐于山谷。时避难者多居郡南而宁居北，示无迁志，后渐来从之。太祖为司节，辟宁，度子康绝命不宣。王烈者，字彦方，于时名闻在原、宁之右，辞公孙度长史，商贾自秽。太祖命为丞相掾，征事未至，卒于海表。中国少安，客人皆还，唯宁晏然，若将终焉。文帝①即位，征宁，遂将家属浮海还郡，公孙恭送至南郊，加赠服物。自宁之东也，度、康、恭前后所资遗，皆受而藏诸，既已西渡，尽封还之。"注引傅子曰："宁往见度，语唯经典，不及世事。还乃因山为庐，凿壤为室，越海避难者，皆来就之而居，旬月而成邑。遂讲诗书、陈俎豆、饰威仪、明礼让，非学者无见也。由是度安其贤，民化其德。宁在辽东，积三十七年乃归。"《高士传》曰："宁所居屯落，会井汲者，或男女杂错，或争井斗阋。宁患之，乃多买器，分置井旁，汲以待之，又不使知。来者得而怪之，间知宁所为，乃各相贵，不复斗讼。邻有牛暴宁田者，宁为牵牛着凉处，自为饮食，过于牛主，牛主得牛，大惭，若犯严刑。是以左右无斗讼之声，礼让移于海表。"《先贤行状》曰："王烈通识达道，秉义不回，以颍川陈大丘为师，二子为友，英名著于海内，三府并辟，皆不就。会董卓作乱，避地辽东，躬秉农器，编于四民，布衣蔬食，不改其乐。东域之人，奉之若君。时衰世弊，识真者少，国党之人，互相诐访，自避世在东国者，多为人所害，烈居之历年，未尝有患，使辽东强不凌弱，众不暴寡，商贾之人，市不二价。太祖累征诏，辽东为解而不遣，以建安二十三年寝疾，年七十八而至。"

此亦言东北史者所宜大笔特书者也，然傅君于"公孙氏据辽东"节，直录《魏志》度传至七八百言，而渊、宁、原、烈等之不见度传者，则虽一字亦不著录焉。又如自汉武夷朝鲜为郡县，汉之声教，由朝鲜越海而及于日本，日本诸部遂以岁时来献见，然其初大抵仅至东北边郡，不至京邑，故班《志》不能详其国俗，东汉及魏世，始由边郡而至京师，《魏志·东夷传》称："建安中，公孙康分屯有县以南荒地为带方郡，是后倭韩遂属带方。"观明帝景初二年，倭女王卑弥呼②遣使

---

① 曹丕。
② 《日本书纪》及《善邻国宝记》《异称日本传》《本朝通鉴》等皆以卑弥呼为后世追谥之神功后。

朝献，以男女生口及班布为贡献之礼物，先诣带方郡，由太守刘夏遣吏将送诣京都，魏赐诏书印绶，亦付郡而不付倭使。齐王芳正始元年，始由太守弓遵遣建中校尉梯俊等将诣倭国，其后倭国内讧，遣使诣郡说相攻击状，太守王颀复遣塞曹椽史张政等为檄告喻之。①倭属带方，盖信而有征，宋齐以降，倭王赞、珍、济、兴、武（即日人后世追谥之仁德、反正、允恭、安康、雄略诸主）等屡遣使航海朝献，拜受南朝爵命。宜若与东北无关，然时日本已伸张势力于韩土，欲以中国爵命统制诸国，故其上表，常自称"使持节都督倭、百济、新罗、任那、加罗、秦韩、慕韩七国诸军事安东大将军倭国王"。而中国之锡命，或为"安东将军倭国王"，或为"持节都督倭、新罗、任那、加罗、秦韩、慕韩六国诸军事安东将军"，或为"持节都督倭、新罗、任那、加罗、秦韩、慕韩六国诸军事安东大将军倭王"，从不将百济列入，是由南朝视之，日本之地位，犹与百济等也。至高骊称雄东北，倭王上表不惟不敢列入，《宋书》载倭王武（雄略）表文，且有"句骊无道，图欲见吞，若以帝德覆载，摧此强敌"之言，其惧高骊之强，欲乞中国威灵以抗之之心，昭然可睹，其在北朝方面，则"高丽世荷上将，专制海外，九夷百虏，实得征之"②。北魏时置诸国使邸，南齐第一，高句骊次之，北齐文宣时封为"持节侍中骠骑大将军领东夷校尉辽东郡公高丽王"，地位实远在日本之上。即百济王之封"持节侍中车骑大将军带方郡公百济王"③，新罗王之封"上开府乐浪郡公新罗王"④，亦与南朝之封日本略同，（详见南北《史·东夷传》）故汉隋间东北与日本之关系，由吾国正史可考见者，其初日本不过中国东北边郡之属国，后虽强大，其地位犹不如朝鲜半岛之高丽，至若汉族避地辽东，经途三韩东渡，赍入医药蚕桑染织绘书，世仕太和朝廷，掌司会计译寄，以及吾国儒学文学佛教，在此时代，先后由半岛诸国输入，日史记述尤详。（别详拙著《日本论丛》）然傅君则谓"东北在历史上永远与日本找不出关系"⑤，凡吾上所云云，傅君书中盖不见只字焉。余如以东北括辽、吉、黑三省之区域⑥，而不论《晋书·东夷传》之裨离等十国，录《北史》之《百济

---

① 详见《东夷传》。
② 魏宣武语。
③ 北齐后主时。
④ 隋文帝时。
⑤ 二页。
⑥ 三页。

传》《新罗传》，而独遗其最重要之《高丽传》等，其缺略尤不待论也。

傅君书之谬语疏漏如是，乃事更有出人意外者。书中所引史文，颇多不明文理、不通句读之处。如引《史记·朝鲜列传》曰[1]："元封二年，汉使涉河谯谕右渠[2]，终不肯奉诏，何去，至界上[3]，临浿水，使御刺杀送何者[4]，朝鲜裨王长即渡驰入塞[5]。左将军击朝鲜浿水西军，未能破，自前天子为两将军未有利[6]，乃使卫山因兵威往谕右渠"。按傅君引《史记·朝鲜列传》，附注《汉书》异文于每句读之下，乃将《史记》误《汉书》及《汉书》误《史记》者，有五六处之多，上所引"谯谕右渠"其一例也。（《史记》作"诱谕右渠"，《汉书》"诱"作"谯"。）又句读误者凡十数处，上文"使御刺杀送何者朝鲜裨王长[7]，即渡驰入塞。"误以"者"为句，而以"朝鲜裨王长"属下读。"未能破，自前。[8] 天子为两将军未有利"。误以"自前"属下句读。傅君于每句读处皆附注异文于下，今"者"下注异文，"自前"下不注异文，决非手民之误，故举以为例。

其行文亦多难索解，如曰："日本东京帝国大学滨田耕作教授于一九二八年发掘旅顺之貔子窝，其工作之细密，印刷之精工，颇堪叹服。"按：貔子窝地方之发掘，在一九二七年，《貔子窝》一书之撰成，在一九二八年，其书之出版，在一九二九年，文中缺一貔子窝，年岁亦误。类此者都十数处。

其自抒所见，言有理致者，全书中惟论真番郡节言《汉书》与应劭说异同数语。

　　《汉书》与应劭互乖，不能并从，应劭有史学地学之权威，惟固不敌班氏，且吾等所见之《汉书》是全书，所见之应劭说乃他书引用。今试看一切集佚工作之结果，一书尚存而有佚文者，其佚文每与存书有异，佚文之不可据也如

---

[1]　二七页。
[2]　《汉书》"谯"作"诱"。
[3]　《汉书》无"上"字。
[4]　《汉书》"御"作"驭"。
[5]　《汉书》渡下有"水"字。
[6]　《汉书》无"自前"二字。
[7]　《汉书》"御"作"驭"。
[8]　《汉书》无"自前"二字。

是。今权衡两端，自以从《汉书》为正。①

昔嘉定钱氏序阳湖赵氏《廿二史札记》有云："先生谓稗乘脞说，间与正史歧互者，本史官弃而不采。今或据以驳正史，恐为有识所讥，此论古特识，颜师古以后，未有能见及此者矣。"居尝服膺此语。今言史者竞奉稗乘脞说，傅君忽有此论，令人有空谷足音之感。虽然，正史固最可宝贵，读正史亦良不易，纪传之体，号称与编年本末殊致，而读正史者，必当用编年本末之法，委心顺书，寻其曲折，以本纪为纲，将全书之事悉按年附丽，然后每代之事无不明；以某传为主，而博考全书与此传有关之事，然后每事之脉络无不贯。又必力守夫子"多闻阙疑，慎言其余"之训，而后尚论乃或有当也。非然者，甫读某卷或某卷之某传，义义不明，句读不通，便肆解释下断语，其欲免于纰谬缺漏难矣。

傅君此书之作，在"九一八"事变之后，篇首所述编此书之动机，吾人实具无限之同情，然日人之研究东北史，则远在二十余年之前，时当日俄战役结局②，白鸟库吉氏已提倡对于东北朝鲜作学术上根本的研究，以为侵略东北及统治朝鲜之助，嗣得南满洲铁道公司总裁后藤新平氏之赞助，光绪三十四年一月，于公司中设立"历史调查室"专以研究东北朝鲜史为务，聘白鸟氏主其事，箭内亘、稻叶岩吉、津田左右吉及松井等氏辅之。从研究历史地理入手，越四载余，至民国二年九月，有"满洲历史地理"二厚册及附图，"朝鲜历史地理"二厚册及附图，以南满洲铁道公司名义出版，前者为白鸟、箭内、稻叶及松井等氏合著。后者则津田氏一人独著，而皆由白鸟氏监修者也。"历史调查室"旋亦结束，由东京帝国大学文科大学继续研究，箭内、松井、津田及池内宏诸氏主其事。其研究论文之刊行者，名曰"满鲜地理历史研究报告"，于民国四年十二月出版第一册，五年一月出版第二册，嗣后或年出一册，或间数年出一册，今已出至十三册。（第十三册于去年六月出版）内容之关于东北者，以隋唐后各东北民族之专论为多，又稻叶君山氏于民国三年出版《清朝全史》，后续著《满洲发达史》亦于四年出版，内容于明以后之东北叙述较详，（武进杨成能君曾译登《东北丛刊》）皆日人东北史之名著也。傅君

---

① 三七页。
② 光绪三十一年。

此书之验裁，略与《满洲历史地理》同。然白鸟等之书，出版在二十年前，虽亦间有缺误，而其可供吾人指斥者，实远不如《东北史纲》之多，此则吾人所认为史学界之不幸者也。吾民族今已与日人立于永久斗争之地位，欲斗争之成功，必求全民族活动之任何方面皆能与日人之相当方面相抗衡。往者已矣，来者可追。窃愿后之治东北史者，慎重立言，民族前途，学术荣誉，两利赖之矣。

(《国立中央大学文艺丛刊》1933 年第一期)

傅斯年等编著《东北史纲》在
日本所生之反响（1933）

王仲廉　译

日本矢野仁一未退职时，在京都帝国大学担任"中国近世外交史"及"中国近百年史"等讲座。此君戴学者之面具，对中国时发荒谬之言论，而一般有侵略中国土地野心之日人，颇有仰其言论，以为侵略之根据者。试一观田中义一之上奏文，申述"所谓满蒙者，依历史，知满蒙非中国之领土，此事已由帝国大学发表于世界矣。因我矢野博士之研究发表正当，故中国学者无反对我帝国大学之说也"，可知矣。矢野极力鼓吹"满蒙非中国本来领土"之说，尚在民国十，十一年之交，当时日本报章杂志，大部随风而靡，且于太平洋会议中亦大放此种空气，并倡"国际共管"之说。梁任公氏曾于民国十年十二月六日在上海《时事新报》上发表《太平洋会议中两种外论辟谬》一文，即系驳击此种谬说者。矢野在此二年中所发谬论，如中国无国境论，中国非国论，满蒙藏非中国本来领土论，无国家责任感无言论责任感之中国，辽东收回论之论理，主张二十一条条约无效之中国人心理，中国国际管理说等文，陆续发表于《外交时报》《太阳》《大阪朝日新闻》《东方时论》《表现》《时事新报》等新闻杂志上。此类文字，后由京都弘文堂辑成一书，名曰《近代中国论》。但我国上下，除上述梁任公氏曾著文驳击外，大都未注意及之，而日人方面，则欣欣然以为中国方面默认其说焉。

"九一八"事变，日人由宣传而至实行，武力占领东北，创立伪满以凑合其"满洲为满洲种族之满洲，非中国领土"之宣传，作初步吞并东三省之计划。故中央研究院历史语言研究所傅斯年等深感"日本人近以'满蒙在历史上非中国领土'

一种妄说，鼓吹当世。此等'指鹿为马'之言，本不值一辩。然日人竟以为其向东北侵略之理由，则亦不得不辩"，而有《东北史纲》之撰著。并以西人颇有受日人之惑者，乃由李济氏撰一英文节略，题名为 *Manchuria in History*。

中文本豫定出五卷，至今尚仅出第一卷古代之东北（据第一卷首页告白云："预计二十一年年尾出齐。"现二十二年年尾已过，尚未获闻其他四卷之出版消息）；而英文节略本则述至清代止。矢野氏所驳者，主要为节略本（兼及中文本）。盖矢野氏以其本人所发谬论，目的原在于淆惑国际之听闻，今中国忽有简单明了之《东北史纲》英文节略，足可为彼等宣传上之障碍，其欲极力驳之也宜矣。矢野反驳之文，一为《满洲为中国领土说之批判与满洲国之建国》，系于本年五月六日在启明会演讲会之演辞，有小册子印行。一即为本文，收入于所谓《满洲国历史》（日黑书店出版，价二圆五十钱）一书中，题名《驳满洲为中国一体之中国学者之主张》（原书第二篇）。按所谓《满洲国历史》一书，共收六篇文字：一曰《满洲为中国一体之国际联盟之观点与外务省之意见书》；二曰《驳满洲为中国一体之中国学者之主张》；三曰《满洲国史梗概》；四曰《满洲国之建国及其使命》；五曰《论满洲事变之核心》；六曰《中日两国应协力扶翼满洲国之独立》。全书共三百五十三页，《满洲国史梗概》仅占一六五页（本译文已占该书九十五页），而名之曰"满洲国历史"者，顾名思义，殊不相称。至其所引《东北史纲》及英文节略本之处，颇多随意撮合，以便其驳击者，殊不忠实。故有引号之语，不必亦不能为之一一注出。又此文言论，颇为杂驳，或不值一笑，但见其怀恨《李顿报告书》采取李著节略本史实之意，时时流露，亦不能不防其向国际间又作谬妄之宣传。今乘《东北史纲》尚未出齐之际，将此文译出，一以供傅氏等参考，一以使国人知日人于使用武力之外，尚有无聊文人为之宣传焉。译者谨志。

一

《李顿报告书》上"满洲为中国完全之一体；满洲与中国之关系为永久的且本质的"之见解，已构成国联劝告之基础。"满洲原属中国，理应归还中国，不承认中国之主权，不能解决满洲问题"，为国联劝告之要点。因此之故，如不驳击《李顿报告书》中此种见解，即不能使国联改换其对满洲之认识。余以为松冈全权以下我国全权诸氏，虽异常努力，然而终未能使国联改变其对满洲之认识者，或因未将此紧要之点充分驳击耳。

《李顿报告书》何竟至以"满洲为中国完全之一体"为基础而书成欤？余以为此或因中国方面所提出之李济君所著英文小册《历史上之满洲》以及李顿爵士一行调查委员中以满洲问题专家地位随行之杨格氏（C. Walter Young）所著《日本在满洲之特殊地位》（*Japan's Special Position in Manchuria*）等书极端主张"满洲为中国本来领土"之说，而受其影响。李顿爵士一行调查委员对于满洲之见解，或竟受其支配，未可知也。

李济君所著《历史上之满洲》，系节略傅斯年，方壮猷，徐中舒，萧一山，蒋廷黻等大学少壮教授诸君所分担执笔之《东北史纲》而译为英文者。中国学者因取"中国未尝认有'满洲'一名词；中国人未尝以'满洲'名此区域"之立场，故以"东北"一名称替代"满洲"。傅斯年君等出于爱国的见解，以为"东三省是否中国，本不以历史为其根据。自国法上国际法上观之，其为中国之领土也，明白如日月之经天。历史之谈，本不相干。然吾等皆仅有兴会于史学之人，亦但求尽其所能以尽力于国事"，而编著此《东北史纲》者。第一卷古代之东北，业已公刊，余已读阅；但自第二卷以下四卷，尚未见其出版。余引颈以待其出版之日。李顿爵士一行原未及见此以汉文著成之《东北史纲》；至未出版之第二卷以下四卷，亦未阅过，固无待论。然幸有李济君英文著成之《历史上之满洲》在。且此书可目为李顿爵士一行之见解之基础，故余欲一评傅斯年君之《古代之东北》与李济君之《历史上之满洲》中所主张"满洲为中国完全之一体"之说。

二

"在先史时代，辽河流域地（即南满洲）及以平壤为中心之朝鲜西北地方，与黄河流域之中国北部，人种上文化上均为一带地域，别无区别。渤海三面，人种上文化上均为同一地带。南满洲为中国完全之一体"，为傅斯年君等中国学者所主张之点，余欲就此点考之。诚然，据步达生氏及我国清野医学博士等之研究，"奉天沙锅屯所发掘得之人骨，与貔子窝所发掘得之人骨，以骨骼的形质而言，在近代人种中，独与华人为最近。石器时代之沙锅屯人，貔子窝人，均为构成今日华人之基础之人种"。

此即为"先史时代，南满洲与北中国同样为华人（即汉民族）居住地"之说。

安特生氏曾云："奉天沙锅屯发掘所得考古学之遗物，与河南仰韶村发掘之物相同。"我国滨田博士亦云："貔子窝遗迹内，有孔石斧一类之中国式石器；鬲鬹一类之中国式特有形式土器；中国汉式青铜器；以及周末汉初钱币之存在，不能不想象'此非单纯输入为装饰品，而为深密锲合于此地方人民生活中'之存在。"既有此种人类学上考古学上之证据，则古代南满洲地方有"与中国人祖先相同"之人民居住其中，为无可怀疑之事。然不能因此即谓为"在古代，南满洲人种上文化上与中国北部均为一带之地域；南满洲为中国完全之一体"。纵令"古代中国人曾居住南满洲"为无可怀疑之事，但既无"只有中国人而无满洲蒙古系人民居住"之证据，则不能谓南满洲即系中国人之土地。我国考古学者之中，似亦有人以为"如肃慎一类之通古斯种族，满洲系人民，并无确实的文献上、考古学上、人类学上证据，证明其于周末汉初曾居住南满洲地方"。但余以为此种文献上证据，即令无有；此种文献上证据无有之事实，或反成为中国人未尝居住之证据，亦未可知；然亦未可即谓"如肃慎一类之通古斯种族，满洲系人民未曾居住"之证据。盖在上述之古代，能留文献上证据之人民，舍中国人以外，尚有其他人民乎？古代中国黄河流域内，曾有苗族居住，我人亦由于中国人所遗留之文献而知之。当时黄河流域因有中国人居住，故有"苗族曾居黄河流域之文献上证据"遗留。毫无文献上证据虽可成为中国人未曾居住之证据，但不成为苗族未曾居住之证据。所谓"毫无文献"者，或因中国人未曾居住，或虽曾居住而未遗留文献，二者必居其一，但不成其为满洲人未曾居住之证据。如无文献遗留，则纵令满洲人蒙古人曾经居住，亦当然不明了。如有人当问："周末汉初之古代，有满洲人居住之文献上证据乎？"余颇冒昧，将致疑于质问者之历史的常识。然则，中国人果有曾经居住之文献上证据乎？

或以为在古代南满洲方面，中国人有曾经居住之考古学上、人类学上证据，而满人非无曾经居住之考古学上、人类学上证据乎？余以为虽云并无此种证据，但不足以为满洲人未曾居住之证据。《晋书·东夷传》（肃慎氏）有肃慎氏之俗"贵壮贱老，死者即日葬之于野，交木作小椁，杀猪积其上，以为死者之粮"一记事。肃慎氏为古代之满洲人，如用此种葬法，则肃慎人之骨与遗物，当然一无遗留。余以为纵令肃慎人因无"中国人使用贝墓砖墓"之习惯而无人骨与遗物遗留，亦不能谓为古代满洲未尝住有肃慎人满洲人。或又以为"汉武帝征服朝鲜以前，无人能否认汉民族业已流入于满洲，殖民于满洲。汉武帝时代汉民族之于辽东朝鲜之伸张，亦不过为汉民族昔日之伸张于兹再现耳"，余不能作如是想。或另有人以为"汉武帝之成功，或可目为成功于汉武帝以前汉民族之人种的文化的浸润之基础。汉族形成于黄河流域，较世人之想像为早，故汉民族之移住辽东朝鲜，已自悠久之古代即继续移住"，似极自然而合理；但余以为此实极不自然极不合理之见解。就今日而言，满洲较中国，秩序整齐，治安亦佳，卫生上设备亦完备，因此似较内地为可居，但古时果亦如是乎？中国人去其出生之故乡，且为气候中和地质肥沃之中国内地，而赴气候比较严烈，且地质亦比较瘠恶之北方满洲，决不能视为自然之伸张。即清初奖励汉人移住满洲之时，汉人亦有惮于满洲之行而有裹足不前之事。中国人之所以赴满洲者，因中国方面有兵灾，有饥馑，有军阀匪贼之诛求掠夺，而避往耳。古代暂置勿论，中国人民之赴满洲者，因有特殊事情，如中国内地有兵乱，有饥馑，或如汉武帝时为防御北方蒙古地方匈奴侵寇而有胁制其侧面（所谓断右臂）之必要，乘汉威于匈奴之余势等等，始行移民耳。平安无事之时，中国人不轻易离去故乡，即令离去故乡，多向南方而去，似少有向北方而去者。向北方而去（即向满洲移住伸张），决非出于自然。故中国人自悠久之古代即继续流入移住满洲地方之见解，表面似自然而合理，其实为极不自然极不合理者也。即所谓"汉武帝之成功，或可目为成功于汉武帝以前汉民族在南满洲朝鲜地方有人种的文化的浸润之基础"之言，闻之亦似为合理之说，然此非所谓以成败论事者乎？以成败论事，史家所忌，此余等夙所受教者也。如以成败而论，则其后有鲜卑种族之慕容氏，满洲种族之高句骊，皆曾于满洲继汉民族势力而成功者，亦不能不谓"慕容氏及高句骊之成功，亦成功于以前鲜卑种族及满洲种族在满洲有人种的文化的浸润之基础"矣！

三

古代满洲人曾居满洲之文献上证据，假令无有，亦不成其为满洲人未曾居住之考据；然实际言之，满洲人曾居满洲之文献上证据，亦非无有。中国人虽有曾居满洲之考古学上人类学上证据，而无文献上之确实证据。满洲人虽无曾居满洲之考古学上人类学上证据，而有文献上之证据。所谓文献上证据者，即《史记》《汉书》之《匈奴传》是也。《匈奴传》中有"战国时，燕有贤将秦开，为质于胡，胡甚信之；归燕而后，袭击东胡，破之"之记事。斯时东胡曾退却千余里。于是燕筑长城，自造阳至襄平，置辽东、辽西、右北平等五郡拒胡云。此种记事不能不令人视秦开击退东胡之前，南满洲及热河省等地尚为胡人居住之东胡之地。此外，《三国志》所引之《魏略》中，亦有"秦开攻朝鲜西方，取地二千余里，至满潘汗为界"之记事。满潘汗者，似与沛水、汗水同为指称鸭绿江者。取地二千余里，直达鸭绿江岸，记事虽过于夸大，然即令减低限度而言，辽河流域地于秦开征伐朝鲜之前，不能视为朝鲜之属地。朝鲜相传为商（殷）王族之箕子，于商为周灭之时，不屑事周，亡命走朝鲜而立国者。此种传说，虽不能信为事实，但余以为此系亡命中国人所立之国，国王亦可信其为中国人，然国王虽属中国人，而大多数之人民，则或为濊貊肃慎等满洲人。据前述之《史记》《汉书》之《匈奴传》，辽河流域地虽不能不视为东胡之地，但与《魏略》之记事考之，余以为此"东胡"二字或可视为并非专指与后日鲜卑种族相同之蒙古系游牧种族，而指称包括满洲人一并在内者。其后汉武帝征伐朝鲜，置四郡而后，胡汉稍别事见《三国志·魏志·东夷传》。此一"胡"字，非指蒙古种族，而指濊貊肃慎等满洲种族也明矣。秦末以至汉初，避大乱，亡命于朝鲜之中国人虽极多，但朝鲜至武帝之时尚为胡汉杂居之地。武帝之征伐，因置郡而有中国人之大移住，胡汉始稍别，而成中国人之殖民地，其意义似如是。此令人视为朝鲜原为胡人（即满洲人）居住之地，而中国人于后日移来者。《史记·刺客列传》，秦开之孙秦舞阳，欲刺秦王，自燕赴秦都咸阳，至秦王陛前，色变振恐，秦之群臣以为怪，秦即辩解云："北蕃蛮夷之鄙人，未尝见天子，故振慑。"此为战国当时以燕为北蕃蛮夷之国之证据，因燕将胡人蛮夷所居住之南满洲热河省等包含于其领土之内，故视为受蛮夷化者。《史记·燕召公世家》之太史公论赞云："燕北迫蛮貊。"燕之北方，非为蛮貊之地之证据乎？傅斯年李济君等中国学者，只述满洲之中国化，而不述中国之满洲化，余以为非公正之态度。此种事实，因何不成为"古代满洲人曾居满洲"之文献上证据乎？余以为此系完备的文献上证据。

秦开击胡之后，燕虽筑长城，置郡以拒胡，然未能完全拒胡者。观汉初武帝尚未征伐朝鲜之时，南满洲（即辽河流域地），似曾居无数胡人，亦可以想象矣。据《史记》《汉书》之朝鲜传《三国志·魏志》之《东夷传》（濊），汉高祖所封之燕王叛汉时，燕人卫满聚党千余人一同亡命，斯时卫满为魋结蛮夷之服，出当时在朝鲜界之塞，越浿水（即鸭绿江）而入朝鲜界，役属因避秦乱而居于斯之山东（齐），河北（燕），山西（赵）等地之中国人，放逐箕子后人之朝鲜王，自代而为朝鲜王。按

"雒结"亦称"椎结",其为辫发也无疑。《晋书·东夷传》谓"肃慎之俗皆编发（即辫发）"。故不能不视为因自燕至朝鲜间之南满洲居有肃慎等之满洲人，且因其结辫发穿胡服之故，卫满等通过此处，如服用中国服装冠饰，有易惹人注目之危险，故以身适合辫发胡服之肃慎人风俗。加之，当时南满洲若有多数中国人居住，则余以为卫满或无遥遥亡命至朝鲜三界之必要。即逍遥于南满洲辽东半岛之后，亦可矣。当时朝鲜有无数中国人亡命，一如前述，见于《史记》《汉书》《三国志》，尤以《三国志》所引用之《魏略》之中，明记为数万人云。朝鲜既有数万中国人亡命，则适当其要道之南满洲，居住之中国人，似必更多，然事实并非如是。

《三国志·魏志·东夷传》云："汉武帝灭朝鲜，置乐浪郡，胡汉稍别。"故在武帝灭朝鲜前，不能不视朝鲜为胡汉杂居之地，一如前述。盖在南满洲置辽东五郡者，远在汉武帝前，战国燕时；其所以置此五郡者，欲以拒胡也。但终未能完全拒胡，至汉初尚有无数胡人居住，亦一如前述。但亦不能视胡汉相别，即为已成立"仅有中国人"之殖民地，"仅有中国人"之聚落。如有此种中国人之殖民地成立，则汉初卫满亦决无以胡服胡发通过其间而遁至朝鲜之必要。余以为即令有中国人居住此间，或系分散离居者，李济君陈述中国人之殖民地自悠久的古代衍续于辽东，余欲质问其究有若何根据也？

在汉初苟非辫发胡服不能通过之辽东，如何能目为衍续中国人之殖民地欤？并无此种证据。李济君或系依据安特生氏步达生氏之说，但安特生氏步达生氏均仅仅证明中国人曾居住南满洲，并未证明中国人殖民地之存在。

因此，中国人亦曾居住古代南满洲之事实，既有人类学上考古学上之证据，故无可怀疑，但满洲人曾居满洲之事实，亦非可怀疑者。余且以为中国人虽曾居住满洲，但住者并无形成殖民地之众多，而满洲人或反居多数也。

四

古代满洲，中国人曾居住，满洲种族亦曾居住，自考古学上而言，自人类学上而言，均不能否认。而且自文献上而言，亦不能不承认。但中国人与满洲人，究属何者先居住满洲欤？究系满洲为中国人之原住地而后经满洲人之侵入乎？抑系满洲为满洲人之原住地，而后经中国人之移住乎？此于决定"满洲为中国本来领土"或为"满洲人之故地"之问题上，为重大之关键。傅斯年君引《诗经·商颂》"相土烈烈，海外有截"之诗句，以为"海外"即渤海外。此为表示古代渤海外（即南满洲朝鲜西北部等地）为商领土之文句。商为周武王灭后，商王族之箕子，走朝鲜建国，亦因渤海之东北一带为商之领土。故商之兴也，自东北来；商之亡也，向东北去。质言之，因东北为商之故地故也。又《左传·昭公九年》周天子使大夫诉晋之言辞中有"昔武王克殷……肃慎燕毫，吾北土也"之句，亦被解释为"此亦为南满洲系商领土之证据"。傅斯年君之说，即为"南满洲系中国人原住地"之说。傅斯年君似对之欲提出文献上之证据。但如欲主张南满洲为中国人原住地之说，而竟引用我国考古学者之说，实为可笑。我国考古学者以为中国人之于南满洲移住伸张，为先史时代以来之事；虽说明时代颇古，但未尝视满洲为中国人之原住地，而以为"中国人之原住地为中国；满洲之中国人则自中国移住者"。傅斯年君为证明其本人"满洲为中国人原住地"之说，引用考古学者之说，实属可笑。令人感觉此或因其为中国人自古以来居住满洲之证据，故用之以支持本人之说者欤？

古代或有一民族自满洲南下，移入黄河流域，未可知也。因此而创建商朝天下，亦未可知也。且此民族，或即为商民族汉民族（即中国人）构成之基本原素，亦未可知也。傅斯年君所提示之文献，虽不完全，或可成上述事项之一证据，亦未可知也。然此仅可说明"中国人构成之一基本原素，实自满洲南下，移入中国"，但未能谓"满洲系中国人之原住地，满洲为中国本来之领土"。余以为亦须考及其他构成中国人之大原素（使中国人与满洲种族相异之重要的基本原素），非自满洲以外其他地方来者乎？《左传·昭公九年》之文句，大意谓武王克商，并合商之领土，其结果，肃慎成为周之北土，故含有"肃慎原为商领土"之意义。此语成为"满洲系商领土"之证据者，因承认满洲为肃慎（一满洲种族）之土地故也。此地如曾为商之领土，则或能视商民族出自肃慎（即满洲种族），亦未可知。

但如遇论断"满洲为肃慎（即满洲种族）之土地，抑为中国人之土地"时，未足为中国人土地之证据，或反成为肃慎土地（即满洲人之土地）之证据欤？

五

傅斯年君主张"满洲不仅为商（殷）人之乡土祖国，而且古代之满洲人与古代之中国人为同一之人种。例如今日满洲人之祖先肃慎濊貊等古代满洲人，与古代之中国人为同一人种"，乃自文献上试为神话之比较，以及习俗生活等之比较。且论"女真语固与汉语不同族，然语言是语言，种族是种族，不能因言语相异而谓人种相异。汉语于何时成立，虽不可知，大致当在三代之夏商（殷）时。汉语未成立前，满洲人民与黄河流域地之中国人民，均为同一而无区别。但汉语一经成立于黄河流域人民之间，同时中国文明迈进，满洲人民追赶不上，若文质异途者。然此究属于后天的，究不过上层（表面）差别。在先天的本质（内面下层之主体）上，固相同也。因此，满洲民族易与中国人混和同化，感染中国之文化；而中国人对于满洲人亦不似对于蒙古游牧民族之情状，而有同情心"。李济君亦述：It is really an irony of fate that Emperors Yungcheng（雍正）and Chienlung（乾隆）who made great effort not only in trying to creat the fiction of a Manchu race which did not exist，but also in trying to destroy all the literature relating to their early origins，should have laid the very foundation for the revolution that overthrew the Dynasty in 1911。此不外乎"今日满洲人之祖先肃慎濊貊等古代满洲人，与今日中国人之祖先之中国人为同一人种"之说。换言之，此不外乎"今之满洲人与今之中国人为同一种人"之说。不仅如是，如言"血统相同之种族，易于同化，文化之感染性多"，则所谓鲜卑契丹一类蒙古系民族，亦感染中国之文化，颇为有名，故不能不谓为得一"亦与中国人为同一人种"之结论。如是言之，则傅斯年与李济二君之说，成为"满洲人蒙古人与中国人皆为同一人种"之说矣。今日通古斯系之满洲民族，蒙古系之民族与中国系之民族，在人种学上为相异之人种，殆成定说，而谓为"皆同；双方均无差别"云云，实为杂驳之说。

且无论其为清野博士，或步达生氏，均述"南满洲之古代人骨，在近代人种中，与中国人为最近"之说，并未言及古代人人骨与今日之满洲人或近或远；虽曾言及"其与今日之中国人较今日之朝鲜人为近"，但亦未曾言及其与今日之满洲人或远或近；然显见其抱有相远之见解而述者。由此而言，清野博士步达生氏之说，不成其为支持傅斯年君等主张之证据。傅斯年君等举此为证据，亦不能不谓可笑。

今之满洲人与今之中国人，如目为相异之人种，则有自古代满洲南下中国，如商人之人民，此或为中国人构成之一基本的原素，亦未可知。但不能不视"彼使中国人于人种学上竟至与满洲人相异之重要的构成原素，系自满洲以外来者"。例如不能不考及"来自全然与满洲反对方面西北方之周民"。若满洲方面有与今日之中国人同样骨骼的形质之古代人居住，此或能视为中国人种（即汉民族）于中国形成之后移住满洲之人民。此余之见解也。

因此之故，余以为满洲之原住民，仍为满洲人及蒙古系人民之祖先，如肃慎，秽貊，东胡等。其后中国人之所以移住而来者，亦非自然之伸张，实因中国之兵乱，饥馑，乃至中国之政治上经济上军事上之政策的必要而移住者；或因有不能向南方伸张移入之特殊事情而移住于满洲者。而在朝鲜方面，自置乐浪等四郡之后，胡汉稍别，而成立似中国人殖民之地。但在南满洲方面，余以为战国燕置辽东等五郡之时，固无待论，即至汉初，亦尚未成立似为中国人殖民地之区域也。

六

李济君似谓"辽河流域地，辽东半岛，自古即持续为中国之郡县"，虚构亦太甚矣。战国燕时，南满洲为中国之郡；至秦汉分置郡县，以迄魏晋。又自隋至唐之中期，辽河流域地，辽东半岛，虽成为中国之郡县，但秦汉魏晋之间，在南满洲之郡，除辽东，辽西二郡外，有玄菟郡。而最当称为高句骊之满洲种族侵略之冲者，为玄菟郡。郡虽不废而存续，但辗转迁其治所。辽东郡治所亦为襄平（即今之辽阳），虽未迁治所而存续，但在前汉时多至十八县，至后汉则减而为八九县，非常衰微。辽西郡在前汉领有自辽河之西以迄大凌河上流之地方，亦有十四县，但至后汉，辽河之西，因后汉为招抚怀柔称为乌桓之蒙古系种族，而置为辽东属国之羁縻国，归属于此，故辽河流域地（即南满洲之地域）渐形消灭，仅存五县矣。因此之故，三郡均异常衰微。然汉魏晋之时，尚勉力持续为郡县。自东晋以迄南北朝时代，南满洲成为鲜卑种族之燕及满洲种族之高句骊等之领土，中国之郡县，均为其一扫。隋统一南北朝后，辽河之西改为辽西郡，而成为中国之郡县。唐高宗征伐高句骊之后，辽东亦成为唐之领土，与辽西地方同立于安东都护府之治下，而置都督府州县。然唐代之安东都护府以及其属下之都督府州县等，并非为汉魏晋时代中国郡县之继续。且安东都护府亦辗转移治，于其存续期间（九十年左右），甚至移治至四五次。唐自安禄山乱后，中国之势力又不达辽河溪谷地及大凌河流域。自此以后，成为契丹之辽，女真之金，蒙古之元的时代。此时代又为中国郡县被其一扫之时代。随唐以前领有辽西之五胡十六国时之前燕，南北朝时代之北魏，乃至隋唐以后之辽金，虽亦曾有仿效中国制度，或置郡县，或置州县，或置路，府，州之事，但此非中国之郡县也。断不能谓辽河流域地，辽东半岛持续为中国之郡县也。此等郡县，官吏为满洲人，蒙古人，人民亦为满洲人，蒙古人，故此系满洲蒙古之郡县，而非中国之郡县，毋待言矣。至明代，辽河东西之地，又归中国支配；但明代未置郡县。明代中国内地各省，虽曾置有府州县，但在辽河东西之南满洲方面，未置府州县。中国内地各省，于府州县民政机关之外，尚置都指挥使司（都司）、卫、千户所、百户所等军政机关，于辽东都指挥使司之下，仅置二十五卫，十一所，未设民政机关。《辽东志》云："明朝复兴天下之后，未几悉改郡县为军卫"（薛廷宠语），至清朝复置府州县。但此为满洲朝廷之郡县，难谓为中国之郡县。且亦曾有"非满洲人不能为知府，知州，知县"之时期。因此之故，辽河流域地以及辽东半岛，所谓自古即持续为中国郡县之说，妄诞之甚，全然为蔑视历史事实之虚构的记述焉。

七

傅斯年与李济君等以为"辽东，西北朝鲜等渤海之东北沿岸地带，与河北山东等渤海之西南沿岸，为一地域，为中国之一部"，并以"《汉书·地理志》称辽东为'燕分'，以及一般目为依据前汉时代之材料而书成之《方言》一书，载明自燕之北部至鸭绿江（洌水）成一方言区，说同一之言语"为证据，主张"当时辽东地方，不仅统治者为中国人，即人民之本体亦为中国人"。然燕国本身已非纯粹中国人之专住地，大为满蒙化胡俗化，就前述秦舞阳之言，亦可明了。如能言"辽东因系'燕分'，故辽东人民为中国人"，则《汉书·地理志》言安南交趾为"粤分"，其能言安南交趾之人民亦为中国人欤？前汉时代辽东辽西之人口，相传为六十二万人。明代虽移江（江苏）淮（安徽）齐鲁（山东）之人民，努力充实辽东都司之管区，辽东及辽西，然中国人才达全人口三十八万中之七成（即二十七万人）而已。此事见《辽东志》《全辽志》。前汉时代之六十二万人，究难信其大体为中国人。《后汉书·东夷传》述"光武帝时，高句骊军越辽东，寇右北平，渔阳，上谷，太原；安帝时，高句骊与辽东之鲜卑八千余人，攻辽东辽阳县，杀掠吏人，辽东太守等追击于新昌县，俱殁于阵，死者百余人"。此等记事，显示当时辽东地方高句骊鲜卑等种族如何众多。《方言》所记为燕北至鸭绿江间之方言，或能视为"其殆郡县官吏兵士等所用之官话乎"？并不足为此地方大多数人民间一般使用之俗语证据。鲜卑高句骊等种族众多，彼等所使用之鲜卑语高句骊语，既非方言，而系夷言胡语，故决不致为此书采录以为《方言》者。《方言》之全书名为"輶轩使者绝代语释别国方言"，似系记载天子使者乘轻车采集各地方言以报告朝廷者。方言虽须采集，但夷言胡语决无采集之理。如何能以之为大多数人民一般所使用之俗语证据？其殆仅仅以之表示郡县官吏兵士等使用其出身地燕北同样之方言乎？如作如是解释，则对前汉时置辽东郡十八县，辽西郡十四县之《汉书·地理志》记事，亦非加以若何新知识与新内容者。在此时代，重要之县以及接近郡治之县令，似系中国人。《晋书》中见襄平县令王冰，居就（辽阳东南）县令刘程等之名；但不能视远离郡治之偏僻地方县令，均为中国人。在唐代，仅有安东都护为中国人，九都督，四十二州刺史，百县令，皆为高句骊酋渠。曾受武后信任之有名的唐狄仁杰，其奏文中曾有"如安东方外之地，远置戍兵，虚耗中国百姓膏血，以争蛮貊不毛之地，有损无益"之语。夫为唐代安东都护管区之辽东辽西等，既被视为方外不毛之地，可知未尝以中国目之。明代之辽东辽西，一如前述，仅有军政机关，即自其并无中国内地各省民政机关一点考之，可知其与中国内地相异；而系可称为军事殖民地乃至防御阵地一类之特别区域，名在山东布政使司治下。辽东士子亦有赴山东应科场者，但普通民政并未施行。弘治年间，巡按御史李善之奏疏中有"蕃汉杂处"之语。嘉靖年间明人论文中亦有"辽地诸部落，夷夏之交，戎马之衢"之句。《辽东志》记"汉代以降，沦入东夷，经辽金胡元，寝成胡俗，明朝兴复天下之后，始以四方之民实辽东，华人十之七；高丽土著，归附之女真野人，十之三"（薛廷宠之言）。《全辽志·风俗志》云："以箕子八条之教，而为君子国。其后诸夷更相割据，各施其椎结箕踞放弛邪侈之教，中国虽时时置守，但政在威远，不过强其人民息斗耳，未能行中国礼义之政焉。至我明朝，始徙江（江苏）淮（安徽）齐鲁（山东）之民居之，但高句骊女真等夷尚土著而未移去，故无浸淫衣冠文物之化，反遗侏儒左衽之风。"

八

李济君对于五胡南北朝时代及辽金元时代（即中国势力在辽河流域地被一扫之时代）之陈述，一若于此时代，辽东半岛一处尚存续为中国人之殖民地者，颇可惊异之虚构之说也。夫于辽东悉归满洲种族与蒙古种族之支配，其势力且及中国北部，黄河流域亦殆归其支配之时代，夫岂能谓独有辽东半岛依然存续为中国支配下之中国人殖民地乎？《晋书》明白记载鲜卑之慕容仁尽有辽左之地。慕容皝讨灭慕容仁后，仁之领土尽归于皝。辽左（辽东）既已尽归慕容氏，则所谓仅有辽东半岛存续为中国领土者，究有若何根据耶？其后辽东因归高句骊所有，故辽东半岛又成为高句骊之领土矣。隋军征伐高句骊时，自海上趋平壤，途中于沙卑城（或卑沙城）破高句骊军之一部。此沙卑城（或卑沙城）者，似为大连北岸和尚山上之山城。可知高句骊军系据辽东半岛之险要以防御中国军者。此后唐军征伐高句骊时，亦自山东东莱出发，陷沙卑城后，再向鸭绿江。当时辽东半岛之属于高句骊，即此已可明了矣。

后汉末据有辽东之公孙氏灭于曹魏时，东沓县（似在余州近傍），北丰县（似在辽东半岛），汶县（盖平或熊岳城附近）之夷民，避兵乱渡海移住山东，故山东新设新沓、南丰、新汶等县，见《三国志·魏志》明帝纪齐王芳纪。为安置自辽东移住之人民计，另设新县，不能不令人想象此项移住人民之数，极为众多，公孙氏为曹魏所灭之时，尚且如是，则于鲜卑高句骊等占领辽东，大兵乱之际，而谓辽东半岛之人民，尚安然留辽东，安住于中国政权之下，究难令人意会者。李济君谓"高句骊极盛之时，占领辽河以东南满洲大部分之时，辽西尚有存续为中国领土之部分"。但辽西当时为北朝领土。殆以北朝领土解释为中国之领土欤？李济君称南北朝为 the Northern and Southern Chinese Empire。按南朝虽为中国之帝国，但北朝则为鲜卑拓跋等北方蛮族所建立者，与南朝之帝国居于敌对地位也。此种情形之北朝余土反含有并非中国领土之意义。所谓存续为中国领土云云，岂非诡辩强辩乎？

九

李济君等主张"即在鲜卑，高句骊，契丹，女真等满洲种族，蒙古种族军事的支配辽河流域地及辽东半岛之时代，此等种族，亦无不重演同一之经过：使用中国人，多少习得中国之政治方法，文化要素，强固自身之存在意识，唱独立，益形输入中国之文化，招诱中国内地之中国人，与中国人自由混合同化，最后彼等自身为中国人所吸收。反覆重演上述之经过。例如鲜卑慕容氏之于东晋时；契丹，靺鞨，渤海之于唐时；女真种族之于明时；彼等因曾受中国朝廷之册封，朝贡于中国朝廷，故为中国之属国臣仆"。对于如鲜卑慕容儁时称帝号，对中国朝廷独立之不可争辩时，则辩解为"此系一时的，立即为其他蛮族所灭"。对于如高句骊长期间对中国独立之情状，则辩解为"名义上承认南北两朝之宗主权"。又对于南满洲在政治上军事上无论如何难谓为中国领土之时，则辩解为"文化的变为中国，全然与中国人混合同化矣"，并辩解为"在辽河流域地，种种异民族，于种种时代兴亡起灭，每至其残留分子纯粹中国化，与中国人共度中国文化，中国政治制度，中国定住的聚落生活。至十九世纪止，此地继续平和与繁荣"。要之，其意似含有"于中国虽似失去辽河流域地之政治上军事上支配权之时，但以此地在文化上人种上业已中国化，故其为中国土地也，未尝有所改变"焉。

　　然事实上，不仅中国在南满洲之政治的支配，并未继续，即中国之文化的势力，亦未尝继续。鲜卑慕容氏时代之模仿中国文化，固甚显著者，渤海亦被称为海东盛国，于制度文物产物工业之上，模仿中国文化之迹，亦历历可指，产出棉，绸，布等。契丹之辽，女真之金，其文化因中国文化之模仿影响，亦有相当可观者。然此等各民族之文化并不连续。相互之间，并无连锁。渤海国亡，其文化亦灭；在满洲种族之间，未能辩认其若干痕迹与影响。辽金国亡，其文化亦与之俱灭，在残存于辽河流域地之契丹女真之种族分子中，不见留有所谓辽金文化之影响。渤海灭后之靺鞨种族，复归于粗野犷悍之原始风俗；金灭后之女真种族，亦见其又沉沦于以骑射为专业之部落的胡俗矣。渤海灭后约二百年，女真种族起自同一之靺鞨种族，极少见其曾受渤海时代文化之形迹。金灭后四百年左右，满洲种族起自同一之女真种族，亦未见其曾受金时之文化情景焉。因此之故，辽河流域地之中国文化，决非连续者。李济君等虽似以为"辽河流域地，因中国人殖民地之继续，满洲种族蒙古种族趋于中国化，故中国之文化继续至今日"，但事实并非如是。

　　假令中国之文化确是继续，但文化与政治全不相同，不能谓中国之政治的支配继续，亦不能谓辽河流域地一贯而为中国之领土。吾人虽可言政治的势力所及，文化亦随之而至，但不能因文化所及，即谓政治势力亦已随之俱至。在日本王朝时代，德川时代，受中国文化影响，虽颇为显著，然不能即谓因此之故，中国之政治的支配已达日本焉。

<h2 style="text-align:center">一〇</h2>

　　李济君以为"满洲之东北腹地，辽河流域地之后方，黑龙江、松花江、牡丹江、长白山等地夫余、靺鞨、女真等种族，曾受中国册封，曾向中国朝贡，中国赐

以印记玺书，赐以姓名，故此等地方为中国之属国"。但此种册封、印记、玺书、姓名等之赏赐，名义上虽为褒赏对于中国之忠诚，但其实不过含有慰抚之不使侵寇中国之意义耳。宋对辽金与以岁币银绢，为有名之故事，与之大同小异耳。

李济君似以为"一至明代，此等满洲腹地成为中国属地，其与中国之关系较前代更为进展，而成为中国领土"。此亦夸张之甚。太祖洪武帝之经略满洲也，并未曾达满洲腹地。成祖永乐帝时，明之兵力，虽有一时曾达黑龙江下流，但以之与同时之宦官郑和赴南洋诸岛宣扬德威一事比较，果有若何差异乎？又以之与宦官侯显赴西藏、孟加尔、尼泊尔宣布明朝德威一事相较，亦有若何差异乎？黑龙江下流之 Tyr 地方（中国人称为特林或庙儿之地）曾建有有名之永宁寺碑。然如因有此碑而谓黑龙江下流地方为明之领土，则在锡兰岛，郑和亦建有石碑，上刻供养金银丝绢于佛等寺之文，吾人亦将能谓锡兰岛为明之领土矣。

永乐帝时，在黑龙江下流，虽置有奴儿干都司，但不成为黑龙江系明领土之证据。奴儿干都司虽称都司，而与辽东都司（辽东都指挥使司）全然相异。辽东都司在《大明会典》兵部都司卫所条下，与中国内地都司一处记载，但奴儿干都司并未记入。而奴儿干都司却于属夷之东北诸夷条及礼部朝贡东北夷条下另行记载，与中国内地之各都司，全然有所区别。可知其不能视为与普通之中国都司卫所相同。反可明了其被视为东夷乃至东北夷。《大清一统志》内，亦单将奴儿干都司记为羁縻卫所。

李济君为给与读者以明时中国政权已及满洲全部之印象起见，陈述"明时占据满洲大部分之满洲种族各酋长，皆受明朝官职，敕书，印记，谨守朝贡之义，遵从朝廷命令。当满洲种族中比较重要之建州女真不服明朝之时，明朝保护海西女真之扈伦部，使之对抗建州女真，以恩赏政略，使知承认明朝宗主权之利益，而收控驭操纵之功"。又述"满洲朝廷，即清太祖努儿哈赤，因奉贡物于明朝，曾亲赴北京数次，直至将近独立之际，亦承认明朝之宗主权。因此之故，明廷如不惜以王号赐与努儿哈赤，或可使彼中止独立"。按满洲部族之各酋长曾受明朝官职、敕书、印记云云，实际上不成其为中国政权达到之证据。此不过含有"以利益恩赏之绳缚，置之羁縻关系"之意义而已。李济君简单陈述"努儿哈赤对明朝宣告独立，对于明军开始攻击战之后，尚与明军继续战争"，似欲将实际上明清两国关系已处于尖锐的敌国关系不能两立之势，模糊陈述，务使读者不觉有此种敌国关系之感，并似故意避免关于"努儿哈赤于萨儿浒山之战，粉碎明军，竟至成为明清兴亡之分水岭之事，以及此战之后，渐次压迫明军，终于将明朝在满洲之政治的军事的势力一扫"之记述。

李济君此部分之记述，为《李顿报告书》关于明代记述之基础，颇为明显。其为《李顿报告书》所云"在此时代，中国之政权，实际及于全满洲，故中国文化之影响颇大，在满洲人将明朝在满洲之势力一扫，而越长城，征服中国之前，业已浸润于中国文化，而与中国人混合矣"之基础也，无可怀疑者。

然则，事实究如何乎？盖明时政权实际所及之地，不过依边墙所围之辽河东西地方而已。此边墙于明建国七十余年之后，历二十余年间筑成，为西防兀良哈三卫（泰宁，福余，朵颜）之蒙古系种族，东御女真种族之侵寇而筑者也。加之，辽西之东边及辽东之西边部分，所筑造者，弯入辽河河口附近极深，辽河套之地被放弃为徼外之地，辽东辽西遂截然被区分为二部分矣。辽东辽西因被边墙所隔绝，故辽东之开原受兀良哈三卫侵寇之时，辽西之锦州，义州，广宁等处明兵，亦不能直接应援，竟成遥望浩叹之情景焉。此事见《皇明世法录》李善之奏议。有明一代，欲修正此极不利之边墙弯入部分，使之自辽西广宁依一直线通达开原之意见，虽曾几次提出，但终于未能实行云。边墙外地，实际上为明之域外地。边墙为显示明代满洲之东北腹地，实际上为明代势力所不及之最适当的证据。

——

李济君虽陈述"中国在满之人口，自昔即渐渐增加，尤其自明代初期以来，急速增加"，然此亦甚为曲解事实之说也。今日满洲之人口，据云三千万人，而其中大部分为中国人。然满洲人口如此之多，以及其大部分为中国人者，极为近时之现象。此为满洲朝廷一扫中国之政治的军事的势力以后之事。自长久之满洲历史言之，极为近时之现象。尤其关于中国人急激增加，以致满洲三千万人口之大部分为中国人一事，为日俄战争后，经日本非常尽力于交通之发达，治安之维持，产业之开发以后，极为最近之事。满洲之人口，经日俄战争后，殆已加倍。中国人虽谓"中国内地，因人口过剩，故移入伸张于满洲，自然之势也。满洲中国人之所以众多者，与日本在满洲努力维持治安，开发产业，毫无关系，全然由于中国本身之原因"，但余以为中国本身如有原因，则必为国内地兵乱不绝，匪贼与军阀之掠夺横敛甚烈，水旱饥馑之频繁等事。否则，中国本身之原因，大抵无有。

前汉时辽东辽西之人口，共十二万人，后汉时为十六万余人。明时移江淮齐鲁人民充实辽地之结果，于辽东都司管内全人口三十八万余人之中，中国人占十分之七。然前后汉魏晋时代之中国人，大概于五胡南北朝时被一扫；隋唐时代之中国人，又大概于安禄山乱后，辽金元时代被一扫；明代之中国人，当明末明朝在满洲之政治的军事的势力被一扫之时，亦同被一扫；故今日满洲之中国人，并非明代中国人之子孙，明代之中国人亦非隋唐时代中国人之子孙；隋唐时代之中国人，又非汉魏晋时代中国人之子孙——大体为逐次移入满洲之新客民。

清时汉人如何移入满洲乎？清初，以满洲为国家之根本重地，祖宗发祥肇基之地，特别加以保护。但满洲人或充八旗兵，驻防中国各地，或当守护北京之任，留居满洲者极少，且此极少数之满洲人亦成非官即兵之情状，殆无从事农耕者；而汉人则多半于明末奔窜，遗留满洲者亦极少。清廷因满洲不能开垦开发，一无效用之故，乃发布《辽东招民开垦条例》，复为满洲人保留满洲，保护其生计，故禁止汉人流入满洲，对于汉人采取一种镇满洲之政策，清朝人虽停止此条例招诱中国内地之人民。其结果，汉人移入满洲。其后，清廷停止此条例，但以最初即宣明"满汉并不歧视，满洲人与汉人同为朝廷之赤子，故并无区别"，未能彻底禁止汉人之流入侵垦，遂使已知满洲土地肥沃之汉人，陆续犯禁流入满洲。

一二

李济君为使读者抱"即在清时，满洲与前代相同，未尝变更其与中国一体之地位"之感，故陈述未尝改变明时行政组织之说。李济君陈述"清虽代明，但以其先清朝祖先于政治，道德，教育上，习得中国人之思想，故其占领北京，不过为中国历来屡有之朝代更迭而已。因此之故，即至清朝，在满洲或满洲以外其他地方，并未企图变更明时之行政组织。清朝殆用明朝所用同样之方法，支配满洲，即以一种军政治之。满洲原为朝廷发祥之地，故有若干名义上之变更，奉天被尊为陪都，清朝诸帝屡屡巡幸，并于盛京重复设立与北京政府同样之五部衙门，然此不过为上述之巡幸时办理必要事务之便宜上设施而已。一无应办之事务，不过为'礼式衙门'而已。地方之官称为盛京，然此不过模仿明朝改称最初之帝都应天府为南京，而以之为北京之'陪都'前例而已"，似欲使读者生"清时之南满洲与明时之南满洲亦无改变"之感。但"清未尝改变明之制度"云云，实试行异常大胆之强辩焉。清朝以满洲为祖宗发祥肇基之地，曾特别加以重视，特别严重体制，设立与中国内地各省不能比较之隆重制度。诚然，其注重军政，不无与明时专重军政不行民政之点有几分相似，然清时之所谓盛京将军，所谓副都统者，与明时所谓辽东都司，所谓卫，千户所，百户所等等，本质相异。将军副都统称为"满缺"，任命限于满洲人，此为汉人不得任命之官也。不仅将军副都统为"满缺"，且中国各省并无其例之盛京五部，自其长官侍郎为始，所有重要官吏，皆为"满缺"。李济君虽似述"此五部为单纯之礼式衙门，平常为无事可办之职务，全然为闲职"，但实际并非如是。有掌管居住于满洲之汉人而被称为奉天府府尹之长官，负监督之重任，亦称"兼管奉天府府尹事务大臣"，亦简称"兼尹"。Jean Baptiste Duhalde 之中国志上，非常重视此盛京五部，记为"满洲之最上政权"。奉天府府尹，最初曾任命汉人，但自乾隆年间起，成为"满缺"，成为非满洲人不能任命之官吏。而且有种种变迁，最初受盛京五部侍郎之监督，其后受盛京将军之监督，再恢复原状，受户部侍郎之监督。光绪元年（公元一八七五年）以来，立于盛京将军监督之下，遂至盛京将军被称为"兼尹"矣。

又清时满洲之行政组织，与明时非常相异；明时在满洲并未设置府，州，县等民政机关；反之，清朝则设置之焉。余以为或因明时之中国人非平和的农民，而系官或兵（屯田兵），故无民政之必要欤？反之，清代之中国人，平和的农民居多，故有民政之必要。府，州，县之长官，知府，知州，知县，最初曾任用汉人，为"汉缺"，但不知何由，忽变为非满洲人不用之"满缺"矣。乾隆二十七年上谕谓："向例州县官非限于任用满洲人之'满缺'，但嗣后以盛京为满洲根本之地，故州县官员一律皆定为'满缺'。"其后又曾任用汉人。州县官之一时被目为"满缺"者，显示清时视满洲为特别地域，未尝以之与中国同等相视焉。

一三

清初满洲旗人，入中国内地，转战各地，于平定中国之后，居留中国，或为禁旅八旗，或为驻防八旗，殆无归满洲者，故满洲之满洲人非常减少。除官与兵外，满洲竟成无满洲人居住之状态。然则，中国人遗留乎？亦非常减少。李济君亦述："公历十七世纪中半，满洲人口非常减少，仅有辽东古来之中国人殖民地，依然继续繁荣。"究有何根据而作如是云云乎？余颇不明了。李济君又述："即于其后，清朝对于汉人采取封锁满洲政策之后，汉人仍在奉天；自由往来于奉天以南之地，统观各时代，中国人口均占绝对优势。"李济君欲使读者得"中国人之殖民地存续于南满洲，且继续繁荣，满洲为中国永久不变之领土"之印象，而为如是记述也无疑。

公历十七世纪中半，曾任辽阳知府之张尚贤有《论奉天形势》之文章。据此文，则当时在辽东之城，多数成为荒土废墟之状态。稍存府县之规模者，仅有奉天，辽阳，海城三处，而盖州，凤凰城，金州等地，住民不过数百人而已。至于铁岭、抚顺等地，仅有流徙罪犯数人，殆成耕种亦不可能之情状。至于辽西，人民更为稀少：人民稍稍集合之处，仅有宁远，锦州，广宁而已。张尚贤之语曰："要之，辽东辽西，均荒城，废堡，败瓦，颓垣连续，成沃野千里有土无人之状。"余以为仅奉天，辽阳，海城三处稍存府县之规模者，或因"奉天，辽阳有清初曾为都城之关系；海城于清初即被重视为亚于奉天辽阳二城之关系"之故。海城县于天命八年早筑新城，且海城县县学亦较辽东任何县之县学创建为早。仅有此等三处稍存府县规模云云，当能与以首肯。此三处决非自古即存续为中国人之殖民地而继续繁荣者。清朝之发布《辽东招民开垦条例》，悬赏格以劝招中国内地之人民者，亦即为在满洲可从事开垦土地之中国人民已残留不多之证据也。

一四

李济君虽抱"清初之发布《辽东招民开垦条例》者，视汉人与满人相同，欢迎彼等之意"之见解，但并不如是。此非招致汉人为自由移民者，而以供给农业劳动者，佃户，佣工，奴仆，满洲旗人王公之使役之目的而招致者。且最初此条例之所以未能充分成功者，余以为并非如李济君之观察，因中国内乱相继，内地人口非常减少，一无可以流入满洲之过剩人口之故。或因当时之中国人民以满洲为畏途，视若深入虎穴，而不敢往欤？前述之张尚贤，于顺治年间上奏时，有"辽阳士子遵谕旨出山海关，携挈妻子，千里播迁归辽，情尤可怜，较诸寄籍在辽之永平生员，畏出关归辽如虎穴，轻视谕旨若具文，不啻有云泥之差"等语。张尚贤称遵旨归辽之士子，为"千里播迁"，并表示"情尤可怜"之同情者，因有畏归辽如虎穴之永平府生员故耳。藉此可以察悉当时满洲一地所映入于汉人心目中为何若矣。李济君曾有"在古代满洲，中国于中国平和无事之日，亦自然移入满洲"之见解。中国内地如有内乱，中国人更应移入满洲矣。所谓因中国内地内乱相续，故中国人未曾移入满洲云云，非任意左右理论者乎？李济君谓"清朝于公历一六六三年停止《辽东招民开垦条例》"，系公历一六六八年之误，此系校对疏漏之误，其理由则归之于"清朝禁止朝鲜人、蒙古人及中国人采买满洲特产物：貂皮、人参、东珠等物，而欲独占其利；清朝信中国之传统的迷信风水之说，以为如许中国农民自由开垦满洲土地，则破坏地相，有害风水；并防与汉人混和，而欲保全满洲人之血统纯洁"，实为牵强附会之辩也。所谓禁止朝鲜人，蒙古人，中国人采买貂皮人参东珠，而牵出朝鲜人蒙古人者，似出于使读者生满洲朝廷并非敌视中国人之用意。又因如言清廷有防止满汉混和而欲保全满洲血统之纯洁，则与读者以清朝有敌视汉人之见解之感，对于"满洲人与中国人人种的文化的为同一之人民，满洲为中国领土"之说，略有妨碍，故陈述"满洲人于人种上文化上业已并非纯洁。满人之血统中已混入汉人之血统颇多。清朝诸帝之中，其母后有出于汉人家系之形迹者颇多。其后满人为汉人吸收甚速，忘却言语，与汉移民竟成不能区别情状者，亦可归之于满人最初即浸润混和于中国之文化、中国之血统者"。满洲朝廷欲保满洲人血统纯洁，颇为可笑；而欲将此点使之朦胧模糊焉。此用意极深之诡辩也。

　　嘉庆八年（西历一八〇三年）之上谕，所谕何事？上谕云："山海关外系东三省地方，为满洲根本重地，原不准留寓人民杂处其间，私垦地亩，致碍旗人生计，例禁有年。"满洲为满洲朝廷，为维持满洲旗人之生计而欲特别保存之地方，实无怀疑之余地，并非风水云云，人参云云，满洲人血统云云一类之问题也。紧要之点为保护满洲人之生计，涵养以少数之满洲旗人足能控驭多数汉人之实力源泉之问题也。保存满洲为清朝之根本重地，保护满洲旗人之生计，而禁止汉人侵垦之点，实为清朝对于汉人封锁满洲重要之点。因此之故，清朝在满洲禁止以旗地典卖于汉人，禁止抵押，禁止卖绝。在畿辅（即今之河北省），有旗人与汉人互相不准典卖产业（不动产）之《旗民不交产条例》，至咸丰二年（西历一八五二年），始许旗地典卖。关于满洲之旗地，未官废除旗地典卖之禁，在法令上依然持续，以迄日俄战争之年。至光绪三十一年（西历一九〇五年）废除以前，在法令上，不许典卖。

一五

李济君谓"乾隆末年（西历十八世纪之末）吉林省西部，长春农安地方，虽已开放，但以满人并未移住，故仅有汉人移住，终于充满汉农民焉"。按乾隆末年吉林西部之开放，并非清朝对于满汉人民平等开放此地域而招垦者，实系此地之蒙古郭尔罗斯旗之扎萨克（即身为旗长之王公）私犯清朝之禁，贪收垦费及租地费，故在其境内招致汉流民，使之开垦。汉农民之所以多者，为欲赴素所不许移住不许私垦之地，犯禁而往，犯禁而私垦之故也。

一六

李济君述"公历一九〇七年，满洲各地到处可见汉农民，满洲人竟至混和同化于汉人之中，故有颁布更为有组织的民政之必要。满洲遂分为三省，被称为东三省，全然与中国内地各省立于同样行政之下"。按满洲之被分为三省，被称为东三省者，并非始于公历一九〇七年。距此百余年前，东三省之名称，早已成立。杨格氏在其所著《日本在满洲之特殊地位》，述及"满洲于公历一八七五年（光绪元年）早已占有中国地方行政单位'省'之地位，公历一八七六年以来，称为盛京之满洲首省之奉天，实际上与两广有同一之行政组织"。以之与李济君公历一九〇七年满洲被称为东三省之说比较，则公历一八七五年为早。其实满洲之被称为东三省者，亦非公历一八七五年，已于公历一七六二年（乾隆二十七年）上谕中见之矣。在此上谕之前，此种名称，或已成立，未可知也。裴亚尔特之《中国志》，出版于公历一七三五年，业已记载满洲人之地面分为三个 Governments，或即用以译三省者，未可知也。然称之为东三省者，并不含有与其他中国各省相同之意义。嘉庆八年（西历一八〇三年）之上谕谓："山海关外系东三省地方，为满洲根本重地，原不准留寓人民杂处其间，私垦地亩，致碍旗人生计，例禁有年。"如以被称为东三省之故，即谓其与中国内地为同样之中国领土，则成为"中国人不能留寓杂居于中国领土"，决无此种不合理之事。

后　记

学术研究必须充分占有材料，才能全面、历史性地看待问题，史学研究更是必须遵循这一基本原则。历史学研究具有传承、积淀的学科特征，这种学术传承和积淀既有学者个体的成长经验，更主要的是有学者群体代际的传承，充分地尊重前辈学者的学术研究成果，不仅是一种治学理念的传承，也是对学界前辈学术情怀的弘扬。"九一八"事变前后，面临国土沦陷、家园痛失的危难时刻，一批爱国学者奋笔疾书，推出多部以史为盾、捍卫国家边疆历史主权的醒世之作，在国力贫弱、外交受制的状态下，竭力为国发声，为保全中国疆域呐喊，历史学者的社会责任感跃然纸上，肩负特殊历史使命的史学著述的学术价值与家国情怀至今仍熠熠生辉。

2019 年，北华大学东亚历史与文献研究中心的学术团队获批了国家社科基金重大招标项目"近现代日本对'满蒙'的社会文化调查书写暨文化殖民史料文献的整理研究（1905—1945）"（项目编号：19ZDA217）和国家社科基金青年项目"日本'满蒙学'视域下的中国东北边疆史论批判研究"（项目编号：19CSS031）。2020 年 10 月重大项目的开题论证工作顺利完成，整体项目推进工作努力克服重重困难渐次有序推进。在整理和搜集近代日本侵略中国东北的殖民文化史料文献过程中，我们发现中国学者为反击、驳斥日本殖民侵略史观的多种著述非常具有学术价值和现实意义。这些著述因出版年代久远和印制数量有限，在当前东北史和中日关系史学界的关注程度较低。北华大学东亚中心在持续开展近代日本殖民史等学术问题研究的过程中，曾得到学界多位专家学者的悉心指导和帮助，南京大学陈谦平教授、北京大学宋成有教授、国际日本文化研究中心刘建辉教授、清华大学王中忱教授、南开大学杨栋梁教授都建议将近代中国史家的相关著述整理出版。为了丰富当代中国东北史地研究，尤其是拓宽近代中日两国知识人和学术界就中国东北历史问题学术博弈的研究视野，从学术捍卫疆域领土主权和学术"窃占"他国领土与历史的历史交锋过程中，发掘在特定时代学术与历史、学术与国家的特殊关系等相关问题，同样应当成为近代中日关系史的一个重要组成部分，因此我们策划了这一出版选题。

李少鹏博士作为重大课题子项目负责人和国家社科基金青年项目的承担者，在重大项目中负责"近现代日本对'满蒙'的社会文化调查史料收集与整理"这一子课题。他本人既有日本史的学术训练经历，又在文献学方面素有专攻，一直在东亚中心从事文献资料整理和重大项目的日常管理工作，在这四种前代学者的著述整理过程中做了大量基础性工作。北华大学东亚历史与文献研究中心是以东北边疆史志文献整理见长的学术机构，四十年来持续出版的大型地方文献丛书《长白丛书》《长白文库》，在东北地方史、明清史、中日关系史学界素有影响，中心汇集了一批扎根地方基础文献整理与研究、具有国际视野的专业人才。东亚中心是一个具有教学和科研双重职能的专门科研机构，有近二十年培养世界史专业硕士研究生的历史。教书育人，将科研训练与专业学习相结合始终是东亚中心的人才培养特色。在整理相关东北史家著述文献过程中，东亚中心的研究生李诗、邱佳敏、刘泳如、付小轩、颜辰玲、朱婧维、郭嘉颖、唐迪等多位同学承担了文字校对、史料订正等基础性工作，这种学术经历对于拓宽他们的专业学习和培养基础性文献整理能力颇有益处。

齐鲁书社的总编辑傅光中先生、编辑室主任刘强先生为本书的出版付出了极大的辛劳，吉林出版集团徐潜编审对本书提供了诸多有益的建议，谨向以上诸位同道好友致以谢意。

郑　毅

于北华大学东亚历史与文献研究中心

2023 年 10 月